Peter Lohauß
Moderne Identität und Gesellschaft

Peter Lohauß

Moderne Identität und Gesellschaft

Theorien und Konzepte

Leske + Budrich, Opladen 1995

ISBN: 3-8100-1407-9

© 1995 by Leske + Budrich, Opladen

Das Werk einschließlich aller seiner Teile ist urheberrechtlich geschützt. Jede Verwertung außerhalb der engen Grenzen des Urheberrechtsgesetzes ist ohne Zustimmung des Verlages unzulässig und strafbar. Das gilt insbesondere für Vervielfältigungen, Übersetzungen, Mikroverfilmungen und die Einspeicherung und Verarbeitung in elektronischen Systemen.

Satz: Leske + Budrich
Druck: Druck Partner Rübelmann, Hemsbach

Printed in Germany

Inhalt

Einleitung	7
1. Teil: Das Selbst in der Gesellschaft	**13**
1. Kapitel: Die Problemstellung Individuum und Gesellschaft	**13**
1.1 Neue Erfahrungen und gesellschaftliche Verantwortung	13
1.2 Das Selbst: „Ein Wirbel in der gesellschaftlichen Strömung"	15
1.3 Das „arme Ich als Diener dreier Herren"	20
2. Kapitel: Biographie und Selbst	**27**
2.1 Definitionen: Selbst und Identitäten	27
2.2 Die Identität im Lebenszyklus	30
2.2.1 Grundvertrauen gegen Grund-Mißtrauen	31
2.2.2 Autonomie gegen Scham und Zweifel	34
2.2.3 Initiative gegen Schuldgefühl	37
2.2.4 Kompetenz gegen Minderwertigkeitsgefühl	39
2.2.5 Identität gegen Identitätsdiffusion	41
2.2.6 Die Stadien des Erwachsenenlebens	44
2.3 Entwicklungsbedingungen des Selbst	45
2. Teil: Gefühle, Werte und Identitätsfigurationen	**49**
3. Kapitel: Eine Phänomenologie der Gefühle	**49**
4. Kapitel: Gefühle und Wertorientierung	**59**
4.1 Bewertete Gefühle	59
4.2 Erlernte Gefühle und historische Veränderungen	62
4.3 Soziale Gefühle	66
4.4 Tugenden und Werte	73
5. Kapitel: Identitätsfigurationen	**77**
5.1 Die Ich-Wir-Balance	77
5.2 Geschlecht, Familie und Nation als partikulare Identitäten	82
5.3 Gesellschaftlicher Sinn, starke Werte und „gutes Leben"	95
Exkurs: Anmerkungen zur Geschichte der Selbstreflexion	**107**
Aristoteles: Ein geselliges Wesen	108

Augustinus: „Wer aber bin ich?" 112
Montaigne: „Was weiß ich?" 117
Rousseau: Die Kette der Gefühle 121
Goethe: Sich selbst historisch werden 126

3. Teil: Die gesellschaftliche Integration 129

6. Kapitel: Gemeinschaften und gesellschaftliche Integration 129
7. Kapitel: Soziale Reproduktion 133
8. Kapitel: Moderne Identität und gesellschaftliche Gemeinschaft 143
8.1 Vergemeinschaftung und Vergesellschaftung 143
8.2 Das moderne Selbst und die Individualisierung 150
8.3 Die Marktgemeinschaft und die gesellschaftliche Gemeinschaft 154
8.4 Die gesellschaftliche Gemeinschaft und die Rationalisierung ... 159
9. Kapitel: Die institutionalisierten Bürgerrechte 162
9.1 Recht, legitime Ordnung und gesellschaftliche Gemeinschaft .. 162
9.2 Gesellschaftliche Gemeinschaft und Bürgerrechte 165
9.3 Bürgerrechte im Grundgesetz 168
9.3.1 Die persönlichen Freiheitsrechte 169
9.3.2 Die Freiheitsrechte der gesellschaftlichen Integration 174
9.3.3 Die Freiheitsrechte in der Wirtschaft 177
9.3.4 Die Freiheit in der Privatsphäre 179
9.3.5 Die staatliche Organisation 180
9.4 Soziale Wirklichkeit und Bürgerrechte 181

4. Teil: Moderne Identität 187

10. Kapitel: Reflexives Selbst und Lebensorientierung 187
10.1 Wertpräferenzen und Wertorientierungen heute 187
10.2 Das reflexive Selbst, die persönliche Beziehung und die Modernität 193
10.2.1 Lebensstile 197
10.2.2 Die „selbstreflexive Beziehung" 204
10.3 Arbeitsorientierung und Lebensorientierung 207
11. Kapitel: Gesellschaftliche Integration und moderne Identität 215
11.1 Einige zusammenfassende Thesen 215
11.2 Die Verabsolutierung der Individualität 219
11.3 Identitätsfigurationen des modernen Selbst 222

Literaturverzeichnis 230

Einleitung

Identität ist zu einem dominierenden Thema der gesellschaftswissenschaftlichen, aber auch der politischen Debatte der neunziger Jahre geworden. Anlässe dafür gab und gibt es mehr als genug. Das Ende der bipolaren Ordnung der Weltpolitik und des real existierenden Sozialismus in Europa hat den wirksamsten Identitätsfigurationen gleichsam den Boden entzogen. Die fällige Neudefinition des Selbstverständnisses von Individuen, Gruppen und Nationen ist ein langwieriger historischer Prozeß – befreiend, aber auch schmerzlich. Europa erlebt den Zerfall nicht nur von Ideologien, sondern von Staaten, Nationen, Gesellschaften und Gemeinschaften und in deren Gefolge die nicht mehr für möglich gehaltene Rückkehr der kriegerischen Gewalt. Statt daß sich im Gefolge des weltweiten Sieges der Marktwirtschaft problemlos freiheitliche Demokratien bilden, scheint es eine wahre Renaissance des Rassismus, der patriarchalischen Gewalt, des Nationalismus und der fundamentalistischen Religionen zu geben.

Wir sind – wie W. Lepenies feststellte – in ein Zeitalter der Revisionen und der neuen Identitätsfindungen eingetreten. Es werden nicht nur geopolitische Grenzen verschoben, sondern auch die traditionellen Begrenzungen der nationalen Selbstbestimmung und die Rahmen der personalen Selbstwahrnehmung. Eine notwendige Reaktion auf diese umstürzenden Entwicklungen, deren Tiefe und Folgen heute noch nicht abzusehen sind, ist die wachsende Intensität der wissenschaftlichen Diskussion über Themen wie die Konstruktion nationaler Identität und das Phänomen der Entsäkularisierung, über die ethischen Grundlagen der Gesellschaft und Formen des gesellschaftlichen Risikos, über die Voraussetzungen der gesellschaftlichen Integration und des Zerfalls gemeinschaftlicher Zusammenhänge, über Wege der persönlichen Sclbstfindung, Formen des Individualismus und Gemeinsinns.

Alle diese Themen berühren den Schnittpunkt von individuellem und gesellschaftlichem Selbstverständnis. Er wird aus den verschiedensten wissenschaftlichen und fachlichen Perspektiven aufgegriffen, ohne daß seine theoretischen Implikationen jeweils verdeutlicht werden. Der vorliegende Text behandelt die Theorien und Konzepte der modernen Identität unter der Fragestellung, was diese zum Verständnis der gesellschaftlichen Integration beitragen können, um die soziologischen Voraussetzungen der angesprochenen Themen zu klären.

Hierzu muß die theoretische Dualität von Individuum und Gesellschaft überwunden werden. In den folgenden Ausführungen werden deshalb Erkenntnisse der Selbst-Psychologie und der institutionellen Analyse moderner Gesellschaften im Rahmen soziologischer Theorie aufgenommen und integriert. Das Ziel ist, einen Beitrag zu einem soziologischen Interpretationsrahmen zu leisten, in dem die verbindenden und kohärenten Elemente moderner Identität und der institutionellen Strukturierung moderner Gesellschaften sichtbar werden. Dies wird erleichtert durch die Diskussion der immer noch aktuellen Positionen des Sozialbehaviorismus und der Psychoanalyse, der Aufnahme entwickelter soziologischer Theorien von A. Heller und N. Elias und der Orientierung an den fruchtbaren Anstößen, die für die gegenwärtigen Fragestellungen von den Arbeiten A. Giddens und den amerikanischen „Kommunitaristen" ausgehen. Es wird in den folgenden Kapiteln also den vorhandenen Theorien keine neue Theorie der Identität hinzugefügt, sondern es werden die wissenschaftlichen Argumente aufbereitet, die im Ergebnis unser Verständnis von moderner Identität erhellen.

Insofern liegt es durchaus in der Absicht des Autors, auch Leserinnen und Lesern, die nicht aus der soziologischen Fachdiskussion kommen, einen Überblick über Theorien und Konzepte der modernen Identität zu geben. Es ist dem Thema angemessen, in einer synthetisierende Betrachtungsweise die unterschiedlichen theoretischen Ansätze auf ihren Beitrag zur Erklärung der psychologischen, soziologischen, historischen und politischen Aspekte individueller und gesellschaftlicher Identität zu befragen. Die Fruchtbarkeit dieses Ansatzes läßt sich für jeden überprüfen, indem das Resultat – eine modellhafte Beschreibung der modernen Identität – der Kritik unterzogen werden kann. Die hier gewählte Darstellungsform soll einen enzyklopädischen und damit letztlich beliebigen Überblick über die ganze Vielfalt unterschiedlicher und widerstreitender Theorieansätze gerade vermeiden.

Die Aufarbeitung und Auseinandersetzung mit ausgewählten theoretischen Ansätzen und Konzepten wird zu der These verdichtet, daß „moderne Identität" in ihren Grundzügen auf selbstreflexive Beziehungen und auf Lebensorientierung (statt auf Arbeitsorientierung) ausgerichtet ist. Diese Grundstruktur wird sich in entwickelten regulierten Marktwirtschaften innerhalb freiheitlich-demokratischer Ordnungen in der Weise herausbilden, daß diese Gesellschaftsform den Individuen selbstreflexive Identitätsfigurationen nach dem Muster der „modernen Identität" nahegelegt. Gerade hierdurch bilden sich gleichsinnige Formen individueller Weltsichten und gesellschaftlicher Strukturen, die eine Steigerung der Dichte und Komplexität gesellschaftliche Integration gestatten. Gleichwohl bilden Marktwirtschaft und „moderne Identität" nur eine prekäre Balance. Das beschriebene Modell moderner Identität ist keine historisch notwendige und unveränderliche Identitätsfiguration: weder ist die Geschichte an ihr Ende gekommen noch kann die Marktwirtschaft ihre notwendigen gemeinschaftlichen Voraussetzungen sowie die entsprechenden persönlichen Identitäten aus sich heraus erzeugen. Moderne Identität ist ständig in Gefahr des Rückfalls auf individualistisch-partikulare Identitätsformationen, die sich auf vermeintlich natürliche Bestimmungen von Geschlecht, Familie und Nation beziehen und den Boden für Rassismus, Nationalismus und fundamentalistische Religionen bilden.

Auf der anderen Seite ist die Ausbildung von persönlicher Autonomie und Gemeinsinn nicht Resultat systemischer und verfassungsrechtlicher Strukturen, sondern entwickelt sich nur in der öffentlichen Auseinandersetzung um Werte.

In einem Satz zusammengefaßt: Es wird eine Argumentation vorgestellt, die zeigt, wie und in welchen Formen die Konstitution persönlicher und sozialer Identität unmittelbar zur gesellschaftlichen Integration beiträgt.

In der Durchführung wurde darauf geachtet, die notwendigen empirischen Bezüge durchweg zur Bundesrepublik Deutschland herzustellen, um die Beispiele anschaulicher zu machen. Gleichwohl sind die theoretischen Ausführungen auf einem Abstraktionsniveau, das für soziale Beziehungen auch in anderen westlichen Demokratien zuträfe. Ich möchte vorweg nicht unerwähnt lassen, daß ein wichtiges Motiv der Arbeit darin besteht, die theoretischen Anstöße des amerikanischen Kommunitarismus (insbesondere die Beiträge Charles Taylors) in eine soziologische Argumentation zu übersetzen und sowohl theoriegeschichtlich, als auch in ihrem empirischen Bezug auf die deutschen Verhältnisse anwendbar zu machen.

Im I. Teil „Das Selbst in der Gesellschaft" wird das Selbst als Wahrnehmung und Integration der bio-psychischen individuellen Entwicklung im Rahmen eines Verständnisses sinnhafter Weltstrukturen definiert. "Sinn" ergibt sich aus der individuelle Verortung in den signifikanten sozialen Beziehungen und deren Wertkonzepten. Anknüpfend an die sehr unterschiedlichen theoretischen Zugänge von G. H. Mead und S. Freud werden im zweiten Kapitel die sozialen Implikationen der Entwicklung des Selbst vor allem unter Einbeziehung E. Eriksons Theorie der Ich-Identität gezeigt.

Im II. Teil „Gefühle, Werte und Identitätsfigurationen" wird die Entwicklung des Selbst unter soziologischen Gesichtspunkten betrachtet. Es wird der Frage nachgegangen, wie vorgegebene gesellschaftlich bestimmte Aufgaben und Ich-Identität ähnliche Strukturen aufweisen können. Die soziale Formung des Selbst geschieht offenbar nicht unmittelbar, sondern wird über sozial geprägte Gefühle vermittelt. Um dies zu verdeutlichen, wird im vierten Kapitel an A. Hellers Phänomenologie der Gefühle gezeigt, daß der Kern der sozialen Prägung des Selbst in der individuelle Übernahme der sozialen Bewertungen von Gefühlen besteht. Auf diese Weise lassen sich historische Veränderungen von Gefühlen und spezifisch soziale Gefühle, wie die Scham erklären. Die herausragende Bedeutung gesellschaftlicher Wertungen von Gefühlen für die Identität wird im fünften Kapitel unter Bezug auf N. Elias Theorie der Ich-Wir-Balance vertieft. Diese Wertungen werden zu komplexen Identitätsfigurationen verdichtet, die den Hintergrund sinnhafter Weltstrukturen abgeben, vor dem sich das Selbst entwickelt. Es wird gezeigt, daß die Identitätsfigurationen sich auf zwei grundsätzlich unterschiedliche Weise bilden können: als partikulare Identitäten, die um die vermeintlich natürlichen Bestimmungen von Geschlecht, Familie und Nation und den ihnen entsprechenden sozialen Beziehungen zentriert sind einerseits und als gesellschaftlich reflektierte Identitätsfigurationen in verschiedenen Stufen von Weltansichten andererseits. Die Struktur solcher „starken" Wertungen wird in Auseinandersetzung mit T. Luckmanns Religionstheorie und im Anschluß an Ch. Taylor entwickelt. Die „starken" Wertungen bilden einen Horizont, vor dem das Selbst sich strukturiert. Ohne sie könnten Gefühle nicht organisiert werden: erst der Horizont „starker" Wertungen ermöglicht es, Denken und Handeln mit der emotionellen Persönlichkeit in Beziehung zu setzen. Ein integrierter Horizont „starker" Wertungen kann auch als Konzeption des „guten Lebens" bezeichnet werden, ein Begriff der am Ende der Arbeit wieder aufgenommen wird.

Eine Argumentation, die auf eine Bestimmung moderner Identität zielt, muß sich mit der historischen Herausbildung und Abgrenzung ihres Gegenstandes auseinandersetzen. Hier wird dies in Form eines historischen Exkurses zur Geschichte der Selbstreflexion ausgeführt. Anhand der Selbstzeugnisse von Aristoteles, Aurelius Augustinus, Michel de Montaigne, Jean-Jacques Rousseau und J. W. Goethe werden Besonderheiten und Entwicklungen der vormoderner Identitätsbildung angerissen und Ansätze von langen historischen Linien der modernen Identität gezeigt.

Bis hierhin ist die These entwickelt worden, daß das Selbst wesentlich durch gesellschaftliche Werte geprägt wird. Das impliziert, daß Werte in der modernen Gesellschaft überhaupt noch relevant, ja strukturierend sind. Diese These wird im III. Teil „Die gesellschaftliche Integration" gegen eine Reihe von gängigen Einwänden verteidigt. Die Auseinandersetzung greift die Debatte um Gemeinschaft und Gesellschaft auf, die These von der gegenseitigen Verselbständigung von gesellschaftlichen Subsystemen sowie die Theorie der Individualisierung. Als Argumente für die Relevanz sinnhafter Strukturen in der gesellschaftlichen Integration werden im siebten Kapitel eine Theorie der gesellschaftlichen Reproduktion vorgestellt und im achten Kapitel eine Bestimmung der Marktgemeinschaft eingeführt. Anknüpfend an R. Münch wird die These aufgestellt, daß die Integration der Gesellschaft durch gleichsinnige Strukturen in den jeweiligen Sphären sowie durch übergreifende Strukturen hergestellt wird. Die übergreifenden Strukturen sind die Formen der entwickelten Marktwirtschaft, die Bestimmung der freien und gleichen Individualität, die universalistischen Strukturen des Rechts und die nationalstaatliche Verfassung der Gesellschaft.

Der Schwerpunkt der Argumentation des III. Teils wird im neunten Kapitel „Die institutionalisierten Bürgerrechte" entwickelt. Wenn moderne Gesellschaften durch einen institutionalisierten Wertekonsens strukturiert und integriert werden, muß sich dieser Konsens an den tatsächlichen Verfassungs- und Rechtsformen aufzeigen lassen. Zu diesem Zweck wird eine ausführliche Interpretation der Grundrechte im Grundgesetz der Bundesrepublik Deutschland durchgeführt. Im einzelnen wird gezeigt, wie eine spezifische Wertvorstellung von individueller Autonomie und institutioneller Regulierung die Verfassung und die institutionelle Struktur der Bundesrepublik prägen. Die Werte der Persönlichkeitsbildung erscheinen wieder als institutionalisierte Bürgerrechte.

Im IV. Teil „Moderne Identität" wird untersucht, ob die bislang entwickelte Bestimmung moderner Individualität lediglich auf gesellschaftliche Institutionen, wie das Verfassungsrecht, anwendbar ist oder ob – und wenn ja in welcher Form – sie auch in den Alltagsvorstellungen der Deutschen vorhanden ist. Anhand von empirischen Untersuchungen zum Wertesystem der Deutschen wird die Hierarchie der Wertvorstellungen dargestellt. Sie zeigen als Komplexe der höchsten Wertprioritäten Familie, Zuneigung, Liebe sowie Arbeit und Erfolg. Diese Werte werden als der aktuelle soziale Wertehintergund interpretiert, vor dem moderne Identität zu bestimmen ist. Die theoretischen Implikationen der Wertkomplexe Familie/Zuneigung und Arbeit/Erfolg werden im einzelnen untersucht. Anschließend an die letzten Arbeiten von A. Giddens werden die Charakteristika moderner Identität herausgearbeitet. Zum einen wird moderne Identität reflexiv, sie wird in die Wahl eines Lebensstils eingebettet. Dadurch nimmt der Wertkomplex Familie/Zuneigung die ideale Form der „reinen Beziehung" an. Zum anderen verschmelzen die Arbeitsorientierungen mit diesen Formen persönlicher Identität zu einer Lebensorientierung, in der Reflexivität und Rationalisierung der Lebensführung für alle Daseinsbereiche bestimmend werden. Im abschließenden Kapitel „Gesellschaftliche Integration und moderne Identität" wird zunächst gezeigt, daß die in den sozialen Beziehungen moderner Gesellschaften angelegten Formen der autonomen Innerlichkeit und der instrumentellen Rationalität in Widerspruch zu den gesellschaftlich-gemeinschaftlichen Entstehungsbedingungen moderner Identität treten. Daraus wird der Schluß gezogen, daß die Bedingungen moderner Identität in demokratischen Gesellschaften und ihre freiheitlichen, demokratischen und sozialen Institutionen nur durch einen öffentlichen Diskurs über den Horizont gemeinsam geteilter Werte erhalten und entwickelt werden können.

1. Teil
Das Selbst in der Gesellschaft

1. Kapitel: Die Problemstellung Individuum und Gesellschaft

1.1 Neue Erfahrungen und gesellschaftliche Verantwortung

Zwei Konzeptionen haben die wissenschaftliche Auffassung des Selbst in der Moderne stark geprägt: der amerikanische Sozialbehaviorismus, der das Selbst als Reflex der gesellschaftlichen Anpassung versteht und die psychoanalytische Theorie, die das Selbst in einem strukturellen Konflikt zwischen den Ansprüchen der Triebe und denen der Kultur sieht. An diese beiden „klassischen" Positionen soll zunächst die soziologische Grundfrage gestellt werden, wie sich Individuum und Gesellschaft zueinander verhalten. Der Schnittpunkt zwischen Individuum und Gesellschaft kommt nicht erst dann in den Blick, wenn das fertige Subjekt der Gesellschaft gegenübertritt, sondern bereits, wenn gefragt wird, was das Ich oder die Persönlichkeit eigentlich ausmacht. Das soll einleitend an einer einfachen Überlegung gezeigt werden.

Es gehört zu den spezifisch menschlichen Erfahrungen, sowohl in bewußter Verantwortung handeln, als auch neue Erfahrungen machen zu können. Hiermit sind zwei individuelle Handlungsmöglichkeiten benannt, an denen wichtige Merkmale von Selbstbewußtsein und gesellschaftlicher Verflechtung gezeigt werden können. In bewußter Verantwortung zu handeln, heißt, eine bestimmte innere Haltung zu gesellschaftlichen Formen des menschlichen Zusammenlebens einzunehmen. Damit dies jemand tun kann, müssen eine Reihe von Voraussetzungen erfüllt sein.

Zunächst einmal muß es überhaupt Bereiche menschlichen Zusammenlebens geben, die durch gemeinschaftliche oder gesellschaftliche Werte oder Normen strukturiert sind. Dies sei als gesellschaftliche Voraussetzung – die selbstverständlich historischen Veränderungen unterliegt – hier zunächst unterstellt. Auf Seiten des einzelnen Subjektes ist dann erstens vorausgesetzt, daß ich erkennen kann, nach welchen Werten oder Normen sich die Gemeinschaft oder Gesellschaft, in der ich lebe, richtet; daß diese Werte oder Normen auch für mich gelten und daß ich sie zu meinen eigenen mache. Das hat bereits weitreichende Implikationen für die Bildung von Bewußtseinsstrukturen und für das Selbstbewußtsein. Diese Werte und Normen werden in der Regel in zwischenmenschlichen Kommunikationsprozessen erlernt.

Ich nehme also die Haltungen der anderen wahr, insbesondere ihre Haltungen mir gegenüber. Ich übernehme diese Haltungen, d.h. ich identifiziere mich mit ihnen. Indem ich mich als jemand erkenne, der die Haltungen von anderen übernimmt, beziehe ich mich auf mich selbst als Objekt. Ich kann für mich nur Objekt werden, weil ich gelernt habe, daß ich für andere Objekt bin (und umgekehrt), und weil ich die Haltungen anderer selbst einnehmen kann. Ich entwickle zugleich ein Bewußtsein von meiner Rolle und den Rollen der anderen.

Gesellschaftsbewußtsein und Selbstbewußtsein bilden sich nur in zwischenmenschlichen und gesellschaftlichen Kontakten, in überwiegend sprachlich vermittelten Kommunikationsprozessen. Robinson auf seiner fiktiven Insel brachte sein Gesellschaftsbewußtsein aus England mit, für sich allein hätte er nicht einmal ein Selbstbewußtsein als menschliches Individuum entwickeln können. Denn bereits im Selbstbewußtsein finden wir die gesellschaftliche Prägung der Individualität:

„Durch Reflexivität – den Rückbezug der Erfahrungen des Einzelnen auf sich selbst – wird der ganze gesellschaftliche Prozeß in die Erfahrung der betroffenen Individuen hereingebracht." (Mead 1934, 175)

Selbstreflexivität, die spezifische Qualität des menschlichen Bewußtseins, ist nicht denkbar ohne einen Begriff des anderen.

Um verantwortungsbewußt zu handeln, ist zweitens vorausgesetzt, daß ich in der Lage bin, selbstbewußt im Rahmen dieser Normen aktiv zu werden, und daß ich mir dieses wechselseitigen Prozesses bewußt bin. Ein rein gewohnheitsmäßiges oder reflexhaftes Handeln kann nicht verantwortlich sein, weil ihm eben das Moment des Selbstbewußtseins fehlt. Ein verantwortliches Handeln kann deshalb auch nicht durch rein passive Anpassung oder durch automatisches Gehorchen oder durch Zwang erreicht werden. Selbst wenn es dadurch im Einzelfall zu Handlungen kommen sollte, die selbstbewußtem Handeln äußerlich gleichen, ist doch der innere Prozeß des Akteurs von Grund auf verschieden.

Verantwortungsvolles Handeln wird sich definitionsgemäß innerhalb konventioneller Bahnen bewegen müssen, denn zu seinen Voraussetzungen gehören von der Gemeinschaft oder Gesellschaft akzeptierte ethische oder wertgebundene Vorstellungen, umschriebene Rollen und häufig sogar definierte Rechte und Pflichten der beteiligten Personen. Neue Erfahrungen dagegen gehen in der Regel über dieses konventionsgebundene Verhalten hinaus. Die in diesem Zusammenhang wichtigen individuellen Möglichkeiten drücken sich am deutlichsten in der Kunst oder in wissenschaftlichen Entdeckungen aus. Es gibt aber auch alltägliche, oft spontane Erfahrungen, die den Rahmen des gesellschaftlich oder gewohnheitsmäßig Vorgegebenen sprengen.

Jede/r ist grundsätzlich in der Lage, sich gesellschaftsadäquat zu verhalten und neue, unverwechselbare Erfahrungen zu machen. Für die Sozialpsychologie ist der Unterschied dieser Handlungsmöglichkeiten so fundamental, daß selbst innerhalb der ganz unterschiedlichen methodischen Gesamtkonzepte von George Herbert Mead und Sigmund Freud hierfür je zwei unterschiedene psychischen Instanzen angenommen werden. Diese beiden fundamentalen Handlungsmöglichkeiten des Individuums werden ins Auge gefaßt, wenn Mead vom „I" und vom „Me" spricht[1].

„Das I ruft das Me nicht nur hervor, es reagiert auch darauf. Zusammen bilden sie eine Persönlichkeit, wie sie in der gesellschaftlichen Erfahrung erscheint. Die Identität (das Selbst – d. Verf.) ist im wesentlichen ein gesellschaftlicher Prozeß, der aus diesen beiden unterscheidbaren Phasen hervorgeht. Gäbe es diese beiden Phasen nicht, so gäbe es keine bewußte Verantwortung und auch keine neuen Erfahrungen." (Ebd., 221)

Das ist nicht die einzige Bedeutung dieser Unterscheidung. Sie schließt auch an die idealistische Philosophie an, die die Selbstreflexivität des menschlichen Bewußtseins als spezifische Qualität hervorgehoben und vom empirischen Ich getrennt hat. Auf diesen Unterschied bezieht sich Freud, wenn er vom Ich das Über-Ich und das Ich-Ideal abgrenzt. Im Folgenden soll der Frage nachgegangen werden, wie die Qualität der Selbstreflexivität und gesellschaftliche Bewußtseinsformen zusammenhängen.

1.2 Das Selbst: „Ein Wirbel in der gesellschaftlichen Strömung"

Zur Klärung der grundsätzlichen Beziehungen zwischen Ich und Gesellschaft ist der sozialbehavioristische Ansatz von George Herbert Mead grundlegend. Mead entwickelte seine Theorie Anfang des Jahrhunderts unter dem Eindruck der Darwinschen Entwicklungslehre. Konsequent interpretiert er das Individuum aus der Beziehung des Organismus zur Umwelt:

„Das I ist die Reaktion des Organismus auf die Haltungen anderer; das Me ist die organisierte Gruppe von Haltungen anderer, die man selbst einnimmt." (Ebd., 218)

Das Me repräsentiert die Situation, in der das Individuum durch seine Nation, den Ort, seine Familienverhältnisse und die politischen Verhältnisse gestellt ist. Seine Inhalte werden vom Wirtschaftssystem, von der Religion, vom Patriotismus oder anderen Ideologien bestimmt. Das Me kann als innere Kontrollinstanz und als Zensor wirken. Im Extremfall kann jemand bis zur Selbstaufopferung an den Inhalten des Me hängen.

Dagegen liefert das I das Gefühl der Freiheit und der Initiative. Es ist deshalb unberechenbar:

---

1 Zur Terminologie: In der deutschen Ausgabe von Meads Schriften wird „I" mit „Ich" und „Me" mit „ICH" übersetzt. Dem folge ich hier nicht, sondern behalte die englischen Begriffe bei. Meads Begriff „self" wurde in der Übersetzung mit „Identität" wiedergegeben. Hier träfe m. E. der Begriff „Selbst" besser.

„Man hat das I nie völlig im Griff. Manchmal kann einem eine andere Person etwas über die eigene Person sagen, dessen man sich nicht bewußt war. Man ist sich seiner selbst nie sicher und wird durch das eigene Verhalten genauso überrascht wie andere Menschen." (Ebd., 248)

Mead bezeichnet das I auch als die faszinierende und schöpferische Energie, der das Me die konventionelle Form gibt. Unkonventionelle, also auch oppositionelle Haltungen könnten deshalb nur aus den Funktionen des I entspringen. Dennoch vertieft Mead keineswegs die Untersuchung darüber, welche Gegensätze zwischen I und Me auftauchen können, er geht vielmehr davon aus, daß es dem einzelnen in der Regel gelingt, beide zu integrieren und damit sein Selbst (Identität) zu entwickeln.

Der Schlüssel dazu ist der Begriff des „verallgemeinerten anderen". Je nachdem, in welche Gruppen der einzelne einbezogen ist, wird er mit unterschiedlichen Haltungen konfrontiert. Er müßte demnach ebenso viele unterschiedliche Me entwickeln, wie er unterschiedlichen funktionalen Einheiten (z.B. Korporationen, Parteien usw.) oder abstrakten gesellschaftlichen Klassen (z.B. Eigentümer, Steuerzahler usw.) angehört. Jeder kann somit mit einer Vielzahl von anderen Individuen verflochten sein und sei es noch so indirekt. Vor einer Rollenkonfusion bewahrt ihn seine Fähigkeit, aus den diversen Stücken ein Muster zu bilden – den/das verallgemeinerte andere –, das als Ganzes in die Erfahrung des einzelnen tritt[2]. Mead führt aus, daß Gesten, Sprache, Symbole (Allgemeinbegriffe) das Medium sind, in dem das Bild des verallgemeinerten anderen entsteht. (Rollen)Spiel und Wettkampf seien die Situationen, in denen es praktisch eingeübt wird, in denen also das Selbst gebildet wird. Werden die Grundsituationen schon in der Kindheit eingeübt, so ist doch Meads Modell insofern offen, als nicht weiter festgelegt ist, wann in der individuellen Entwicklung die Position des verallgemeinerten anderen aufgenommen werden. Ein lebenslanges Lernen und eine beständige Modifizierung der Inhalte hält er für durchaus möglich.

Das Selbst ist mehr als das passive Übernehmen der Haltungen anderer, es erfordert eine aktive Integrationsleistung. Das Selbst ist dann das je spezifische Muster, das der einzelne aus der Vielzahl der Haltungen anderer bildet. Es ist somit zugleich gesellschaftlich bedingt und unverwechselbar[3]. Diese

---

2 Habermas nimmt den Meadschen Begriff „verallgemeinerter Anderer" als Synonym für Kollektivbewußtsein oder Gruppenidentität (Habermas 1981, Bd.2, 73). Das sind aber Begriffe der Außenperspektive, während Mead ganz eindeutig die Innenperspektive meint. Habermas entgeht deshalb die Integrationsleistung des Selbst bei der Konstitution des „verallgemeinerten Anderen".

3 Ein interessantes Argument zum Verhältnis von Persönlichkeit und Individualität entwickelt Durkheim: „Was wir aber von der Gesellschaft erhalten, haben wir mit unseren Mitmenschen gemeinsam. Es stimmt also nicht, wenn wir glauben, um so persönlicher zu sein, je individualistischer wir sind. Die beiden Begriffe sind keineswegs synonym: in einem gewissen Sinn behaupten sie eher Gegenteiliges,

Integrationsleistung können wir mit wachsender Lebenserfahrung und wachsenden Erinnerungen immer besser erbringen, denn wir „organisieren ... normalerweise unsere Erinnerungen auf der Schnur unserer Identität" (ebd., 177). Das Selbst wird also konstituiert durch die Fähigkeit des Menschen zur Selbstreflexivität und zur Integration.

Meads Theorie basiert auf der Vorstellung einer einheitlich strukturierten menschlichen Welt. Sie ist einheitlich, weil sie durch universelle Allgemeinbegriffe strukturiert wird. Persönlichkeit und Gesellschaft weisen homologe Strukturen auf:

„Die Einheit und Struktur der kompletten Identität spiegelt die Einheit und Struktur des gesellschaftlichen Prozesses als Ganzen. Jede der elementaren Identitäten, aus denen er gebildet wird, spiegelt die Einheit und Struktur eines der verschiedenen Aspekte dieses Prozesses, in den der Einzelne eingeschaltet ist. Mit anderen Worten, die verschiedenen elementaren Identitäten, die eine vollständige Identität konstituieren oder zu ihr organisiert werden, sind die verschiedenen Aspekte der Struktur dieser vollständigen Identität, die den verschiedenen Aspekten des gesellschaftlichen Prozesses als Ganzen entsprechen. Die Struktur der vollständigen Identität ist somit eine Spiegelung des vollständigen gesellschaftlichen Prozesses. Die Organisation und Vereinheitlichung einer gesellschaftlichen Gruppe ist mit der Organisation und Vereinheitlichung einer jeden Identität identisch, die sich aus dem gesellschaftlichen Prozeß heraus entwickelt, in den diese Gruppe eingeschaltet ist oder den sie ablaufen läßt." (Ebd., 186)

Obwohl Mead durchaus die funktionale Differenzierung der Gesellschaft sieht, hält er an der Vorstellung fest, daß die Einheit des Selbst oder der persönlichen Identität aus der Einheit des gesamten gesellschaftlichen Verhaltens- und Erfahrungsmusters erwächst. Das kann er, weil er sich an den realen einheitlichen und abstrakten Ausdruck der bürgerlichen Gesellschaft hält: an die Sphäre des Austauschs, in der sich alle wechselseitig als Freie und Gleiche anerkennen.

Als besonders schlagendes Beispiel wechselseitiger Anerkennung führt Mead mehrmals die Beziehungen unter gleichen und freien Eigentümern an. Hier sind Individuen mit bestimmter sozialer Position vorausgesetzt, er führt unter der Hand damit die Grundbestimmungen des Bürgertums ein. Gerade weil Mead die gesellschaftlich-historischen Voraussetzungen der Gesellschaft vernachlässigt, voll entwickelte kapitalistische Verhältnisse unterstellt

---

als sie auseinander ableitbar wären. Die Leidenschaft individualisiert, aber sie unterjocht uns auch. Unsere Gefühle sind wesentlich individuell; aber wir sind um so mehr Person, je mehr wir uns von den Sinnen befreit haben, je mehr wir nach Begriffen denken und handeln. Wer also auf alles hinweist, was im Individuum sozial ist, verneint oder erniedrigt daher nicht die Persönlichkeit. Er wehrt sich nur, sie mit der Tatsache der Individuation zu verwechseln" (Durkheim 1968, 369).

und auf einem sehr hohen Abstraktionsgrad erörtert, wie sich das Individuum zur Gesellschaft verhält, kommt er zu so radikalen Formulierungen wie: Das Selbst ist „ein Wirbel in der gesellschaftlichen Strömung und somit immer noch Teil dieser Strömung" (ebd., 225).

Mead unterstellt nicht nur die entwickelte Marktwirtschaft als gesellschaftliches Modell, ihre abstrakt und einfach gefaßten sozialen Beziehungen prägen in seiner Theorie die wesentliche Form der Kommunikationsprozesse, die zur Identitätsbildung führen. Dabei interessieren ihn ökonomische Prozesse überhaupt nicht, er entwickelt diese Figuren aus einer allgemeineren Vorstellung von Organismus-Umwelt-Beziehungen. Auch wenn diese theoretische Grundlage nicht geeignet ist, gesellschaftliche Strukturen richtig zu erfassen, bleibt das Modell der Konstitution des Selbst in einem gesellschaftlichen Kommunikationszusammenhang interessant. Es muß aber genauer untersucht werden, welche Formen gesellschaftlicher Integration wirken und wie diese mit der Fähigkeit des Selbst zur Integration zusammenhängen. Es ist erst noch zu zeigen, wie gesellschaftlich-ökonomische und politische Entwicklungen dazu führen, daß sich eine Mehrheit der Bevölkerung tatsächlich weitgehend als gleiche und freie Personen zueinander verhalten kann und das dies auch kulturell die bestimmende Grundlage des sozialen Lebens wird. Dann wären auch reale gesellschaftliche Bedingungen gegeben, auf deren Grundlage sich das Thema einer gleichsinnigen Strukturierung von Selbst und Gesellschaft erneut diskutieren läßt[4].

Es lassen sich noch weitere wichtige Fragen aus der Meadschen Theorie entwickeln. Interessant sind hier vor allem seine Untersuchungen zum Verhältnis des „verallgemeinerten anderen" zur Alltagspraxis. Die Haltungen des verallgemeinerten anderen können im Alltagserleben nicht immer im Zentrum des Selbstbewußtseins stehen. Im Alltagsleben können nicht bei jeder Handlung Identitätsfragen aufgeworfen werden. Wenn nicht Vieles zur Routine würde, wäre man handlungsunfähig und psychisch überlastet. Andererseits kann das Identitätsgefühl auch nicht wieder ganz verschwinden. Man muß davon ausgehen, daß die Haltungen des verallgemeinerten anderen einen (Gefühls-)Hintergrund bilden, vor dem die Alltagshandlungen mehr oder weniger gewohnheitsmäßig ablaufen oder in den sie unbewußt eingebettet sind[5]. Mead nimmt an, daß das Me uns normalerweise eine Verantwortung aufbürdet, die sich „in unserem Unterbewußtsein" als Dauerproblem, als ständige Kontrolle spontaner Regungen geltend macht. Dieser Hintergrund könne aber auch aktiviert werden und völlig mit den Handlungen verschmelzen:

---

4 vgl. dazu vor allem Kapitel 8.3. „Die Marktgemeinschaft und die gesellschaftliche Gemeinschaft".

5 Es wird in späteren Kapiteln entwickelt, daß dieser Hintergrund mit dem Begriff Werthorizont oder Wertehintergrund präziser bezeichnet wird, als mit Meads Begriff des „verallgemeinerten Anderen". Vgl. insbesondere Kapitel 11 „Moderne Identität und Werte".

„Wo sich I und Me irgendwie verschmelzen können, da entwickelt sich jenes spezifische Hochgefühl, das zu den religiösen und patriotischen Haltungen gehört, in denen die bei anderen hervorgerufene Reaktion mit der eigenen Reaktion identisch ist." (Ebd., 321)

Wenn das verallgemeinerte andere und die eigenen Antriebe zusammenfallen, müsse das I nicht mehr durch das Me kontrolliert werden. Diese Entlastung mache sich als Hochgefühl geltend.

Hier bleiben bei Mead einige wichtige Fragen offen: Wie sind die Inhalte des „Hintergrundes" zu beschreiben? Welches Bild vom Individuum zeigt er und wie ist er mit dem Selbst vermittelt? Welche Rolle spielt er in der persönlichen Entwicklung? Mead untersucht die möglichen und notwendigen Spannungen zwischen I und Me nicht weiter. Aber man kann doch an seinen kurzen Bemerkungen zu diesem Thema sehen, daß I und Me in ähnlicher Spannung zueinander stehen, wie Ich und Über-Ich in der Freudschen Konzeption (die Mead insgesamt für unwissenschaftlich hält). Insofern scheint auch bei Mead etwas von dem großen kulturellen Thema im Europa des 19. Jahrhunderts auf – die gesellschaftliche Zügelung der Triebe oder die Selbstkontrolle –, aber nicht mehr der Grundkonflikt, sondern nur noch die Problemstellung. Denn in seiner strikten Orientierung auf Gesellschaft sieht Mead die Auflösungsmöglichkeiten gesellschaftlicher und persönlicher Konflikte in einer Verbesserung der gesellschaftlichen Anpassung. Er vertraut dabei auf die progressive Entwicklung der Gesellschaft:

„Gerade die Universalität der Prozesse, die für die menschliche Gesellschaft typisch sind, ob sie nun vom Standpunkt der Religion, des Handels oder des logischen Denkens aus gesehen werden, bildet die Ansätze zu einer Universalgesellschaft. Tatsächlich drücken sich diese Tendenzen überall dort aus, wo die gesellschaftliche Entwicklung weit genug fortgeschritten ist." (Ebd., 331)

In einer universellen Gesellschaft, in der alle durch das Mittel der Kommunikation Beziehungen zueinander unterhalten, könnten sich die Menschen als Mitglieder und als Brüder erkennen. Die Gesellschaft müßte nur zu einer funktionalen Differenzierung gelangen, in dem jeder an seinem Platz und in seiner Funktion eine sinnvolle Rolle spielen kann, in der also jeder einen von allen akzeptierten Platz finden kann. In einer demokratischen Gesellschaft könnten die noch konfliktbeladenen wichtigsten Orientierungssysteme – die Marktwirtschaft und die Universalreligionen – aufgehoben werden, da beide schon von sich aus zur Universalisierung neigen. Damit wird für Mead eine Gesellschaftsform sichtbar, die darauf beruht, daß es allen Mitgliedern möglich ist, die Haltungen jener zu übernehmen, die sie beeinflussen. In einer solchen Gesellschaft wären individuelle und gesellschaftliche Ansprüche ausgeglichen.

Mead zeigt hier ein idealtypisches Modell, das es wert ist, genauer untersucht zu werden. Eine gesellschaftliche Stabilität wird es nur geben, wenn individuelle Motive und gesellschaftliche Organisation übereinstimmen. Allerdings möchte ich die Frage genau anders herum stellen: Aus welchen Bedingungen läßt sich die hohe Integrationskraft freiheitlicher, sozialer und demokratischer Marktwirtschaften erklären? Es ist erst noch zu eruieren, wie sich unter den Bedingungen moderner Gesellschaften die individuellen Persönlichkeiten und die gesellschaftsintegrierenden Strukturen aufeinander abstimmen.

Das Vertrauen in die Möglichkeit einer konfliktfreien Beziehung zwischen Individuen und Gesellschaft ist quasi der eine Pol in der kontroversen wissenschaftlichen Debatte und er wird besonders deutlich von Mead repräsentiert. Dieses Vertrauen ist nicht aus einer Analyse der Gesellschaftsstrukturen abgeleitet, sondern geht als außertheoretische Voraussetzung in die sozialpsychologische Theoriebildung ein. Es scheint mir keineswegs zufällig zu sein, daß bis in die sechziger Jahre insbesondere die amerikanische Theorie in dieser Tradition steht, während europäische Gesellschaftswissenschaftler viel tiefer von den Katastrophen der europäischen Geschichte und dem Untergang der bürgerlichen Kultur geprägt sind.

Wenn im folgenden kurz auf die Psychoanalyse eingegangen wird, so nicht nur, weil sie den anderen Pol der Debatte um Individuum und Gesellschaft vertritt, sondern auch, weil Freud sehr viel differenzierter und viel empirischer den „psychischen Apparat" analysiert hat. Angesichts der Veränderungen, die Freud im Laufe der Zeit an seiner Theorie vorgenommen hat und seiner grundsätzlichen Offenheit gegenüber neuen Erkenntnissen, können die folgenden Bemerkungen nicht mehr beanspruchen, als einige zum Thema Individuum und Gesellschaft gehörige Aspekte aufzulisten.

1.3 Das „arme Ich als Diener dreier Herren"

Ungefähr zur gleichen Zeit, in der Mead seine Vorlesungen hielt, entwickelte Freud den Begriff des Über-Ichs. Der Ausdruck tauchte erst 1923 in der Schrift „Das Ich und das Es" auf. Doch schon früher wurde er inhaltlich beschrieben. Anläßlich der Analyse eines Melancholikers beschrieb Freud eine kritische Instanz, die sich vom Ich abgetrennt hat und es zu beherrschen scheint. „Wir sehen bei ihm, wie sich ein Teil des Ichs dem anderen gegenüberstellt, es kritisch wertet, es gleichsam zum Objekt nimmt" (Freud 1917a, 201). Die erste Funktion des Über-Ichs ist die Selbstbeobachtung, seine zweite das Gewissen, die kritische Wertung. Die Grundsituation ist die folgende: Ich verspüre Lust, etwas zu tun, aber ich unterlasse es, weil mein Gewissen Einspruch erhebt. Die Spannung zwischen Ich und Über-Ich drückt sich als Schuldgefühl aus. Nach Freud ist also die grundlegende Qualität des menschlichen Bewußtseins – die Selbstreflexivität – unmittelbar mit wertenden Begriffen verknüpft. Wir gewinnen kein objektives oder neutrales Bewußtsein unser selbst, sondern nur eines innerhalb eines Horizontes von gesellschaftlichen Wertungen.

Nach Freud entwickelt sich das Über-Ich aus den seelischen Vorgängen in der Kindheit. Im Über-Ich setzt sich der elterliche Einfluß fort. Wesentlich als Folge des Ödipus-Komplexes werden die Besetzungen der Eltern aufgegeben und durch Identifizierungen ersetzt. Die Identifizierung erfolgt dabei nicht mit den konkreten Eltern, sondern mit der Elterninstanz, dem Über-Ich der Eltern. Das Über-Ich „erfüllt sich mit dem gleichen Inhalt, es wird zum Träger der Tradition, all der zeitbeständigen Wertungen, die sich auf diesem Wege über Generationen fortgepflanzt haben" (Freud 1932, 58).

Während das Es als „älteste psychische Instanz" alles enthält, was ererbt und konstitutionell festgelegt ist – insbesondere die aus der Körperorganisation stammenden Triebe – hat das Über-Ich historisch-kulturell bedingte Inhalte:

„Im Elterneinfluß wirkt natürlich nicht nur das persönliche Wesen der Eltern, sondern auch der durch sie fortgepflanzte Einfluß von Familien-, Rassen-, und Volkstradition sowie die von ihnen vertretenen Anforderungen des jeweiligen sozialen Milieus. Ebenso nimmt das Über-Ich im Laufe der individuellen Entwicklung Beiträge von seiten späterer Fortsetzer und Ersatzpersonen der Eltern auf, wie Erzieher, öffentlicher Vorbilder, in der Gesellschaft verehrter Ideale." (Freud 1938, 10f.)

Anders ausgedrückt: Das Es und das Über-Ich repräsentieren die Einflüsse der Vergangenheit, das Es die ererbte, das Über-Ich die von anderen übernommene. Dem Ich kommt die Aufgabe der Vermittlung und der Realitätsbewältigung zu, es wird durch das selbst Erlebte, das Akzidentielle und Aktuelle bestimmt.

Die entwicklungspsychologische Seite der Identitätsentwicklung und die Entwicklung des Selbst vor und nach der Phase, in der nach Freud das Über-Ich im wesentlichen aufgebaut wird, ist Gegenstand des folgenden Kapitels. An dieser Stelle geht es um die komplexe Struktur des Über-Ich in Freuds Theorie. Der erste wichtige Punkt ist, daß mit der Bildung des Über-Ich die früheren Formen des Schuldbewußtseins nicht gänzlich aufgelöst seien, vielmehr durchaus neben ihnen bestehen könnten (Freud 1930, 251ff.)[6]. Aus Angst vor Liebesverlust würde das kleine Kind bereits gegebenenfalls Triebverzicht leisten, sprich: der Autorität gehorchen, ohne daß es hierbei schon zur Ausbildung eines Gewissens oder Schuldgefühls kommt. Freud unterscheidet hier eine frühe „soziale" Angst von einer späteren Gewissensangst. Es deutet sich hier an, daß soziale Anpassung auch ohne Gewissensbildung ablaufen kann.

Außer den Funktionen der Selbstbeobachtung und des Gewissens kommt dem Über-Ich auch die Idealfunktion zu. Freud nimmt an, daß man einen Teil des ursprünglichen kindlichen Narzißmus in Form des Ichideals vor sich

---

6   Zu den vorödipalen Vorstadien der Über-Ich-Bildung vgl. auch Jacobson (1964).

hin projiziert. Das Ichideal oder die Selbstachtung des Ich ist von Seiten des Ich aus die Bedingung für die Verdrängung. Dem Ichideal gilt die Selbstliebe, welche in der Kindheit das wirkliche Ich genoß. Die Anregung zur Bildung des Ichideals ist aber keine andere als die des Über-Ichs: die kritische Stimme der Eltern (vgl. Freud 1914). Sein Inhalt freilich ist zu unterscheiden: Das Ichideal hat eine Vorbildfunktion, es ist ein Selbstbild, während das Gewissen eher die verbietende, strafende Instanz meint. Eine Kränkung des Selbstbildes und ein Verstoß gegen die Normen des Über-Ich führen zu Scham- und Schuldgefühlen.

Über den Begriff des Ichideals kommt Freud zur Beschreibung auch kollektiver Ideale und damit zur „Massenpsychologie". Wenn das Ichideal nämlich außer seinem individuellen einen sozialen Anteil hat, ist es auch „das gemeinsame Ideal einer Familie, eines Standes, einer Nation" (Freud 1914, 68). Gemeinsame Ichideale bilden sich, wenn viele einzelne ein gemeinsames Objekt an die Stelle ihres Ichideals setzen:

> „Jeder Einzelne ist ein Bestandteil von vielen Massen, durch Identifizierung vielseitig gebunden und hat sein Ichideal nach den verschiedensten Vorbildern aufgebaut." (Freud 1921,120)

Die Bindung der einzelnen an gemeinschaftliche Werte oder komplexer an Vorbilder muß also nicht unbedingt als strafendes Über-Ich im Inneren verankert sein. Aus dem kindlichen Narzißmus heraus – der Selbstliebe oder auch dem angeborenen Bedürfnis nach Integrität und Wachstum – wächst die Identifizierung mit Werten oder Vorbildern, die für die Aufrechterhaltung der inneren Kontinuität benötigt werden.

In der Regel ist bei Freud die Schnittstelle zwischen Gesellschaft und Individuum scharf markiert. Die psychische Ausstattung des Menschen ist geteilt in einen Bereich, der gesellschaftliche Werte und Normen in sich aufnimmt und eine Instanz, die diese Werte und Normen mit der Realität und den Bedürfnissen in Einklang bringen muß. Diese Funktion des Ich wird bei Freud immer als besonders beschwerlich dargestellt. Über-Ich, Es und Realität werden zuweilen als die drei „Zwingherren" bezeichnet, die das Ich von „drei Seiten her einengen", mit „dreierlei Gefahren bedrohen" (Freud 1932, 66).

Man kann bei Freud – schärfer, als er es selbst ausführt – zwei unterschiedliche Formen der Verinnerlichung von Gesellschaft unterscheiden, indem wir die verschiedenen Funktionen des Über-Ichs weiterhin im Blick halten. Wenn wir soeben Ichideal und Gewissen getrennt betrachtet haben, dann können wir auch unterscheiden, ob per Identifizierung gesellschaftliche Idealbilder verinnerlicht werden oder ob gesellschaftliche Normen Verhaltenskonventionen aufzwingen und vom Gewissen übernommen werden.

Zum ersten Typ der Ichidealbildung gehören die „Ideologien des Über-Ichs" (Freud 1932, 59) und die Weltanschauungen, soweit sie dazu führen, daß die Individuen genau definierte Selbstbilder entwickeln, denen sie zu genügen suchen. Als Weltanschauungen bezeichnet Freud intellektuelle Konstruktionen, die alle Probleme unseres Daseins aus einer übergeordneten Annahme einheitlich lösen (vgl. Freud 1932, 128f.; vgl. auch Erikson 1959, 202f.). Durchaus in Einklang mit der gängigen (bildungs)bürgerlichen Kultur seiner Zeit geht Freud davon aus, daß eine solche Weltanschauung zu den Idealwünschen gehört. Denn man kann sich mit ihr im Leben sicher fühlen, weiß, was man anstreben soll und „wie man seine Affekte und Interessen am zweckmäßigsten unterbringen kann" (Freud 1932, 128). Als Beispiele von Weltanschauungen nennt Freud die „wissenschaftliche Weltanschauung" (die auch die seine ist), ferner Kunst, Philosophie und an wichtigster Stelle die Religion. Seine Auseinandersetzung mit der Religion z.b. in der „Neuen Folge der Vorlesungen" ist eher kritisch-polemisch als beschreibend. Er versteht die Psychoanalyse als Beispiel der kritischen Anwendung der wissenschaftlichen Weltanschauung:

„Den letzten Beitrag zur Kritik der religiösen Weltanschauung hat die Psychoanalyse geleistet, indem sie auf den Ursprung der Religion aus der kindlichen Hilflosigkeit hinwies und ihre Inhalte aus den ins reife Leben fortgesetzten Wünschen und Bedürfnissen der Kinderzeit ableitete... Versucht man, die Religion in den Entwicklungsgang der Menschheit einzureihen, so erscheint sie nicht als ein Dauererwerb, sondern als ein Gegenstück der Neurose, die der einzelne Kulturmensch auf seinem Weg von der Kindheit zur Reife durchzumachen hat." (Freud 1932, 135f.)

In der historischen Entwicklung ändert sich nichts an den ursprünglichen Triebregungen des Menschen: ihrem Selbsterhaltungstrieb, ihrer Aggressionslust, ihrem Liebesbedürfnis, ihrem Drang nach Lusterwerb und Unlustvermeidung, also jener Ausstattung, die Menschen biologisch mit auf den Weg bekommen. Es ändert sich aber etwas an den Inhalten, die innerpsychisch vom Über-Ich repräsentiert werden. Freud ist ausdrücklich der Ansicht, daß der Prozeß der Kulturentwicklung die Triebziele verschiebt und „macht, daß sich die Menschen gegen das sträuben, was ihnen bisher erträglich war; auch scheint die fortschreitende Erstarkung des wissenschaftlichen Geistes ein wesentliches Stück von ihm zu sein" (Freud 1932, 145). Damit ist selbstverständlich auch ein Wachstum der „angewandten Psychologie" gemeint, der Wissenschaft vom Verhalten des Menschen in der Gesellschaft und auch Freuds eigene Theorie. Freud selbst wollte nicht ausschließen, daß auch im Es kulturelle Erwerbungen ihren Niederschlag finden (Freud 1938, 61), aber diese Erwägung ist im Unterschied zu den anderen nicht systematisch ausgeführt.

Die Rolle der Kultur erscheint grundsätzlich nach ihrer bewahrend-repressiven Seite, sie erscheint überwiegend als Macht des Vergangenen. Freud betont, wie kurz die Zeit wissenschaftlicher Aufklärung gemessen an der Menschheitsgeschichte ist. Er hat aber keinen Zweifel daran, daß die Einbindung der Menschen in umfassende Welterklärungen eine Notwendigkeit ist.

Weniger auf die Ichidealbildung, sondern mehr auf die von Schuldgefühl und Gewissen gesteuerte Unterwerfung unter die Kultur hebt Freud in anderen Texten ab. In seinem Text „Das Unbehagen in der Kultur" (1930) tritt noch schärfer der Gegensatz zwischen Individuum und Gesellschaft hervor, wenn er die Kultur als einen Prozeß im Dienste des Eros bezeichnet, die erst den natürlichen Aggressionstrieb bändigt. Alle widerstreitenden Kräfte sind nun in der Psyche versammelt:

„Ist die Kultur der notwendige Entwicklungsgang von der Familie zur Menschheit, so ist unablösbar mit ihr verbunden, als Folge des mitgeborenen Ambivalenzkonflikts, als Folge des ewigen Haders zwischen Liebe und Todesstreben, die Steigerung des Schuldgefühls, vielleicht bis zu Höhen, die der Einzelne schwer erträglich findet." (Freud 1930, 258)

Die gefährliche Aggressionslust könne nur durch die Kultur bewältigt werden. Das Über-Ich wirke im Inneren wie eine Besatzung in einer eroberten Stadt: es beobachtet, kontrolliert, straft und schwächt damit das Individuum. Das kann im Unterschied zur Bildung von positiven Selbstbildern als zweiter Typ von Verinnerlichung gesellschaftlicher Normen gefaßt werden.

Bei Freud sind beide Formen nicht deutlich voneinander getrennt, es scheint sogar oft, daß die Belagerungskomponente alles andere überwiegt. Im „Unbehagen in der Kultur" beschreibt er das Verhältnis von Individuum und Gesellschaft als Teil eines psychischen Dramas: Es ist das Programm des Lustprinzips, das den Lebenszweck setzt und den seelischen Apparat von Anfang an beherrscht. Das Programm ist nicht zu erfüllen, die Gefahren des Innen und Außen sind zu mannigfaltig. Doch dürfe man die Bemühungen, es irgendwie der Erfüllung näher zu bringen, nicht aufgeben. Ein jeder müsse selbst versuchen, auf welche besondere Art er selig werden kann:

„Es kommt darauf an, wieviel reale Befriedigung er von der Außenwelt zu erwarten hat und inwieweit er veranlaßt ist, sich von ihr unabhängig zu machen; zuletzt auch, wieviel Kraft er sich zutraut, diese nach seinen Wünschen abzuändern." (Freud 1930, 215)

Tatsächlich aber stellten Gesellschaft und Über-Ich ständig übermäßig rigide Anforderungen, die das Ich gar nicht erfüllen kann. Das „arme Ich" diene „drei gestrengen Herren": der Außenwelt, dem Über-Ich und dem Es (Freud 1932, 66). Deren Ansprüche muß es in Einklang bringen und oft genug scheitert das Ich an dieser Anstrengung. Zwischen Gesellschaft und Ich bestehe eine beständige Reibung, in manchen Sprachbildern assoziiert Freud sogar einen Bürgerkrieg, der gegen das Ich geführt wird. Auch die Einsicht in die Notwendigkeit, den Aggressionstrieb zu zügeln, kann den Konflikt selbst natürlich nicht beseitigen. Die Ursachen dieses Konflikts werden letztlich wieder auf psychische Naturprozesse zurückgeführt. Müsse schon die Hinfälligkeit des Körpers und die Übermacht der Natur als zwar verminderbar, doch letztlich als unvermeidlich hingenommen werden, träte uns in der „sozialen Leidensquelle" (ebd., 217) unsere eigene psychische Beschaffenheit abermals entgegen.

Das von drei Seiten belagerte Ich könne die verschiedensten Wege der Befriedigung finden, das Über-Ich ist nach dieser Darstellung eher eine der feindlichen Mächte, als eine sichere Anleitung. Positive Erfüllungsmöglichkeiten der Ichidealbildung, wie die Wissenschaft, die Kunst oder eine große Liebe seien nicht allen zugänglich oder selbst fragil. Der „gemeine Mann", der Sinnerfüllung in der Religion sucht und über die Religion als Vaterersatz nicht hinausgelangt, erspare sich im besten Fall eine individuelle Neurose, nehme aber eine Einschüchterung seiner Intelligenz in Kauf und könne die Welt nur wahnhaft verzerrt wahrnehmen. Auf keinen Fall sei ein konfliktloses Aufgehen in einer Weltanschauung oder eine reibungslose Anpassung an die Gesellschaft für eine stabile Identitätsbildung ausreichend. Im Gegenteil, auch einmal erreichte Balancen blieben prekär:

„Der Erfolg ist niemals sicher, er hängt vom Zusammentreffen vieler Momente ab, von keinem vielleicht mehr als von der Fähigkeit der psychischen Konstitution, ihre Funktion der Umwelt anzupassen und diese für Lustgewinn auszunutzen." (Freud 1930, 215)

Diese Flexibilität, diese Vermittlung zwischen Trieben und der Umwelt ist eine Leistung des Ich gegen eine feindliche Umwelt, die bedrängenden Triebe und die starre Kontrolle des Über-Ich. Im Unterschied zu Mead beharrt Freud auf dem grundsätzlichen Widerspruch zwischen Individuum und Gesellschaft. Eine Auflösung des Widerspruchs wäre – freilich nur hypothetisch – dann eben auch nicht in einer idealen Gesellschaft zu denken, sondern in einem gesellschaftslosen Zustand:

„Im Entwicklungsprozeß des Einzelmenschen wird das Programm des Lustprinzips, Glücksbefriedigung zu finden, als Hauptziel festgehalten, die Einreihung in oder Anpassung an eine menschliche Gemeinschaft erscheint als eine kaum zu vermeidende Bedingung, die auf dem Wege zur Erreichung dieses Glückszieles erfüllt werden soll. Ginge es ohne diese Bedingung, so wäre es vielleicht besser." (Ebd., 265)

Freuds Theorie ist geprägt von jener Auffassung vom gesellschaftlichen Menschen, der von unsozialen Antrieben geleitet, durch die Kultur zur Zivilisation geführt werden muß. Versagung, Angst und psychisches Leiden sind eine notwendige Folge dieses Weges in die bzw. in der Kultur. Wie gezeigt, bleibt aber Freuds Werk insofern ambivalent, als neben dem Pessimismus des späteren Werkes sich auch Begründungen für andere Wege der Vermittlung zwischen Individuum und Kultur finden lassen. Freud betont sehr die einschränkenden Seiten der Kultur, obwohl er auch sieht, daß sie fördernde Seiten hat. Es bleibt ferner neben der repressiven Über-Ich-Funktion, mit Angst und Gewissensqual zu drohen, die Funktion der Ichidealbildung zur Aufrechterhaltung der inneren Kontinuität. Diese Seiten sollen im folgenden weiter ausgeleuchtet werden. Insbesondere Eriksons Theorie der Ich-Identität und die Arbeiten der Selbstpsychologie zeigen entsprechende Wege auf. Ich denke, daß man auf einem solchen Weg, der natürlich auch die gesellschaftlich-kulturellen Veränderungen seit Freuds Wirken berücksichtigt, durchaus im Sinne Freuds eine historische Veränderung psychischer Strukturen in Betracht ziehen muß:

„Es ist nicht richtig, daß die menschliche Seele seit den ältesten Zeiten keine Entwicklung durchgemacht hat und im Gegensatz zu den Fortschritten der Wissenschaft und der Technik heute noch dieselbe ist wie zu Anfang der Geschichte. Einen dieser seelischen Fortschritte können wir hier nachweisen. Es liegt in der Richtung unserer Entwicklung, daß äußerer Zwang allmählich verinnerlicht wird, indem eine besondere seelische Instanz, das Über-Ich des Menschen, ihn unter seine Gebote aufnimmt. Jedes Kind führt uns den Vorgang einer solchen Umwandlung vor, wird erst durch sie moralisch und sozial. Diese Erstarkung des Über-Ich des Menschen ist ein höchst wertvoller psychologischer Kulturbesitz. Die Personen, bei denen sie sich vollzogen hat, werden aus Kulturgegnern zu Kulturträgern. Je größer ihre Anzahl in einem Kulturkreis ist, desto gesicherter ist diese Kultur, desto eher kann sie der äußeren Zwangsmittel entbehren." (Freud 1927, 145)

Freud macht in dem zitierten Text ausdrücklich die soziale Lage der „zurückgesetzten Klassen" und die Wirksamkeit der „Religion" als Bestimmungsgrund der repressiven Züge der Gesellschaft aus. Da gerade hier auch die bemerkenswertesten historisch-sozialen und kulturellen Veränderungen stattgefunden haben, werden wir für die Gegenwart zweifellos zu anderen Ergebnissen kommen.

Während also Mead in seiner Theorie des Selbst die Gesellschaft als universalistische und harmonische unterstellt, faßt Freud die Gesellschaft/Kultur als repressiv und triebfeindlich auf. Wenn Sozialbehaviorismus und Psychoanalyse auf diese Weise gegenübergestellt werden, wird deutlich, daß die Vorstellungen von Gesellschaft und die Vorstellungen vom Menschen im Grunde gar nicht getrennt werden können. Es kann nun nicht darum gehen, sich zwischen den beiden theoretischen Konzepten zu entscheiden, sondern darum, sie für die vorliegende Fragestellung fruchtbar anzuwenden.

An Freud und Mead anzuknüpfen heißt, daß bei der näheren Bestimmung des Verhältnisses von Individuum und Gesellschaft einer Reihe von Fragen nachzugehen ist: Der erste Fragenkomplex dreht sich um die Definition des Selbst und der Identität sowie um die Frage, wie die Individuen im Laufe ihres Lebens ihr Selbst herausbilden. Hierzu wird in Kapitel 2 ausführlich auf Eriksons Theorie der Ich-Identität Bezug genommen. Im Mittelpunkt steht die Frage, wie Gesellschaft und Ich-Identität vermittelt werden. Im zweiten Teil der Arbeit wird die Fragestellung erweitert. Es soll geklärt werden, wieso gesellschaftliche Vorgaben und Ich-Identität ähnliche Strukturen aufweisen können. Es soll geprüft werden, ob nicht eine erweiterte Theorie der Gefühle einen besseren Zugang zur Vermittlung von Individuum und Gesellschaft liefern kann, als die Ansätze Meads und Freuds. Im 3. Kapitel wird im Anschluß an Agnes Hellers Theorie der Gefühle eine Phänomenologie der Gefühle vorgestellt, im 4. Kapitel wird der Frage der Bewertung von Gefühlen nachgegangen und im 5. Kapitel werden Figurationen der Identität untersucht.

2. Kapitel: Biographie und Selbst

2.1 Definitionen: Selbst und Identitäten

Die angelsächsische wissenschaftliche Tradition der Selbst- bzw. Identitätstheorie geht auf William James zurück. Er führte in seinem Grundsatzwerk von 1890 die Unterscheidung zwischen dem empirischen Selbst oder „Me" als dem Objekt, das erkannt wird und dem „reinen Ich" oder „I" als dem Subjekt, das erkennt, ein. Die heutige Lage ist weit unübersichtlicher, es kursiert eine Vielfalt von Definitionen und Begriffen[7]. Das liegt zum einen daran, daß sich Psychologie, Sozialpsychologie, Soziologie, Philosophie und Geschichte mit je unterschiedlichen Bezügen, wissenschaftlichen Traditionen und theoretischen Ansätzen mit dem Begriff auseinandersetzen. Zum anderen ist gerade die Frage des Selbstbewußtseins schon von der Sache her voller Tücken.

Eine Schwierigkeit bei der Beschäftigung mit dem Selbst und der Identität sind also schon die unterschiedlichen Terminologien und Begriffe[8]. Ich verwende in der Regel den Begriff „Selbst", als umfassenden Begriff, wenn die Einheit der Person angesprochen wird. Das entspricht in etwa dem, was Mead als „self" bezeichnet. Der Begriff „self" wird häufig mit „Identität" übersetzt. Das hat seinen guten Grund darin, daß „self" ohne weiteres den Plural bilden kann, das deutsche Wort „Selbst" hingegen nicht. Identität, der allgemeinere Begriff, kann also synonym mit Selbst verwendet werden, besser ist es aber, wenn man ihn erläutert als „persönliche Identität", „Identitätsfiguration" oder „Ich-Identität". Der letztere Begriff ist von E. Erikson eingeführt und ist deshalb ganz mit seiner speziellen Theorie verwachsen, so daß er vorzugsweise verwendet werden sollte, wenn auch auf Eriksons Theorie Bezug genommen wird[9].

Freud verwendet dagegen weder den Begriff Selbst noch Identität, sondern, wie oben gezeigt, Ich – Es – Über-Ich. Das Bild des Selbst als innerpsychische Repräsentanz umfaßt hingegen alle psychischen Instanzen. Edith Jacob-

---

7 Einen Überblick über den Forschungsstand zum Thema „Moralentwicklung und Ich-Identität" Anfang der siebziger Jahre gibt Habermas 1976, S. 63-91. Zum Begriff des Selbst vgl. auch Heller (1993).
8 Einen Überblick über die sozialwissenschaftliche Identitätsforschung und die Identitätskonzepte geben Frey/Haußer (1987).
9 Erikson führt selbst aus, daß sich sein „Begriff der Identität weitgehend mit dem deckt, was verschiedene Autoren das „Selbst" nennen und daß die Entwicklung der Ich-Identität als „genetische Kontinuität einer ... Selbst-Repräsentanz" beschrieben werden kann (Erikson 1959, 188f.). An anderer Stelle jedoch verwendet Erikson den Begriff Ich-Identität innerhalb seines Phasenschemas in einem viel engeren Sinn.

son hat eine umfassende Definition des Selbst entwickelt und zur Freudschen Begriffsbildung in Beziehung gesetzt, die hier wegen der Kompliziertheit des Begriffs vollständig zitiert wird:

„Unter einer realistischen Selbstimago verstehen wir vor allem eine, die den Zustand und die besonderen Eigenschaften, die Möglichkeiten und Fähigkeiten, die Vorzüge und Grenzen unseres körperlichen und seelischen Selbst widerspiegelt. Sie umfaßt also einerseits unsere äußere Erscheinung, unsere Anatomie und Physiologie, andererseits unser Ich, unsere bewußten und vorbewußten Gefühle und Gedanken, Wünsche und Haltungen, unsere physischen und psychischen Funktionen und Verhaltensweisen. Da zu unserem psychischen Selbst auch das Ichideal und das Über-Ich gehören, muß eine solche Imago auch unsere vorbewußten und bewußten Ideale und Wertskalen korrekt wiedergeben sowie die Effektivität – oder Ineffektivität – unserer selbstkritischen Funktionen. Natürlich ist auch das Es in der Selbstimago repräsentiert, und zwar in dem Maße, wie es auf der jeweiligen Entwicklungsebene mit dem Ich kommuniziert oder zu ihm Zugang findet. Alle diese spezifischen Einzelaspekte bekommen entsprechende psychische Repräsentanzen. Daneben entwickelt sich zugleich aber auch eine Vorstellung von ihrer Gesamtheit, d.h. eine Wahrnehmung des Selbst als einer differenzierten aber organisierten Einheit, die von der Umgebung getrennt und unterschieden ist..., einer Einheit, die Kontinuität und Gerichtetheit besitzt und ... die Fähigkeit, durch Veränderungen hindurch mit sich selbst identisch zu bleiben." (Jacobson 1964, 33f)

Diese Wahrnehmung findet ihren emotionalen Ausdruck im Erlebnis der persönlichen Identität oder im Ichgefühl. Das Selbst hat also eine kognitive und eine emotionale Seite, die nicht zu trennen sind. Anders ausgedrückt: Verstand und Gefühl müssen zwar unterschieden werden, im Selbstgefühl bilden sie jedoch eine Einheit. Jacobson zählt drei wesentliche Eigenschaften des Selbst auf: Erstens die Vorstellung einer differenzierten, aber organisierten Einheit, die sich als von ihrer Umwelt unterschieden erlebt. Eine Erfahrung des Selbst ist also die der Individualität. Zweitens die Vorstellung, Kontinuität und Gerichtetheit zu besitzen. Diese Erfahrung kann nur im Verlauf der Zeit gemacht werden. Das Selbst ist bei der Geburt erst rudimentär vorhanden. Es muß sich im Laufe der Lebenserfahrung bilden und muß darüber hinaus ständig aktualisiert werden. Drittens ist das Selbst die Fähigkeit, sich auch durch Krisen und Umbrüche selbst treu zu bleiben, mit sich weiterhin identisch zu sein. Das Selbst kann also auch disparate Erfahrungen integrieren und in die Vorstellung einer Ganzheit verwandeln.

Der Begriff Selbst ist immer auf die Person bezogen, während beim Begriff der Identität die Außenperspektive (Subjekt und Objekt der Identifizierung sind getrennt) und die Innenperspektive (Subjekt und Objekt sind eine Person) zu unterscheiden sind. Deshalb ist es sinnvoll, den Begriff der Identität mit erläuternden Zusätzen zu versehen, wie „soziale Identität", „kollektive Identität", „nationale Identität" usw., wenn die Außenperspektive oder „persönliche Identität", Identitätsgefühl" usw., wenn die Innenperspektive eingenommen wird.

Gegenüber der psychoanalytischen Definition des Selbst, die ganz auf die Innenperspektive bezogen ist, können auch Definitionen entwickelt werden, die stärker auf den Aspekt der Verbindung zwischen äußerer Welt und Selbst gerichtet sind. Eine wiederum sehr lange und vollständige Definition der Identität aus soziologischer Sicht differenziert vor allem das, womit sich das Selbst identifiziert:

„‚Identität wird hergestellt‘, sie ist das Ergebnis einer spezifisch menschlichen Leistung, sich selbst zum Gegenstand der eigenen Wahrnehmung zu machen und als Ich zu identifizieren. Dies geschieht auf der Grundlage praktischer und kommunikativer Interaktionen. Sowohl Strukturen als auch Inhalte von Identität sind damit verstehbar als subjektiver Niederschlag und Verarbeitung realer Beteiligungen am sozialen Leben. Hinzu treten die Aneignung und Erschließung weiterer, nicht unmittelbarer Sinnquellen (wie z.B. Medienprodukte) zur Orientierung im und Strukturierung des eigenen Lebens. Damit verweisen beide Aspekte von Identität systematisch auf Strukturen und Deutungsmuster des sozialen Umfeldes, der Institutionen, sozialen Welten, Milieus und Kommunikationskanäle, in die die jeweilige Person eingebunden ist. Identität ist mithin ein variables Muster der Orientierung und Selbstverortung in der Welt, auch und gerade im Umstand ihrer Zentrierung auf die individuelle Person ein Ausdruck eines möglichen sozialen Musters, einer sozial lebbaren und lizensierten Form von Orientierung, Selbstverständnis und Handeln. ...Identität stellt ein auf die eigene Person bezogenes Zentrum der Organisation von Erleben und Handeln, Orientierung und darin Reflexion und höherprädikativer Sinngebung dar. Sie ist vor allem auf die eigene Person rückbezogene kognitive Strukturbildung. Deren hohe affektive Besetzung resultiert daraus, daß sie für eine Person den existentiell nicht (ohne weiteres) hintergehbaren ‚Ort‘ ihres Lebens symbolisch repräsentiert. Sowohl Struktur als auch Gehalte der Identitätsformation reflektieren und prägen dabei die Vergesellschaftungsformen und die Bestände an Deutungsmustern und Orientierungswissen des jeweiligen sozialen Kontextes und gesellschaftlichen Gesamtzusammenhanges. Die Formationen von Identitäten reflektieren mithin wesentliche Strukturen und Inhalte von Institutionalisierungen und Vergesellschaftsprozessen." (Gildemeister/ Robert 1987, 219)

Diese Definition zielt nicht auf die Person, die eine Vorstellung von sich in der Welt gewinnt, sondern auf die Art dieser Vorstellungen. Es handelt sich um eine Beschreibung in der Außenperspektive – Subjekt und Objekt der Erkenntnis sind verschiedene Personen. Diese Definition der Identität ist im Grunde eine Beschreibung des „Me", des empirischen Ich, wie es von der Umwelt geprägt ist. Die unterschiedlichen Konzepte, die unter denselben und wechselnden Begriffen verhandelt werden, müssen deutlich auseinandergehalten werden, denn sie beziehen sich auf ganz unterschiedliche psychische Prozesse. Die in den zitierten Begriffen von Selbst und Identität angesprochenen komplexen Verhältnisse von psychischer Entwicklung und „äußerer Welt" will ich im weiteren Verlauf der Argumentation Schritt für Schritt erörtern. Im folgenden geht es zunächst um die Herausbildung des Selbst in der psychischen Entwicklung, die E. Erikson als Ich-Identität bezeichnet.

2.2 Die Identität im Lebenszyklus

E. Erikson hat seit den vierziger Jahren ein umfassendes Schema der Entwicklung der Ich-Identität im Lebenszyklus ausgearbeitet und damit die Forschung auf diesem Gebiet stark geprägt. Im folgenden sollen die Phasen der Ich-Identität im einzelnen verfolgt werden.

Nach Erikson beruht das bewußte Gefühl, eine persönliche Identität zu besitzen, auf zwei gleichzeitigen Beobachtungen: der unmittelbaren Wahrnehmung der eigenen Gleichheit und Kontinuität in der Zeit und der damit verbundenen Wahrnehmung, daß auch andere diese Gleichheit und Kontinuität erkennen.

Über wichtige Grundstrukturen der Bildung des Ich stimmen die verschiedenen Autoren durchaus überein. Eine Schlüsselrolle spielt die Identifizierung mit vorgegebenen Rollen, Personen oder Leitbildern, die bereits in der Kindheit einsetzt. Durch sie werden gesellschaftliche Leitbilder in die Ich-Bildung integriert, wobei das Ich aber nicht nur passiv aufnimmt, sondern aktiv zur Integration beitragen muß.

Jedes Kind hat eine ganze Anzahl von Möglichkeiten, sich mehr oder weniger versuchsweise mit realen oder phantasierten Menschen beiderlei Geschlechts und auch mit Gewohnheiten, einzelnen Zügen, Berufen und Ideen zu identifizieren. Aber die geschichtliche Periode, in welcher es lebt, liefert ihm nur eine beschränkte Anzahl bedeutungsvoller Modelle, in welchen es seine Identitätsfragmente zu einem leistungsfähigen Ganzen zusammenfügen kann.

Wie Freud und Mead ist Erikson der Ansicht, daß eine der wesentlichen Fähigkeiten des Ichs die der Synthese und Zusammenfassung ist. Die synthetische Funktion des Ichs ist ständig an der Arbeit, die Fragmente und offenen Fragen der gesamten Kindheitsidentifikation unter eine stets kleinere Zahl von Bildern und Gestalten zu subsumieren. Es benutzt dabei nicht nur historische Leitbilder, sondern verwendet auch ganz individuell Methoden der Verdichtung und Verbildlichung, die für die Produkte der kollektiven Bilderwelt typisch sind (vgl. Erikson 1959, 29f.).

Erikson erweiterte die vorliegenden Ansätze, indem er den Zusammenhang zwischen den sozialen Leitbildern und den Kräften des Organismus aufzeigte. Psychologische und körperliche Reifungsprozesse werden somit verknüpft. Vor allem aber wird die Identität im gesamten Lebenszyklus betrachtet, von der Säuglingszeit bis ins Alter. Diese Betrachtung öffnet das Verständnis auch für die die unterschiedlichen gesellschaftlichen Dimensionen, mit der der einzelne es in seinem Leben zu tun bekommt.

Typisch für seinen im Vergleich zu Freud anderen Ansatz ist, daß Erikson herausarbeitet, was die Gesellschaft dem Kinde alles gibt, statt zu unterstreichen, was die Gesellschaft dem Kinde alles versagt. Allein dadurch, daß die Gesellschaft es am Leben hält und durch eine spezifische Form der Fürsorge für seine Bedürfnisse sorgt, führt sie das Kind zu ihrer besonderen Lebensform (vgl. ebd., 14).

Erikson nimmt ein komplementäres Verhältnis zwischen Ethos und Ich, von Gruppenidentität und Ich-Identität, von Ich-Synthese und sozialer Organisation an. Er differenziert dabei die psychische Entwicklung weitaus stärker als Mead und integriert zusätzlich Freuds Phasen der Sexualentwicklung. Erikson entwickelte mehrere komplexe Diagramme (z.B. Erikson 1959, 214f. und Erikson 1982, 36f.), in denen insgesamt acht unterschiedenen Lebensalterphasen unterschiedliche Dimensionen zugeordnet werden. Das komplexe Stufenschema, das Erikson ausgearbeitet hat, wird hier nur soweit aufgenommen, wie es Dimensionen gesellschaftlicher Einflüsse auf die Ich-Identität enthält. Von den Elementen der Diagramme interessieren uns hier die psychosexuellen Phasen und Modi, die jeweils kennzeichnenden psychosozialen Krisen und Modi, der Umkreis der Bezugspersonen oder Radius der wichtigen Beziehungen und die Elemente oder Prinzipien der Sozialordnung. Epigenetische Gesetze und kulturelle Bedingungen führen zwar zu feststehenden Reihungen der Phasen, doch die Dimensionen der jeweiligen psychosozialen Krisen lassen sich in bestimmten Ausprägungen nicht nur in der Lebensalterstufe, in der sie dominieren bzw. die Entwicklung bestimmen, sondern in allen Lebensaltersstufen auffinden. Die in den acht Lebensalterphasen jeweils dominierenden Verknüpfungen von sozial-kulturellen Bedingungen und persönlicher Entwicklung werden vom Individuum nacheinander durchlaufen, sind aber schon für die Familie und erst recht für größere Gemeinschaften und die Gesellschaft als Ganzes immer zugleich vorhanden. Wenn also im folgenden die psychosoziale Entwicklung im Lebenslauf verfolgt wird, so ergibt sich zugleich ein Muster von gesellschaftlichen Dimensionen oder gesellschaftlichen Lebensbedingungen, die für die Entfaltung der Ich-Identität von Bedeutung sind.

2.2.1 Grundvertrauen gegen Grund-Mißtrauen

Gleich für die erste Lebensalterphase, die mit der oralen Phase zusammenfällt, entfaltet Erikson eine sehr weitreichende gesellschaftliche Dimension. Der Säugling ist in seiner Wahrnehmung und seiner Kommunikation weitgehend auf sich und seine mütterliche Bezugsperson beschränkt, aber das Gesamtverhalten der Mutter ist von der Kultur, in der sie lebt, tiefgreifend geprägt und je nach Gesellschaftsform ganz unterschiedlich. Erikson zeigt, angeregt durch seine ethnologischen Studien, daß schon der erste Umgang mit dem Säugling davon berührt wird, weil sich die Kulturen in ihren Auffassungen darüber unterscheiden, wozu und wo die Kinder heranwachsen sollen, demzufolge auch darin, was gut für das Kind ist und was mit ihm geschehen kann und soll. Gesellschaftliche Normen und Wertvorstellungen gehen in diesem Sinn in den Umgang mit den Kindern von ersten Tag an ein und stoßen sie schon bei ihrem ersten Kontakt auf die grundlegenden Modalitäten ihrer Kultur (vgl. Erikson 1959, 65).

In dieser Phase bereits wird ein Grund- oder Urvertrauen erworben, das weitreichende Bedingungen auch für das spätere Leben setzt. Nach Erikson ist das Urvertrauen der Eckstein einer gesunden Persönlichkeit. Das Vertrauensgefühl des Kindes zur Mutter wird durch eine Versorgung erweckt, die mit der sensitiven Befriedigung der individuellen Bedürfnisse des Kindes zugleich auch ein „starkes Gefühl seiner Vertrauenswürdigkeit innerhalb des zuverlässigen Rahmens des herrschenden Lebensstils" (ebd., 72) erzeugt. Hier bildet sich die Grundlage des Identitätsgefühls, das später zu dem komplexen Gefühl wird, „in Ordnung zu sein", man selbst zu sein und einmal das zu werden, was die Umwelt von einem erwartet. Nach Erikson ist es für eine gesunde Entwicklung des Kindes erforderlich, daß die Eltern vor dem Kinde die tiefe, fast körperliche Überzeugung repräsentieren, daß das, was sie tun, einen Sinn hat.

Urvertrauen ist hier zunächst als Eigenschaft der Eltern definiert. Es ist klar, daß der gesellschaftliche Sozialisationsprozeß in seiner Vermittlung über die Eltern auf ihre Kinder einen Zirkel beschreiben muß. Die kulturellen Deutungsmuster müssen immer wieder neu angeeignet werden. Auf den Säugling wirken sie nur in der Weise, als es für seine Entwicklung einen wesentlichen Unterschied macht, ob seine mütterliche Bezugsperson „in der Welt verwurzelt" ist und ob seine Existenz darin vorgesehen und gewollt ist. Die spezifischen Inhalte sind für ihn weder erkennbar noch wichtig.

Das Wissen um die entscheidende Bedeutung dieser frühen Phase stammt weitgehend aus der psychoanalytischen Therapie. Störungen in dieser Phase haben Erikson zufolge eine schwerwiegende Folgen: Süchte; Enttäuschung; Trennung; Verlassenwerden; Depressionen; chronisches Trauergefühl; undeutliche, doch umfassende Sehnsucht nach einem verlorenen Paradies; Ängste, leergelassen oder verlassen zu werden; ungestillter Reizhunger; depressive Form des „zu nichts gut Seins"; Gier; oraler Sadismus: das grausame Bedürfnis, das, was man haben will, auf eine Weise zu beschaffen oder zu nehmen, die anderen weh tut; Abhängigkeitswünsche; Sehnsüchte und hoffnungsvolle und hoffnungslose Zustände. Es muß nicht extra betont werden, daß das Grundvertrauen nicht ein für allemal erworben wird, sondern daß es nur die Voraussetzungen schafft zum besseren oder schlechteren Durchlaufen der weiteren psychosozialen Entwicklung.

Gerade der Tatbestand des Vertrauens ist selbst zutiefst gesellschaftlich geprägt. Vertrauen ist das Gefühl, in Sicherheit zu leben, sich verlassen zu können auf eine bekannte Ordnung der Menschen und der Dinge. Wenn grundlegende Dimensionen des Vertrauens im frühesten Lebensalter entstehen, wenn das Kind zum Erhalt seiner Welt selbst noch nichts beitragen kann, dann ist klar, daß es sich im Kern darum handelt, wie sicher man sein kann, daß die Umwelt den eigenen Bedürfnissen entsprechen wird.

Zweifellos unterscheiden sich wesentliche Koordinaten der Orientierung in der Welt, des Grundvertrauens, nicht nur zwischen Kulturen, sondern auch historisch in der Geschichte ein und derselben Kultur. Erikson verknüpft den religiösen Glauben mit der Frage des Vertrauens in die Welt:

„Alle Religionen haben die periodische kindhafte Hingabe an einen großen Versorger (oder mehrere Versorger) gemeinsam, der irdisches Glück und seelisches Heil verleiht. Sie demonstrieren die Kleinheit und Abhängigkeit des Menschen in den Gesten der Erniedrigung und Unterwerfung; sie rufen in Gebet und Lied zum Bekenntnis von Missetaten, bösen Gedanken und Absichten auf. Sie verlangen das Geständnis der inneren Spaltung und den Hilferuf nach innerer Einheit durch göttliche Führung; das Bedürfnis nach deutlicheren Umrissen und Schranken des Selbst, und schließlich die Einsicht, daß das Vertrauen des Einzelnen zum gemeinsamen Glauben aller, das Mißtrauen des Einzelnen zum gemeinsam erkannten Bösen werden muß. Das Bedürfnis des Einzelnen aber nach seelischer Wiederherstellung muß zur rituellen Praxis der vielen und zu einem Merkmal der Vertrauenswürdigkeit in der Gemeinschaft werden." (Ebd., 74f.)

Wer behauptet, religiös zu sein, müsse aus seiner Religion einen Glauben ableiten können, den er dem Kleinkind in Gestalt des Urvertrauens weitergeben kann. Wer behauptet, keine Religion zu besitzen, müsse dieses Urgefühl aus anderen Quellen schöpfen, „z.B. aus der Kameradschaftlichkeit, aus produktiver Arbeit, sozialer Tätigkeit, wissenschaftlicher Forschung oder künstlerischem Schaffen" (ebd., 74). Unter diesem Aspekt kann für Erikson eine traditionsgebundene Kindererziehung als Vorteil für die Vertrauensbildung gelten, „selbst wenn Einzelzüge dieser Tradition irrational oder unnötig grausam erscheinen mögen" (ebd., 72).

Diese Erörterungen Eriksons können das Thema sicher nicht ausschöpfen. Es stellt sich sofort die Frage, wie es mit dem Vertrauen bestellt ist, wenn in der modernen Gesellschaft die Religion nicht mehr für den Zusammenhang der Welt sorgen kann. Die von Erikson genannten Substitute scheinen ebenfalls wenig vertrauenswürdig für die Bildung von Urvertrauen zu sein[10]. Richtig ist sicherlich die hohe Bedeutung, die das elterliche Bewußtsein eines sinnvollen Lebens schon für die frühkindliche Entwicklung hat. Damit stellt sich die Frage, welche Formen sinnvollen Lebens es geben kann. Durch den Zerfall der geschlossenen religiösen Weltbilder entsteht nicht einfach geistige Freiheit, sondern auch das Problem der Sicherheit und Orientierung in einer säkularisierten Welt. Die Grunddimensionen der gesellschaftlichen und der persönlichen Sicherheit wechseln historisch. In unserem Kulturkreis wurden sie in der Neuzeit zunächst überwiegend von den christlichen Konfessionen

---

10 Freud war übrigens sehr skeptisch gegenüber der Behauptung, es gäbe ein frühes „ozeanisches Gefühl" der Aufgehobenheit in der Welt, das als Grundlage der Religionen dienen könnte. Er selbst könne jedenfalls ein solches Gefühl nicht in sich entdecken, schrieb er als Einleitung zu „Das Unbehagen in der Kultur" (Freud 1930, 197ff.).

bestimmt. Wenn Weltanschauungen einen prägenden Einfluß auf die Verwurzelung in der Welt und somit auf die Bildung der Ich-Identität haben können, dann ist zu verfolgen, welche Grundorientierungen die Menschen finden, wenn die gesellschaftliche Entwicklung immer weniger geschlossene Weltanschauungen hervorbringt. Es ist dann zu vermuten, daß sich die Bedingungen zur Bildung von Ich-Identität ebenfalls wandeln, wenn sich die gesellschaftlichen Dimensionen der Sicherheit und des Vertrauens grundlegend ändern.

So entfaltet sich gleich bei der Darstellung der ersten Phase der Identitätsentwicklung das ganze Panorama der Themen. Die angesprochenen Fragen werden im Abschnitt über „Moderne Identität" versuchsweise beantwortet. Nun geht es erst einmal darum, die weiteren Phasen der Bildung der Ich-Identität im Lebenslauf zu beschreiben.

2.2.2 Autonomie gegen Scham und Zweifel

Die nächste Phase in der kindlichen Entwicklung ist das Kleinkindalter. Mit dem körperlichen Wachstum rücken auch neue Konflikt in den Mittelpunkt. Sobald das Kind beginnt, fester auf seinen Füßen zu stehen, umzeichnet es seine Welt mit ‚ich' und ‚du' und ‚meins'. Das Kind entdeckt eigene Handlungsmöglichkeiten, um sich in der Welt zurechtzufinden.

In dieser Phase sind die Kinder groß genug, um an sie die Anforderung zu stellen, der elterlichen Autorität zu gehorchen. Der Umkreis der Bezugspersonen hat sich von der mütterlichen Bezugsperson auf beide Eltern vergrößert. Diese Phase der Entwicklung des Kindes ist in unserem Kulturkreis von dem Konflikt um die Sauberkeitsdressur bestimmt.

Zum ersten Mal muß das Kind bewußt elterlichen und zugleich gesellschaftlichen Anforderungen nachkommen und entsprechend konfliktreich ist diese Phase. Es lernt, sich selbst als jemand zu verstehen, „der auf eigenen Füßen stehen kann" oder als jemand, der vor den elterlichen Anforderungen versagt. Die „sozialen Modi", die in dieser Phase eine Rolle spielen, sind Vorrechte, Grenzen, Pflichten und Rechte. Das Prinzip „Gesetz und Ordnung" wird eingeführt, das für Erikson die gleiche Bedeutung hat, wie die Religion der Eltern für das Kind in der ersten Phase.

In dieser Phase ist das Kind noch nicht alt genug, um die sozialen Modi zu verstehen, ja nicht einmal, um sie als Gewissen zu verinnerlichen. Dennoch hat es ein Motiv, sich nach den Anforderungen zu richten. Es liegt in „der Angst vor dem Liebesverlust" (Freud, 1930, 251). Aus eigener Hilflosigkeit ist es von der Fürsorge der Bezugspersonen abhängig. Büßt es deren Schutz ein, so ist es vielen Gefahren ausgesetzt, unter denen die Gefahr der Bestrafung am größten ist. Aus diesem Grund macht es auch wenig Unterschied, ob etwas Verbotenes bereits getan oder erst beabsichtigt ist, in beiden Fällen kann eine Bestrafung antizipiert werden:

„Man heißt diesen Zustand ‚schlechtes Gewissen', aber eigentlich verdient er diesen Namen nicht, denn auf dieser Stufe ist das Schuldbewußtsein offenbar nur Angst vor dem Liebesverlust, ‚soziale Angst'. Beim kleinen Kind kann es niemals anders sein, aber auch bei vielen Erwachsenen ändert sich nicht mehr daran, als daß an die Stelle des Vaters oder beider Eltern die größere menschliche Gemeinschaft tritt...Eine große Änderung tritt erst ein, wenn die Autorität durch die Aufrichtung eines Über-Ich verinnerlicht wird." (Freud 1930, 251f.)

Wegen der in dieser psychosexuellen Phase vorherrschenden Organmodi des Zurückhaltens und Ausscheidens sowie Festhalten und Loslassen und angesichts der beginnenden Fähigkeiten des Kindes, sich selbst fortzubewegen und sich auszudrücken, ist die soziale Angst nicht unbestimmt, sondern dreht sich um die Dimension der Selbstbestimmung:

„Aus einer Empfindung der Selbstbeherrschung ohne Verlust des Selbstgefühls entsteht ein dauerndes Gefühl von Autonomie und Stolz; aus einer Empfindung muskulären und analen Unvermögens, aus dem Verlust der Selbstkontrolle und dem übermäßigen Eingreifen der Eltern entsteht ein dauerndes Gefühl von Zweifel und Scham." (Erikson 1959, 78f.)

Das Hervorrufen des Schamaffektes ist ein wichtiges Erziehungsmittel. Der Befehl „Schäm Dich" konditioniert das Kind, seinen Schamaffekt an von den Eltern bezeichnete Reize zu heften. Denn während der Affekt selbst angeboren ist, sind die Reize, die ihn hervorrufen, kulturell bedingt: z.B. das Überschreiten von Sauberkeitsstandards, das Zeigen von zu viel Wißbegier oder die Aggression gegen die Eltern oder andere sozial höhergestellte. Die Scham in Bezug auf diese Reize muß erlernt werden, sie ist das Ergebnis einer Erziehung oder von Konditionierung. Alle diese Konflikte treten schon im Kleinkindalter auf, wenn das Kind die ersten Erfahrungen beginnender Selbständigkeit macht.

Wer sich schämt, glaubt sich exponiert und beobachtet, ist unsicher und befangen. Scham ist das Gefühl, sich vorzeitig und lächerlich exponiert zu haben, es drückt sich im Impuls aus, das Gesicht verstecken oder in der Erde versinken zu wollen. Solche Gefühle sind die Grundlage für spätere Schuldgefühle; sie führen dazu, „sich selbst, seine Bedürfnisse und Wünsche als schlecht und schmutzig zu betrachten und an die Unfehlbarkeit jener zu glauben, die dieses Urteil fällen" (ebd., 80).

Auch hier spielt wieder die gesellschaftliche Einbettung der Eltern eine entscheidende Rolle. Je nachdem, wie weit sie Autonomie und ein Gefühl der persönlichen Würde entwickelt haben, können sie diese Qualitäten auch bei ihrem Kind zulassen und fördern oder versagen. Dazu müssen die Eltern selbst in sozialen Beziehungen stehen, die ihr Selbstgefühl und ihre persönliche Würde innerhalb der Hierarchie der sozialen Stellungen bestätigen: das betrifft die Beziehungen der Eltern zueinander, der Eltern im Erwerbsleben – insbesondere zu ihren Arbeitgebern – und der Eltern innerhalb der politisch-staatlichen Ordnung.

„Man muß diesen Punkt besonders hervorheben, weil so viel von der Scham und dem Zweifel, der Erniedrigung und Unsicherheit, die im Kind entstehen, eine Folge der Enttäuschung der Eltern in Ehe, Arbeit und Staatsbürgerschaft ist. So muß das Autonomiegefühl des Kindes (das in Amerika im allgemeinen reichlich zugestanden wird) auch im Wirtschafts- und politischen Leben durch die Hochachtung für Autonomie und Unabhängigkeit fortgesetzt werden." (Ebd., 85)

Erikson kritisiert Erziehungsmethoden und Verhaltensweisen, die in dieser Entwicklungsphase des Kindes darauf angelegt sind, im Übermaß Scham, Zweifel, Schuld- und Furchtgefühle im Kinde zu wecken. Eine Überbetonung dieser Seite führt seiner Meinung nach zu einer Reihe von pathologischen Persönlichkeitszügen: zwanghaft, geizig, kleinlich in Bezug auf Liebe, Zeit, Geld, Reinlichkeit und Unterleibsfunktionen. Es werde ein Persönlichkeitstyp gefördert, der freilich gesellschaftlichen Anforderungen entspräche, „der sich in einer mechanisierten Welt, in welcher Zeit gleich Geld ist und Ordnung, Pünktlichkeit und Fleiß gefordert werden, bewähren soll" (ebd., 77).

Auch die Dimensionen des psychosozialen Konflikts zwischen Autonomie einerseits und Scham und Zweifel andererseits sind so grundlegend, daß sie in allen späteren Lebensphasen wiederzufinden sind. Sie geben darüber hinaus eine wesentliche gesellschaftliche Konfliktdimension wieder. Erikson faßt diese Konfliktdimension allerdings viel zu schlicht. Für die Unterscheidung zwischen notwendiger Anpassung und pathologischen Persönlichkeitszügen hält Erikson die einfache Formel bereit: „Die Frage ist immer, ob wir die Regeln beherrschen... oder ob die Regeln uns beherrschen" (ebd., 85). Erikson unterläßt es, nach der Qualität der Regeln zu fragen. Er unterstellt zu Unrecht – im Grunde ähnlich wie Mead – , daß die gesellschaftlichen Regeln nicht in Konflikt mit einer autonomen und entwickelten Persönlichkeit treten könnten. Die Frage, wie die gesellschaftlichen Regeln mit Persönlichkeitsmerkmalen, insbesondere mit persönlicher Autonomie, zusammenhängen und welche Regeln überhaupt nur die Entwicklung von autonomen Persönlichkeiten zulassen, wird in Teil 3 zu klären sein.

Erikson macht allerdings auf eine wichtige andere Dimension des Problems aufmerksam. Gesellschaftliche Anforderungen und persönliche Entwicklungen können auf noch kompliziertere Art in Konflikt geraten:

„Wenn z.B. eine große Zahl von Menschen in der Kindheit darauf vorbereitet worden ist, vom Leben einen hohen Grad von persönlicher Autonomie, Stolz und Gelegenheit zum Vorwärtskommen zu erwarten, und wenn diese Menschen dann im späteren Leben sich unter der Herrschaft anonymer Organisationen und einer über ihr Verständnis hinaus komplizierten Maschinerie finden, so kann sich daraus eine tiefe, chronische Enttäuschung ergeben, die einer gesunden Persönlichkeit, welche auch anderen Autonomie zugestehen möchte, abträglich ist." (Ebd., 86)

Diese Konflikte stellen sich nicht unmittelbar als soziale Konflikte zwischen Personen dar, sie müssen nicht einmal als Normenkonflikte in Erscheinung treten. Tatsächlich können die Werte von Autonomie und Selbständigkeit in der Erziehung ganz unbestritten gelten, freilich nur in gesellschaftlichen Teilbereichen, während andere, entscheidende Bereiche, wie das Berufsleben, scheinbar unpersönlichen Sachgesetzlichkeiten unterliegen. Ganz zu schweigen davon, daß hochdifferenzierte und arbeitsteilige Organisationen der persönlichen Autonomie einen geringeren Spielraum geben als die persönlichen Beziehungen der Familie und der Partnerschaft.

Auf diese gesellschaftlichen Konflikte können Menschen mit Angst reagieren: in Form von „irrationaler Furcht vor dem Verlust der Autonomie" sowie der „Angst, durch innere Feinde im eigenen freien Willen sabotiert zu werden". Paradoxerweise kann sich zugleich eine Angst entwickeln, „daß nicht genügend auf einen aufgepaßt wird, daß niemand einem sagt, was man tun solle". Das Dilemma zwischen Autonomie und Abhängigkeit scheint unlösbar. Aus diesem Dilemma kann die Flucht in neurotisch-somatische Störungen folgen, sie könnten möglicherweise aber auch ihren Niederschlag in einem „Übermaß irrationaler Konformität" finden.

Erikson hebt hervor, daß viele dieser Befürchtungen im Grunde auf einer ganz realistischen Beurteilung der mit der „komplexen sozialen Organisation und dem Kampf um Macht und Sicherheit verbundenen Gefahren" (ebd., 87) beruhen. Wenn aber die persönliche Autonomie, das Gefühl, auf eigenen Füßen zu stehen, eine wesentliche Komponente der psychosozialen Entwicklung ist, dann werden alle Formen, in denen Menschen durch komplexe gesellschaftliche Organisation in ihrer Autonomie berührt sind, prägenden Einfluß auch auf die Bildung von Ich-Identität nehmen. In unserem Kulturkreis zeigen sich seit den fünfziger Jahren verstärkt diese Probleme des modernen Lebens und „seiner Organisation zu größeren Einheiten, größeren Räumen und stärkerer wechselseitiger Abhängigkeit" (ebd., 86). Dabei ist an die undurchschaubare Zufälligkeit von Marktprozessen sowie an komplexe Formen institutionalisierter Abhängigkeit und an wachsende gesellschaftliche Risikopotentiale zu denken. Die durchaus widersprüchliche Entwicklung gesellschaftlicher Bedingungen persönlicher Autonomie ist eine weitere Dimension zur Beschreibung gesellschaftlich bestimmter Veränderung von Ich-Identität.

2.2.3 Initiative gegen Schuldgefühl

Wenn das Kind mit vier oder fünf Jahren eine Lösung für die Autonomieprobleme gefunden hat, steht es vor der nächsten Krise. Es „weiß jetzt sicher, daß es ein Ich ist; nun muß es herausfinden, was für eine Art von Person es werden will" (ebd., 87). Aus seinem Reifungsprozeß stehen ihm neue Mittel zur Verfügung: Es lernt, sich selbstverständlich zu bewegen und gewinnt dadurch ein neues Tätigkeitsfeld und einen weiteren sozialen Radius, hinzu kommt ein erweitertes Sprach- und Verständnisvermögen. Beide zusammen erweitern seine Vorstellungswelt. Das Kind gewinnt den sozialen Modus des „Tun (Drauflosgehen)", es ergreift Initiative und lernt, selbst seine Fähigkeiten einzusetzen. Das Kind entwickelt verstärkt Wißbegier, kann fragen und verstehen. Es entdeckt den Geschlechtsunterschied.

Nun tritt das wichtigste Mittel der sozialen Ich-Bildung in den Vordergrund: die Identifizierung. Das Kind will werden wie die Eltern, es denkt sich zukünftige Rollen aus, z.B. Berufe, die es begreifen kann, es übernimmt Rollen im Spiel mit anderen Kindern[11]. Zugleich kann das Kind ersten einfachen, idealen Leitbilder folgen wollen, die im Bereich der Familie und der ihm zugänglichen Erwachsenenwelt liegen können. Der soziale Rahmen erweitert sich, die psychosoziale Dynamik und die zu durchlebende Krise besteht zwischen Initiative und ihrer Hemmung durch Schuldgefühle.

In diesem Stadium beginnt die Wirkung des Gewissens, „des großen Lenkers der Initiative" (Erikson 1959, 94). Es wird zunächst der Grundstein für die „Moralität im individuellen Sinn" gelegt, ein kindliches Moralisieren[12]. Für Erikson ist der Aufbau des Gewissens – weil er in die entsprechende psychosoziale Phase des Kindes fällt – mit dem Konflikt von Initiative und Hemmung verbunden. Die Herausbildung der Sexualmoral hat mit der grundlegenden Konstituierung moralischen Bewußtseins schon deswegen wenig zu tun, weil sie erst viel später einsetzt, wenn bereits eine „Basismoral" vorhanden ist. Neuere Forschungen bestätigen, daß Kinder die ersten moralischen Ge- und Verbote in Bezug zu ihrer Initiative und die Durchsetzung ihrer persönlichen Interessen gegen andere setzen (Nunner-Winkler 1993). Erikson stellt die Initiative als Persönlichkeitsmerkmal in den Rahmen, die Initiative im gesellschaftlichen Wertesystem hat. Deshalb ist für ihn die Entwicklung des Gewissens im Kontext des ökonomischen Ideals marktwirtschaftlicher Gesellschaften zu sehen. Eine friedliche Kultivierung von

---

11 Ähnlich auch Mead (1934, 194ff.) Eine sehr viel tiefere Darstellung der Objektbeziehungen gibt Jacobson (1964). Sie differenziert insbesondere die Vorgänge der Selbst- und Objektrepräsentanzen. Für das vorliegende Thema der Beziehung zwischen Selbst und Außenwelt erleichtert allerdings Eriksons eher zusammenfassende Darstellung die Argumentation.

12 Zur Frage der kindlichen Moralentwicklung liegt eine umfangreiche Forschung vor, vgl. Edelstein/Nunner-Winkler/Noam (1993). Nunner-Winkler präzisiert die hier angesprochene Entwicklung folgendermaßen: „Die vorgetragenen Daten legen es nahe, moralische Entwicklung als zweistufigen Lernprozeß zu begreifen: Im ersten Schritt wird das Wissen um moralische Regeln und ein angemessenes Verständnis ihrer intrinsischen Geltung erworben. Dieser Schritt wird schon früh erfolgreich von fast allen Kindern gemeistert. ...In einem zweiten Lernschritt erfolgt der Aufbau moralischer Motivation. Dabei handelt es sich um einen differentiellen, nicht um einen universellen Lernprozeß. Einige Kinder absolvieren ihn früh, andere spät; einige mehr, andere weniger erfolgreich. Diese Beschreibung moralischen Lernens stimmt mit der Tatsache überein, daß praktisch alle Erwachsenen einfache moralische Regeln kennen und verstehen, aber sich in der Bedeutung, die sie dem Bereich der Moral zumessen, stark voneinander unterscheiden." (ebd., 298)

Initiative und freiem Unternehmungsgeist erfordere eine gesunde Bewältigung von Schuld- und Haßgefühlen und die Entwicklung der Fähigkeit zur freien Zusammenarbeit von Menschen, die sich gleichwertig fühlen.

Diese Konflikte betreffen also bereits Kinder, die selbst nicht unmittelbar den ökonomischen Zwängen und Leitbildern unterworfen sind. Trotzdem werden Eltern nur dann z.B. Initiative bei ihren Kindern fördern oder dulden wollen, wenn es auch ihrem gesellschaftlichen Ideal, ihren Fähigkeiten und Möglichkeiten und ihrer sozialen Situation entspricht. In Gesellschaften, in denen die private Initiative keinen Wert hat oder in denen sie innerhalb des politischen Systems ausdrücklich unterbunden wird, wird sie auch in der Kindererziehung keine Rolle spielen. Sie kann zugunsten der Einfügung in gemeinschaftliches Handeln oder zugunsten von Identifizierung mit autoritären Idealbildern unterbunden werden.

Das Ausmaß der möglichen (erfolgreichen) Initiative wechselt mit den sozialen und wirtschaftlichen Chancen in der Gesellschaft, also mit der Ausbildung und Institutionalisierung des wirtschaftlichen Systems und seiner aktuellen Entwicklung sowie dem Ausmaß sozialer Ungleichheit und dem sozialen Ort der Menschen. Wie weit individuelles oder kollektives Handeln erfolgreich sein kann, welche Werte und Leitbilder diesbezüglich in einer Gesellschaft herrschen und wie weit sie auch verwirklicht werden können, unterliegt langfristigen Änderungen, ist aber auch nicht unwesentlich von mittelfristigen politischen Konstellationen bestimmt. Der Zusammenhang zwischen gesellschaftlichen Bedingungen und Persönlichkeitsstrukturen ist nicht unmittelbar, er wird sich am deutlichsten zunächst in der sozialen Bevorzugung bestimmter Persönlichkeitstypen und erst langfristig in der Akzentuierung oder gar neuen Ausprägung bestimmter Dimensionen der Ich-Identität zeigen. Gesellschaftliche Bedingungen für persönliche Initiative und die Fähigkeit und Art und Weise persönliche Initiative zu entwickeln, sind eine dritte Dimension der Verknüpfung individueller und gesellschaftlicher Strukturen.

2.2.4 Kompetenz gegen Minderwertigkeitsgefühl

Vereinfachend beschreibt Erikson die Entwicklung der Definitionen von Persönlichkeit in den verschiedenen Stadien so: In der ersten: „Ich bin, was man mir gibt", in der zweiten: „Ich bin, was ich will", in der dritten: „Ich bin, was ich mir zu werden vorstellen kann" und in der nun folgenden vierten: „Ich bin, was ich lerne".

Wichtige Schritte im Lernen sind die Handhabung der Dingwelt im Spielen und in der Schule sowie die „Bemeisterung der Konflikte, die auf sie projiziert wurden und schließlich das Selbstgefühl, das dabei gewonnen wurde" (Erikson 1959, 102). Das Gefühl, nützlich zu sein, etwas machen zu können und es sogar gut und vollkommen machen zu können, nennt Erikson den „Werksinn". In späteren Texten wird der Begriff „Fleiß" verwendet, der „ein

Grundgefühl kompetenter Aktivität darstellt, das sowohl den Gesetzen der Welt der Werkzeuge als auch den Regeln der Kooperation bei geplanten und festgelegten Vorgehensweisen angepaßt ist" (Erikson 1982, 99). Das Kind wendet seine Energie auf für nützlich gehaltene und anerkannte Ziele. Es kann aber auch lernen, eine „schöpferische Situation zur Vollendung zu bringen" und somit ein Ziel anzustreben, daß allmählich die Launen und Einfälle seiner idiosynkratischen Triebe und persönlichen Enttäuschungen überlagert. Da der Tätigkeitsdrang das Tun mit und neben anderen umfaßt, entwickelt sich in dieser Zeit das Gefühl für Arbeitsteilung und gerechte Chancen. Damit erweitert sich der „Werksinn" von der technischen Dimension auf die soziale. Es ist also treffender, hier den Begriff technische und soziale Kompetenz einzuführen.

Als Gegenstück zur Kompetenz kann sich ein Gefühl der Unzulänglichkeit und Minderwertigkeit entwickeln. Dies um so mehr, weil alle Formen sozialer Diskriminierung und Stigmatisierung hiermit eine Verbindung eingehen. Das Kind erfährt in diesem Stadium, da es mit gesellschaftlichen Institutionen konfrontiert wird, da es in der Wohnumgebung und in der Schule aktiv wird, soziale Stigmatisierung sowohl als faktische Benachteiligung wie als Hemmnis in der Entwicklung seines Selbstbildes und Selbstvertrauens. Die in dieser Phase zu bewältigende psychosoziale Krise ist also die zwischen Kompetenz und Minderwertigkeitsgefühl.

Die Kompetenz zur Beherrschung technischer Vorgänge, abstrakter Sachlogik und technologischer Ordnungen wird in der Moderne ein entscheidendes Mittel, um sich in der Gesellschaft bewegen zu können. Die wichtigsten „Kulturtechniken" zu beherrschen, ist eine Grundvoraussetzung. Immer mehr technische Abläufe prägen den Alltag von immer mehr Menschen. Erikson sieht zu Recht im „Werksinn" auch eine positive Seite der Persönlichkeitsentwicklung. Der Umgang mit Technik und sachlogischen Abläufen läßt sich gewiß nicht nur auf den Aspekt der Entfremdung und Abhängigkeit von undurchsichtigen Mächten reduzieren. Es ist zu unterscheiden, wo technische Zusammenhänge als solche behandelt und beherrscht werden können und müssen und – durchaus häufigen Fällen – in denen soziale Vorgänge fälschlich für Sachzwänge gehalten werden.

Viel wichtiger noch als die technischen Kompetenzen sind in einer immer stärker sozial verflochtenen Gesellschaft die sozialen Kompetenzen. Es dauerte sehr lange, bis die Mehrheit der Menschen in der Moderne lernte, die Natur in wie auch immer rudimentären wissenschaftlichen statt magischen Denkformen zu betrachten. Ein entsprechender Erkenntnisfortschritt über ihre sozialen Beziehungen und gesellschaftlichen Institutionen ist dagegen nicht zu verzeichnen (vgl. Elias 1970, 51ff.). Dennoch ist heute die Gesellschaft in hohen Maße selbstreflexiv und zwar sowohl durch den politischen Prozeß wie durch die technische und soziale Expertenkultur (vgl. Giddens 1991). Die Gründe können an dieser Stelle nicht behandelt werden. Hier geht es nur darum, hervorzuheben, daß diese kognitive Selbstreflektion bezüglich der in der Gesellschaft sich stellenden Aufgaben ein gesellschaftlicher Prozeß ist, der individuelle Voraussetzungen hat. Es ist in der psychosozialen Entwicklung ein wichtiger Schritt, die dinglichen und sozialen Voraussetzungen des persönlichen Lebens beherrschen zu lernen. Denn hierbei geht es nicht nur darum, ob bestimmte Dinge „funktionieren", sondern ob jemand in der Lage ist, die sachlichen und sozialen Voraussetzungen seines Lebens richtig zu erkennen und entsprechend zu reagieren. Ein besonders problematisches Gebiet sind gerade die sozialen Beziehungen innerhalb der Arbeitsprozesse, die einerseits persönliche und soziale Kompetenz erfordern, andererseits aber eben nicht nach den erlernten Muster im familiären Bereich gestaltet sind. Soziale und geschlechtsspezifische Unterschiede sind hier sehr ausgeprägt, aber auch alle möglichen Formen „magischer" Vorstellungen. Mit wachsender Komplexität der technischen Systeme und der immer größeren Abhängigkeit des Alltags von technisch-institutionellen Voraussetzungen und einer immer stärkeren Verflechtung sozialer Beziehungen wird die Dimension der Kompetenz gegenüber den Lebensstrukturen des Alltags immer wichtiger.

Kompetenz kann es nicht ohne Bewertungsmaßstäbe geben, denn sie setzt voraus, daß etwas gut gemacht wurde, daß ein Erfolg oder ein anerkanntes Ziel erreicht wurde. Sie ist Ausdruck dafür, daß eine Person im Einklang mit gesellschaftlich anerkannten Bewertungsmaßstäben handeln kann. Was Kompetenz ist, kann in unterschiedlichen Gesellschaften sehr verschieden sein. Erikson verweist in diesem Zusammenhang z.B. auf ein „Ethos der Produktion" (Erikson 1982, 99). Der Ausdruck macht die Nähe dieser Bewertungskriterien zu moralischen Urteilen deutlich.

In marktwirtschaftlichen Gesellschaften sind Erfolg und Leistungsfähigkeit die gesellschaftlich anerkannten und die dominierenden Maßstäbe der Kompetenz. Leistungsbezogene Identität ist ein meßbarer Faktor in der Persönlichkeitsentwicklung schon in der Schulzeit, der unmittelbar auf das Selbstwertgefühl und damit auf den Kern der Persönlichkeit Einfluß nimmt (vgl. Pekrun 1987). Die Konfrontation mit gesellschaftlichen Leistungsanforderungen und der Aufbau von technischer und sozialer Kompetenz beginnt bereits in der Schulzeit und setzt sich um so stärker fort, je länger die Ausbildung und je leistungsbezogener die späteren Berufe sind. Die Dimension „Kompetenz" bekommt eine gesellschaftliche und eine persönliche Dimension.

2.2.5 Identität gegen Identitätsdiffusion

Als entscheidendes Entwicklungsstadium im Lebenszyklus sieht Erikson die Adoleszenz an. Der Heranwachsende ist in dieser Phase darauf konzentriert, herauszufinden, wie er im Vergleich zu seinem eigenen Selbstgefühl, in den Augen anderer erscheint und wie er seine früher aufgebauten Rollen und Fertigkeiten mit den nun aktuellen Idealen und Leitbildern verknüpfen kann.

Erst am Ende der Kindheit können die Dimensionen der Identitätsentwicklung durch die beschriebenen psychosozialen Krisen hindurch integriert werden. Die dabei entstehende psychische Konfiguration nennt Erikson „Ich-Identität":

„Das Gefühl der Ich-Identität ist also das angesammelte Vertrauen darauf, daß der Einheitlichkeit und Kontinuität, die man in den Augen anderer hat, eine Fähigkeit entspricht, eine innere Einheitlichkeit und Kontinuität (also das Ich im Sinne der Psychologie) aufrechtzuerhalten." (Erikson 1959, 107)

Mit dieser allgemeinen Definition umschreibt Erikson ebenso klar wie Mead, daß Identität nur aus dem Prozeß der Lebenserfahrung heraus, aus der unverwechselbaren Biographie des einzelnen erwachsen kann und daß sie nur in einem reflexiven Kommunikationsprozeß entstehen kann. Ich-Identität entwickelt sich aus einer gestuften Integration aller Identifikationen:

„Die sich herauskristallisierende Ich-Identität verknüpft also die früheren Kindheitsphasen, in denen der Körper und die Elternfiguren führend waren, mit den späteren Stadien, in denen die Vielfalt sozialer Rollen sich darbietet und im wachsenden Maße aufdrängt. Eine dauernde Ich-Identität kann sich nicht bilden ohne das Vertrauen der ersten oralen Phase; sie kann sich nicht vollenden ohne das Versprechen einer Erfüllung, das von dem dominierenden Bild des Erwachsenseins hinabreicht in die ersten Kindheitstage und auf jeder Stufe dem Kinde einen Zuwachs an Ichstärke bringt." (ebd., 109)

Wegen dieser Einbettung der Ich-Identität in den Lebenszyklus bis zur Pubertät und den späteren Ausführungen Eriksons über die weitere Entwicklung, sollte sein Modell als eines der prozeßhaften Identitätsentwicklung angesehen werden. Manche Kritiker werfen ihm vor, die Ich-Identität rein auf die Pubertätsphase beschränken zu wollen. Tatsächlich taucht der Begriff Ich-Identität bei Erikson nur in der Pubertätsphase auf. Aber darüber darf doch nicht übersehen werden, daß sich die Entwicklung des Selbst durch alle psychosozialen Phasen des ganzen Lebenszyklus zieht und daß dies immer das zentrale Thema von Eriksons Theorie ist.

Mit der Pubertät nehmen die Identifikationen immer komplexere Formen an: Idole, Ideologien und Weltanschauungen sind geeignet, eine Definition der eigenen Person zu vermitteln, die Integration vielfältiger Bestrebungen unter ein Bild zu fördern und die Anerkennung anderer in einer abgegrenzten Gemeinschaft zu finden. Die Identifikation mit Ideologien ist natürlich kein Privileg der Jugend, eher schon, daß in diesem Alter diese Vorgänge wie auch die Idolbildung notwendige und vorübergehende Erscheinungen sind. Der Versuch, sich selbst als ganze Person unter ein Bild zu integrieren, führt notwendig zu einer Affinität zu Idolen oder großen Weltbildern. Allgemein gesprochen ist ein ideologisches System ein

„in sich geschlossenes Gebilde aus gemeinsamen Symbolen, Ideen und Idealen, das (ob es nun auf einem ausdrücklichen Dogma, einer versteckten Weltanschauung, einem hochstrukturierten Weltbild, einer politischen Überzeugung oder einem ‚way of life' beruht) seinen Anhängern eine zusammenhängende, wenn auch systematisch vereinfachte Orientierung in Zeit und Raum, Mitteln und Zielen anbietet." (ebd., 202)

Das Selbst schafft sich einen Hintergrund von Werten und Orientierungen, der dazu beiträgt, die Einheit der Person zu konstituieren und der einen wichtigen Aspekt dieser Einheit repräsentiert. Dabei können die Elemente dieses Wertehintergrundes sehr vielfältig sein – von religiösen Überzeugungen bis hin zu Lebensstilen. Entscheidend ist, ob sie Elemente darstellen, die für das Selbst konstitutiv sind. Das Selbst nimmt solche Elemente der „äußeren Welt" in sich auf, um sich in dieser Welt zu verorten.

In dem Maße, wie sich kulturelle Symbole, Werte und Maßstäbe ändern, werden auch die Persönlichkeitsstrukturen affiziert. Überzeugende und ausfüllende Identitäten, die manchmal recht schnell und massenhaft auftreten und von erheblichen historischen Konsequenzen waren, sind vor allem in den „Doktrinen von Rasse, Klasse oder Nation" (ebd., 111) zu finden. Seit dem 19. Jahrhundert traten diese Denkformen zunehmend an die Stelle der Religion. Wie diese, stellen rassistische, nationalistische und Klassenideologien einen Zusammenhang zwischen der Definition und der Stellung des einzelnen und seiner Lage innerhalb einer definierten Gemeinschaft her. Diese Ideologien bilden daher in besonderem Maße Identifizierungsmodelle. Je mehr sie Fragen der persönlichen Identität mit den Fragen gesellschaftlicher Identität verknüpfen können, desto tauglicher sind sie hierfür. Dabei ist eben nicht die adäquate Realitätserkenntnis das Kriterium dafür, ob eine Ideologie massenwirksam ist oder nicht. Für die Menschen ist das Kriterium wichtig, ob sie sich darin wiedererkennen, ihre Wünsche und Bedürfnisse aufgehoben sehen in einem großen Ganzen. Ideologien können irrationale oder illusionäre Bestrebungen bedienen oder Ängste kanalisieren. Häufig tun sie dies genau aus dem Grunde, aus dem sie als Identifizierungsobjekt taugen: indem sie natürliche Faktoren der persönlichen Identität wie das Geschlecht, ethnische Abstammung, die Zugehörigkeit zu einem Volk zu Brennpunkten gesellschaftlicher Machtansprüche und zur Grundlage von sozialen Beziehungen machen. Tautologische Erklärungen und Immunisierungsstrategien gegen die Wirklichkeit sind deshalb auch kein Hindernis für die Wirksamkeit einer Ideologie, sondern im Gegenteil, sie stabilisieren sie und festigen die Selbstbilder.

Für die Identitätsentwicklung ist „eine klare Lebensauffassung im Lichte einer verständlichen Theorie" (ebd.) notwendig, wobei der Rahmen für diese „Theorie" sehr weit gesteckt ist. Letztlich entscheidend wird das Bedürfnis sein, sich selbst in Übereinstimmung mit weiterreichenden und in diesem Sinne auch transzendenten Wirkungsmächten zu wissen.

Die im letzten und in unserem Jahrhundert wirksamen Ideologien funktionierten alle wesentlich auf der Dimension „Identität gegen Identitätsdiffusion", weil sie ihre eigenen Anhänger jeweils mit positiven Merkmalen, alle anderen aber mit scharf abgegrenzten negativen Merkmalen ausstatteten. Häufig sind die Stigmatisierungen schärfer gezeichnet als die positiven Merkmale. Stigmatisierungen sind ein wesentliches Hilfsmittel zur Identitätsbildung. Intoleranz funktioniert dabei als „Abwehr gegen ein Gefühl der Identitätsdiffusion" (ebd., 110). Neben der Identität existiert immer auch eine „negative Identität":

„In unserer Kultur ist es üblich, daß die unbewußte negative Identität (das Bild, dem ähnlich zu sein das Ich am meisten fürchtet) sich aus Bildern eines mißhandelten (kastrierten) Körpers, einer ethnisch fremden Gruppe und aus einer ausgebeuteten Minderheit zusammensetzt." (Ebd., 28)

Die Vorstellung negativer Identität ist immer vorhanden, sogar als Selbstidentifikation bei den diskriminierten Gruppen[13]. Häufig strukturiert sich die Wir-Identität in der Gruppenbildung als unbewußte Assoziation von nationalen, ethnischen und körperlich/sexuellen mit sozialen und moralischen Negativbildern:

„Das Ich versucht während seiner Bemühungen um Synthese, das mächtigste Ideal und das stärkste negative Leitbild (sozusagen als absoluten Gegner) in sich aufzunehmen und mit ihnen die ganze Bilderwelt von Gut und Böse, Überlegenheit und Unterlegenheit, männlich und weiblich, freigeboren und Sklave, potent und impotent, schön und häßlich, rasch und langsam, groß und klein, in einfache Alternativen aufzuteilen, um die verwirrenden Einzelfehden in einer großen Schlacht und nach einem strategischen Plan zum Austrag zu bringen." (Ebd.)

Die von Freud bei der Frage der Ichidealbildung erwähnten wissenschaftlichen Weltanschauungen sind schon deshalb weniger verbreitet, weil sie über die Definition des Selbst und seine Stellung in der Welt wenig aussagen und deshalb weniger leicht zur Identitätsbildung beitragen. Das gleiche gilt auch von Konzepten einer formalen Ethik. Auch wenn diese sich ausdrücklich mit den Bedingungen richtigen Handelns beschäftigen, verfehlen sie eben die Aspekte, die eine positive Identifikation ausmachen könnten.

Bei der Erörterung des Grundvertrauens war schon einmal die Rede von den Weltbildern, mit Hilfe derer die Eltern dem Kind vermitteln, was für einen Platz es in der Welt hat. Sie kommen hier notwendigerweise noch einmal vor, denn auch die Eltern müssen sich die Weltanschauungen erst aneignen. Im schnellen historischen Wandel der großen Weltbilder in der zweiten Hälfte des zwanzigsten Jahrhunderts müssen auch neue Bedingungen zur Entwicklung von Identitätsmodellen auffindbar sein.

2.2.6 Die Stadien des Erwachsenenlebens

Die Bildung der Ich-Identität ist im einzelnen Lebenszyklus nie völlig abgeschlossen, wenn auch die Grundlagen z.T. früh gelegt werden. Erikson zeigt,

---

13 vgl. dazu ausführlich Goffman (1963).

daß im Erwachsenenalter weitere psychosoziale Konflikte hinzukommen: vor allem die Form, in der in persönlichen Beziehungen Intimität und Selbstbezogenheit ausgelebt wird, zweitens die „Generativiät", als Entscheidung über die Elternschaft und die Art und Weise, wie man sich als Elternteil versteht, drittens, wie in den beruflichen Beziehungen Konkurrenz und Zusammenarbeit ausbalanciert werden und schließlich die Umgangsweise mit Alter und Tod, die Haltung zum Lebenszyklus selbst. Eriksons Ausführungen zu den weiteren Stadien im Erwachsenenleben sind nur noch kursorisch, obwohl er, wie oben erwähnt, die große Bedeutung auch der weiteren psychischen Entwicklung betont. Erikson verdeutlicht, daß die Entwicklung des Selbst mit der Adoleszenz nicht zum Abschluß gekommen ist. Die Beziehung zu Produktion und Reproduktion, zu Beruf und Familie ist das grundlegende Feld, auf dem die „Identitätssuche" ausgetragen wird. Hinzu kommen die Einstellungen zu den frei gewählten, persönlichen und intimen Beziehungen und die selbstreflexive Vergewisserung über die eigene Biographie, die ein Bewußtsein über die Begrenztheit der eigenen Existenz einschließt. Wenn gefragt wird, welche spezifischen Inhalte die moderne Identität hat und welche spezifischen Problemkonstellationen hierbei gelöst werden müssen, dann müssen gerade diese Bereiche näher untersucht werden[14].

2.3 Entwicklungsbedingungen des Selbst

Erikson beschreibt die Phasen der psychosozialen Entwicklung als eine komplexe Entwicklung. Für ihn kann es kein subjektives Identitätsempfinden geben, solange die unbewußte Reorganisation von Bedürfnissen und Identifizierungen nicht erfolgreich abgeschlossen und eine Integration von Individualität und Autonomie einer Person und den gesellschaftlichen Erwartungen und Anforderungen erreicht worden ist. Aus seiner Theorie lassen sich fünf wesentliche Dimensionen der Verknüpfung persönlicher und gesellschaftlicher Strukturen ableiten. Es sind – entlang den entsprechenden Phasen und ihren wesentlichen psychosozialen Konflikten – 1. Vertrauen, 2. Autonomie, 3. Initiative, 4. Kompetenz, 5. Identität. Diese Kategorien der Selbst-Entwicklung sind nicht nur in den entsprechenden psychosozialen Phasen bestimmend. Entwicklung des Selbst heißt, daß diese Dimensionen durch die Integration von Bedürfnissen und Persönlichkeitsstruktur auf der einen Seite und gesellschaftlichen Anforderungen auf der anderen Seite realisiert werden. In Eriksons Worten:

„Zusammengefaßt könnte man sagen, daß sich der Prozeß der Identitätsbildung als eine sich entwickelnde Konfiguration entfaltet – eine Konfiguration, die allmählich konstitutionelle Gegebenheiten, höchst persönliche Bedürfnisse, bevorzugte Fähigkeiten, wichtige Identifikationen, wirksame Abwehren, erfolgreiche Sublimierungen

---

14 Das wird im 4. Teil „Moderne Identität" ausgeführt.

und konsequente Rollen integriert. Dies alles kann aber nur in einer wechselseitigen Anpassung individueller Potentiale, technischer Weltsichten und religiöser oder politischer Ideologien hervorgehen." (Erikson 1982, 97)

Für die soziologische Analyse ist es erforderlich, an diese Definition anzuknüpfen und die gesellschaftliche Bestimmtheit der Grunddimensionen der Ich-Entwicklung nachzuzeichnen. Die Grundkategorien Vertrauen[15], Autonomie, Initiative, Kompetenz und Identität sind also aus ihrem ursprünglichen Bezug zur psychosexuellen Entwicklung auf die gesellschaftlichen Dimensionen hin zu entfalten. Damit ist nicht gemeint, daß die Gesellschaft von der psychosexuellen Entwicklung strukturiert wird. Vielmehr hat Erikson gesellschaftliche Dimensionen der Konstitution des Selbst beschrieben, die sich in der psychischen Entwicklung als nacheinander folgende Phasen der Sozialisation geltend machen.

Nachdrücklich ist hervorzuheben, daß der Prozeß der Entwicklung des Selbst als „Konfiguration" nicht nur subjektive Voraussetzungen, sondern auch gesellschaftliche Bedingungen hat. Ohne gesellschaftliche Strukturen und Institutionen, die persönliche Sicherheit, individuelle Autonomie, persönliche Initiative, allgemeine Bildung und einen Sinn für die gesellschaftliche Gemeinschaft garantieren, wird zumindest die Mehrheit der Menschen die beschriebene Entwicklung der Ich-Identität nicht durchlaufen. Der springende Punkt ist, daß es im wesentlichen die gleichen Dimensionen sind, die einerseits individuell, andererseits in den gesellschaftlichen Strukturen und Institutionen entwickelt werden müssen. Dabei verweist Erikson – wenn auch in sehr allgemeiner Form – auch auf die Probleme einer solchen Gesellschaft. Die amerikanische Demokratie stelle das Problem einer „selbstgemachten Identität", die auch den Anforderungen der erzwungenen Mobilität – des sozialen Status, des Berufs, in der Ausbildung und des Wohnorts – zu folgen vermag. Eine moderne Gesellschaft stellt eben nicht einfach statische Anforderungen – einen Sittenkodex, klassenspezifische Anforderungen und Zurichtungen, Gesetzesnormen – an die einzelnen, sondern verlangt ein hohes Maß an Flexibilität gegenüber sich verändernden Bedingungen. Auch deshalb kann die Entwicklung des Selbst nicht in der Adoleszenz abgeschlossen sein, die einzelnen müssen vielmehr Fähigkeiten entwickeln, wie sie unter diesen Bedingungen sich immer wieder selbstreflexiv ihrer Identität versichern können. In der Sprache der Selbst-Psychologie wird das Problem, ausgehend von der Kindheit, wie folgt formuliert:

---

15 Die Beschreibung der modernen Identität in Teil 4 wird die soziale Bedeutung von Autonomie, Initiative, Kompetenz und Identität zeigen. Die Kategorie Vertrauen wird in dieser Arbeit nicht systematisch in ihrer sozialen Bedeutung dargestellt. Vergleiche dazu die ausführliche Analyse von Giddens (1991, insb. S. 35-70) und Kaufmann (1970). Wichtige Dimensionen der sozialen Bedeutung des Vertrauens hat auch Ulrich Beck mit dem Begriff der Risikogesellschaft entwickelt (Beck 1986).

„In der etwas unbeholfenen Fachsprache, mit der wir dieses Szenario beschreiben, bezeichnen wir die Bezugsperson als ein Selbstobjekt, das durch das Angebot geeigneter Selbstobjekt-Erfahrungen die Erfahrung des Kindes auslöst, ein Selbst zu sein. Der Entzug der nötigen Selbstobjekt-Erfahrungen vor der irreversiblen, kohärenten Ausbildung des auf diese Weise wachgerufenen Selbst führt zu einer schwachen Struktur und manchmal sogar zum Zerfall des Selbst. Tatsächlich hat sich aus den Analysen unserer Patienten in der klinisch psychoanalytischen Praxis wie auch aus der genauen Selbstbeobachtung zu unserem Erstaunen ergeben, daß sich überhaupt niemand eines völlig kohärenten und unumstößlich festen Selbst erfreut. Zur Aufrechterhaltung der Integrität ihres Selbst brauchen Menschen immer und überall die ständige Zufuhr selbsterhaltender Selbstobjekt-Erfahrungen. Von der Wiege bis zur Bahre brauchen wir die Einbettung in ein Beziehungsgeflecht, das wir als selbsterhaltend erleben." (E. Wolf, 1993, 154)

Der Psychoanalytiker Ernest Wolf beschreibt unterschiedliche Typen von Selbstobjekt-Efahrungen, als wichtigste die „Spiegelungs- und Idealisierungserfahrungen", die als ein Grundbedürfnis des Selbst angesehen werden. Das Selbst nimmt sich als verbunden mit und akzeptiert von anderen wahr, indem es die am höchsten bewerteten Teile des anderen mit in sich hineinnimmt und zu einem Bestandteil seiner Struktur macht – entweder in der Weise der Spiegelung, also der Wahrnehmung der positiven Reaktion des anderen auf sich oder in der Weise der Identifizierung mit dem als hoch und gut bewerteten. Die Selbstobjekte sind nur in der Kindheit an die Eltern gebunden und werden im späteren Leben durch kulturelle Selbstobjekte ersetzt. „In der metaphorischen Veranschaulichung unseres Selbst als Struktur bezeichnen wir diesen Teil des Selbst, der aus der Bewunderung einer anderen Person entstanden ist, als den Pol der Werte und Ideale des Selbst" (E. Wolf 1993, 157).

Weder Erikson noch die Selbst-Psychologie klären nun hinreichend die soziologischen Bedingungen der Selbst-Entwicklung. Dazu soll im folgenden Teil untersucht werden, wie sich Werte und Gefühle zueinander verhalten und welche „kulturellen Selbstobjekte" an erster Stelle an der Herausbildung des Selbst beteiligt sind.

2. Teil
Gefühle, Werte und Identitätsfigurationen

3. Kapitel: Eine Phänomenologie der Gefühle

Wenn bei Herausbildung des Selbst Weltbilder, Werte und Ideale eine so große Rolle spielen, wird es nur soweit zu einer vollen Ausbildung der Persönlichkeit kommen, wie in der Gesellschaft jene Weltbilder, Werte und Ideale auch eine zentrale Rolle spielen. Da die Moderne sich nun aber gerade dadurch auszeichnet, daß sie die einheitlichen Weltbilder zerstört, wird von vielen sozialpsychologischen Theorien in Frage gestellt, ob es denn unter diesen Bedingungen überhaupt noch zu einer Ausbildung autonomer und individueller Persönlichkeiten kommt. Nicht selten werden dafür auch Ergebnisse der Selbst-Psychologie herangezogen[16]. So schreibt einer der wichtigsten Vertreter der Selbst-Psychologie, Heinz Kohut über die Fähigkeit der modernen Kunst, die zentralen seelischen Konflikte einer Epoche ausdrücken zu können:

„So wie das unterstimulierte Kind, das Kind, das nicht genügend Widerhall findet, die Tochter, die eine idealisierbare Mutter, der Sohn, der einen idealisierbaren Vater entbehrt, nun zum Paradigma für das zentrale Problem des Menschen in unserer westlichen Welt geworden ist, so ist das zerbröckelnde, sich auflösende, fragmentierte, geschwächte Selbst dieses Kindes und später das zerbrechliche, verwundbare, leere Selbst des Erwachsenen das, was die großen Künstler der Zeit beschreiben...und zu heilen versuchen". (Kohut 1977, 280)

Doch auf keinen Fall darf das psychoanalytische Klientel mit der psychischen Verfassung des Menschen in der modernen Gesellschaft gleichgesetzt werden. Die Psychoanalytiker der Selbst-Psychologie unterscheiden das jedenfalls genau, die Kulturkritiker, die deren Ergebnisse übernehmen, nicht immer. Der zentrale psychische Konflikt des modernen Menschen ist durchaus richtig bezeichnet, aber damit ist noch nicht gesagt, daß die Mehrheit der Menschen an der Bewältigung dieses Konfliktes scheitert. Die Ergebnisse der Psychoanalyse lassen sich nicht umstandslos in die Soziologie übernehmen. Soziologisch ist nach den Bedingungen der Bewußtseinsbildung für große Bevölkerungsgruppen zu fragen – eine Aufgabe, die sich die Psychoanalyse so nicht stellt und auch nicht zu stellen braucht. Eine theoretische Voraussetzung hierfür ist die Klärung des soziologischen Zusammenhangs von Bedürfnissen, Gefühlen und Werten ist.

Der Entgegensetzung von Individuum und Gesellschaft korrespondiert der Gegensatz von Gefühl und Verstand. Beide Gegensätze werden im modernen

---

16 So vor allem Lasch (1979) und die Narzißmustheorie.

bürgerlichen Denken gebildet. Sie werden hervorgebracht in dem gesellschaftlich-historischen Prozeß, in dem das Individuum Gestalt annimmt und sich aus seiner Verwobenheit mit der traditionellen Gemeinschaft löst. Je mehr sich Menschen für unabhängig und autonom gegenüber den Denk- und Lebensformen ihrer Gemeinschaft halten, desto schärfer wollen sie ihr Innenleben von ihren äußeren Bindungen abgrenzen. In einem langen Prozeß werden die Gefühle und Leidenschaften quasi in das Innere zurückgezogen, um dem Verstand die Herrschaft über den Körper und die äußere Welt einzuräumen.

Aber wenn schon die Stellung des Individuums in der Gesellschaft nicht so autonom ist, wie sie ihm häufig scheint, dann darf es nicht verwundern, wenn auch seine Gefühle nur scheinbar sein persönliches inneres Privileg sind. Zwar kann jeder unmittelbar seine eigenen Gefühle wahrnehmen, aber die Gefühle selbst sind keineswegs exklusiv.

Es gibt keine allgemein akzeptierte Theorie der Gefühle, auf die man für die soziologische Analyse zurückgreifen könnte[17]. Nicht einmal auf der rein phänomenologischen oder enzyklopädischen Ebene ist eine einfache Auskunft zu bekommen. Je nach theoretischem Standpunkt werden unterschiedlichste Vorgänge oder Erscheinungen als Emotionen oder Gefühle gefaßt, so daß schon die Begrifflichkeit des Untersuchungsgegenstands selbst kontrovers diskutiert wird. Aus biologischer, psychologischer, ethnologischer und philosophischer Richtung kommen die wichtigsten Beiträge zu dem Thema.

Da es hier aber nicht um die Theorie der Gefühle selbst geht, sondern nur um einen Beitrag zur Erklärung einiger Dimensionen von sozialen Beziehungen und Persönlichkeit, wird das Thema nur im Rahmen dieser Argumentation aufgegriffen. Den für die hier behandelten Fragestellungen fruchtbarsten Entwurf hat Agnes Heller (1981) vorgelegt.

Hellers Theorie der Gefühle basiert auf anthropologischen Grundlagen. Danach besteht die biologische Grundlage der menschlichen Freiheit (der Betätigung und Entfaltung des Ich) im Abbau der Instinktsteuerung. Der Mensch lebt in der beständigen Spannung, seinen Körper mit wachsender Souveränität beherrschen lernen zu müssen, ohne sein ursprüngliches Leibsein jemals überspringen zu können. In allen seinen Daseinsäußerungen ist der Mensch gezwungen, zugleich aus seinem Leib heraus zu leben und über seinen Körper zu verfügen (vgl. Honneth; Joas 1980, 76). Souveränität erlangen Menschen jedoch nicht aus sich heraus, sondern erst in Auseinandersetzung mit ihrer sozialen Umgebung.

„Der menschliche Organismus hat keinerlei ‚Zweck'. Wir könnten bestenfalls – im Kantschen Sinne des Begriffs – von seiner Zweckmäßigkeit ohne Zweck sprechen, insofern dieser die biologischen Vorbedingungen seiner Selbsterhaltung impliziert

---

17 Wichtige Grundlagentexte finden sich bei Kahle (1981), zum Schamgefühl vor allem Neckel (1991). Daß die wissenschaftliche Beschäftigung mit Gefühlen auch außerhalb der Psychologie zunimmt, zeigen auch die Beiträge zu einer Philosophie der Gefühle in Fink-Eitel/Lohmann (1993).

und so auch auf die zielsetzende Tätigkeit ‚programmiert' ist. Der Mensch wird ohne ‚mind' geboren, und er ‚erhält' alle seine Ziele ‚von außen', d.h. von der Gesellschaft, in die er hineingeboren wurde." (Heller 1977, 23)

Die Entwicklung des Menschen vollzieht sich unter der Prämisse sozialer Objektivationen und ihrer Aneignung. Die Gesellschaft entwickelt den Menschen, indem das Individuum seine eigentliche „Gattungsmäßigkeit", die im Augenblick seiner Geburt außerhalb seiner selbst existiert, aktiv in sich einbaut. Das heißt:

„Zum Zeitpunkt seiner Geburt verkörpert der Mensch die ‚stumme Gattung', er ist auf gesellschaftliches Sein, auf soziale Zielsetzung etc. ‚programmiert'; gleichzeitig stellt sich aber sein idiosynkratischer Organismus auf die eigentliche Gattungsmäßigkeit ein, involtiert sich in den von ihr präsentierten jeweiligen Objektivationen (in den verschiedene historischen Epochen mit mehr oder weniger Möglichkeiten zur Wahl) und entwickelt und erweitert sein eigenes Ich so, daß seine Intention immer mehr die Selektion regelt. Der Mensch will niemals seinen Organismus, sondern immer sein Ich (das bereits ein soziales Ich ist) entwickeln." (Heller 1977, 23)

Es steht außer Frage, daß die gesellschaftlichen Normen, Vorschriften, Sitten, Zwänge, Abhängigkeiten sehr häufig und in vielen Beziehungen die Entwicklung der Fähigkeiten gewisser Individuen gehemmt haben. Aber „es steht ebenso außer Frage, daß das Ich von denselben Objektivationen entwickelt wurde" (Heller 1977, 25).

Erich Fromm behauptete dagegen, daß in die organischen Entwicklung des Menschen ein Freiheitsstreben eingebaut ist, das durch bestimmte Formen der Gesellschaft behindert würde. Eine „organische" Freiheit kann aber nicht nachgewiesen werden. Man braucht auch keine naturalistische Fundierung des Freiheits- und Selbstverwirklichungsstrebens, um Fromms oder Maslows wertorientiertes Anliegen zu verfolgen. Es ist vielmehr umgekehrt zu zeigen, daß das Freiheits- und Selbstverwirklichungsstreben spezifische historische Formen annimmt und in der modernen Gesellschaft kulminiert. Jede prinzipielle Entgegensetzung von Individuum und Gesellschaft verfehlt schon den grundlegenden Zusammenhang, daß die Menschen in ihrem „Doppelcharakter und Doppelaspekt von Körperleib und Seele" (Plessner) durch ihre sozialen Beziehungen sowohl entwickelt als auch gehemmt werden. Der Doppelaspekt von „Körperleib und Seele" sollte immer berücksichtigt werden, um zu verstehen, was denn das Individuum überhaupt ist, das in die Gesellschaft hineinwächst, auf so vielfältige Art von ihr abhängig wird und doch zu eigenem und unverwechselbarem Handeln fähig ist.

Es reicht offensichtlich nicht, sich die gesellschaftlichen Institutionen zu vergegenwärtigen, in die das Individuum involviert ist, also in erster Linie Familie, Schule, Ausbildungs- und Erwerbssystem, Gemeinde, Markt und Staat und zu fragen, wie sich diese im Bewußtsein des Individuums darstellen mögen. Freud verweist schon darauf, daß soziale Abhängigkeiten und

Weltbilder sich im Über-Ich und im Ichideal abbilden, also gewissermaßen „innerhalb" und „außerhalb" des Individuums gleichzeitig wirken und daß sie vor allem nicht nur als bewußte Orientierungen wirken, sondern auch unsere Gefühle bestimmen.

Die Gefühle des Menschen vermitteln den Doppelaspekt von Körper und Seele und sie spielen deshalb eine große Rolle bei der „Vermittlung" zwischen Individuum und Gesellschaft. Die Rolle, die Gefühle in der Konstitution von gesellschaftlichem Bewußtsein spielen, ist bislang nur wenig untersucht. Deshalb wird zunächst einmal gefragt, was Gefühle überhaupt sind, um dann einen noch entsprechend unsicheren Versuch zu wagen, zu einer reichhaltigeren Theorie des gesellschaftlichen Bewußtseins zu kommen.

„Fühlen bedeutet, in etwas involviert sein" ist der Ausgangspunkt und Schlüsselsatz von Heller. Damit ist die Perspektive eröffnet sowohl auf die Selbstwahrnehmung als auch auf die Wahrnehmung der Umwelt und die sozialen Beziehungen. Fühlen ist eine Funktion des Bewußtsein, des Ich; auch wenn es viele unklare, ambivalente, unbewußte und verdrängte Gefühle gibt. Wenn Fühlen bedeutet, „in etwas involviert sein" , dann hat die Soziologie in der Tat bislang meist eine wesentliche Komponente sozialer Beziehungen vernachlässigt. Ausgehend vom sozialen Organismus bedeutet involviert sein „das Regulieren der Aneignung der Welt in Hinsicht auf die Erhaltung und Erweiterung des Ichs" (Heller 1981, 39). Die Aneignung der Welt geschieht im Handeln und Denken, das immer mit Gefühlen verknüpft ist und auch durch Gefühle reguliert wird. Dabei stehen die Gefühle häufig im Hintergrund. Es ist relativ selten, daß sich Gefühle so in den Vordergrund drängen, daß sie das Handeln ganz bestimmen oder gar das Denken verhindern. Unter den Gefühlen sind es nur die Emotionen und unter diesen meist nur die Leidenschaften, die das Denken selbst zurückdrängen können. Meist ist nur davon die Rede, wenn vom Gegensatz von Gefühl und Verstand gehandelt wird. Die persönliche Erfahrung solcher Vorgänge mag ein Grund dafür sein, daß manche hier einen begrifflichen Gegensatz konstruieren.

In Hellers Theorie sind Fühlen und Gefühl zunächst die Oberbegriffe (und nicht, wie oft, Emotion). Die konkreten Gefühle werden grundsätzlich unterschieden in Triebgefühle, Affekte, Emotionen und Orientierungsgefühle.

„Daß unsere Gefühlsfähigkeit ‚eingeboren' ist, unterliegt keinem Zweifel. Zunächst sind uns jene Gefühle ‚eingeboren', die die ‚Alarmsignale' der Homöostase bilden (wie Lufthunger, Nahrungsmittelhunger, Erlebnishunger, oder auch das Gefühl des Schmerzes), obwohl auch sie schon sozial ko-determiniert und mehr oder weniger Resultate eines Lernprozesses sind, ferner auch einige Instinkt-Überreste (nicht als Instinkte, sondern als Gefühle!) wie Wut, Furcht, Ekel usw. mitsamt ihren Gefühlsexpressionen (trotz des gesellschaftlichen Aufgegebenseins des Gegenstandes), außerdem das Gefühl der sexuellen Begierde. Alle diese Gefühle sind zum Zeitpunkt der Geburt noch undifferenziert, sie differenzieren sich erst allmählich, und gleichzeitig reintegriert sich die Kognition in ihnen." (Heller 1977, 25)

Die *Triebgefühle* oder Drives sind Signale des Organismus. Zu den Triebgefühlen gehören Hunger und Durst, Sexualität, das Bedürfnis nach Schlaf und nach Tätigkeit, die Regulierung von Wärme und Kälte. Freud hat trotz seiner ausführlichen Auseinandersetzung mit dem Sexualtrieb keine vollständige Triebtheorie entwickelt. Aggressionstrieb, Destruktionstrieb und Todestrieb sind so umstritten wie die Bedeutung seiner Triebtheorie überhaupt. Durch Hellers Phänomenologie der Gefühle können wir jedoch einige Merkmale unterscheiden, die uns helfen, Gefühle besser zu verstehen.

Auf Triebgefühlen können Affekte und Emotionen aufgebaut werden. Im Unterschied zu Affekten und Emotionen haben sie folgende Merkmale: Triebgefühle sind nicht kommunikativ, drücken sich nicht unmittelbar für andere verständlich aus. Man kann sie den Menschen nicht ansehen. Sie richten sich an uns selbst und fordern Bedürfnisbefriedigung und zwar jedes für sich. Sie beziehen sich auf Reize „von innen" im Unterschied zu den anderen Arten der Gefühle, die auf Reize „von außen" reagieren. Die Befriedung eines Triebgefühls kann nicht vollständig unterdrückt werden; sie kann auch nicht durch ein anderes ersetzt werden; man kann die Triebbefriedigung nicht umgehen, indem man sich an das Triebgefühl gewöhnt. Ich kann also z.B. nicht ganz auf Schlaf verzichten, meinen Hunger nicht sexuell stillen, mich nicht an Durst gewöhnen.

Die Triebe können also in keiner Gesellschaft vollständig unterdrückt werden. Doch ist in jeder Gesellschaft – von der Stammesgemeinschaft bis zum modernen Nationalstaat – die Art und Weise ihrer Befriedigung sozial geregelt. Die Bedürfnisse sind sozial determiniert, sind immer gesellschaftliche Bedürfnisse, da sie sich auf einen jeweils vorhandenen Umkreis von Mitteln zu ihrer Befriedigung beziehen. Man will z.B. nicht essen an sich, sondern eine bestimmte Speise unter bestimmten Umständen. Die Art und Weise der Triebbefriedigung wird durch festgelegte Gepflogenheitssysteme und häufig in rituellen Formen geregelt. Für die Befriedigung der grundlegenden Bedürfnisse wird produziert und muß produziert werden, auf sie bezogen (aber natürlich nicht nur auf sie) entwickelt sich also ein umfassendes System gesellschaftlicher Arbeitsteilung und Produktion.

Während die Drive-Gefühle Folge des Abbaus von Triebreaktionen auf innere Reize sind, sind die *Affekte* Folgen des Abbaus der Triebreaktionen auf äußere Reize. Furcht, Scham, Wut, Ekel, Neugier, Lust, Unlust, Freude, Traurigkeit sind Affekte. Sie alle sind expressiv und kommunikativ. Sie sind Zeichen für andere, die sie ohne weiteres begreifen können. Die Affekte und ihre Expressionen sind angeboren. Sie haben allgemein-menschlichen Charakter und sind nicht erlernt. Insofern sind die Affekte selbst grundsätzlich auch interkulturell verständlich, nicht hingegen ihre Auslöser.

Affekte sind viel flexibler als Triebe. Das Objekt, worauf sie sich beziehen steht nicht fest. Worüber ich wütend oder traurig bin, ist nicht vom Affekt her bestimmt. Was in einer Gesellschaft Wut oder Trauer auslöst, ist vom jeweiligen Normen- und Wertesystem abhängig und kann interkulturell und in der Geschichte sehr verschieden sein. Deshalb kann ich interkulturell leichter erkennen, daß sich jemand schämt, als verstehen, was der Anlaß dafür war. Ohne Verständnis des jeweiligen Werte- und Normensystems ist ein vollständiges Verstehen von Affekten anderer Kulturen nicht möglich (Solomon 1981).

Affektexpressionen können zudem modifiziert werden, sie können abgemildert, unterdrückt oder auch intensiviert werden, sie können durch Gewöhnung abgeschliffen werden. Affekte können sich zudem gegenseitig ablösen oder unterdrücken. Wut oder Neugier können die Furcht unterdrücken, die Scham kann den Sexualaffekt unterdrücken und umgekehrt. Affekte werden durch (moralische) Normen geregelt. Gerade weil Affekte sublimierbar, kanalisierbar, willentlich beeinflußbare Gefühle sind, werden sie gesellschaftlichen Regeln zugänglich. Einige Affekte können ansteckend sein, wie die Wut, die Furcht, die Neugier u.a. Es können Massenaffekte auftreten, die auch die gesellschaftliche geregelten Schranken überschreiten. Die seelische Tätigkeit des einzelnen kann sich in der Masse verändern. „Seine Affektivität wird außerordentlich gesteigert, seine intellektuelle Leistung merklich eingeschränkt, beide Vorgänge offenbar in der Richtung einer Angleichung an die anderen Massenindividuen" (vgl. Freud 1921, 83).

Affekte sind, da sie durch eine Vielzahl zunächst unbestimmter äußerer Reize ausgelöst werden können, von Bedürfnissen zu unterscheiden. Niemand hat das Bedürfnis, sich zu ekeln oder zu fürchten. Affekte sind aus dem gleichen Grund auch nicht auf die eigene Person zu beziehen. Wenn ich mich vor mir selbst fürchte oder ekle, dann zeigen sich nicht die typischen Expressionen beispielsweise des furcht- oder ekelverzerrten Gesichtes. Wenn diese Gefühle auftreten, handelt es sich um kognitive Emotionen.

Emotionen besitzen zwar gemeinsamen Merkmale, lassen sich aber nicht typisieren. Es gibt eine breite Palette von Emotionen: Liebe, Vertrauen, Eifersucht, Ärger, Haß, Rachsucht, Verachtung, Angst, Wissensdurst, Freude und Schmerz, Schuldgefühle und Gewissensbisse, Ergriffenheit und Menschenliebe usw. Sie unterscheiden sich je nach Person und Kultur. Es gibt keine einzelne Emotion, die unentbehrlich für die biologische oder soziale Reproduktion ist. Nicht in allen Gesellschaften existieren dieselben Gefühle; so „gab es z.B. nicht immer schlechtes Gewissen, Andacht, Wunsch der Unabhängigkeit, Demut, Menschenliebe oder das Gefühl: ‚ich fühle mich getroffen'" (Heller 1981, 126). Alle Emotionen sind also erlernt und damit gesellschaftlich geformt, abhängig von den Sozialisationsprozessen und der Kultur in der wir leben.

Der Inhalt einer Emotion ist veränderlich. Als reine Emotion ist Liebe heute nicht dasselbe wie im 19. Jahrhundert, während der Wutaffekt oder der Furchtaffekt als solche sich nicht geändert haben (wohl aber ihre sozialen Auslöser und ihre Bewertung). Der Inhalt der Emotion ist je nach Objekt unterschiedlich, niemand wird z.B. zwei Personen auf genau die gleiche Art lieben können. Emotionen sind immer situativ und kognitiv, d.h. Gefühl und Gefühlsinhalt gehören prinzipiell zusammen, der Gefühlsinhalt kann von dem Gefühlsauslöser und von der Gefühlsinterpretation nicht getrennt werden.

„Da die Emotionen als Gefühle die Relationen mit beinhalten, da sie so sehr idiosynkratisch sind, gerade deshalb kommt es oft vor, daß man im Fall der Emotionen nicht weiß, was man eigentlich fühlt. Und gerade da die Kognition einen organischen Teil des Gefühls selbst bildet, ändert sich die Gefühlsqualität dann, wenn man erkennt, was man fühlt." (Heller 1981, 130)

Gerade weil Emotionen sich je nachdem, wer etwas wem gegenüber fühlt, unterscheiden können, stehen uns prinzipiell nicht genügend Begriffe zur Verfügung, um sie auszudrücken. Deshalb versuchen wir so oft, sie zu umschreiben oder ihre Bedeutung aus „Zeichen" herauszulesen. Andere müssen die Emotionen nicht unbedingt verstehen, es gibt aber auch Fälle, in dem nur mir selbst ein Gefühl unklar ist – beispielsweise, daß ich eifersüchtig bin – aber alle Menschen in meiner Umgebung haben es schon längst erkannt. Dennoch ist die Differenzierung unserer Emotionen „zugleich das Wachstum unseres menschlichen Reichtums" (ebd., 131). Es gehört zu unserer Universalität, an Gefühlen reich zu sein.

Es sind die Emotionen, die – soweit sie sich verstetigen und zur Gewohnheit werden – die *emotionelle Persönlichkeit*, den typischen Charakter eines Menschen bilden. Auch die Art und Weise, wie wir unsere Affekte regeln, führt zur Ausbildung entsprechender Emotionen und prägt unsere Persönlichkeit. Es gibt mutige, stolze, neidische, eitle, freiheitsliebende, unterwürfige usw. Menschen, bei denen bestimmte Gefühlsgewohnheiten im Vordergrund stehen und bei denen daher mit einer gewissen Wahrscheinlichkeit von anderen eingeschätzt werden kann, wie sie sich verhalten und wie sie reagieren werden. Diese Form der Persönlichkeit kann sich jedoch auch ändern, insbesondere bei großen Erschütterungen, gesellschaftlichen Umbrüchen, Ausnahmesituationen usw.

In die Persönlichkeit eines Menschen gehen alle ihn dauerhaft prägenden Merkmale ein: seine soziale Position, sein Beruf, seine Kenntnisse, seine körperliche Konstitution, seine Art des Umgehens mit den Aufgaben, in die er gestellt ist oder die er wählt. Aber im Kern wird die Besonderheit eines Menschen durch die Art und Weise seiner Emotionen festgelegt. Selbst wenn wir jemanden als typischen Beamten oder typische Hausfrau bezeichnen – also die soziale Dimension ansprechen –, beziehen wir uns auf eine emotionelle Dimension, die diesen sozialen Rollen mit zugeschrieben wird: der Beamte ist pedantisch, gefühlsgehemmt usw., die Hausfrau treusorgend, mütterlich usw.

Nicht der einzelne Affekt oder die einzelne Emotion, aber der sehr viel komplexere emotionelle Charakter bzw. seine soziale Ausdrucksweise kann zum Mittel der sozialen Differenzierung gemacht werden[18]. Das Ausmaß der Zügelung der Affekte, die – normengeleitete – Formung der Emotionen, Scham- und Peinlichkeitsschwellen u.a. kennzeichnen Charaktere, die sozial unterschiedliche Positionen einnehmen[19]. Darüber hinaus gibt es mannigfache Formen, auf Emotionen und ihrer Kontrolle basierende Verhaltensweisen zur sozialen Differenzierung zu nutzen: Etikette, Takt als emotionelles Einfühlungsvermögen, emotionsgeladene Gruppensolidarität usw.

So wichtig die Emotionen in der Persönlichkeitsbildung und in den sozialen Beziehungen auch sind, für Heller hat die Phänomenologie der „unendlich vielen konkreten Emotionen" letztlich nur ein „sehr mageres Ergebnis". Wir können die Emotionen eben nicht unabhängig von den konkreten Situationen bestimmen. Da aber die Emotionen ihrem Wesen nach idiosynkratisch sind, war dies nicht anders zu erwarten.

Die emotionelle Persönlichkeit ist die wesentliche Grundlage des Ich, seiner Identität. In der Selbstreflexion, der Integration und der Akzeptanz der emotionellen Persönlichkeit zeigt und bewährt sich das Selbst. Spannungen zwischen dem „verallgemeinerten anderen" und den Ichidealen auf der einen und der affektiven Ausstattung auf der anderen Seite müssen im Selbst ausgeglichen werden. Je nach der gegebenen gefühlsmäßigen Ausstattung sind die einzelnen dabei vor unterschiedlich schwierige Aufgaben gestellt. Die Formung der Drive-Gefühle, Affekte und Emotionen ist ein widersprüchlicher und in der persönlichen Entwicklung ein krisenhafter Prozeß, ganz zu schweigen von den möglichen Konflikten zwischen dem Individuum und seiner gesellschaftlichen Umwelt.

Es gibt aber noch eine Art von Gefühlen, die von den Emotionen zu unterscheiden sind. Es sind die *Orientierungsgefühle*. Sie sind in der Regel Hintergrundgefühle und werden oft gar nicht zu den Gefühlen im engeren Sinn gerechnet. Hierzu gehören die Ja-Gefühle und Nein-Gefühle, das Wahrscheinlichkeitsgefühl, der Gemeinsinn, das Taktgefühl. In den zwischenmenschlichen Beziehungen steht das Gefühl zumindest zeitweise im Vordergrund und natürlich auch im Falle aller heftigen Affekte wie Furcht und Wut.

---

18 Dieser Zusammenhang wird auch in neueren Lebensstilstudien genutzt. So werden z.B. folgende Charakterisierungen für soziale Milieus benutzt: resigniert-unzufrieden, alternativ-intellektuell, autoritärer Arbeiter, vielseitig-interessiert-selbstbewußt, pflichtbewußter Rentner, spontan-gruppenorientiert-jung, modernangepaßt, konventionell-häuslich, sportlich-aufgeschlossener Facharbeiter, selbstbewußt-arriviert-konservativ (Hradil 1992, 36). Es überwiegen bei weitem Begriffe, die die emotionelle Persönlichkeit kennzeichnen, in einigen Fällen wird die soziale Lage zusätzlich herangezogen (Facharbeiter, Arbeiter, Rentner, auch intellektuell und arriviert kann man als soziale Lage interpretieren), bei anderen wird auf wertgebundene weltanschauungsähnliche Konzepte Bezug genommen (alternativ, modern, konventionell, konservativ).

19 Zur Rolle der Scham in der sozialen Differenzierung ausführlich Neckel (1991).

Das Denken und selbst die Wahrnehmung können dann zurückgesetzt sein. Dagegen werden bei allen willentlichen Handlungen die Gefühle in den Hintergrund gedrängt, besonders, wenn es um konzentrierte Wahrnehmung, Aufgabenlösungen und die Wahl der Mittel geht. Das „In-den-Hintergrund-Drängen' bestimmter Gefühle und das ‚In-das-Rampenlicht-Rücken' anderer sind bei allen willentlichen Tätigkeiten aufzufinden, auch wenn der Prozeß nicht immer gleich intensiv ist" (ebd., 47).

Ich kann beim Lösen einer mathematischen Aufgabe daß Gefühl haben, den richtigen Lösungsweg gefunden zu haben. Die Überzeugung ist ein typisches Ja-Gefühl – ich fühle, daß es so und nicht anders ist. Das Gefühl kann sich auch auf Zukünftiges beziehen – ich bin überzeugt, daß das Wetter morgen schön ist. Orientierungsgefühle spielen vor allem dann eine Rolle, wenn unterschiedliche und nicht festgelegte Handlungsmöglichkeiten gegeben sind. Wenn ich in einen Eisenbahnzug steige, weiß ich, wohin er fahren wird, wenn ich dagegen mit dem Auto in einer unbekannten Gegend an eine Straßengabelung komme, kann ich mich von meinem Orientierungsgefühl leiten lassen. Auch bei der Lösung komplexer Aufgaben, deren Lösungsbedingungen nicht voll zu überschauen sind, spielt „der richtige Riecher" eine wichtige Rolle. Wenn rationale Entscheidungen in einem zufälligen und unbestimmbaren Umfeld getroffen werden müssen, können Orientierungsgefühle für die „richtigen" Entscheidungen den Ausschlag geben. Dies ist z.B. erforderlich, wenn auf den Markt bezogene Entscheidungen getroffen werden müssen. Ist das Handlungsziel gegeben, die Wege zur Erreichung des Ziels jedoch nur durch Rahmenbedingungen abgesteckt und von zufälligen Konstellationen abhängig, kann das Ja-Gefühl auch als Wahrscheinlichkeitsgefühl bezeichnet werden.

Immer, wenn das Ziel gegeben, aber der zum Ziel führende Weg nicht völlig, sondern nur annähernd bestimmt ist, wird das Ja-Gefühl auf Vorwissen, auf individuelle oder gesellschaftliche Erfahrung aufgebaut. Die Orientierungsgefühle beruhen ausschließlich auf der Erfahrung, sie sind nicht angeboren. Die Herausbildung der Orientierungsgefühle ist die „Folge des vollständigen Abbaus der Instinkte. Herausbilder und Lenker der Orientierungsgefühle sind die gesellschaftlichen Objektivationen" (ebd., 115).

Orientierungsgefühle spielen nicht nur bei den zweckbestimmten Tätigkeiten des Arbeitslebens eine Rolle, sondern auch in dem Verhalten innerhalb der gesellschaftlichen Gruppen oder Schichten, denen wir zugehören. Der Komplex, der gemeinhin mit Geschmack bezeichnet wird, hat eine Selektions- und Steuerungsfunktion für soziale Unterschiede[20]. Soweit er nicht gewohnheitsmäßig, traditionell oder durch Moden festgelegt ist, müssen Orientierungsgefühle erlernt werden, um die passenden Verhaltensweisen, die richtige Kleidung, Wohnungseinrichtung usw. zu wählen.

---

20 Eine ausführliche Theorie hierzu hat Schulze (1992) vorgelegt.

Darauf aufbauend kann man auch bei entwickelteren Formen des Geschmacks, wie beim ästhetischen Geschmack und schließlich auch beim moralischen Gefühl von Orientierungsgefühlen reden. Von dem Ja-Nein Gefühl in diesen Feldern muß aber ausdrücklich das Werturteil gut – schlecht oder gut – böse unterschieden werden. Orientierungsgefühle dürfen nicht mit Werturteilen verwechselt werden, ebensowenig wie mit der Emotion der Freude, wenn etwas gut läuft oder der Traurigkeit, wenn etwas Schlechtes eintritt.

Die Orientierungsgefühle kommen nicht nur bei rationalen Entscheidungen in unsicherem Umfeld zum Tragen, sondern auch im zwischenmenschlichen Verkehr. Wir haben spontane erste Einschätzungen. Wenn wir andere, uns unbekannte Menschen treffen, haben wir ein zustimmendes oder ablehnendes Gefühl. Damit ist noch nicht Menschenkenntnis gemeint, diese kann aber darauf aufbauen. Oben ist ausgeführt worden, daß Schamgefühle auch gesellschaftliche Differenzierungen steuern. Bei der Beobachtung und der Beschreibung gerade von fein abgestuften sozialen Differenzierungen, wie sie z.B. Lebensstile darstellen, spielen nicht nur Schamgefühle, sondern vor allem Orientierungsgefühle eine große Rolle.

Eine entwickeltere Stufe von Orientierungsgefühlen im zwischenmenschlichen Bereich ist das Taktgefühl. Damit ist die nicht schematisch lernbare Fähigkeit gemeint, anderen Situationen zu ersparen, in denen sie beschämt werden könnten. Dazu ist ein gefühlsmäßig gesteuertes Wissen um angemessenes Verhalten notwendig, auch eine gewisse Antizipation von möglicherweise eintretenden Situationen. Nur wenn eben nicht eindeutig festgelegt ist, wie man sich in jedem Einzelfalle verhalten soll, braucht man Taktgefühl.

4. Kapitel: Gefühle und Wertorientierung

4.1 Bewertete Gefühle

Der Mensch erlernt den Großteil seiner Gefühle zusammen mit gefühlsbezogenen Erwartungen und gesellschaftlichen Bewertungen der Gefühle. Die Affekte, die ja selbst nicht erlernt zu werden brauchen, spielen eine starke Rolle in diesem Lernprozeß. Die Eltern setzen Scham und Furcht als Erziehungsmittel ein. Dabei werden nicht nur Emotionen, sondern auch Affektexpressionen und die Gegenstände, auf die sich die Affekte beziehen sollen, mit eingeübt. Zeigt das Kind seine Wut oder unverholene Gier wird ihm gesagt: „Schäm Dich!" und es wird ihm gedroht. Es lernt, Angst vor Feuer oder vor Höhe bzw. Fallen zu haben und daß Maden und Spinnen und seine eigenen Ausscheidungen eklig sind. Das Kind lernt, Affekte zu lesen und bildet danach seine Emotionen: Hat es etwas angestellt, sieht und spürt es die Freude, Trauer, das Erschrecken, den Ekel, die Neugier oder die Unlust in der Reaktion der Eltern und wird darauf mit Gefühlen reagieren: mit Stolz, Scham, Freude, Angst usw.

Alle diese Gefühle sind bewertet. Zum einen sind Lust- und Unlustgefühle natürlich körperlich „bewertet": der Organismus versucht Unlust zu vermeiden und Lust zu erreichen. Die grundlegenden Bewertungen bauen auf dem Paar Lust – Unlust auf. Aber es wäre naiv, wollte man die Bewertung der Gefühle darauf reduzieren. Selbst der Hunger kann z.B. in einer religiös oder politisch motivierten Askese Anzeichen von Läuterung, Standhaftigkeit und Opfermut sein, der Todesmut gilt in bestimmtem Zusammenhang als verdienstvoll. Ohne Gefühle könnten wir uns nicht erhalten und erweitern, aber nicht alle beliebigen Gefühle sind der Erhaltung und Erweiterung unseres Ichs in dieser Gesellschaft angemessen. In den Bewertungen der Gefühle und ihrer Expressionen sowie in der Art ihrer Kanalisierung drückt sich ein kultureller Konsens aus. Zusammen mit den Gefühlen werden „Wertorientierungskategorien" (Heller 1981, 188ff) gelernt. Die so bewerteten Gefühle „steuern" uns innerhalb des sozialen Geflechtes, in dem wir leben (und sie festigen es und stellen es selbst dar). Ohne die von der Gesellschaft „erworbenen" Wertorientierungskategorien könnten die Gefühle ihre Aufgabe nicht erfüllen. Im interkulturellen und historischen Vergleich kann man feststellen, daß dieselben Gefühle, die eine Gesellschaft als schlecht ansieht, von einer anderen gerade als gut bewertet werden.

Gefühle sind demnach die inneren Bewertungen der Außenwelt, sie stellen die Verbindung zwischen den Bedürfnissen (den Triebgefühlen und den höheren Emotionen) und der Außenwelt dar. Die emotionelle Persönlichkeit ist eine auf bestimmte Ausschnitte der Außenwelt bezogene Person. Für die

Wertungen, die mit den Gefühlen verbunden sind, lassen sich die Maßstäbe angeben.

Die Kategorie der primären Wertorientierung ist *gut – schlecht*. Manche Gefühle können in manchen Situationen ambivalent, also beides zugleich sein. Eindeutig zugeordnet sind in der Regel die Freude als gutes und die Traurigkeit als schlechtes Gefühl. Die Freude zeigt in der Regel an, daß mein Ich erweitert ist, die Traurigkeit das Gegenteil. Gut und schlecht lassen sich in eine Reihe von sekundäre Bewertungskategorien teilen: zunächst die moralische Bewertung *gut – böse*. Das Wort „moralisch" ist aus dem lateinischen moralis abgeleitet und bedeutete ursprünglich ebenso wie sein griechischer Vorläufer ethikos „zum Charakter gehörend", wobei der Charakter eines Menschen nichts weiter ist als seine vorgegebene Prägung, sich konsequent auf eine ganz bestimmte und keine andere Art zu verhalten, auf eine ganz bestimme Weise zu leben[21] (vgl. McIntyre 1981, 60). Die Gesellschaft erwartet von uns, daß wir das Gute bei der Beurteilung unserer Gefühle anderen Bewertungen vorziehen (z.B. dem Angenehmen). Ein sehr präzises Beispiel dafür findet sich bei Aristoteles: Ein sittlich gutes Verhalten ist der Mut, d.h. die Zügelung des Angst-Affektes in der Weise, daß man sich vor dem ängstigt, was man fürchten soll und in den Situationen furchtlos ist, in denen man kämpfen soll. Die Emotion wird an gemeinschaftliche Ziele gebunden. In der abendländischen Geschichte gab es zunächst im klassischen Griechenland und im Judentum, dann im Christentum und schließlich in der bürgerlichen Gesellschaft Tugend- und Lasterkataloge, die gute und böse Gefühle eindeutig zuordneten. Moralische Normen galten als in gewisser Weise konstitutiv für die Gesellschaft. Die Kategorien des Guten und Bösen zielen immer auf einen normenregulierten gesellschaftlichen Konsens.

Aber nicht alle Gefühle unterliegen moralischer Bewertung. Das Kategorienpaar *angenehm – unangenehm* gilt für Gefühle, die dieser Regulierung nicht unterliegen, z. B. das Wetter ist heute angenehm warm, das laute Geräusch ist unangenehm. *Schön – häßlich* ist ein Orientierungspaar, das vornehmlich in der ästhetischen Sphäre gilt, das sich aber manchmal auch auf mitbeteiligte Formen des Gefühlsausdrucks beziehen kann. Die Einheit von Gutem und Schönem war von der antiken Klassik bis in die bürgerliche Ge-

---

21 Erst im 16. und 17. Jahrhundert erhält der Begriff Moral erkennbar seine moderne Bedeutung. Im späten 17. Jahrhundert wird er erstmals in seiner engsten Bedeutung überhaupt angewendet, in der er hauptsächlich mit sexuellen Vorgängen zu tun hat. Erst im späten 17. und im 18. Jahrhundert, als die Trennung des Moralischen vom Theologischen, Rechtmäßigen und Ästhetischen zu anerkannten Lehre wurde – also die Gleichsetzung des Guten mit dem Wahren, dem Gerechten und dem Schönen in Frage gestellt wurde – wurde der Plan einer unabhängigen, rationalen Rechtfertigung der Moral nicht nur zu einem Anliegen einzelner Denker, sondern zu einer zentralen Frage der nordeuropäischen Kultur (vgl. McIntyre 1981, 60).

sellschaft eine die Kultur beherrschende Idee. Im (schönen) Kunstwerk kam die Bestimmung der Gattung zum Ausdruck, und die beim Genießen des Kunstwerks auftretenden Gefühle waren deshalb moralisch gute Gefühle. Kunstwerke wurden so geschaffen, daß ihr Genuß die als hochstehend angesehenen Emotionen hervorrief.

Eine weitere Orientierungskategorie ist *wahr – falsch*. Sie bezieht sich nicht nur auf die Bewertung von Aussagesätzen, sondern sie gilt auch im Bereich der Gefühle. Nur diejenigen Gefühle, die unserer emotionellen Persönlichkeit entsprechen, dürfen als wahre Gefühle gelten. Einen Menschen, der im Hinblick auf seinen emotionellen Charakter nur wahre Gefühle zeigt, können wir leicht einschätzen; bei ihm wissen wir, woran wir sind. Insofern hat diese Eigenschaft eine wichtige Funktion für das Funktionieren von sozialen Beziehungen. Mit Gefühlen können wir aber genauso lügen, wie mit Worten. Für das Vertrauen in die sozialen Beziehungen ist deshalb die Unterscheidung in wahre und falsche Gefühle grundlegend. Diese Unterscheidung ist aber auch von hoher Bedeutung für das Selbstgefühl. Das Gefühl, ob ich mit mir identisch handle, bewerte ich in den Kategorien wahr – falsch. Wenn meine innere Natur die Richtschnur meines moralischen Empfindens ist, dann werden nicht die Kategorien gut – böse, sondern die Kategorien wahr – falsch angelegt. Authentizität wird daran gemessen, ob ich in Übereinstimmung mit meinen inneren Überzeugungen bin, ob ich wahrhaftig bin. Identität ist in der Selbst-Wahrnehmung ein bewertetes Gefühl von Authentizität.

Die Orientierung am „Schönen, Wahren und Guten" erinnert stark an eine vergangene Periode der bürgerlichen Kultur. Heute ist es uns geläufiger, uns an qualitativ unbestimmte Kategorien wie nützlich – schädlich oder richtig – unrichtig zu orientieren. *Nützlich und schädlich* kann an den eigenen Interessen innerhalb eines sozialen Zusammenhanges orientiert sein oder an allgemeinen Kriterien, die die Gesellschaft teilt. In einer konkurrenzorientierten Gesellschaft ist die Wertorientierung erfolgreich – erfolglos (als Variante von nützlich – schädlich) als allgemeiner Maßstab möglich. Das gleiche gilt von den Orientierungskategorien *richtig – falsch*. Sie können in einer von Marktbeziehungen geprägten Gesellschaft die Orientierung an der je gegebenen Umgebung ausdrücken: was jeweils meine Rolle ist, bestimmt, welche Gefühle richtig sind. Das gemeinsame dieser „moderneren" Kategorien ist ihre qualitative Unbestimmtheit. Während „das Gute, das Wahre und das Schöne" jeweils historisch definierte Qualitäten und Ziele sind, sind das Nützliche, Richtige und das Angenehme jeweils lediglich Kategorien der Mittelwahl für nicht definierte Ziele. Werden qualitative Maßstäbe an die Gefühle und an das Verhalten angelegt, spricht man auch von moralischen oder ethischen Bewertungen, werden Nützlichkeitskriterien an Verhaltensweisen angelegt, wird häufig unterstellt, es handle sich um rein zweckrationales Handeln ohne Beteiligung von Gefühlen oder moralischen Kriterien. Dennoch können Kriterien des Guten auch aus Nützlichkeitskriterien gewonnen werden, wie in utilitaristischen Ethiken. Eine Definition könnte dann zum Beispiel lauten: Diejenige Handlung ist die beste, die der größte Zahl das größte Glück verschafft; die schlechteste ist die, die entsprechendes Unglück hervorruft. In diesen Fällen werden formale Kriterien angewandt, um inhaltliche oder qualitative Fragen zu lösen. Die Debatte um wertbezogene oder formale Ethiken geht um die Frage, nach welchen Kriterien das Gute gefunden und bewertet werden kann und mit welchen Argumenten es schlüssig bewiesen werden kann. Dieser Versuch, schlüssige Argumente für das Gute zu finden, ist allerdings selbst nur innerhalb einer bestimmten europäischen Kulturtradition verständlich. Es ist letztlich eine Entscheidung innerhalb einer bestimmten kulturellen Tradition, allgemeine und formalen Regeln genügende Kriterien zur Bewertung von Gefühlen und Handlungen aufzustellen[22].

Die sozialen Bewertungskriterien von Gefühlen sind so veränderlich wie die sozialen Beziehungen und die Kultur selbst. Worauf es hier ankommt, ist zu verstehen, wie überhaupt Veränderungen in der sozialen Bedeutung von Gefühlen zustande kommen. Obwohl die Emotionen weitgehend auf Affekten und Drive-Gefühlen aufbauen und diese sich biologisch nicht verändern, sind sie eben doch weitgehend sozial prägbar. Über die Wertorientierungskategorien und ihre Rolle in Erziehung und die Aufgaben, die jeweils gesellschaftlichen gestellt sind, nimmt „die Gesellschaft" Einfluß auf die Gefühlsbildung und die Herausbildung emotioneller Persönlichkeiten.

4.2 Erlernte Gefühle und historische Veränderungen

Der enge Zusammenhang zwischen Gefühlen und Gesellschaft ergibt sich schon daraus, daß Gefühle erlernt werden. Die Triebgefühle selbst sind natürlich nicht erlernt, aber schon ihre Identifizierung. Das Kleinkind muß erst lernen, die Ursachen seiner Lust/Unlustgefühle zu unterscheiden, wobei dem sozialen Umfeld, in dem es heranwächst und den Vorstellungen und Werten seiner Bezugspersonen eine wichtige Rolle zukommt. Die Affekte werden auch als solche nicht erlernt, auch nicht die Affektexpression, wohl aber ihre Gegenstände: Wovor Furcht haben, ekeln usw.? Bestimmte Affekte müssen in manchen Kulturen so gut wie vollständig unterdrückt werden, für alle jedoch gilt, daß ihre Expression kulturell geregelt ist. Die Affekte selbst werden unterschiedlich bewertet und spielen eine unterschiedliche Rolle je nach dem Wertesystem der Gesellschaft. Die Orientierungsgefühle und Emotionen sind in vollem Umfang und in allen Beziehungen erlernt, sie sind Folge „der

---

22 Zur Geschichte dieser Kriterien vgl. Toulmin (1990). Er beschreibt die Entwicklung vom „Mündlichen, Besonderen, Lokalen und Zeitgebundenen" zum „Schriftlichen, Allgemeinen, Globalen und Zeitlosen".

Reintegration der Kognition und Handlungen ins Gefühl" (Heller 1981, 158). Deshalb bilden sie eine organische Einheit und Verstand und Gefühl sind in Wirklichkeit nicht getrennt. „Denken, Handeln, Gefühl und die Wahrnehmung ergeben also einen einheitlichen Prozeß" (ebd.,40).

„Die Menschen stehen – immer – Aufgaben gegenüber. Sie müssen den Vorschriften und Möglichkeiten einer spezifischen Produktionsweise gemäß produzieren, sie müssen sich selbst und den gesellschaftlichen Organismus, in den sie hineingeboren sind, reproduzieren, und innerhalb all dessen müssen sie – mehr oder weniger – individuelle Aufgaben lösen. Welche Gefühle sich in einem Zeitalter mit welcher Intensität entfalten, welche Gefühle zu dominierenden Gefühlen werden, hängt in erster Linie von diesen Aufgaben ab." (Heller 1981, 245)

Mit dem Fortschreiten der gesellschaftlichen Arbeitsteilung löst sich auch die Einheitlichkeit der den einzelnen gestellten Aufgaben auf. Die verschiedenartigen Aufgaben gestalten verschiedenartige Gefühlswelten aus. Es entstehen Schichtgefühle und Ranggefühle. Die Leibeigenen müssen nicht nur andere Gefühle als die Adligen entwickeln, weil sie mit der Lösung anderer Arbeitsaufgaben konfrontiert sind, sondern auch darum, weil zu diesen verschiedenen Aufgaben noch ihrem Wesen nach voneinander abweichende Lebensformen dazukommen; ferner, weil die Gesellschaft den verschiedenen Aufgaben immer andere Werte beimißt und die mit den als wertvoll gesetzten Aufgaben verknüpften Gefühle zugleich zu Ranggefühlen werden.

Emotionen waren und sind organisch-unerläßliche Konstituenten des Funktionierens bestimmter Epochen, gesellschaftlicher Schichten und Klassen. Ohne Emotionen wäre kein gesellschaftliches Zusammenleben möglich (d.h. aber nicht, ohne eine bestimmte Emotion). Schon deswegen nicht, da jede Gesellschaft die Drive-Gefühle sowie die Affekte (vor allem Wut und Furcht) regeln muß und diese Regelung unvermeidlich die Herausbildung bestimmter Emotionen impliziert. Ob der sexuelle Affekt zur Zuneigung oder Liebe, zur Kameradschaftlichkeit oder zur Habgier kanalisiert oder sublimiert wird, das hängt schon von dem Normensystem der gegebenen Gesellschaft ab. Die Drive-Gefühle und die Affekte werden im Lauf der Ich-Entwicklung zu organischen Teilen des emotionellen Charakters und der emotionellen Persönlichkeit.

Norbert Elias hat die These entwickelt, daß es im Verlauf des Zivilisationsprozesses zu einer stärkeren Affektkontrolle kommt, zu einer Verlagerung von Fremdzwängen in verinnerlichte Selbstzwänge. Nun besteht der Wert von Elias' Zivilisationstheorie gerade in dem Zusammenhang, den er zwischen der Feudalisierung, der Soziogenese des Staates und dem veränderten menschlichen Verhalten aufzeigt. Ein kleiner Ausschnitt aus diesem Zusammenhang ist die These, „daß in der gleichen, geschichtlich-gesellschaftlichen Periode, in der die Rationalisierung spürbar vorankommt, auch ein Vorrücken der Scham- und Peinlichkeitsgrenze beobachtbar ist" (Elias 1938, Bd. 2, 401). Diese These ist angemessen nur im Rahmen des vollständigen theoretischen Kontextes zu diskutieren, was den Rahmen dieser Untersuchung sprengen würde. Unabhängig vom theoretischen Begründungshorizont scheint mir die Beobachtung der wachsenden Selbstzwänge im Sinne von innerer Affektkontrolle unbestreitbar richtig zu sein. Mit dem Abbau der gemeinschaftlichen Verhaltenskontrolle und auch der Lockerung von strengen Verhaltensvorschriften ist eben keine entsprechende Entfaltung nunmehr ungesteuerter Affekte eingetreten. Das ist auch schon deshalb nicht zu erwarten, weil ja weiterhin gesellschaftlich festgelegt werden muß, was das Objekt der Affekte ist, es also gar keine vollkommen willkürlichen Affektauslöser geben kann. Gleichzeitig gibt es aber in der Moderne vermehrt Situationen, in denen große Mengen von Menschen anonym aufeinandertreffen – sei es in der Öffentlichkeit oder auch am Arbeitsplatz. Hier ist ein erhebliche Maß an Affektkontrolle notwendig, um den sozialen Verkehr zu regeln. Diese Kontrollen können aber nicht mehr durch direkte zwischenmenschliche Kommunikation jeweils neu geschaffen werden. Die Abläufe sind z.T. so komplex geworden, daß jeder eine weitgehende Selbststeuerung bei den anderen voraussetzen muß, um selbst seinen Zwecken und Tätigkeiten nachgehen zu können[23]. Gerade für Situationen anonymer Öffentlichkeit ist die Dämpfung der potentiell „ansteckenden" Affekte unabdingbar: panische Fluchtreaktionen, lautes Lachen oder Wutgeschrei stören so gut wie jede öffentliche Ordnung[24].

Auch aus einer anderen Sicht kann die These von den wachsenden Selbstzwängen erhärtet werden. Es liegt im Sinn der modernen Identität, sich weniger nach äußeren Richtlinien, Geboten und Normen zu richten, sondern möglichst weitgehend nach selbstgesetzten Zielen und Ansprüchen zu leben. Die Frage, ob heute Regeln des sozialen Verkehrs auch innerlich akzeptiert werden, spielt eine weit größere Rolle als früher. Das spiegelt sich zum Beispiel in dem Wandel von Erziehungszielen wieder, die heute stärker auf selbstverantwortliches Handeln und weniger auf Gehorsam und Pflichterfüllung gerichtet sind. In diesem Zusammenhang wird auch Affektkontrolle als persönliche Leistung erwartet. Sozial unerwünschte Affektäußerungen gelten als Beispiele für unentwickelte Persönlichkeit. Deutlich wird das z.B. an einer Verschiebung des öffentlichen Diskurses über aggressive Handlungen von Jugendlichen in der Öffentlichkeit: Was früher als Verletzung öffentlicher Ordnung unter den Kategorien der Kriminalität, des Verbrechens oder Rabaukentums diskutiert wurde, erscheint heute als psychologische Debatte um die Ursachen der Jugendgewalt. Scheinbar selbstverständlich wird heute von einem Persönlichkeitsbild ausgegangen, das ein hohes Maß an Affektkontrolle der persönlichen Verantwortung zuweist. Die öffentliche Gewalt,

---

23 Eine unerschöpfliche Fundgrube über die sozialen Beziehungen in der Öffentlichkeit sind die Ausführungen Goffmanns (1971).
24 So muß schon jeder Jogger in der Stadt seine Harmlosigkeit durch ein weit sichtbares buntes Kostüm verdeutlichen, damit sein Laufen keine Flucht- oder Panikreaktionen bei zufälligen Passanten auslöst.

ihre Strafandrohung und die unmittelbare Kontrolle der Öffentlichkeit sind lediglich noch Rahmenbedingungen der Affektkontrolle, sie werden nicht mehr für konstitutiv gehalten. Im 19. Jahrhundert dagegen galten die Unterschichten insbesondere in den großen Städten und die Menschen nicht-bürgerlicher Milieus als per se gefährlich, triebhaft und zur Selbststeuerung unfähig[25].

Der heutige Alltag läßt so gut wie keinen Spielraum für eine rein affektgesteuerte soziale Kommunikation: in der Öffentlichkeit nicht, im Beruf nicht und auch in der Familie und im Privatleben nur in genau abgegrenzten Situationen. Überall, wo rationale Handlungsvollzüge verlangt werden und wo Alltagsroutinen Platz greifen, wird eine allgemeine Dämpfung aller Affekte erwartet. Der affektive Selbstausdruck wird einerseits wichtig, weil er zur Persönlichkeitsentfaltung gehört, andererseits prekär, weil es kaum soziale Situationen gibt, wo er angemessen ist. Die Selbstkontrolle tritt in Gegensatz zu den eigenen Gefühlen. Was als öffentliche Kontrolle und selbst als Über-Ich noch als Konflikt zweier Seiten erfahrbar war, nämlich der Konflikt zwischen der inneren reizbaren Natur und der zügelnden Sitte und Vernunft, muß heute seinen Ausgleich in sich selbst finden. Aus den widerstreitenden Strebungen muß eine erfolgreiche Persönlichkeit werden.

Je dynamischer die Gesellschaft, um so dynamischer wird auch ihre Gefühlswelt, stellt Heller fest. Aber wie kann man die historische Veränderung von Gefühlen überhaupt erfassen?

Die wissenschaftliche Analyse von Gefühlen, insbesondere der Gefühle von Menschen anderer Zeiten und anderer Kulturen stößt auf besondere Schwierigkeiten. Wegen ihres idiosynkratischen Charakters, ihrer Abhängigkeit von bestimmten Personen und Situationen und wegen ihres komplexen gesellschaftlichen Hintergrundes sind insbesondere Emotionen gar nicht isoliert davon objektivierbar. Wir werden uns immer eher an die Wertobjektivationen und an die Wertorientierungskategorien halten müssen und somit eher indirekt auf die Entwicklung von Emotionen schließen. Unmittelbar können wir Emotionen nur so verstehen, wie wir sie selbst gelernt haben: durch Einfühlen. Die Empathie ist ein gefühlsmäßiges Einleben in den anderen, eine Identifizierung mit den Gefühlen eines anderen. Es ist ein Grundmuster menschlichen Zusammenlebens. Nur durch Empathie können die Menschen ihre gemeinschaftlichen Zusammenhänge verstehen, nur durch Empathie vermag eine Gemeinschaft ihre Mitglieder gefühlsmäßig zu binden[26].

Haben wir aber einmal die Gefühle unseres Kulturkreises gelernt, sind wir im Denken und Fühlen nicht mehr „offen" für andere, vielleicht entgegenstehende Gefühle. Dennoch ist Empathie die einzige Möglichkeit, die Emotio-

---

25 Vgl. den klassischen Text von Le Bon (1895).
26 Die Selbst-Psychologie hat den entscheidenden Wert der Empathie als Methode der Datensammlung betont. Vgl. E. Wolf (1993, 149) und Kohut (1977).

nen von anderen zu verstehen. Sie ist deshalb auch die Voraussetzung, um andere Kulturen oder die eigene Kultur über größere Zeiträume hinweg zu beschreiben.

Wegen dieser Schwierigkeiten im Beschreiben von „fremden" Gefühlen, wird im Folgenden methodisch reflektiert, in welcher Form überhaupt Gefühle im Zusammenhang mit gesellschaftlichen Veränderungen zu „erfassen" sind. Ansatzpunkte dazu geben einmal diejenigen Gefühle, die die sozialen Beziehungen selbst zum Inhalt haben und zum zweiten die gesellschaftlichen Wertobjektivationen.

4.3 Soziale Gefühle

Zwar sind alle Gefühle mehr oder weniger erlernt und damit auch soziale Gefühle, aber nur bestimmte Gefühle haben ausdrücklich bewertete soziale Beziehungen zum Inhalt. Es sind in erster Linie das Schamgefühl und das Schuldgefühl – also „moralische Gefühle", die auf gemeinschaftlichen Werten beruhen – und einige der Orientierungsgefühle. In direktem Zusammenhang mit der Theorie der Entwicklung von persönlicher Identität sind verschiedene theoretische Modelle von Stufenfolgen moralischen Bewußtseins entworfen worden. Erikson hatte die Entstehung der Schamgefühle der zweiten (vorödipalen) und der Schuldgefühle der dritten (ödipalen) Stufe zugewiesen. Ähnlich weist Jane Loevinger in den Stadien der Ich-Entwicklung die Schamentwicklung einem relativ niedrigen Stadium zu, in dem Konformität nach äußeren Regeln befolgt wird. Hierauf folgt dann ein gewissengeleitetes Stadium, in dem das Kind lernt, internalisierten Regeln zu folgen. Dann kommen in der Ich-Entwicklung erst die höheren Phasen, in denen sich Autonomie und die Fähigkeit zur Integration entwickeln. Lawrence Kohlberg dagegen entwickelt ein Schema von sechs moralischen Stufen, in denen die ersten beiden durch Angst vor physischer Strafe reguliert werden, die dritte und vierte durch Scham oder die Furcht vor dem Entzug der Liebe und sozialer Anerkennung und die letzten beiden durch Reaktionen des Gewissens oder Schuldgefühle. Auf den höchsten Stufen werden so komplexe Probleme gelöst wie utilitaristisches Handeln und legalistische Orientierungen an den geltenden Gesetzen und allgemeinen Normen sowie schließlich die Orientierung an universellen ethischen Prinzipien. Das höchste Stadium ist definiert durch die Entscheidungen des Gewissens in Übereinstimmung mit selbstgewählten ethischen Prinzipien, die sich an logischer Faßlichkeit, Universalität und Konsistenz ausrichten (vgl. Habermas 1976, 63ff.).

Nun kann aber die Reihenfolge „soziale Bewertung – Gefühle" nicht ohne weiteres umgedreht werden und von Gefühlen auf moralisch und sozial komplexe Wertungen geschlossen werden. Aus den Ausführungen über die Phänomenologie und die Bewertung von Gefühlen folgt, daß der gesellschaft-

liche Bewertungshorizont die Gefühle prägt und nicht umgekehrt. Das soll an den wichtigsten Gefühlen, die sich auf soziale Beziehungen richten, gezeigt werden.
Zunächst gibt es unter den Affekten einen, der einen unmittelbaren und wesensmäßigen Bezug auf die Gesellschaft hat, den *Schamaffekt*:

„Die Scham ist der gesellschaftliche Affekt par exellence, der Affekt des Verhältnisses zu den gesellschaftlichen Vorschriften. Wir fühlen, daß wir von diesen Vorschriften abgewichen sind. Ausdrucksformen der Scham sind: Erröten, niedergeschlagene Augenlider, seitwärts gewandter oder gesenkter Kopf, demütige Körperhaltung." (Heller 1981, 111)

Gegenstand der Scham ist nicht die Verletzung eines Gebotes, sondern der Umstand, daß diejenigen, die unser Handeln bewerten, uns sehen und wir annehmen, daß wir unangemessen erscheinen. Bei allen Formen der Abweichung vom erwarteten Verhalten, kann Scham ausgelöst werden, auch wenn es nicht schuldhaft ist. So z. B. kann sich jemand seiner Behinderung, seiner Häßlichkeit oder einer Krankheit wegen schämen.

Eine sanktionierende Reaktion seitens der Gemeinschaft ist nicht die Voraussetzung für eine Schamreaktion. Voraussetzung ist aber, daß wir selbst die regulierenden Normen oder Werte teilen und deshalb das tatsächliche oder vorgestellte Beobachtetwerden eben als eine Abweichung auch zwischen Ichideal und tatsächlichem Verhalten konstatieren können. Dann wäre die Schamreaktion auch dann auslösbar, wenn die Öffentlichkeit oder die Gemeinschaft Zeuge davon wird, daß ich meinen selbstgesetzten Ansprüchen nicht genüge. Der Schamaffekt könnte also auch auf eine ungenügende Ausbildung der Ich-Identität verweisen oder auf die Schwäche des Selbst, nach den inneren Zielen zu handeln.

Agnes Heller definiert den Schamaffekt enger, wenn sie sagt, daß der auslösende „Reiz" des Schamaffektes „nicht in der Tat, die wir begangen haben, sondern in dem Umstand, daß man „uns sieht" , besteht (Heller 1981, 111). Die „Augen der Öffentlichkeit" hätten somit keine innere Repräsentanz, die Norm wäre nicht internalisiert. Ist dagegen bereits ein Gewissen gebildet, eine Moral akzeptiert, dann besteht die Reaktion in „Gewissensbissen", also in Schuldgefühlen, die höher stehen als der Schamaffekt.

Diese Unterscheidung ist nur auf den ersten Blick einleuchtend. Bei näherer Betrachtung zeigt sich jedoch, daß in der Praxis eine so absolute Unterscheidung zwischen Scham- und Schuldgefühlen kaum vorkommt. Das, was die Öffentlichkeit sanktioniert oder mißbilligt, wird fast immer durch Sitte, Brauch, Norm und Gewohnheit festgelegt sein. Die Bekräftigung des „normalen" Verhaltens ist der Hauptinhalt all der gesellschaftlichen Vorschriften, die Alltagsleben begleiten. Mit Schamaffekten werden auch die Achtung vor dem Höherstehenden umgeben sowie die Abgrenzung des Heiligen vom Profanen markiert. Ein nicht normiertes oder bewertetes Verhalten wird kaum mit Schamaffekten umgeben sein, denn schon die „einhellige" Reaktion der

Öffentlichkeit unterstellt ja eine intersubjektive Einigung darüber, was das „normale" und was das „abweichende" Verhalten ist. Das eine Mißbilligung auslösende Individuum wird darüber genauso Bescheid wissen müssen wie die „Zuschauer" und deshalb sein Verhalten ebenso bewerten wie diese, zumindest aber in Bezug auf diese Bewertung handeln. Wenn jemand die Bewertung ausdrücklich nicht teilt – z.b. provozieren will – muß sich der Schamaffekt nicht unbedingt einstellen.

Das gilt auch für die Beispiele von schuldloser Scham. Wenn ich krank im Bett liege und werde von Arbeitskollegen besucht, die wegen meines Fehlens Mehrarbeit leisten müssen, kann ich mich schämen, krank zu sein, d.h. nicht wie gewohnt tätig, stark und leistungsfähig, sondern untätig, schwach und unfähig zu sein. Richtig ist, daß der Auslöser der Scham „die Augen" der Arbeitskollegen sind; allein im Bett kann ich mich zwar unwohl fühlen, schäme mich aber nicht. Aber tätig, stark und leistungsfähig zu sein, ist ein im Arbeitszusammenhang positiv besetztes, sogar normgeregeltes Verhalten und zugleich Teil meines Ich-Ideals und auch dies gehört zu den Voraussetzungen, um sich in einer solchen Situation schämen zu können. Wenn ich z.B. die Arbeit so über habe, daß ich es darauf anlege, endlich wegen chronischer Beschwerden berufsunfähig geschrieben zu werden, kann die Demonstration meiner Unfähigkeit mir ganz gelegen kommen und der Besuch der Kollegen ganz ohne Schamgefühle empfangen werden. Die Unterscheidung von Scham- und Schuldgefühlen soll damit nicht verwischt werden. Sie soll insofern ergänzt werden, als daß auch bei Schamgefühlen von einem Wertekonsens zwischen allen Beteiligten ausgegangen werden muß, dem Ichidealbildungen entsprechen.

Ein historischer Wandel von sozialen Beziehungen könnte also zweifach auf die Ausbildung von Schamgefühlen wirken: Zum einen kann sich das „normale" erwartete Verhalten ändern und damit die darauf bezogenen Schamgefühle. So haben sich seit den sechziger Jahren eine ganze Reihe von normierten Verhaltensweisen in der Öffentlichkeit verändert, so daß sich z.B. ein Liebespaar nicht mehr zu schämen braucht, sich in der Öffentlichkeit zu küssen. Zum anderen können aber auch Normen mehr oder weniger verinnerlicht sein, sei es, weil die Eltern in der Erziehung weniger schamauslösende Bestrafungen anwenden, so daß Situationen und Gegenstände, die Scham auslösen, von den Kindern weniger gelernt werden; sei es, weil der gesellschaftliche Konsens darüber, was schamauslösend ist, mehr oder weniger diffus wird. So ist es heute ungleich eher als vor fünfzig Jahren möglich, daß Normen nur für bestimmte Kreise gelten und selbst intern nicht explizit benannt werden. Wenn es also weniger genau definierte ideale Vorbilder gibt, die Normen weniger einheitlich und konsistent werden, dann kann es zu schwächerer Ausbildung ihrer inneren Repräsentanzen kommen, so daß in dieser Hinsicht weniger Schamreaktionen erfolgen. In noch stärkerem Maße gilt das für Schuldgefühle und gewissengeleitetes Handeln.

Auf der anderen Seite aber sind die sozialen Differenzierungen sehr viel komplexer und feiner abgestuft als früher. Das Selbstwertgefühl, die Ausbildung der Ich-Identität, wird in der modernen Gesellschaft zu einem komplizierten Prozeß, in dem soziale Zugehörigkeiten und Differenzierungen vermittelt werden müssen. Die komplexen Zusammenhänge zwischen Schamgefühlen und der neueren Entwicklung der sozialen Beziehungen hat S. Neckel verdeutlicht. Er hebt hervor, daß sich die „soziale Scham" mit der Selbst- und Fremdwahrnehmung von Identitäten verknüpft. Soziale Ungleichheiten finden ihre alltägliche Legitimation auch in den Gefühlen der Menschen über sich selbst. In den Maßstäben der „Sozialscham" käme die Alltagsmoral der sozialen Ungleichheit zum Vorschein, die Beschämung als Sanktion einsetzt, um die soziale Ungleichheit zu legitimieren und aufrechtzuerhalten. Die „Sozialscham" regelte die soziale Konformität, indem sie negative Selbstwertgefühle auslöst.

„Von den gesellschaftlich dominanten Klassifizierungen gespeist, verdichtet und aktualisiert sich in einzelnen Selbstwahrnehmungen eine ‚habituelle Scham', die sich zur persönlichen Dauererfahrung verstetigen kann. Sie schreibt sich in den Körper ein und steuert dessen Bewegung. Sie legt sich auf das Selbstwertgefühl und verunsichert die Person." (Neckel 1991, 250)

Auf den Zusammenhang gesellschaftlicher Differenzierung und ungleicher Statusverteilung bezogen, wird Scham zur „gelebten Erfahrung von sozialer Mißachtung, defizitärer Selbstbewertung und selbstempfundener Inferiorität" (ebd., 251). Dabei sei es nicht notwendig, sich das Alltagsleben als vollständig von moralischen Normen geregelt vorzustellen, Schamgefühle könnten auch „am Selbstinteresse des Subjekts an Achtung durch andere" ansetzen.

Wenn dies so ist, dann erweist sich dieser „gesellschaftliche Affekt par exellence" als anpassungsfähig für ganz verschiedene Typen und Muster gesellschaftlicher Differenzierungen und sozialer Ungleichheiten. Gerade weil für das Auslösen des Schamgefühls kein ausdrückliches Gebot vorausgesetzt ist, sondern vielmehr jene identitätsbildenden Vorstellungskomplexe und Gefühle, die den sozialen Zusammenhalt selbst strukturieren, ist möglicherweise die moderne Gesellschaft trotz des Niederreißens einiger sexueller Tabus nicht weniger schamgesteuert als früher.

Das *Gewissen* gilt in der Regel als das höherwertige Gefühl der sozialen Steuerung. Die These, daß „primitive" Gesellschaften eher schamgesteuert sind und „höher entwickelte" wegen der Ausbildung einer Moral eher „gewissensgesteuert", die im Anschluß an Darwin verschiedentlich vertreten wurde, ist mittlerweile widerlegt. Das Schamgefühl ist kein „primitiver" Affekt, sondern kann sich auch auf komplexe gesellschaftliche Ordnungen beziehen, und die Gewissenslenkung wird nicht mehr einhellig als höchste Entwicklungsstufe des moralischen Bewußtseins angesehen.

Das Gewissen ist die innere Instanz, die das eigene Verhalten an einem absoluten Maßstab mißt. Dieser Maßstab wurde in unserer Kultur als göttliches Sittengesetz durch die christlichen Religionen vorgegeben. Er umfaßt die Konfrontation mit einem Größerem, das den Menschen und seine Gemeinschaft übersteigt und dem sich jeder individuell unterwerfen und vor dem er sich verantworten muß. Übertritt man das übergeordnete Sittengesetz, lädt man Schuld auf sich.

Diese größere Einbindung des Gewissens muß man selbst dann zur Voraussetzung machen, wenn man mit Freud die Entstehung des Über-Ichs an die Auflösung des Ödipus-Komplexes bildet. Für die Fortdauer einer Gewissensbildung auch beim Jugendlichen und Erwachsenen ist ein absoluter Maßstab notwendig. Dieser Maßstab muß aus sich heraus begründet sein, also mehr sein, als die irgendwie fortdauernde väterliche oder elterliche Autorität. Angesichts der frühen Prägungen aber wird man wohl immer nach Wegen suchen, väterliche Autorität und absolutes Sittengesetz in der Begründung zu verknüpfen. Man wird vermuten können, daß das Moralische um so fester ist, je stärker diese Verknüpfung gelingt.

Neben dem religiösen Bewußtsein als dem Hauptinhalt der Gewissensbildung in unserer Kultur kommen auch andere Inhalte in Frage. Jede Form absolut gesetzter Gemeinschaftlichkeit kann zum Bezugspunkt eines moralischen Systems werden und so an die Stelle der Religion treten: sei es eine Partei, eine Klasse, ein Volk oder eine Nation. In diesen Fällen aber bleiben Menschen Bezugspunkte für Menschen, das moralische Gesetz verliert in solchen Fällen bereits von seiner strikten übermenschlichen und in diesem Sinne absoluten Begründung. Der höchste Bezugspunkt einer nicht religiösen, rationalen und universalistischen Ethik ist die Menschheit als Ganzes.

Die gefühlsmäßige Verknüpfung von eigenem Handeln mit Schuld wird ohne einen Bezug zum Empfinden von existentieller Not nicht auskommen, wie es zum Beispiel ein katholischer Moraltheologe treffend beschreibt:

„Als charakteristisch für das böse Gewissen erweist sich neben dem Erleben der Unentrinnbarkeit der Anklagen vor allem das einer elementaren und durchgehenden Zerrissenheit: im Auseinanderfallen von Überzeugungen und Handeln spürt man sich selbst gespalten (verlustig der ursprünglichen Identität = Ganzheit), durch das Beschämende der Tat fühlt man sich zugleich ausgegrenzt aus der Gemeinschaft der anderen, und im Fall des Glaubens an Gott empfindet man sich in einer tödlichen Distanz auch zu ihm." (Weber 1991, 174)

Die verschiedenen Elemente des Gewissens sind zunächst das Gefühl der Unentrinnbarkeit der Anklage, das Gefühl des Zwingenden. Im inneren Erleben handelt es sich um Anklagen einer höheren Instanz, die dennoch Teil der eigenen Person ist. Das zweite Element ist das Gefühl der Zerrissenheit. Es entsteht, weil Handeln und innere Überzeugung auseinandergefallen sind. Das schlechte Gewissen tritt ein, nachdem die fragliche Tat begangen wurde. Aus dem Zeitaspekt folgt hier schon die besondere Qualität: weil das Vergangene nicht ungeschehen gemacht werden kann, verbindet sich das Gefühl des Auseinanderfallens von inneren Maßstäben und Handlungen mit dem

Gefühl der Unabänderlichkeit und Unentrinnbarkeit. Das Gefühl der inneren Zerrissenheit bezieht sich nun unmittelbar auf die Integrationsfunktion des Selbst. Die Übereinstimmung von Motiven, Bewertungen und Handlungen ist ein Grundbedürfnis des Selbst. Das Selbst ist gefährdet, wenn ich nicht so handeln kann oder handele, wie es meiner inneren Überzeugung, meinem Selbstbild entspricht. Das dritte Element des schlechten Gewissens ist die Scham. Das Zitat zeigt klar den Unterschied und die Verbindung zwischen Schuld und Scham: der Schamaffekt tritt zusätzlich ein, weil die „Augen der Gemeinschaft" auf den Sünder gerichtet sind, ist aber keineswegs Voraussetzung für das Schuldgefühl. Über den Schamaffekt wird jedoch das Schuldgefühl intensiviert, indem zusätzlich zu dem unlustvollen Gefühl, gegen das eigene Selbstbild verstoßen zu haben, noch das unlustvolle Gefühl tritt, von der Gemeinschaft mißbilligt oder gar verstoßen zu werden. Die Gefahr existentieller Verlassenheit und Abhängigkeit wird schon und gerade in der frühen Kindheit gelernt, weshalb eine komplexe Gewissens- und Schamreaktion wohl auch immer existentielle frühe Ängste mobilisieren kann.

Die katholische Auffassung des Schuldgefühls beruht auf der Vorstellung, daß die Empfindung der grundlegenden moralischen Regeln eine allgemeine menschliche Qualität ist, die nicht völlig historisch oder gesellschaftlich relativiert werden darf (H. Weber 1991). Die hier vorgelegte Interpretation geht davon aus, daß es einer solchen inhaltlichen Festlegung auf ein natürliches Schuldgefühl nicht bedarf, sondern daß Schuldgefühle durch die Diskrepanz zwischen Selbstbild und eigenem Handeln ausgelöst werden, unabhängig davon, wie diese Selbstbilder nun wieder begründet sind[27].

Das führt zu der Annahme, daß von einer rückläufigen Bedeutung von traditionellen moralischen Regeln und religiösen Bindungen nicht zwangsläufig auf einen Rückgang von schuld- oder schamgesteuerten Verhalten geschlossen werden kann. Kann dagegen gezeigt werden, daß die Entwicklung des Selbst auch in der Moderne vor einem Wertehintergrund abläuft, dann kann geschlossen werden, daß auch die gefühlsmäßige Steuerung über Scham- und Schuldgefühle weiterhin gesellschaftlich wirksam sein kann.

Als letztes soll noch kurz auf die *Orientierungsgefühle* eingegangen werden. Je dichter und komplexer die gesellschaftliche Abhängigkeit wird, je mehr „zweckrationale" Institutionen und mediale Vermittlungen sich in die gesellschaftlichen Beziehungen einschalten, desto „unpersönlicher" werden

---

27 Augusto Blasi berichtet von einem psychologischen Experiment zum Test von „Selbst-Verrat". Die Teilnehmerinnen bezeichneten als wichtigstes Ideal für ihr Selbstempfinden so Unterschiedliches wie Freundschaft, Fürsorge für andere, Moral und Gerechtigkeit, Selbstvertrauen und Entwicklung des eigenen Denkens und Wissens. Unabhängig davon, welches die wichtigsten Selbst-Ideale waren, brachten die Teilnehmerinnen Gefühle wie Scham, Schuld und Depression zum Ausdruck, wenn diese in einer Testgeschichte verletzt wurden (Blasi 1993, 138ff.).

die sozialen Beziehungen. Dennoch ist die Annahme nicht richtig, der Umgang mit zweckrationalen Institutionen und Systemen müsse notwendig ebenso zweckrational sein und würde notwendigerweise zur Auflösung aller gefühlsbegründeten Gemeinschaftlichkeit führen. Zunächst einmal ist zu konstatieren, daß Orientierungsgefühle auch im Umgang mit gesellschaftlichen Systemen eine Rolle spielen. Wir müssen daher grundsätzlich davon ausgehen, daß – wie oben schon ausgeführt – mit der Zunahme von marktvermittelten und institutionalisierten sozialen Beziehungen Orientierungsgefühle um so wichtiger werden. Der Umgang mit den immer komplexeren materiellen Infrastrukturen, insbesondere den Verkehrssystemen und den neuen Medien ruft neuartige Orientierungsgefühle hervor. Das Bezugsfeld von Zeit und Raum verändert sich und es verändern sich deshalb notwendigerweise auch die „Sinngebungen" die früher darin festgeschrieben waren[28]. Ganz davon abgesehen, wird häufig gesellschaftlichen Systemen Wert- oder Gefühlsqualität zugeschrieben. Selbst Experten verarbeiten die hohen Risiken heutiger komplexer gesellschaftlicher und technischer Systeme als „Vertrauen" in Regeln, Verfahren und Institutionen, weil eine definitive rationale Beherrschung vielfach nicht mehr möglich ist. Dem entsprechen Mißtrauen und Ängste auf seiten der „Betroffenen".

Waren die Einordnung in Gemeinschaften und ein natürlicher zeitlicher Ablauf früher zentrale Kategorien der persönlichen Identität, so müssen heute Männer und Frauen ihre Ich-Identität auch angesichts der Lockerung der Bindung an bestimmte Orte, Zeitabläufe und Zeitspannen selbst herstellen. Es ist darüber hinaus zu fragen, ob nicht heute mit dem Abbau manifester sozialer Differenzierungen von regionalen und klassenspezifischen sozialen Milieus ein viel feineres „Gespür" für soziales Verhalten und Fehlverhalten als früher vorhanden sein muß. Soziale Diskriminierung, Intoleranz, Beschneidung von Freiheitsrechten, soziale Ungleichbehandlung usw. sind Themen, die heute viel intensiver wahrgenommen werden als früher. Dazu ist Voraussetzung, daß gesellschaftliche Gleichheit zumindest eine allgemein geteilte Zielvorstellung ist und große Teile der Gesellschaft tatsächlich zumindest eine gewisse Chancengleichheit erworben haben. Damit verschwindet aber die soziale Differenzierung nicht, sie wird – im Gegenteil – viel feiner und differenzierter. Entsprechend höher Anforderungen stellen sich an die Wahrnehmungsfähigkeit, das Erkennen differenzierter Zeichen, das Gespür für Unterschiede im Wertkodex. Da soziale Differenzierungen auch immer mit Wertungen verbunden sind, eröffnet sich hier ein weites Feld für die Differenzierung von Orientierungsgefühlen.

---

28 Vgl. dazu Giddens (1991).

4.4 Tugenden und Werte

Die Drive-Gefühle und die Affekte werden im Lauf der Ich-Entwicklung zu organischen Teilen des emotionellen Charakters und der emotionellen Persönlichkeit. Es gibt keine Gesellschaft, in der die Persönlichkeitsentwicklung nicht beeinflußt wird. Dies geschieht, indem moralische und ethische Maßstäbe gesetzt werden und somit Gefühle bewertet werden. Der Grad der Affektkontrolle sowie die Zulassung und Bestärkung des Ausdrucks der einen und das Verbot und die Unterdrückung der anderen Affekte, der Aufbau und die Rolle von Emotionen geben ein „Muster", das typische Sozialcharaktere formt. Grundsätzlich ist diese gesellschaftliche Regulierung der Affekte und Emotionen bewußt, ist Teil der spezifischen Kultur jeder menschlichen Gemeinschaft. Dabei entstehen zwar, wie wir seit Freud wissen, mannigfache unbewußte Folgen und die Gemeinschaft ist sich über die Gründe und Implikationen der jeweilige Trieb-, Affekt- Emotionsregulierung nicht unbedingt im Klaren. Entscheidend ist hier nur, daß die Gefühle und ihre Expressionen von der Gemeinschaft bewertet werden.

Die geläufigste Form, in der die Persönlichkeitsentwicklung gesellschaftlich beeinflußt wird, ist durch die Anwendung der Orientierungskategorien gut und böse. Das „Gute" und das „Böse" sind Reflexionsbestimmungen und zugleich moralische Kategorien. Sie setzen die relativ freie Wahl zwischen den Werten unter der Führung moralischer Normen und ein bewußtes Verhältnis zu ihnen voraus. „Es gibt keinen Mut ohne den Wertbegriff des Mutes; es gibt keine Ehrlichkeit ohne den Wertbegriff der Ehrlichkeit; und es gibt keine Gerechtigkeit ohne den Wertbegriff der Gerechtigkeit" (Heller 1977, 24).

Blicken wir auf die Geschichte unserer Kultur zurück, so wurden die Bewertungen von gut und böse innerhalb von Konzepten der Tugend und der Werte ausgedrückt und vermittelt. Dem Konzept der Tugenden sieht man deutlich an, daß im Mittelpunkt die gesellschaftliche Steuerung von Drive-Gefühlen und Affekten steht. Das Konzept der Tugenden hat eine lange Geschichte, beginnend in der klassischen griechischen Philosophie über das Christentum bis hin zu den bürgerlichen Tugenden. In der Geschichte der Tugenden geht es weniger um die Frage, ob Tugenden sein sollen, sondern welche Tugenden wichtig sind und welche Hierarchie es unter ihnen gibt. In aktuellen philosophischen Beiträgen werden beispielsweise folgende Tugenden aufgezählt: „Hilfs- und Opferbereitschaft, Großzügigkeit, Humanität, Wohlwollen, Sympathie, Milde, Freundlichkeit... Tapferkeit, Selbstbeherrschung, Ehrlichkeit, Zuverlässigkeit, Pflichtbewußtsein, Treue, Gerechtigkeit, Fairneß, Unparteilichkeit, Achtung, Anerkennung, Stolz, Nächstenliebe" (Leist 1993, 160). Diese Aufzählung ist zwar lang, aber nichtsdestoweniger einseitig: zu ergänzen wären die Tugenden der Distanz und der Reflexion: Zweifel und Skepsis, aber auch Aufrichtigkeit und Zivilcourage und wieso eigentlich kein modernes Äquivalent für Weisheit?

Die griechische Philosophie – insbesondere die Nicomachische Ethik des Aristoteles – setzte als Haupttugenden den Mut und die Mäßigkeit sowie die Gerechtigkeit und die Weisheit. Die Tugend des Mutes reguliert den Angstaffekt in Kampfsituationen und lenkt den Wutaffekt ausdrücklich auf gesellschaftlich anerkannte Ziele. In der Konzeption des Aristoteles ist es nicht gut, an sich und immer mutig zu sein, sondern nur der ist gut, der tapfer in der Verteidigung dessen ist, was dem Gemeinwesen dient und das fürchtet, was dem Gemeinwesen schadet. Die Tugend der Mäßigkeit reguliert das Verhältnis von gesellschaftlicher Aufgabe und Lust. Sie gibt zugleich die Orientierung am mittleren Maß, denn in der antiken Konzeption sind immer Gefühl und Verstand am Handeln beteiligt, weshalb sie nicht gegeneinander ausgespielt, sondern zueinander ins rechte Maß gesetzt werden. Gerechtigkeit und Weisheit sind Tugenden des vernünftigen Teils der Seele und regulieren die Wißbegierde und Aktivität, indem sie sie in einen sinnvollen Kanon des Gemeinwesens einbinden. Zudem kann nur die Weisheit lehren, das rechte Maß auch für den unvernünftigen Teil der Seele zu finden.

Im christlichen Mittelalter kam es zu einer Erweiterung dieser Tugenden um die paulinischen Tugenden Glaube, Liebe und Hoffnung und zu einer inhaltlichen Veränderung im Gesamtkonzept. Mit der Veränderung des gesellschaftlichen Aufbaus, der Ausdehnung des Geltungsbereich der Tugenden von der sozialen Oberschicht der Polis auf die Gemeinschaft der Gläubigen, den andersgearteten gesellschaftlichen Aufgaben in der feudalen Ständegesellschaft und dem umfassenden Geltungsanspruch des religiösen Heils mußte auch der Inhalt der Tugenden anders gefaßt werden. Ein ausgefeilte Konzept von Tugenden und Lastern wurde entwickelt, um die Gläubigen anzuleiten und zu formen. Die Tugend der Keuschheit orientierte die Sexualität auf die Ehe, die Tugend des Gehorsams und der Demut regulierten den Wutaffekt und die Aggressivität allmählich in die Bahnen der kirchlichen und weltlichen Institutionen und Ordnungsmächte. Die Laster der Trägheit und des Neides und die Tugenden der Armut und der Geduld mahnten die Gläubigen zur Beibehaltung des gesellschaftlichen Gefüges der Feudalgesellschaft und orientierten auf himmlisches Heil statt auf weltliches Wohlleben (und erwiesen sich immer wieder als Sprengsatz, wenn die Kirche selbst daran gemessen wurde).

Die beginnende bürgerliche Gesellschaft brachte neue Formen der Arbeit und neue, um sie zentrierte Tugenden. Ordnung, Fleiß und Sparsamkeit traten neben die christlichen Tugenden. Sie gaben eine weltlichere Orientierung, regulieren aber die Affekte insgesamt stärker. Die Beherrschung des Körpers, aber auch der Gedanken wurde ungleich rigider. War in der antiken Konzeption die Regulierung der Wut und der Angst eine zentrale Aufgabe der Gemeinschaft gewesen, so trat nun die Zügelung des einzelnen Affekts zurück, dafür wurde die Beherrschung der Lebensführung und die Unterordnung aller Gefühle unter einen äußeren Zweck, bzw. ein darauf gerichtetes

Wollen zum zentralen Anliegen. Auch unter dem Einfluß der „protestantischen Ethik" wurden Pflichterfüllung, Arbeitsleistung und Glaube an den Erfolg zu neuen Tugenden. Die Zügelung der Affekte zugunsten einer Erfüllung von „Aufgaben" und des seelischen Heils wurden zu einem umfassenden inneren Prozeß, der keine körperliche und geistige Regung unberührt ließ.

Die gesellschaftlichen Aufgaben von Männern und Frauen traten in der bürgerlichen Gesellschaft auseinander und führten zu kraß unterschiedlichen Tugendkatalogen. Männer und Frauenrollen wurden polarisiert und mit ihnen die Gefühle, die ihnen jeweils zugerechnet werden. Im Laufe des 19. Jahrhunderts wurde Tugend auf der einen Seite immer stärker mit der Regelung der Sexualität, insbesondere der der Frauen, gleichgesetzt. Insbesondere in Deutschland verschmolzen adlige und bürgerliche Ehrbegriffe der „satisfaktionsfähigen" Männergesellschaft (Elias 1989) um einen Kern von kriegerischen Tugenden mit der Spannung zwischen Tapferkeit und Feigheit im Mittelpunkt. In diesen Zuspitzungen und Verknöcherungen gegenüber der sich wandelnden gesellschaftlichen Wirklichkeit brachen schließlich die Tugendkonzepte als geschlossene und allgemeinverbindliche Regeln der Gemeinschaft überhaupt zusammen. Ihre Voraussetzung war die Orientierung an einer übergeordneten einheitlichen Macht, sei sie die Polis, das göttliche Gesetz oder eine „naturgegebene" Ordnung, die jeweils dem Denken und Fühlen des einzelnen die Richtung gab.

In der „Moderne" bleibt jedoch ein sich langsam wandelnder Wertekanon als Orientierung bestehen. In den siebziger Jahren wurde ein Wertewandel konstatiert, in dem die „Wertemuster, bei denen Leistung, Folgsamkeit, Gehorsam und Anpassung im Vordergrund stehen", an Bedeutung verlieren würden. Dagegen zeichne sich eine Zunahme von Werten wie Selbständigkeit, Hilfsbereitschaft, Ehrlichkeit ab. Kreativität, Spontaneität, Ungebundenheit, Eigenständigkeit und Durchsetzungsfähigkeit würden wichtiger. Hedonistische Lebensziele kämen auf, die durch Schlagworte wie Genuß, Abenteuer, Spannung, Abwechslung und Ausleben emotionaler Bedürfnisse gekennzeichnet seien (vgl. Klipstein, Strümpel 1985, 157).

Wenn es heute keine öffentlich verbindlichen Tugenden mehr gibt, heißt das also nicht, daß es keine Bewertungen von Gefühlen und keine vorbildhaften emotionellen Persönlichkeiten mehr gibt. Wie oben gezeigt wurde, werden Gefühle immer bewertet, es ist nicht notwendig, daß die Bewertungen in ein normatives Gesamtkonzept eingebunden sind. Gesellschaftlich gültige Werte sind immer auch auf die Regulation von Gefühlen bezogen. Sie sind selbst dann keine rein „äußerlichen" Handlungsvorschriften, wenn sie im Gewand zweckrationaler Imperative wie „Erfolg um jeden Preis" oder „Leistung" daherkommen.

Wenn deshalb ein historischer Wertewandel beispielsweise von „materialistischen" zu „postmaterialistischen" Werten konstatiert wird, impliziert dieser, genau wie das Konzept der Tugenden, einen Wandel in den als gut oder schlecht bewerteten Affekten und Emotionen und den darauf aufbauenden emotionellen Charakteren bzw. Persönlichkeiten. Hier ist durchaus eine wechselseitige Abhängigkeit von angestrebten, vorbildhaften Werten und sich an wechselnden Aufgaben objektiv bildenden Persönlichkeitsstrukturen zu denken. Öffnet sich z.B. für neue Bevölkerungsgruppen ein Spielraum erweiterter Wahl- und Konsummöglichkeiten, dann können hedonistische Werte eine höhere Priorität erlangen und werden Entfaltung von Sexualität und Genußfähigkeit höher bewertet. Umgekehrt können hedonistische Werte sich als subkulturelle Vorbilder verfestigen und von Bevölkerungsgruppen auch gegen gesellschaftliche Bindungen oder Widrigkeiten angenommen werden.

Hinter dem historischen Abbau des Konzeptes der Tugenden und hinter dem Wertewandel lassen sich nicht nur Veränderungen der Gefühlswelt ausmachen, die sich auf die Prioritätensetzung und die Bewertung der Affekte und Emotionen beziehen. Es scheint so, als hätte es auch einen Prozeß gegeben, in dem der Wertehorizont weiter in den Hintergrund gerückt ist, sich vielleicht aus der Öffentlichkeit mehr in das Innere der Menschen verlagert hat. Es ist offensichtlich, daß sich nicht nur die Gefühlswelt eines „postmaterialistischen" Lehrers in den achtziger Jahren von der eines preußischen Offiziers unterscheidet, sondern daß auch ganz unterschiedliche gesellschaftliche Formen der Vermittlung der Orientierungskategorien für den emotionellen Charakter gegeben sein müssen. Wie also in der Moderne die Werte vermittelt werden und wie sich auch ohne „offiziellen" Tugend- und Lasterkatalog ein recht einheitlicher Wertehorizont bildet, ist später aufzunehmen.

5. Kapitel: Identitätsfigurationen

5.1 Die Ich-Wir-Balance

In diesem Kapitel wird sich zeigen, daß die vorhergehenden Ausführungen über die Gefühle kein Umweg, sondern eine notwendige Voraussetzung für das Verständnis von Gesellschaft waren. Wir schauen nur aus einer anderen Perspektive auf den gleichen Gegenstand. Für das Verständnis des Verhältnisses von Individuum und Gesellschaft hat Norbert Elias einen sinnvollen theoretischen Rahmen vorgeschlagen. Er bezeichnet die Zusammenhänge und Ereignisse des physikalischen Naturgeschehens als Vorgänge auf der relativ einfachsten Integrationsebene (Elias 1971, 110ff). Davon abgesetzt könne die Ebene der Organismen als nächsthöhere Integrationsebene bezeichnet werden, von der sich als wiederum nächsthöhere Ebene diejenige der menschlichen Gesellschaften abhebt. Diese Unterteilung beruht auf der Einsicht, „das höher organisierte Geschehenszusammenhänge gegenüber weniger organisierten relativ autonom sein können" (Elias 1971, 111). Das bedeutet, daß die als Pflanzen, Tiere, Menschen organisierten Organismen Gesetzmäßigkeiten und Struktureigenschaften eigener Art besitzen, die sich nicht auf physikalisch-chemische Zusammenhänge reduzieren lassen. Menschliche Gesellschaften wiederum sind gegenüber den nächstniederen Integrationsstufen relativ autonom, insofern sich ihre Zusammenhänge nicht auf biologisch-physikalische Gesetzmäßigkeiten reduzieren lassen. Obwohl die Einheiten, aus denen die menschlichen Gesellschaften bestehen, für sich betrachtet nichts als biologische Organismen sind, sind sie doch in spezifischen Funktionszusammenhängen miteinander verbunden, die von denen der niedrigeren Integrationsstufen völlig verschieden sind.

Diese Unterschiede zeigen sich auch in der relativen Autonomie der Soziologie von der Biologie. Das zentrale Faktum der menschlichen Gesellschaften ist die „Menschnatur", die in besonderer Art und Weise wandelbar ist. Gesellschaftliche Beziehungen und das Verhalten der Menschen können sich deshalb – im Unterschied zu tierischen Lebensformen – ohne Änderung der biologischen Konstitution transformieren. Diese Wandelbarkeit hat – wie bereits angesprochen – einen biologischen Grund in der Instinktreduktion.

„Dabei verhält es sich nicht nur so, daß Menschen dank ihrer biologischen Konstitution ihr Verhalten in höherem Maße als andere Lebewesen zu steuern lernen können, ihr Verhalten muß durch Lernen geprägt werden. Ein menschliches Junges kann nicht nur, sondern muß das Schema seines Verhaltens weitgehend durch Lernen entwickeln, um überleben zu können." (Elias 1970, 116)

Die konstitutionelle Angewiesenheit des Kindes auf das Lernen ist eine gesellschaftliche Grundtatsache von großer Tragweite. Sie begründet die relative Autonomie der Gesellschaft gegenüber der „Natur" der sie bildenden Menschen. Sie bedingt darüber hinaus, daß das menschliche Verhalten ein ständiges Lernen, eine ständige Aufspeicherung neuer Erfahrungen und eine entsprechende Anpassung ihres gesellschaftlichen Zusammenlebens ermöglicht. Deshalb muß man den Menschen als Individuum als einen Menschen ansehen, der sich wandelt.

„... es ist viel sachgerechter, wenn man sagt, der Mensch ist ständig in Bewegung; er durchläuft nicht nur einen Prozeß, er ist ein Prozeß. Er entwickelt sich. Und wenn wir von einer Entwicklung sprechen, dann meinen wir die immanente Ordnung der kontinuierlichen Abfolge, in der jeweils eine spätere Gestalt aus der früheren, in der etwa Jugend aus der Kindheit, Erwachsensein aus der Jugend ohne Unterbrechung hervorgeht." (Elias 1970, 129)

Wenn man den einzelnen Menschen als einen Prozeß versteht, dann betont man, daß er als Kind in höchstem Maße von anderen Menschen abhängig ist, daß er als Kind von anderen sprechen und denken überhaupt erst lernen muß. Der Ausgangspunkt einer soziologischen Betrachtung des Menschen ist also das Bild einer „Vielheit von Menschen als relativ offener interdependenter Prozesse" (Elias 1970, 131).

Diese interdependenten Prozesse können nun selbst Denkformen begünstigen, die nur scheinbar gerade das Gegenteil zeigen: das Individuum als abgeschlossene Einheit, getrennt von Außenwelt, nur konzentriert auf sein inneres Bewußtsein. Bei der Erörterung des Gewissens haben wir bereits das wichtigste Beispiel solcher Denkformen behandelt. In der inneren Reflexion der Gewissensprüfung stellt sich ja unmittelbar nicht „die Gesellschaft" dar, sondern ein Teil des eigenen, unverwechselbaren Bewußtseins richtet sich auf sich selbst in einem Akt der Selbstdistanzierung. Hierbei muß sich jeder als von anderen abgetrenntes Einzelwesen erleben und zwar um so mehr, je stärker sich Reflexion und Gewissen zwischen die eigenen spontane Handlungsimpulse und die anderen Menschen schieben.

Zu dieser Einsicht bedarf es einer noch weiteren Selbstdistanzierung. Elias illustriert sie am Beispiel der Serie der persönlichen Fürwörter. Wenn das Gewissen als Einwirkung des Über-Ich auf das Ich beschrieben wird, dann darf man nicht übersehen, daß hier in der wissenschaftlichen Terminologie ein Beziehungsbegriff in ein „Dingbegriff" verwandelt wurde. Das Fürwort Ich wird normalerweise dazu verwendet, um in einer Kommunikation mit anderen auszudrücken, daß sich eine bestimmte Aussage auf den Sprecher selbst bezieht. „Die Funktion, die das Fürwort „ich" in der menschlichen Kommunikation besitzt, ist überhaupt nur zu verstehen im Zusammenhang mit allen anderen Positionen, auf die die anderen Glieder der Serie hinweisen" (Elias 1970, 133).

Die Serie der persönlichen Fürwörter repräsentiert den elementarsten „Koordinatensatz" aller menschlichen Gruppierungen. Alle Menschen gruppieren sich in der direkten Kommunikation als Menschen, die in Bezug auf sich selbst „ich" oder „wir" sagen, die „du" in Bezug auf die Menschen sagen, mit denen sie direkt kommunizieren und „er" oder „sie" in Bezug auf Dritte außerhalb der kommunizierenden Personen. Dieser „Koordinatensatz" ist allen menschlichen Gesellschaften gemeinsam. Diese Erfahrung und diese Gruppierung „besitzt kein Äquivalent unter den Beziehungsformen der niedrigeren Integrationsstufe" (Elias 1970, 134).

Wir finden hier auf eine andere Weise illustriert, was am Anfang des Textes bereits dadurch bezeichnet wurde, daß jeder Mensch sein Ich erst durch die Identifikation mit dem „verallgemeinerten anderen" erfährt. Mit dem „ich" wird zugleich das „wir", das „du", das „er" und das „sie" gelernt.

„In der Tat ist der Satz der persönlichen Fürwörter der elementarste Ausdruck für die fundamentale Bezogenheit jedes Menschen auf andere, für die fundamentale Gesellschaftlichkeit jedes menschlichen Individuums. Man sieht das deutlich genug, wenn man das Erwachen des Bewußtseins seiner selbst als einer Sonderperson bei einem Kleinkind beobachtet. Das Bewußtsein der eigenen Sonderexistenz ist identisch mit dem der Sonderexistenz von anderen Menschen." (Elias 1970, 135)

Das Selbst-Bewußtsein beinhaltet die Ich-Identität, das Bewußtsein der eigenen unverwechselbaren Person. Darin wird das definiert, was uns von anderen unterscheidet. Weil wir aber nur im sozialen Austausch mit anderen Selbst-Bewußtsein gewinnen, gibt es natürlich auch vieles, worin wir den anderen gleichen. Neben der Ich-Identität muß es immer auch eine soziale oder Wir-Identität geben. Wir-Identität ist das Bewußtsein, daß wir bestimmten Gruppierungen angehören, nicht isoliert und ohne Bindungen und Bezüge sind. Ich-Identität und Wir-Identität stehen immer in einem bestimmten Verhältnis zueinander, Elias spricht von der „Wir-Ich-Balance" (Elias 1987, 210).

Der Begriff Individuum bezieht sich auf interdependente Menschen in der Einzahl, der Begriff Gesellschaft auf interdependente Menschen in der Mehrzahl, es handelt sich also oft nur um verschiedene Perspektiven auf den gleichen Gegenstand. Ich selbst beziehe mich als „ich" auf ein „du", aber zugleich bezieht sich der andere als „ich" auf mich als „du" usw. Alle Beziehungen zwischen den Menschen haben einen „perspektivischen Charakter".

Das geht so weit, daß auch Institutionen aus der Perspektive derjenigen, die sie bilden, nie eine Funktion ausschließlich für das System haben, sondern immer auch eine für die Menschen selbst – das beste Beispiel ist der Staat bzw. die Bürokratie. Je komplizierter eine Gesellschaft, desto vielfältiger die Beziehungen und Funktionen. „Oft braucht man alle Fürwörter der Serie, um dem vielperspektivischen Charakter der Funktionen gesellschaftlicher Einrichtungen gerecht zu werden" (Elias 1970, 137).

Elias schlägt vor, den Begriff der Figuration zu verwenden, um so eine vielperspektivische Sicht auf soziale Funktionen oder einzelne soziale Gebilde deutlich zu machen. Eine Figuration können demnach relativ kleine Gruppen wie eine Schulklasse oder eine Parteigliederung, aber auch größere wie eine Stadt oder eine Nation sein, je nachdem, wie lang die „Interdependenzketten" sind, die die Menschen aneinanderbinden. Die Soziologen beschäftigen sich oft mit sozialen Gebilden nur aus der „sie" Perspektive und analysieren sie als Struktur, als Funktion, als verselbständigte autonome Einheiten. Es sollte deutlich geworden sein, daß es immer auch eine „ich" und „wir" Perspektive geben muß, die nicht davon abgetrennt allein das Beschäftigungsfeld für Psychologen sein kann. Der Begriff der Figuration soll die Aufmerksamkeit auf die Interdependenzen der Menschen lenken. Die Frage ist nun, was die Menschen eigentlich in Figurationen zusammenbindet. Man kann dem Problem der gesellschaftlichen Interdependenzen nicht gerecht werden, wenn man sich allein auf die relativ unpersönlichen Abhängigkeiten beschränkt. Bestünden nur rein sachliche Zusammenhänge, würden sich die gesellschaftlichen Institutionen auflösen, weil die Menschen ganz wörtlich keine Beziehung mehr zu ihnen hätten[29].

Über die tatsächliche Stärke und Bedeutung der sozialen Identifikationen in unseren heutigen Gesellschaften ist wenig bekannt.

„Man gewinnt ein vollständigeres Bild erst dann, wenn man die persönlichen Interdependenzen, und vor allem die emotionalen Bindungen der Menschen aneinander, als Bindemittel der Gesellschaft in den Bereich der soziologischen Theorie einbezieht." (Elias 1970, 149)

Dabei spielen emotionale Bindungen nicht nur in kleinen Gemeinschaften eine Rolle. Wenn die gesellschaftlichen Einheiten größer werden, heften sich die Gefühlsbindungen nicht nur an Personen, sondern auch an „Symbole der größeren Einheiten, an Wappen, an Fahnen und an gefühlsgeladene Begriffe" (Elias 1970, 150). Die emotionalen Bindungen der Menschen untereinander durch Vermittlung symbolischer Formen haben für die gesellschaftlichen Abhängigkeiten und Bindungen keine geringere Bedeutung als die wirtschaftlichen Abhängigkeiten. Sie bilden eine Bindungsebene spezifischer Art. Sie gehen oftmals von persönlichen Bindungen aus und umgreifen sukzessive größere soziale Zusammenhänge mit so langen Interdependenzketten, daß die sozialen Gebilde selbst als unabhängig erscheinen können. So kann man sich heute eine Familie nicht ohne die emotionalen Bindungen der Familienmitglieder vorstellen, wohl aber einen Staat, obwohl der Nationalstaat auch immer über eine emotionale Bindungsebene verfügt.

„Die Verankerung individueller Valenzen in solch großen gesellschaftlichen Einheiten hat sehr oft die gleiche Intensität wie die Verankerung in einer geliebten Person. Auch in diesem Fall wird das einzelne derart gebundene Individuum aufs tiefste erschüttert, wenn die geliebte Gesellschaftseinheit zerstört oder besiegt wird, an Wert und an Würde verliert." (Elias 1970, 150)

---

29 Ein sehr gutes, wenn auch historisch einmaliges Beispiel ist die Auflösung der DDR. Ein eben noch übermächtiger Machtapparat und eine komplette moderne Volkswirtschaft mit ihren unendlich vielen arbeitsteiligen und verschachtelten Abhängigkeiten ist nicht mit Gewalt zerschlagen oder aus innerer Dynamik in ein anderes System übergegangen, sondern dieses System ist im Grunde deshalb in kurzer Zeit untergegangen, weil die es tragenden Menschen ihre inneren Bindungen, ihre Wir-Identität von diesem System abgezogen haben.

Diese Überlegungen zeigen, wie eng die Integration der Gesellschaft an die gefühlsmäßigen Bindungen ihrer Mitglieder gekoppelt ist. Das Wir-Bewußtsein beinhaltet eine spontane Identifikation mit Figurationen, auf die alle Affekte und alle Emotionen bezogen werden können und auf die sich ebenso alle bewerteten Gefühle beziehen:

„Das Wir-Bewußtsein entwickelt sich parallel zum Ich-Bewußtsein. Damit soll nicht geleugnet werden, daß die affektive Kraft der Partikularität im Fall des Ich-Bewußtseins nachdrücklicher hervortritt. Das „Wir" erhält dadurch seine elementare Affektivität, daß das „Ich" sich mit ihm identifiziert. Das gilt selbstverständlich nicht nur für Gemeinschaften, sondern für jede Sozialform, auch für ganz zufällige Gruppenbildungen. Nach dem Untergang der naturwüchsigen Gemeinschaften trachteten die Einzelnen oft deshalb nach einer Gruppenzugehörigkeit – ob sie sich dessen bewußt waren oder nicht –, um ihre Partikularität auszuweiten." (Heller 1970, 82)

Die Überlegungen zur Ich-Identität und Wir-Identität führen zu einem einfachen Modell, das dem weiteren Text zugrunde liegen soll: Ich-Identität und Wir-Identität bilden eine Balance. Jeder Mensch trägt wichtige Charakterzüge an sich, die er mit anderen seiner Gruppe teilt. Dies können wir als seinen „sozialen Habitus" (Elias 1987, 244) bezeichnen oder auch als seine soziale Persönlichkeitsstruktur. Da jeder heute verschiedenen sozialen Gruppen angehört und deshalb einen spezifischen Schnittpunkt verschiedener sozialer Bezüge bildet, kann die Gesellschaft heute außerordentlich komplexe soziale Identitäten bereithalten. Der soziale Habitus ist der Hintergrund, auf dem sich die persönliche Identität entfalten muß. Anders formuliert: Das Selbst entfaltet sich innerhalb von Figurationen der sozialen Identität. Die Identitätsfigurationen sind ein wesentliches Mittel zur Bildung des Selbst[30].

Identifikationsfigurationen sind nicht einfach soziale Rollen. Das Bild des Schauspielers, der eine Rolle spielt, kommt hier schon deshalb nicht in Betracht, weil es um die Bildung des Selbst geht, also den Kern der Persönlichkeit, der von übernommenen sozialen Rollen unterschieden werden kann. Wenn wir unsere Identität beschreiben, können wir viele Prädikate aufzählen: Körpermerkmale, Fähigkeiten, Statusmerkmale, erworbene oder zugeschriebene Besitztümer, Gefühlszustände, Wünsche, Motive, Pläne usw. Dennoch bildet sich die Identität nicht durch einfache Addition beliebiger Prädikate. Einige dieser Merkmale sind signifikanter als andere. Sie werden nicht zufällig gewählt. Eine Identitätsfiguration ist facettenreich und kombiniert Ichideale, bewertete Gefühle, natürliche und soziale Merkmale, Rollenvorbilder, sozialen Status und Machtchancen, soziale Beziehungen und ist häufig auch in gesellschaftliche Institutionen eingebunden. Das ist einfach an dem Beispiel der Geschlechtsidentität zu zeigen. Sie ist durch die biologischen Unterschiede bei weitem nicht vollständig definiert. Das „soziale Geschlecht" ent-

---

30 Mit Identitätsfiguration ist eine Form sozialer Beziehungen angesprochen, die Frey/Haußer „Identitätsräume" nennen (vgl. Frey/Haußer 1987, 14ff.).

hält vielfältige Dimensionen: sekundäre körperliche Attribute, Merkmale der emotionalen Persönlichkeit, bestimmte Verhaltensweisen und Gefühlsbewertungen, definierte soziale Rollen in der Familie, im Beruf und in der Öffentlichkeit, die gefestigt werden durch Rechtsnormen und Institutionen, wie die Ehe.

Entscheidend für die Identitätsbildung ist, daß sie innerhalb der sozialen Interaktion eine sinnhafte Verortung der Person in sozialen Beziehungen gestattet:

„Geschlecht kann eben nur mit solchen Designata definiert werden, die durch gesellschaftlich institutionalisierte bzw. in Interaktionsbeziehungen ausgehandelte Normen, Werte und Rollenerwartungen einen subjektiven und auch nach außen mitteilbaren Sinn erhalten. Sie müssen innerhalb eines soziokulturell bestimmten ‚Subuniversums' (W. James), einer ‚finiten Sinnprovinz' (A. Schütz), eines ‚Interaktionsrahmens' (Goffman), eines ‚Identitätskontexts' (Rosenberg) interpretiert werden." (Frey/Haußer 1987, 15)

Es ist also zu unterscheiden zwischen den Merkmalen, die zur Identitätsbildung herangezogen werden und dem kommunikativ definierten Sinn, der ihnen zugeschrieben wird. In unterschiedlichen Kulturen kann den gleichen Merkmalen ein unterschiedlicher Sinn beigelegt werden. Eine Identitätsfiguration kombiniert Merkmale mit sozialen Beziehungen und Bedeutungen.

Mit diesen Ausführungen sollte das Verständnis dafür eröffnet werden, gesellschaftliche Rollenzuschreibungen wie die Geschlechtsrollen oder religiöse und nationale Bewußtseinsformen aus der Ich- und der Wir-Perspektive zu betrachten. Dabei wird nicht verkannt, daß beispielsweise Kirche und Nationalstaat Institutionen von relativer Autonomie sind, es soll nur eine vollständigere Betrachtung jener Prozesse ermöglicht werden, in denen Individuen ihr Ich-Ideal und ihr Wir-Bewußtsein finden. Von vornherein sollte dabei die Vorstellung zurückgedrängt werden, daß in diesem Prozeß mächtige gesellschaftliche Institutionen „von außen" etwas in die an sich unberührten Hirne pflanzen. Es soll hingegen umgekehrt gefragt werden, was solche Institutionen zusammenhält und welche Rolle dabei emotionale Bindungen und Identifikations- und Identitätsbildungsprozesse spielen.

5.2 Geschlecht, Familie und Nation als partikulare Identitäten

Daß in jedem Menschen heute eine Balance zwischen Ich-Identität und Wir-Identität oder sozialer Identität besteht, ist nicht mehr unmittelbar verständlich. Je intensiver sich Männer und Frauen heute mit ihrer Individualität befassen, desto mehr Belege meinen sie dafür zu finden, daß alle Menschen ihre Identität ausschließlich als Ich-Identität selbst finden müssen. Wir wissen, daß das in früheren Zeiten nicht so war. Die Menschen der griechischen Polis – um gleich ganz weit zurückzublicken – hielten Menschen außerhalb der

Polis grundsätzlich nicht für vollwertige Menschen, sondern für unentwickelte Barbaren. Menschen in der Polis erschienen ihnen ohne ein Netz von sozialen Beziehungen mit Freunden und Verwandten so gut wie tot. Sie wußten sehr wohl, daß alle Menschen auch persönliche Eigenheiten haben und konnten sich sicherlich auch unterscheiden. Sie definierten ihre Identität aber ganz oder überwiegend als Wir-Identität. Wenn ein Mensch außerordentliche und vorbildhafte Leistungen erbrachte und damit alle anderen überragte, dann entwickelte er nicht seine Individualität, sondern näherte sich einem kollektiven Idealbild bis zur Vollkommenheit.

In der europäischen Sozialgeschichte läßt sich seit der Renaissance ein wachsendes Bewußtsein der Individualität erkennen. In dem Maße, wie die sozialen Verhältnisse den Menschen einen weiteren Spielraum lassen, beginnen sie, sich als eigenständig gegenüber ihren sozialen Zusammenhängen zu verstehen. Das Finden einer Identität als individuelles Wesen wird zu einer komplizierten Aufgabe, in der die persönliche Lebensgeschichte und das Selbstwertgefühl in verschiedene Identitätsfigurationen eingebettet werden muß. Die soziale Identität bezieht sich auf die Gruppierungen, die dem einzelnen „am nächsten" sind und in die er besonders integriert ist. Die wichtigsten sind die Familie, der Stamm, das Dorf, der Stand, der Beruf, die soziale Klasse, die Glaubensgemeinschaft, die Partei, die Volkszugehörigkeit und die Staatsbürgerschaft. Die Gruppen, auf die sich Menschen in ihrer sozialen Identität beziehen, können nach ihrer Größe und der Komplexität der in ihnen vorhandenen Beziehungen, kurz, nach dem Grad ihrer Integration unterschieden werden. Ist die Familieneinbindung noch für alle Beteiligten gut überschaubar und unmittelbar, so ist die Integration in einen Nationalstaat nicht so leicht zu überschauen und über lange Handlungsketten und Institutionen vermittelt. Je höher die Integrationsebene ist, je mehr Individuen in immer vermittelteren Beziehungen stehen, desto größer wird der individuelle Spielraum des einzelnen. Die Integrationsebenen scheinen im Laufe der Geschichte immer höher gerückt zu sein. Sie haben quasi „unter sich" die Individuen frei gesetzt, die nun scheinbar diesen Raum mit „persönlichem Sinn" füllen müssen.

Wie lassen sich nun die Identitätsfigurationen unterscheiden? Die Identitätsforschung hat ganze Bündel von Faktoren ausgemacht:

„Die Personen verwenden besonders häufig solche Designata ihrer persönlichen Identität, die Bezug nehmen auf ihre Position in der Gesellschaft und ihren zentralen Interaktionsfeldern wie Familie, Ausbildungssystem, Arbeitswelt, Freizeit und die Qualität ihrer Rollen darin spezifizieren, d.h. ihren Besitz an Kompetenz und Qualifikation, sowie die damit verbundenen bewertenden Gefühle." (Frey/Haußer 1987, 15)

Diese Beschreibung eröffnet die Möglichkeit zur fast beliebigen Unterteilung und wird damit der Definition der Identitätsfiguration nicht gerecht. Denn es ist anzunehmen, daß einige davon mehr „Sinn" als andere stiften. Insbesondere, weil gesellschaftlich institutionalisierte und in Interaktionsbeziehungen ausgehandelte Normen, Werte und Verhaltenserwartungen eine so große Rolle spielen, lassen sich die grundlegenden Identitätsfigurationen leicht feststellen.

In unserer Gesellschaft ist die soziale Identität jedes einzelnen insofern ganz einfach zu erkennen, als sie amtlich festgestellt wird. Gleich nach der Geburt jedes Menschen – als ob es zu diesem Zeitpunkt nichts Wichtigeres gäbe – wird ein bürokratischer Akt vollzogen, in dem die Merkmale der sozialen Identität bestimmt werden. Sie besteht zunächst aus dem Geburtsdatum, das das Alter und die Generationszugehörigkeit festlegt, sowie aus Namen und Vornamen. Der Name bestimmt die Zugehörigkeit zu einer Herkunftsfamilie, die Abstammung. Der Vorname bestimmt das Geschlecht, nicht als biologische, sondern als soziale Tatsache. Die Eltern sind vom Staat gehalten, den Vornahmen so zu wählen, daß aus ihm ein eindeutiges geschlechtsbestimmendes Zeichen für die Gesellschaft wird. Schließlich wird die Staatsangehörigkeit festgestellt. Das Neugeborene wird Staatsbürger mit einer Anzahl von Rechten und später dazutretenden Pflichten.

Geschlecht, Herkunftsfamilie und Nationalität sind grundlegende Identitätsfigurationen[31]. Sie zeichnen sich gegenüber anderen dadurch aus, daß sie als natürliche und angeborene Identitäten erscheinen. Weil sie zunächst nicht frei gewählt werden können, sondern mit der Geburt angenommen werden müssen, erscheinen sie als natürlich. Auch wenn sie später gewechselt werden können, hat doch fast jeder erst einmal diese Identitätsmerkmale eingeschrieben bekommen. Diese Identitätsmerkmale definieren zugleich die individuelle Person und grenzen Gemeinschaften ab. Sie sind zunächst partikulare Identifikationsformen, denn sie definieren positiv und schließen auf der sozialen Ebene zugleich ihre Negation aus: das andere Geschlecht, Familienfremde, Fremde überhaupt. Wenn sie als natürliche Identitätsfigurationen gefaßt werden, schließen sie die Gattungsmäßigkeit aus.

Alle anderen Identitätsfigurationen sind dagegen nicht zugeschrieben, sondern mehr oder weniger erworben und gewählt. Die wichtigsten sind die in der eigenen Biographie gewählten Formen der sozialen Beziehungen in Familie und Arbeit sowie die Formen der gesellschaftlichen Gemeinschaft. Diese werden im 3. und 4. Teil unter dem Begriff „Moderne Identität" untersucht. Zuvor sollen die drei grundlegenden partikularen Identitätsfigurationen Geschlecht, Familie und Nationalität in ihrer Grundform skizziert werden und anschließend etwas ausführlicher auf die Frage eingegangen werden, welche Rolle in der Entwicklung des Selbst universalistische Vorstellungen haben können.

---

31 Der Eintrag im Geburtsregister legt weiter die Zugehörigkeit (oder Nichtzugehörigkeit) zu einer Glaubensgemeinschaft fest, so daß das Neugeborene soziale Existenz als Gemeindemitglied gewinnt. Die Glaubensgemeinschaft vollzieht in der Regel später noch einen spezifischen Initiationsakt. Dieser Komplex wird später erörtert.

Die Herausbildung der *Geschlechtsidentität* ist lebensgeschichtlich nicht die erste Form des Selbstbewußtseins. Obwohl das Geschlecht eine fundamentale biologische Tatsache ist, scheint es für den Säugling keinerlei Rolle zu spielen. Geschlechtspezifisches Verhalten differenziert sich erst, wenn das Kind schon längst sich selbst von seiner Mutter und von anderen unterscheiden kann. Im Selbstbewußtsein ist man also zuerst „ich" und dann erst männlich oder weiblich. Biologisch ist dagegen das Geschlecht festgelegt, bevor das Selbstbewußtsein beginnt. Dies ist schon ein Hinweis darauf, daß geschlechtsspezifisches Verhalten weitgehend sozial bedingt ist. Es muß gelernt werden, auch wenn man gar keine Wahl hat, ob man geschlechtsspezifisch denken, fühlen und handeln will oder nicht. Über dem biologischen Geschlechtsunterschied erhebt sich ein großer Überbau sozialer Ausformungen. Die sozialen Aufgaben, der soziale Rang, die leitenden Werte und der emotionelle Charakter von Männern und Frauen sind verschieden. Die daraus geformten Geschlechtsrollen stützen die markantesten Identitätsfigurationen in der Gesellschaft.

In manchen Stammesgesellschaften sind Männer und Frauen so weit getrennt, daß sie ganz eigene Lebenskreise haben, im Extremfall sogar eigene Sprachen sprechen. In solchen Fällen ist sogar die soziale Struktur der Gesellschaft durch die geschlechtsspezifischen Formationen determiniert. In der bürgerlichen Gesellschaft des 19. Jahrhunderts ist dies zwar nicht der Fall, aber dennoch sind alle gesellschaftlichen Positionen der Machtausübung Männern vorbehalten: Die Führungselite des Staates, der Parlamente, der Kirchen, der Wirtschaft, der Wissenschaft und der Kultur. Alle Institutionen der gesellschaftlichen Machtausübung, insbesondere soweit sie unmittelbaren Zwang anwenden, sind Männern vorbehalten. In der bürgerlichen Gesellschaft wird das staatliche Gewaltmonopol von Männern ausgeübt: in Regierung und Parlament, in Militär und Polizei, in der Justiz, der Ausbildung und der Medizin. Alle männlichen Rollenvorbilder sind mit sozialen Machtpositionen verknüpft, die Orientierungskategorien für männliche Gefühle werten die Ausfüllung gesellschaftlicher Machtpositionen als positiv.

In der heutigen Gesellschaft sind die Institutionen gesellschaftlicher Machtausübung offener. Die immer noch krasse soziale Ungleichheit zwischen Männern und Frauen beruht weniger auf gesetzten Ausschlußregeln, sondern darauf, daß die Zugangskontrolle zu mit Macht verbundenen sozialen Positionen von Männermilieus entschieden werden, die einen informellen Konsens über ihre höhere Qualifikation pflegen. Auf diese Weise bleiben männerdominierte Formationen nicht nur im Militär und in der Polizei, sondern in allen einflußreichen Institutionen erhalten: In Wirtschaftsverbänden, Aufsichtsräten, Beratergremien, Vorständen. Die Einbindung von Männern und Frauen in die gesellschaftliche Arbeitsteilung und damit auch ihre „Aufgaben" sind verschieden. Für viele Gesellschaften gilt, was Mary Douglas sehr plastisch über die besondere soziale Einbindung von Frauen sagt:

„Ihre soziale Verantwortlichkeit wird durch eine wesentlich geringere Anzahl von Personenkontakten vermittelt und beschränkt sich überwiegend auf den häuslichen Bereich. Und die Entscheidungen, die sie in diesem Bereich treffen, pflanzen sich in ihren Konsequenzen nicht durch eine Vielzahl von Institutionen fort. Das Geflecht ihrer sozialen Beziehungen bindet sie zwar effektiv genug an ihren Platz, ist aber dennoch relativ locker strukturiert, weil es nicht voll in den institutionellen Bereich des gesellschaftlichen Lebens einbezogen ist." (Douglas 1973, 129)

Wegen der geringeren institutionellen Einbindung – bzw. des ganzen oder teilweisen Ausschlusses von Frauen aus den strukturierenden gesellschaftlichen Institutionen – wird der Ort von Frauen in der sozialen Hierarchie nur von wenigen personellen Bezugspunkten fixiert – z.B. durch ihren Ehemann oder ihren Vater. Ihre sozialen Beziehungen sind deshalb immer nur so schwerwiegend, wie die Beziehungen zwischen ihren Männern bzw. Vätern.

„Im Unterschied zu den Personengruppen, die das Klassifikationssystem der Gesellschaft internalisiert haben und den von ihm geübten Druck als Hilfsmittel zur Realisierung der mit ihm gegebenen Zwecksetzungen akzeptieren", bilden Frauen eine „Klasse von peripheren Existenzen" (Douglas 1973, 130), was sich in entsprechend gefärbten Selbst-Bildern niederschlägt: Sie sind schwächer ausgeprägt, soweit sie sich auf die zentrale institutionelle Symbolik der Gesellschaft beziehen und enger verknüpft mit den personalen Strukturen des persönlichen Lebenskreises. Umgekehrt können Männer aufgrund der gesellschaftlichen Bewertungen ihre Selbst-Bilder mit Vorstellungen von Macht verknüpfen. Da diese geschlechtsspezifischen Unterschiede gesellschaftlich existieren, d.h. unabhängig von der konkreten Existenz jedes/r einzelnen, werden sie immer auch dann zumindest abgeschwächt noch vorhanden sein, wenn die einzelnen nicht die „typische" gesellschaftliche Stellung einnehmen. In sozial geschichteten Gesellschaften gibt es immer viele gesellschaftlich machtlose Männer, die nichtsdestotrotz in ihrer Männerrolle Macht imaginieren und ausüben können. Die Abschwächung der traditionellen Geschlechtsrollen in unserer heutigen Gesellschaft hat die geschlechtsspezifischen Unterschiede nicht beseitigt, sondern nur transformiert. Sie bewirkt zunächst einen unüberschaubaren Diskurs über Männer- und Frauenrollen. Über keine andere Identitätsfiguration findet ein so ausufernder und kontroverser privater und öffentlicher Diskurs statt. Die Gründe dafür liegen auf der Hand: Jede/r ist davon betroffen. Die Geschlechtsrolle verlangt geradezu paradigmatisch nach einer Verknüpfung von persönlicher und sozialer Identität. Wenn sich aber die festen Grenzen der gesellschaftlichen Rollenvorbilder auflösen und die Suche nach der persönlichen Identität immer prekärer wird, dann gerät vor allem die Geschlechtsrollenidentität in Zweifel: Was wird von mir als Mann/Frau erwartet? Was will und kann ich als Mann/Frau?[32]

---

32 Aus soziologischer Perspektive beschreibt E. Goffman, daß die Geschlechtsidentität die wichtigste Quelle der Selbstidentifikation ist und erläutert ihre Wirkung auf die soziale Ordnung (vgl. Goffman 1977).

Es wäre ganz falsch, wenn man aus der Infragestellung der traditionellen Geschlechtsrollen und der unbestritten zunehmenden gesellschaftlichen Gleichstellung von Männer und Frauen den Schluß ziehen würde, die Geschlechtsidentität wäre weniger wichtig als früher. Ganz im Gegenteil, gerade weil sie nicht mehr so eindeutig von der Gesellschaft vorgegeben wird, spielt sie bei der modernen Identitätssuche eine viel größere Rolle. Hier deutet sich eine Frage an, die noch auf anderen Feldern sehr wichtig werden wird: Wieso beschäftigt sich die moderne Identitätssuche überhaupt mit so „fundamentalen" Gegebenheiten wie dem Geschlecht? Wieso hat sie nicht längst diese einengende biologische Grundlage hinter sich gelassen und orientiert sich an komplexeren kulturellen Themen? Offenbar trifft das Thema ein fundamentales Problem der modernen Gesellschaft. Das Problem ist nicht das des Geschlechts als solches, sondern das der eigenständigen, autonomen Person[33]. Die moderne Identität stellt die traditionelle Geschlechtsidentität in Frage und die notwendigen Auseinandersetzungen um einen veränderten Wertehorizont und um neue gesellschaftliche Institutionen werden deshalb auf diesem Feld ausgetragen.

Die *Abstammungsfamilie* (oder der Stamm) war in frühen Zeiten die wichtigste, ja einzige Form der sozialen Identität. Die soziale Identität war damals einschichtig, insofern keine weiteren Figurationen zur Identitätsbildung vorhanden waren. Auch in der Ständegesellschaft konnte mit der Aussage: „ich bin der Sohn/ die Tochter des ..." die soziale Identität einer Person festgelegt sein. In modernen Gesellschaften sind die Funktionen, die früher die Familie hatte, auf eine Vielzahl oft gesellschaftlich organisierter Versorgungseinrichtungen übergegangen. Die soziale Identität ist immer mehrschichtig, weil jede/r in unterschiedliche Figurationen eingebunden ist. Die Funktion der Familie als gesellschaftliche Institution wird heute vielfach unterschätzt. Ihre historisch abnehmende funktionale Bedeutung für die Produktion, die Altersversorgung, die Ausbildung und die Kultur ist unbestritten. Sie könnte aber wichtig bleiben, wenn zu zeigen ist, daß sie für die Identitätsbildung trotz ihres Funktionsverlustes weiterhin eine hervorragende Rolle spielt[34]. Insbesondere zwei Aspekte sprechen dafür: Erstens ist die Abstammungsfamilie für die Entwicklung und Vermittlung der persönlichen Identität nach wie vor die

---

33 Eine nähere Untersuchung des alltäglichen Umgangs mit Gesundheits- und Schönheitsbildern unter diesem Aspekt wäre sehr aufschlußreich. Ein guter Teil von Fitnesstraining, Diäten und bestimmte Aspekte der Mode und des Schönheits- und Jugendkultes sind Angebote an Identitätsfindung durch die Gestaltung des Körpers (dazu auch: ...the return to the body initiates a new search for identity" Giddens 1991, 218). Dieser Trend betrifft Männer und Frauen in vergleichbarer Weise, können doch auf dem Territorium des Körpers die unterschiedlichen Geschlechtsidentitäten am deutlichsten markiert werden.

34 Zur Geschichte der Familie vgl. Shorter (1975), Sieder (1987), Rosenbaum (1978) und Rosenbaum (1982).

wichtigste Institution. Da ein Großteil der Wir-Identitäten schon in der Kindheit gelernt wird, sind die Eltern die wichtigsten Vermittlungspersonen. Da alle Werte und alle sozialen Identifikationen Emotionen einschließen und Emotionen nur in Kommunikationszusammenhängen – durch Empathie – gelernt werden können, werden alle Grundformen sozialer Bindungen immer wieder zuerst im Eltern-Kind-Verhältnis gelernt. Wenn diese These richtig ist, dann ist zu vermuten, daß bei schweren Störungen des Eltern-Kind-Verhältnisses – wenn also keine sicheren emotionalen Bindungen aufgebaut werden – auch später im sozialen Leben keine verläßlichen Bindungen eingegangen werden (vgl. Kohut 1977).

Zweitens bildet die Familiengründung für die meisten Menschen auch heute noch das Zentrum ihrer Lebenswünsche und bleibt weiterhin die Form, in der die weit überwiegende Anzahl von Menschen lebt und leben will. Ein Großteil der Wertorientierungen beziehen sich auf die Aufgaben in der Familie. Viele der Fakten, die zum Nachweis des Endes der Familie herangezogen werden, haben an diesem Umstand nichts geändert: Weder der Anstieg der Scheidungsraten, noch der Verfall der väterlichen Autorität und der Funktionsverlust der Familie, noch die Zunahme der unehelichen Geburten, noch die Zunahme der Zahl derer, die ohne Trauschein ein Familienleben führen. Vor dem Hintergrund all dieser Fakten tritt nur um so schärfer hervor, daß die Familie als Wertehintergrund ungebrochen als Bezugspunkt des Selbst bestehen bleibt.

Das Besondere an der *nationalen Identität* im Unterschied zu den später zu behandelnden Formen von Wir-Identitäten ist, daß sie in den heutigen Gesellschaften auf jeden Fall bei jedem Individuum in der einen oder anderen Weise vorhanden ist und daß sie komplizierte Verbindungen mit den Geschlechts- und Abstammungsidentitäten eingeht.

Norbert Elias hat hervorgehoben, daß die besondere Rolle, die der Nationalstaat gerade für die emotionalen Bindungen der Menschen gespielt hat und spielt, mit seiner Funktion als „Überlebenseinheit" zu tun hat. In der Geschichte gab es unterschiedliche Formen von „Überlebenseinheiten" zu denen sich Menschen zusammenschlossen: der Stamm, das Dorf, die Stadt, der Nationalstaat. In diesen Figurationen ist der Gebrauch der physischen Gewalt in den Beziehungen ihrer Angehörigen einer scharfen Kontrolle unterworfen, während zugleich die Anwendung physischer Gewalt gegenüber Nichtangehörigen vorbereitet und in vielen Fällen auch ermutigt wird. Diese Einheiten haben (neben anderen) die Funktion von „Zusammenschlüssen von Menschen zur gemeinsamen Verteidigung ihres Lebens und des Überlebens ihrer Gruppe gegen Angriffe von anderen Gruppen oder auch zum gemeinsamen Angriff von Gruppen aus Gründen mannigfacher Art" (Elias 1970, 151). In der langen historischen Perspektive von Elias' sind die Nationalstaaten nur diejenige Form von „Überlebenseinheiten", zu denen sich die Menschen derzeit zusammengeschlossen haben und es scheint ihm durchaus möglich, daß sie eines Tages zugunsten Einheiten höherer Integrationsstufen überwunden werden. Das Kriterium für solche Einheiten ist nicht die wirtschaftliche Verflechtung oder der kulturelle Zusammenhang, sondern die Frage, ob es ein Gewaltmonopol gibt und in welcher Einheit es geregelt wird, das heißt also, ob es eine Macht gibt und wenn ja welche, die eine legitime Kontrolle der Gewalttätigkeit nach innen ausübt und über die Gewalt nach außen bestimmt. Derzeit leben wir noch in einer Situation, in der es überall auf der Welt den Anspruch von Nationalstaaten gibt, diese Kontrollen auszuüben.

Aus zwei Gründen werden in modernen Gesellschaften die meisten Männer und Frauen eine nationale Identität herausbilden. Zum einen dann, wenn durch die Nationalsprache ein besonderer Kulturraum geschaffen wurde. Die sprachlichen Objektivationen tragen immer auch spezifische kulturelle Bedeutungen und Wertungen, die dann in alle weiteren Identitätsbildungen mit eingehen. Zum zweiten, weil heute alle Gesellschaften als Nationalstaaten existieren. Der Begriff von Gesellschaft, den ja gerade Soziologen so häufig verwenden, ist eine Abstraktion auf sehr hoher Ebene. Es gibt keine „reine Gesellschaft". Zum Allgemeinbegriff Gesellschaft treten immer ihre nationale Besonderheiten und die einzelnen sozialen Beziehungen hinzu. Die Identitätsbildung wäre auf der Ebene der Gesellschaft im Allgemeinen völlig unzureichend beschrieben.

Im Falle des Vorstellungskomplexes „Nation" liegen die Dinge allerdings besonders kompliziert. Nach der klassischen Staatslehre besteht der Nationalstaat aus Staatsgewalt, Staatsvolk und Staatsgebiet. Hinzu kommt allerdings die Nationalökonomie – die reale materielle Existenz der im nationalen Rahmen organisierten Wirtschaft sowie die ökonomischen Funktionen des modernen Sozialstaates[35]. Das Geld- und Kreditwesen, die außenwirtschaftlichen Beziehungen sowie die Verteilungs- und Umverteilungsvorgänge des Steuersystems und in der sozialstaatlichen und infrastrukturellen Ausgestaltung sind im nationalen Rahmen organisiert und konstituieren die wirtschaftliche Grundlage und die wirtschaftlichen sozialen Beziehungen des Nationalstaates. Der Nationalstaat hat seine materielle Existenz in seinen Staatsbürgern, seinen politischen Repräsentanten oder Repräsentationsorganen und seinem Machtapparat, seinen Symbolen und seinen Grenzen. Der Nationalstaat ist zunächst nur als ein modernes Machtsystem zu definieren, das die obengenannten Strukturen hervorbringt bzw. prägt. Nationalstaaten fassen Menschengruppen eines großen Territoriums zusammen und sind zunächst nichts anderes als eine besondere Form von Machtsystemen, die in Europa seit dem späten 18. Jahrhundert entstanden sind[36].

---

35 Vgl. hierzu Voy/Polster/Thomasberger (1991).
36 Zu Begriff und Geschichte der Nation vgl. Meinicke (1922), Sulzbach (1959), Gellner (1983), Balibar/Wallerstein (1988), Hobsbawm (1991), Giesen (1991).

Das Problem beginnt damit, daß die Nationalstaaten – im Unterschied zu den staatlichen Verbänden, aus denen sie hervorgehen – dazu tendieren, sich ein Nationalvolk zu schaffen. Mit dem Verfall des Feudalismus bedurfte die Machtausübung einer neuen Form der Legitimierung, die eine Verbindung zwischen den auf dem Herrschaftsterritorium lebenden Menschengruppen und der Art und Form der Herrschaft und den herrschenden Personengruppen herstellte. Wenn nun die Nationalstaaten alle Momente gemeinschaftlicher Symbole ursurpieren und für ihre Stabilisierung einsetzen, kann es zu einer im Kern fatalen Gleichsetzung von Nationalstaat, Nation, Rasse (Abstammung), Kultur (Sprache) und Volk kommen. Der Ausgangspunkt des Problems ist, daß es keinen Nationalstaat gab und gibt, der mit irgendeiner dieser Gemeinschaften übereinstimmte, aber auch keinen, der aus Gründen der internen Stabilisierung und Legitimierung der Machtausübung auf die Konstruktion eines Staatsvolkes verzichten konnte.

Aus den unterschiedlichen geschichtlichen Bedingungen entstanden sehr unterschiedliche Konstruktionen des Nationalstaates und damit auch der nationalen Identität. Im deutschen Sprachgebrauch formieren gemeinsame Abstammung, gemeinsame Sprache und gemeinsame Geschichte eine Nation. Die deutsche „Kulturnation" entstand als ideelles Konstrukt historisch vor dem deutschen Nationalstaat. Die deutsche Nation war und ist deshalb nie identisch mit den deutschen Staatsbürgern. Umgekehrt umfaßt der von der französischen Revolution ausgehende und unter Napoleon in Europa verbreitete Begriff der Nation gerade das, was die Deutschen als Staatsbürgerschaft bezeichnen: La nation oder the nation ist das politische Gemeinwesen, das die freien und gleichen Staatsbürger bilden und gerade nicht das Volk gemeinsamer Abstammung und gemeinsamen kulturellen „Wesens". La peuple oder auch das englische people entsprechen dagegen sinngemäß eher dem Begriff der deutschen Nation. Hinter dieser unterschiedlichen Terminologie stehen unterschiedliche historische Zugänge zum Nationalstaat. Während in der französischen und englisch-amerikanischen Geschichte die Nation vornehmlich eine politische Institution blieb, waren in der deutschen Geschichte Fragen der Identität und der Nation besonders eng verknüpft[37].

Das der deutschen Nationalgeschichte zugrundliegende Gedankenkonstrukt definierte Meyers Konversationslexikon von 1888, also bald nach der Formierung eines Teils der deutschen Kulturnation zum deutschen Staatsvolk, wie folgt: Die Nation sei „ein nach Abstammung und Geburt, nach Sitte und Sprache zusammengehöriger Teil der Menschheit". In dem Begriff der Nation liegt „das Bewußtsein der gemeinsamen Abstammung und das Bewußtsein der Zusammengehörigkeit überhaupt: das Nationalgefühl." Auf der Nationalsprache beruht „das Wesen" der Nation und ihre Nationalliteratur

---

[37] Zur deutschen Identität vgl. Elias (1989), Harold James (1989) und Blomert/Kuzmics/Treibel (1993).

bringt ihre „Sitte" zum Ausdruck. Aus beiden formt sich der „Nationalcharakter". Das nationale Selbstbewußtsein ist es aber, „welches zugleich den Gegensatz zwischen der einen und der anderen Nation hervortreten läßt". Die Form der nationalen Selbstkonstitution wird entscheidend dafür, in welcher Weise die Nation zur Identitätsfiguration wird[38]. Die Art und Weise der nationalen Selbstkonstitution prägt die nationalen Institutionen, die präferierten Werte und Leitbilder. Darüber nimmt sie Einfluß auf die Ich-Ideale und die Persönlichkeitsbilder. In der deutschen Geschichte kam es zu der überaus folgenreichen Umdeutung der gewaltsamen Gründung des Deutschen Reiches unter preußischer Vorherrschaft zu einer romantisch gedachten Erweiterung der autonomen deutschen Persönlichkeit. Als Illustration für das in der deutschen Kultur typische Unverständnis für die politischen Bürger- und Menschenrechte und ihre Umdeutung in einen biologistisch interpretierten Staatsbegriff sei nur ein Beispiel zitiert: Kurz nach der letzten Jahrhundertwende versuchte sich Friedrich Meinecke in einer höchst einflußreichen Interpretation diesen Prozeß als Übergang von der Kulturnation zur Staatsnation vorzustellen. Für ihn hieß Persönlichkeit zur Zeit der Kulturnation nicht nur „Autonomie, sondern auch möglichste Autarkie und harmonische Einheit und Ausbildung aller inneren Kräfte und Anlagen". Die Gründung des Deutschen Reiches war dann

„im Grunde ... eine großartige Erweiterung der Einzelpersönlichkeit und ihres Lebenskreises. Der Mensch bedarf der Gemeinschaft, sowohl um sich von ihr tragen zu lassen, als auch um in sie selbst hineinzutragen, was in ihm lebt; und je autonomer, je individueller er selbst wird, um so weiter und kühner zieht er die Kreise dessen, was auf ihn wirken soll und worin er sich auswirken will...Und von allen den größeren Lebenskreisen, in die er sich hineinstellen kann, gibt es wohl keinen, der...so getreu seine ganze natürlich-geistige Wesenheit wiedergibt, so sehr Makroanthropos und potenziertes Individuum selbst ist oder werden kann als die Nation. Es ist also kein Zufall, daß der Ära des modernen Nationalgedankens eine Ära individualistischer Freiheitsregungen unmittelbar vorangeht. Die Nation trank gleichsam das Blut der freien Persönlichkeiten, um sich selbst zur Persönlichkeit zu erheben." (Meinecke 1907, 9)

Solche nationale Mythen sind wichtig, soweit sie tatsächlich die Leitbilder und die Institutionen prägen. Während die modernen Nationen Frankreich, England und viele andere eine weitgehend ungebrochene Geschichte haben, in der im übrigen die Ausbildung der Bürgerrechte nicht mit der Nationenbildung verknüpft war, muß für Deutschland gleich eine ganze Reihe von „Gründungsjahren" aufgezählt werden: 1848, 1871, 1918, 1933, 1948 – gleich zwei verschiedene Staaten – und 1989/90. Jedesmal und jedesmal anders wurden auch kollektive Identitäten beschworen, Gründungsmythen und Legenden erdichtet und Institutionen geprägt, die den jeweiligen Weltbildern dauerhafte Existenz und wirklichen Einfluß sichern sollten. In Frankreich,

---

38 Vgl. die aufschlußreiche Analyse der Amerikanischen und Französischen Revolution von H. Arendt (1963).

England und den USA wird der Gründungsmythos der Bürgerrechte bis zu den jeweiligen Revolutionen zurückverlegt und entsprechend symbolisiert. So ehren die Franzosen als Gründungsheroen der Nation im Pantheon nicht Napoleon, sondern Voltaire und Rousseau. In Deutschland war der Bezug auf die moderne Identität erst in der Bundesrepublik seit den fünfziger Jahren dauerhaft mehrheitsfähig geworden und eine nationale Symbolisierung der Verfassungsgebung von 1948 wurde peinlich vermieden: als Ersatzfeiertag nahm man sich den 17. Juli 1953. So mußten wie 1989/90 ersatzweise die Bürger der DDR die Geltung der Bürgerrechte erkämpfen und beschwören. Die heutige Hochkonjunktur des lange Jahre verfemten Begriffs der deutschen Identität zeigt nur zu deutlich, daß im vereinigten Deutschland ein kollektives Selbstverständnis erst noch neu gefunden werden muß.

In der Geschichte aller Länder sind die Umstände der nationalen Selbstkonstitution lange prägend. Besetzung, Kolonialismus, Diktatur, Revolution, Genozid hinterlassen dauerhafte Spuren im nationalen Selbstbild. Auf- und Abstieg in der internationalen Machtkonkurrenz, gewonnene und verlorene Kriege können kollektiven Größenwahn oder Trauer über Verlust, Vorstellungen nationaler Größe und persönlichen Stolz oder nationale Minderwertigkeitsgefühle hinterlassen. Probleme der Konstitution nationaler Selbstbilder können defekte Persönlichkeitsbilder zur Folge haben, es gibt kollektive Verdrängungen, Schuldgefühle und Scham.

Da sich das Selbst aus den Erinnerungen des Lebenszyklus aufbaut, wirken Ereignisse nationaler Katastrophen oder Größe nach, zumindest solange noch Beteiligte leben. Wie wir aus den Diskussionen über die „zweite Generation" der Täter und Opfer des Holocaust wissen, können sich auch die Nachlebenden den psychischen Folgewirkungen der großen historischen Katastrophen nicht entziehen, denn auch ihre Selbstbilder und kollektiven Identitäten sind noch in spezifische Weise davon geprägt. Während also die aktuelle zeitgenössische Öffentlichkeit alle Ereignisse als längst vergessen ansieht, die nur zehn oder zwanzig Jahre her sind, bleiben historische Vorgänge, die in individuelle und nationale Weltbilder und Selbstdeutungen eingegangen sind, mindestens über ein bis zwei Generationen aktuell. Historische „Auslöser" können deshalb Gefühle und Wir-Identitäten aktualisieren, die leichtfertig für vergessen gehalten wurden. Der Zusammenbruch der staatlichen Ordnung des Ostblocks und der sie rechtfertigenden Ideologie und kollektiven Deutungen ist ein solcher „Auslöser" für die Menschen dort, wie die Wiedervereinigung für die Menschen in Deutschland.

Die Unterschiede des Nationenbegriffs und die fortwirkende Wirksamkeit des spezifisch deutschen sind bis heute zu belegen (Elias 1989, Thadden 1991). Aber die Verknüpfung zwischen persönlicher und nationaler Identität sind grundlegender Art und tauchen deshalb in den unterschiedlichen besonderen Konstruktionen von Nation auf. Etienne Balibar schreibt dazu mit Blick auf die französische Nation:

„Sobald die nationale Ideologie die These aufstellt, daß die Individuen, die ein Volk bilden, untereinander verwandt sind (oder einen erweiterten Verwandschaftskreis bilden sollten), haben wir es mit dem zweiten Modus der Ethnisierung zu tun... Die Idee einer rassischen Gemeinschaft kommt auf, wenn sich die Grenzen der Zusammengehörigkeit auf der Ebene der Sippe, der Nachbarschaftsgemeinschaft und, zumindest theoretisch, der sozialen Klasse auflösen, um imaginär an die Schwelle der Nationalität verlagert zu werden: wenn nichts der Verbindung mit jedem beliebigen ‚Mitbürger' entgegensteht und wenn diese, im Gegenteil, als einzige ‚normale' und ‚natürliche' erscheint. Die rassische Gemeinschaft ist geeignet, sich als große Familie oder als allen gemeinsame Hülle der Familienbeziehungen darzustellen (die ‚französische, ‚amerikanische', ‚algerische' Familiengemeinschaft). Fortan hat jedes Individuum, gleich welcher sozialen Stellung, seine Familie, aber die Familie wird – wie das Eigentum – ein zufälliges Verhältnis zwischen den Individuen." (Balibar; Wallerstein 1988, 123)

Entscheidend sind die möglichen Übergänge der Wir-Identifikationen von Familie auf Nation und auf Rasse. Die jeweilige Bedeutung von Nationalität (Staatsbürgerschaft) und Rasse (ethnische Zugehörigkeit) wird aus „natürlichen" Umständen entwickelt, obwohl jeder Nationalstaat ein durch und durch „künstliches", nämlich machtpolitisches Gebilde ist.

An der Argumentation Balibars läßt sich die Abhängigkeit dieser Diskussion von den jeweiligen historischen Besonderheiten demonstrieren: Seine These, daß der Nationalstaat für das Individuum eine zufällige Familie wird, setzt den französisch-angelsächsischen Begriff der Nation voraus. Er geht nämlich davon aus, daß die Einwanderer bald wirkliche Mitglieder der Nation werden, daß die Muttersprache die Nationalsprache ist und nicht unbedingt die der leiblichen Mutter. Deutscher dagegen wird man nicht, sondern ist es grundsätzlich durch Abstammung, weshalb in Deutschland Eingewanderte auch noch nach Generationen Fremde bleiben. Die Deutschen stellen sich ihre Nation nicht nur als zufällige Familie, sondern als eine natürliche Abstammungsgemeinschaft vor, was eine höhere Stufe des Rassismus ist. Das deutsche Staatsvolk steht allerdings vor den gleichen Problemen wie das französische. Die Verunsicherung, was denn nun das Gemeinschaftliche der Deutschen ausmacht, ist wegen der Doppeldeutigkeit von Staatsbürgerrechten und Abstammungsgemeinschaft in Deutschland nur besonders ausgeprägt.

Alle Wir-Identitäten haben keine unmittelbare, sondern eine symbolische Repräsentanz, die in enger Beziehung zur Ich-Identität steht. Je enger beide verknüpft sind, desto enger sind sie mit Gefühlen aufgeladen, desto stärker vermitteln sie „Sinn", desto „existentieller" betreffen sie den einzelnen. Die „heiligen Symbole" der Nation und des Volkes (einschließlich ihres Gegensatzes: der „Befreiung" von ihrer Herrschaft) waren diejenigen, die am ehesten Menschen bewegt haben, selbst ihr Leben für sie zu geben. Um sie kreist ein schier unerschöpflicher Vorrat von Symbolen und Zeichen, die die gesellschaftliche Zugehörigkeit der Individuen vermitteln. In jeder Phase moderner Gesellschaften ist zu erwarten, daß es wirksame gesellschaftliche Zeichen, Symbole, Rituale und Ideologien gibt, die die Geschlechtsidentität, die Familienorientierung und die nationale Identität vermitteln und die von den Individuen in ihre Identitätsbildung „eingebaut" werden. Zweifellos hat es in Deutschland eine Zeit gegeben, wo viele Menschen ihre Identität zureichend als „deutsche Mutter" oder „deutscher Soldat" umschrieben sahen. Die Identitätsfigurationen, die um das Geschlecht und die vermeintliche Rasse kreisten, haben ihnen möglicherweise ausgereicht, um in ihrem Leben einen Sinn zu erkennen, um die Bewertungen von „gut" und „schlecht" zu strukturieren und um ihren Platz in der Welt zu finden.

Es ist aber ganz deutlich, daß die bisher besprochenen „natürlichen" Identitäten nur einen kleinen Teil dessen abgeben, was uns heute einfällt, wenn wir Antworten suchen auf die Frage: „Wer bin ich?". Vielleicht liegt das auch daran, das sich die Zeiten geändert haben. Das Unbehagen, das wir bei einer Reduktion auf diese partikularen Identitäten empfinden, speist sich aus mindestens zwei Quellen: Zum einen haben wir die Intuition, daß die Menschen sich nicht nur in partikulare, quasi natürliche Gemeinschaften von Familien, Rassen und Nationen teilen, sondern daß sie auch durch Gleiches verbunden sind. Es gibt die Intuition, daß alle Menschen gleiche Rechte auf Anerkennung ihrer Persönlichkeit, auf körperliche Unversehrtheit und Integrität haben. Diese Intuition geht davon aus, daß wir unseren Bewertungen universalistische Kriterien zugrundelegen müssen, um unserem menschlichen Kern zu entsprechen. Hier spielt also die Vorstellung der Gleichheit aller Menschen eine hervorragende Rolle. Die andere Quelle des Unbehagens mit partikularen und quasi natürlichen Identitäten ist das Empfinden, daß sich jeder seine Moral frei wählen können sollte. Das ist die Vorstellung, die Menschen hätten einen natürlichen Kern in ihrem Inneren, dem sie durch die Wahl des richtigen Lebens entsprechen müßten. Dieses nach-romantische Empfinden ist die Quelle unserer Vorstellungen von persönlicher Autonomie und Freiheit, die sich auf die uns eingeborenen individuellen Qualitäten stützt und die sich in Form von Freiheitsrechten formulieren läßt.

Beide Argumentationsweisen stehen durchaus nicht spannungsfrei nebeneinander. Sie haben aber die Universalität der Kriterien und die Freiheit der Wahl gemeinsam. Durch sie können rückwirkend wieder die „natürlichen" Identitäten wie Geschlecht, Abstammung und Nation interpretiert werden. Offenbar haben wir es hier also mit reflektierteren Modellen der Identitätsbildung zu tun. Im folgenden soll der Frage nachgegangen werden, wie – im ersten Schritt – zunächst einmal die Herausbildung von nicht partikularen Wertesystemen beschrieben werden kann. Im zweiten Schritt erst wird das Modell einer zugleich universalistischen und freiheitlich-individualistischen modernen Identität entwickelt[39].

---

39 Vgl. Teil 4: Moderne Identität

5.3 Gesellschaftlicher Sinn, starke Werte und „gutes Leben"

Gehen wir noch einmal auf das abstraktere Niveau zurück, auf dem zuvor die Bildung des Selbst behandelt wurde. Das Selbst-Bewußtsein konstituiert sich erst und nur im kommunikativen, sozialen Austausch. Die Denk- und Fühlweisen entwickeln sich in dem Maße, wie sie „symbolische Universa" verwenden, also „objektivierte Sinnsysteme" errichten, in denen die eigene Erfahrung mit einer darüber hinausreichenden Wirklichkeit in Beziehung gesetzt wird.

„Die subjektive Erfahrung ist, für sich betrachtet, auf die schlichte Gegenwart beschränkt und bar jedes Sinns. Sinn ist nicht eine subjektiven Vorgängen innewohnende Eigenschaft, sondern wird erst in deutenden Akten konstituiert." (Luckmann 1967, 81)

Alles „Sinnhafte" ist aus Objektivierungen konstituiert, durch die es Bestandteil einer gemeinsamen Welt wird. Natürlich ist die Sprache hier das wichtigste Medium und der Spracherwerb selbst schon die entscheidende „Sozialisation". Unter diesen Objektivierungen spielen Symbole eine wichtige Rolle:

„Nur mit Hilfe von Symbolen ist Kommunikation überhaupt möglich, nur durch sie können Werte zum Ausdruck gebracht werden; sie sind die Hauptinstrumente unseres Denkens und die einzigen Regulative unserer Erfahrung. Wenn überhaupt Kommunikation stattfinden soll, müssen strukturierte Symbole zur Verfügung stehen; und wenn religiöse Kommunikation möglich sein soll, muß die Strukturierung der Symbole etwas zum Ausdruck bringen können, was für die soziale Ordnung relevant ist." (Douglas 1970, 59)

Erst wenn die subjektiven Handlungen innerhalb der gemeinsamen, sozialen Welt gedeutet werden, bekommen sie eine Kontur in Raum und Zeit, werden sie zur klaren und erinnerlichen Vergangenheit und kann eine Zukunft mit verschiedenen Handlungsmöglichkeiten konstituiert werden. Zu dieser Deutung ist immer eine „Distanz" von der unmittelbaren, subjektiven Handlung notwendig, „über die ‚kleinen' Transzendenzen von Raum und Zeit hinweg" (Luckmann 1967, 82). „Distanz ist die wichtigste Voraussetzung für die Konstruktion des grundlegendsten, Vergangenheit, Gegenwart und Zukunft verbindenden Deutungsrahmens" (Luckmann 1967, 84), wobei diese Distanz selbst nur sozial erzeugt werden kann. Sinnhaftes Handeln ist nur innerhalb eines sozialen Deutungsrahmens möglich, in dem ein Zusammenhang zwischen dem persönlichen Handeln und dem sozialen Kontext hergestellt wird. Umgekehrt gilt: Handeln innerhalb des gemeinsamen Deutungsrahmens ist immer sinnvolles Handeln. Ob einem bestimmten Handeln, Fühlen oder Denken Sinn beigemessen wird, entscheidet sich danach, wie weit es sich auf gemeinsam geteilte Deutungsmuster bezieht und sich innerhalb eines sozialen Kontextes bewährt.

Das Überschreiten des individuellen, subjektiven Handelns über die unmittelbare Gegenwart hinaus, schließt eine Erweiterung im Hinblick auf Zeit und Raum ein, nämlich auf (abgelaufene, vorgängige) soziale Erfahrung und auf die „anderen" außerhalb meiner Person. Sinnvolles Handeln, Denken und Fühlen verknüpft den individuellen Ort und die individuelle Zeit mit sozialen Orten und sozialer Zeit (das zeigen am nachdrücklichsten alle Initiationsriten). Für die Entwicklung des Selbst ist die Integration des subjektiven Vorgangs der Erinnerung und des Zukunftsentwurfes in die „moralische Einheit einer Biographie" (Luckmann 1967, 84) entscheidend, auch wenn in modernen Gesellschaften nicht mehr alle lebensgeschichtlichen Übergänge mit ausdrucksstarken, in die Gemeinschaft einbindenden Übergangsriten verknüpft sind.

An dieser Stelle geht es um die Struktur der gesellschaftlichen Deutungsmuster, bei denen vier Ebenen von „Weltansichten" (Luckmann 1967) unterschieden werden sollen. Erstens: Auf der untersten Ebene verdichten sich im Alltag wiederholte Handlungen zu Gewohnheiten, Sitten und Bräuchen. Alles regelmäßig wiederholte soziale Handeln wird zur Gewohnheit. Auf der unteren Ebene treten also die beiden Dimensionen, in denen das isolierte, subjektive Handeln „transzendiert" wird – Ort und Zeit – deutlich als unterschiedliche Typen sozialen Handelns hervor.

Auf der unteren Ebene kann „sinnvolles soziales Handeln" durchaus unterschiedlich motiviert sein, durch Orientierungsgefühle geleitet, mehr affektiv oder zweckrational getönt sein, mit fließenden Übergängen zu verbindlicheren Formen gemeinschaftlichen und wertbezogenen Handelns. Max Weber meinte, daß die „Masse alles eingelebten Alltagshandelns" sich dem des traditionalen Handelns nähere, das einen „Grenzfall" des sinnhaften Handelns bildet (Weber 1921, 15). Das an kaum reflektierter Gewohnheit orientierte Handeln ist aber gerade in traditionalen Gemeinschaften wohl nicht vorherrschend, weil soziales Handeln dort oft in einen größeren Bedeutungskosmos einbezogen ist. Hingegen muß es mit zunehmender Modernisierung der Gesellschaft immer wichtiger werden. Je dichter der Alltag von institutionalisierten Gefügen durchzogen ist und je differenzierter soziale Bezüge sind, desto stärker können sie durch rein gewohnheitsmäßige Anpassung bestimmt sein.

Auf einer zweiten Ebene gesellschaftlicher Sinnstrukturen finden wir wertebezogenes Handeln, einfache moralische Regeln, die als Orientierung dienen müssen, wenn es außer dem „Gewohnten" auch Handlungsalternativen gibt oder subjektive Bedürfnisse und gesellschaftliche Anforderungen nicht unmittelbar übereinstimmen. Solche Sinngebungen sind z.B. „man muß pünktlich sein" oder „ein Geschäftsmann muß ehrlich sein". Auf dieser Ebene sind auch die sogenannten „Sekundärtugenden" Ordnung, Pflichtbewußtsein, Fleiß und Sauberkeit einzuordnen.

Auf der dritten Ebene stehen „kollektive Repräsentationen, die aus sozialen Konstruktionen der Erfahrung ‚mittlerer' Transzendenz" (Luckmann 1967, 180) abgeleitet wurden – die sich auf die Nation, die Rasse, die klassenlose Gesellschaft, Befreiungen verschiedener Art u.ä. beziehen können. Solche Konstruktionen können zusammenfassend als Weltanschauungen bezeichnet werden. Sie strukturieren soziales Handelns in komplexeren Zusammenhängen und umfassen jeweils eine Vielzahl von unterschiedlichen Handlungen, Gefühlen und Denkformen. Hier kommen komplexe gesellschaftliche und geschichtliche Erfahrungen zum Ausdruck.

Als vierte und letzte Stufe der Weltansichten kann die Vorstellung bezeichnet werden, daß hinter der alltäglichen Welt eine umfassende, andersartige Bestimmung steht, ein „Heiliger Kosmos" (Luckmann 1967). Der entscheidende Unterschied dieser religiösen zu den bisher beschriebenen Weltansichten liegt darin, daß ein übergreifender Zusammenhang aller Lebenssphären angenommen wird. Der innere Zusammenhang des „heiligen Kosmos" fügt die verschiedenen Alltagstätigkeiten in eine Ordnung, die sie für sich gesehen nicht haben. Die religiösen Repräsentationen legitimieren menschliches Verhalten in allen gesellschaftlichen Situationen.

Es läßt sich also eine Stufenfolge von „Weltansichten" ausmachen. Von der untersten Stufe der Empfindungen: „Das machen alle so, das geschieht immer in der gleichen Weise" über einfache moralische Werte oder Tugenden zu universalistischen Werten oder Weltanschauungen und schließlich zu transzendenten sinnhaften Systemen, die die Welt als Ganzes strukturieren, deren Prototypen die Religionen sind.

Kirchlichkeit ist keine notwendige Bedingung der religiösen Repräsentationen. Die Form der Religion wird aber sehr direkt mit den Formen des gesellschaftlichen Verkehrs überhaupt zusammenhängen.

„Die institutionelle Spezialisierung als eine Sozialform der Religion läßt sich zusammenfassend bestimmen durch die Standarisierung des Heiligen Kosmos in einem genau umschriebenen Dogma, durch die Ausgliederung von religiösen „Vollzeit-Rollen", die Übertragung spezieller Sanktionsvollmachten zur Durchsetzung dogmatischer und ritueller Konformität auf besondere Einrichtungen und durch die Entstehung „kirchen"-ähnlicher Einrichtungen. Erst wenn Religion in besonderen sozialen Institutionen verankert wird, kann sich ein Gegensatz zwischen ‚Religion' und ‚Gesellschaft' bilden." (Luckmann 1967, 105)

Ursprünglich dient Religion der Integration der Gesellschaft und der Legitimation der jeweiligen sozialen Beziehungen. Jede Beschäftigung mit ethnographischem Material zeigt aufs neue die fast unbegreifliche Variationsvielfalt sozialer Beziehungen in Stammesgesellschaften, die Menschengemeinschaften bilden können. Diese Vielfalt ist mindestens so groß wie die der Sprachen und der Glaubensformen. Die unmittelbare Beziehung zwischen Religion und Gesellschaftsform liegt bei den „primitiven Gesellschaften" noch auf der Hand und ist auch seit Durkheim theoretisiert worden[40].

Mit dem Modernisierungsprozeß haben sich die institutionalisierten Religionen durchgesetzt, bei denen auch der Zusammenhang von Religion und

---

40 Mit dem weltweiten Modernisierungsprozeß werden diese Möglichkeiten der menschlichen Gattung reduziert und vernichtet, wie Claude Lévi-Strauss (1955) so eindringlich beschrieben hat.

Gesellschaft verwickelter ist. „Bildet der ‚Heilige Kosmos' erst einmal eine andere Logik als ‚die Welt' aus und können sich beide Sphären auf je eigene institutionelle Bereiche stützen, dann entstehen Spannungen zwischen der religiösen Erfahrung und den Verpflichtungen, die der Alltag fordert." (Luckmann 1967, 106) Je weiter die gesellschaftliche Arbeitsteilung voranschreitet, desto spannungsreicher wird das Verhältnis zwischen dem umfassenden und einheitlichen Sinn des „Heiligen Kosmos" und den unterschiedlich strukturierten Lebensbereichen.

Zweifellos ist die christlich-jüdische Religion ein Wert- und Glaubenssystem, das unsere Kultur zutiefst geprägt hat[41]. In den traditionell geprägten europäischen Gesellschaften wurden die entscheidenden Fragen des Wertesystems, des Verständnisses des Menschen in der Welt und sein Selbstverständnis religiös ausgedrückt. Erikson betont aber auch in seiner Theorie der Entwicklung der Ich-Identität die wichtige Rolle der Religion schon in der frühesten Phase der Kindheit. Bei der Beschäftigung mit dieser Frage, haben wir – vor allem in Deutschland – aber zunächst ein empirisches Phänomen zu berücksichtigen. Der säkulare Rückgang der Kirchlichkeit ist eine der am besten belegten Veränderungen des gesellschaftlichen Bewußtseins. Solange man allerdings Religion und Amtskirche gleichsetzt, wird man eine lebendige religiöse Wir-Identität nur in gesellschaftlichen Randschichten noch feststellen können. Der „Grad der Beteiligung am Arbeitsprozeß der modernen Industriegesellschaft" korreliert negativ mit dem „Grad der Involviertheit in die kirchliche Religion" (Luckmann 1967, 64):

„In Europa machte die Kirchenreligion keine radikalen inneren Veränderungen durch und charakterisiert nur noch einen Bruchteil der Bevölkerung. Da sie stets das traditionelle Universum religiöser Ideen repräsentierte und vermittelte, schrumpfte ihre soziale Grundlage bezeichnenderweise auf jenen Teil der Bevölkerung zusammen, der selbst am Rande der modernen Gesellschaft steht: die Bauern, die Überbleibsel des traditionellen Bürgertums und des Kleinbürgertums innerhalb der Mittelschicht, die nicht – oder nicht mehr oder noch nicht – in die typischen Arbeitsprozesse der industriellen und städtischen Gesellschaften Eingegliederten (oder aus dem Arbeitsprozeß schon ausgeschalteten usf.)." (Luckmann 1967, 71)

Die kirchlichen Institutionen verlieren an Einfluß und Bedeutung, wenn sich die sozialen Beziehungen ändern, auf die sie sich wesentlich beziehen. Im Zusammenhang der Frage nach der Bildung von Weltbildern und Werten kann aber die Kirchlichkeit nur eine Ausdrucksform bestimmter Denk- und Fühlweisen sein. Dagegen wird hier der erweiterte Begriff von Religion als Form des den Alltag transzendierenden sinnvollen Handeln gesetzt. Denn sonst besteht die Gefahr, daß wesentliche Probleme des Verhältnisses von Individuum und Gesellschaft gar nicht mehr wahrgenommen werden. „Sinn" zeigt sich nur im Zusammenhang zwischen dem Individuum und der Gesell-

---

41 Vgl. dazu Weber (1920), Heiler (1959), Berger (1967), Luckmann (1967), Seyfarth/Sprondel (1973), Riesebrodt (1990), Kallscheuer (1991).

schaft – oder besser zwischen Person und sozialen Bezügen – in raum-zeitlicher Perspektive. Analysiert man nun lediglich das institutionelle Gefüge der Gesellschaft, so findet man selbstverständlich nur rein äußere Zusammenhänge funktional differenzierter Teile. Dann aber bleibt ein offenes Problem, warum trotz des Zurücktretens der Kirchlichkeit sich eine rein zweckrationale Differenzierung nicht einstellen will, offenbar auch nicht „funktionieren" kann.

Geht man aber davon aus, daß soziales Handeln von Ich-Wir-Identitäten bestimmt wird, dann ist ein beständiger Druck zur Integration vor dem Hintergrund von Werten und Weltbildern nicht verwunderlich. Erstens besteht die zentrale Funktion des „Ich" eben darin, ein Gleichgewicht zwischen physiologischen und sozialen Anforderungen, also eine Art „sozialer Homöostase" herzustellen. Dazu ist auch ein kohärentes Kategorieninstrumentarium erforderlich, das die vielfältigen Erfahrungen zu einem brauchbaren und erträglichen Bild zusammensetzt, eben zu einer Weltansicht oder Weltauffassung. Die Grenze, bis zu der die Kohärenz des Weltbildes zerfallen kann bzw. bis zu der ein einzelner in seiner privaten Weitsicht von den sozial akzeptierten Weltsichten abweichen darf, wird von der Gesellschaft selbst gezogen – durch die Abgrenzung von verrücktem und vernünftigem Verhalten. Also auch wenn die soziologische Analyse eine „objektive" Disparatheit gesellschaftlicher Teilsysteme zeigen sollte, werden die Individuen die für ihren Alltag notwendigen Bereiche der gesellschaftlichen Wirklichkeit und ihre sozialen Beziehungen kohärent zu strukturieren versuchen. Treffen institutionalisierte Deutungsmuster z.B. der Kirchen nicht mehr zu, dann wird die „Leerstelle" mit anderen sinnhaften Inhalten gefüllt.

Zweitens verlangt ein kohärentes Kategorieninstrumentarium, alle Schichten der Erfahrung miteinander in Einklang zu bringen und eine allgemeine Abstimmung der Ausdrucksmittel aufeinander zu erreichen. Bei einem Mangel an Abstimmung müßte es notwendigerweise zu Mehrdeutigkeiten und Verwirrungen kommen (wie es z.B. in der Problematik der „double bind" Situation analysiert wurde). Deshalb werden selbst die Kategorien der gesellschaftlichen Erfahrung und der Körperwahrnehmung aufeinander abgestimmt:

„Deshalb darf man erwarten, daß es zwischen den Ausdrücken der sozialen und der Körperkontrolle immer eine ziemlich enge Übereinstimmung gibt, erstens, weil der eine symbolische Ausdruck die den anderen inhärenten Bedeutungen verstärkt und so die Kommunikation fördert, und zweitens, weil die Kategorien der gesellschaftlichen Erfahrung und der Körperwahrnehmung wechselseitig voneinander abgeleitet sind und sich gegenseitig stützen." (Douglas 1973, 104)

Drittens werden wir erwarten können, daß das generelle Maß der Affektkontrolle und die Bewertung der Emotionen mit den jeweiligen Weltansichten koordiniert werden und damit so etwas wie ein „Habitus" gebildet wird, in dem unter einer bestimmten Weltsicht eine kohärente Integration erfolgt.

Zusammenfassend kommen wir zu einem Modell, in dem sich die Orientierungen und Identifizierungen des einzelnen wie Schichten übereinanderlagern, von relativ „sinnarmen" Gewohnheiten, über Wertbindungen und moralischen Sätzen bis zu umfassenden Weltbildern. Sie müssen einen Raum abdecken von der Steuerung einfacher Alltagshandlungen bis zu existentiellen Orientierungen und der Bewältigung grundlegender Lebenskonflikte. Hierzu müssen diese Orientierungen einem subjektiven System „letzter Bedeutungen" integriert werden. Dieses subjektive System „letzter Bedeutungen" wird in einer mehr oder weniger engen Entsprechung zu den jeweils historisch vorhandenen Versionen des „Heiligen Kosmos" oder des gesellschaftlichen kulturellen Selbstverständnisses stehen. Im Sozialisationsprozeß sind ja die Formen der gesellschaftlichen Sinngebung immer schon vorausgesetzt. Sie werden aber in modernen Gesellschaften nie oder nur in Extremfällen vollständig verinnerlicht werden. In zunehmend arbeitsteilig organisierten komplexen Gesellschaften werden je nach den gesellschaftlichen Aufgaben auch unterschiedliche Wertungen vorhanden sein, die immer schwerer in einen einheitlichen „Heiligen Kosmos" einer institutionalisierten Religion zu integrieren sind. Die subjektiven Systeme „letzter Bedeutungen" müssen sich mehr oder weniger von der „offiziellen" Religion unterscheiden. Religion wird zur Privatsache und damit müßten die individuellen Systeme letzter Bedeutungen nach Luckmann den Charakter von „individuellen Religionen" annehmen.

Diese Vorstellungen der „letzten Bedeutungen" werden gegenüber dem „Heiligen Kosmos" erheblich weniger konsistent und umfassend sein. Der Bezug auf Vorstellungen der „letzten Bedeutung" wird aus der die ganze Wirklichkeit transzendierenden heiligen Sphäre auf niedrigere Ebenen „zurückgezogen": auf die Modelle „mittlerer Transzendenz" wie Nation oder sozialistische Gesellschaft oder noch weiter auf einfachere moralische Orientierungen wie „Familienglück", „Selbstverwirklichung" oder „Erfolg". Die nur partielle Geltung der einfachen moralischen Orientierungen bringt immer die Gefahr von Brüchen und Inkonsistenzen mit sich, sie werden vom nach Integration strebenden Ich in Krisensituationen leicht als unzureichend empfunden. Sie eröffnen allerdings die Flexibilität, sich im Laufe des Lebens nacheinander z.B. auf Selbstverwirklichung, Familie und Erfolg konzentrieren zu können, lassen aber das Problem des konsistenten Übergangs zwischen den Orientierungen offen und können jeweils nur Zusammenhänge mit begrenzten Ausschnitten der sozialen Bezüge vermitteln.

Thomas Luckmann hat in seiner Arbeit über die „unsichtbare Religion" einen so weiten Begriff von Religion entwickelt, daß alle die geschilderten Formen darunter gefaßt werden können. Diese Erweiterung des Religionsbegriff ist sehr wichtig, um die sich historisch ändernden Bezüge auf eine transzendentale Wirklichkeit verstehen zu können. Nur aus Sicht der Amtskirche ist ein Schwinden der Kirchlichkeit eine Änderung „um das Ganze", aus der Distanz betrachtet ist es zunächst nur eine Änderung von Orientierungen und Identifikationen.

Demnach wäre es nicht richtig, diesen Prozeß in Anlehnung an Max Weber als einen Prozeß der Rationalisierung zu verstehen, in dem traditionales und affektives soziales Handeln durch zweck- und wertrationales Handeln einfach vollständig abgelöst wird. Es muß daran erinnert werden, daß auch Weber ausdrücklich darauf hinwies, daß auch noch die zweckrationalste soziale Beziehung Gefühlswerte stiften kann und daß alle auf Dauer eingerichteten sozialen Zweckbeziehungen zwischen den gleichen Personen Gemeinschaftscharakter annehmen (Weber 1921). Auch die Auffassungen der funktionalistischen Soziologie gehen in die Irre, wenn sie aus der „institutionellen Segmentierung und Spezialisierung" schließen, daß die wesentlichen sozialen Beziehungen in modernen Gesellschaften keinen Sinn mehr stiften könnten, so daß der „Heilige Kosmos" moderner Industriegesellschaften zu einem „Warenlager ‚letzter' Bedeutungen" (Luckmann 1967, 145) werde, aus der der autonome Konsument völlig frei seine passende individuelle Religion wählt. Diese Vorstellung verkennt den Zusammenhang der gesellschaftlichen Institutionen in einer sozialen und demokratischen regulierten Marktwirtschaft mit den Wertentscheidungen von Bürgern und Interessengruppen. Weder sind die untereinander unabhängigen gesellschaftlichen Systeme von den Absichten, Interessen und Wertentscheidungen derjenigen losgelöst, die sie eingerichtet haben und betreiben (und durch die sie allein existieren), noch sind die Individuen so frei in der Auswahl auf einem „Markt der letzten Bedeutungen". Wichtig ist vor allem – und nur insofern ist Luckmann zuzustimmen – daß sich das Religiöse zwar von den Institutionen der Amtskirchen lösen kann, aber unter anderen Formen weiterhin den Zusammenhang zwischen den einzelnen und der Gesellschaft stiftet[42]. In der Betrachtung der modernen Entwicklung von gesellschaftlichem Bewußtsein ist ein breites Spektrum von Wir-Identitäten von alltäglichen Gebräuchen über moralische Werte bis zu Weltanschauungen und kirchlich-religiösen Glaubensvorstellungen zu berücksichtigen. Es wird zu zeigen sein, daß heute die Systeme „letzter Bedeutungen", die an die Stelle des „Heiligen Kosmos" treten, von „autonomen Individuen" gewählt werden, daß aber die „Konstruktionen mittlerer Transzendenz" an gesellschaftlicher und individueller Bedeutung gewinnen.

---

42 Luckmanns Arbeit bietet einen Weg zum Verständnis der in Deutschland viel zu oft völlig ausgeblendeten Tatsache, daß die Abnahme der Kirchlichkeit kein allgemeines Modernisierungsphänomen ist. In den USA hat das kirchliche Gemeindeleben eher steigende Bedeutung. Dort hat sich die institutionalisierte Religion den gewandelten sozialen Beziehungen angepaßt (im übrigen auch jene Denominationen, die sich diesem Prozeß in Europa eher entzogen haben, also vor allem die evangelisch-lutherische und die katholische Kirche). In den USA ist zudem der Vorstellungskomplex einer Zivilreligion wirksam, der eben nicht auf dem in Europa so unausweichlichen Gegensätzen von Religion und Gesellschaft und Kirche und Modernität beruht. Vgl. Tocqueville (1848), Bellah (1985), Kodalle (1988, 19ff.), Lasch (1991).

Obwohl über Luckmanns weiten Religionsbegriff ein weiterreichendes Verständnis gesellschaftlicher Sinngebungsprozesse möglich ist, kann diese Theorie im hier vorliegenden Zusammenhang nicht ganz zufriedenstellen. Es ist im Grunde offen geblieben, was das Gemeinsame der vier Stufen der „Weltanschauungen" ist und wie diese mit dem Selbst und der Identitätsbildung in Beziehung stehen. Das Gemeinsame der vier Stufen der „Weltanschauungen" ist, daß sie alle Orientierungskategorien im Sinne von „richtig – falsch" oder „gut – schlecht" beinhalten, daß sie also alle in mehr oder weniger systematischer Form Wertungen ausdrücken. Und zwar werden diese Wertungen in Bezug auf das Verhältnis der Person zur „Umwelt" bzw. zum „Kosmos" getroffen. Sehen wir näher zu, wie diese Wertungen qualifiziert werden können.

Ich kann zwischen zwei erwünschten Handlungen abwägen, um herauszufinden, wie unterschiedliche Wünsche miteinander verträglich zu machen sind oder wie ich insgesamt die größte Befriedigung erziele. Ich kann also z.B. abwägen, ob ich in meiner Freizeit lese oder ins Kino gehe oder ob ich beides verbinden kann. Ich kann auch abwägen, ob ich lieber einen Roman oder ein Sachbuch lese. In allen diesen Fällen werde ich keine qualitativen Bewertungen meiner Wünsche treffen müssen. Ich brauche mich nur mit den Ergebnissen meiner Handlungen zu beschäftigen. Es genügt, wenn ich das Ergebnis der Wahl mit gut bewerte. Das impliziert nicht, daß die Alternative schlecht wäre. Die Wahl wird nicht aus qualitativen, sondern aus kontingenten Gründen getroffen.

„Was jedoch in den genannten Fällen fehlt, ist eine qualitative Bewertung meiner Wünsche, die beispielsweise dann vorliegt, wenn ich es unterlasse, aus einem gegebenen Motiv heraus zu handeln – etwa aus einem Groll heraus oder aus Neid –, weil ich dieses Motiv für niedrig und unwürdig erachte. In einem solchen Fall werden unsere Wünsche nach Kategorien eingeteilt wie höher oder niedriger, tugendhaft oder lasterhaft, mehr oder weniger befriedigend, mehr oder weniger verfeinert, tief oder oberflächlich, edel oder unwürdig. Sie werden als zu qualitativ verschiedenen Lebensweisen zugehörig eingestuft: fragmentiert oder integriert, entfremdet oder frei, heiligmäßig oder bloß menschlich, mutig oder kleinmütig usw." (Taylor 1985, 10f.)

Charles Taylor hat den Begriff „starke Wertung" (strong evaluation) dafür geprägt, wenn wir uns mit der Beschaffenheit unserer Motivation befassen. „Starke Wertungen" beziehen sich auf die Unterscheidung von richtig oder falsch, besser oder schlechter, beziehen sich aber nicht allein auf unsere eigenen Vorlieben, sondern verweisen auf Standards, die davon unabhängig sind (vgl. Taylor 89, 4). „Starke Wertungen" beziehen sich auf unsere Motivationen und auf bewertete Wertungen oder Wertungen zweiter Ordnung[43]. Sie beschreiben die Alternativen kontrastiv.

---

43 „A good test for whether an evaluation is ‚strong' in my sense is whether it can be the basis for attitudes of admiration and contempt" (Taylor 1989, 523).

„Ein stark wertendes Subjekt, womit wir ein Subjekt meinen, das Wünsche stark bewertet, ist tiefer, da es seine Motivationen auf einer tieferen Ebene beschreibt. Einen Wunsch oder eine Neigung als wertvoller, edler oder ausgeglichener als andere zu bezeichnen heißt, von ihm in Kategorien der Art von Lebensqualität zu sprechen, die er ausdrückt und aufrechterhält. Ich verabscheue obige feige Tat, weil ich ein mutiger und ehrenhafter Mensch sein will. Während es für das schwach wertende Subjekt um die Erwünschtheit unterschiedlicher Ziele geht, die durch seine de facto-Wünsche definiert werden, untersucht das Nachdenken des stark wertenden Subjekts auch die verschiedenen möglichen Seinsweisen des Handelnden. Motivationen oder Wünsche zählen nicht nur aufgrund der Anziehungskraft der Ziele, sondern auch aufgrund der Lebensweise und des Subjekttypus, denen diese Wünsche eigentlich entsprechen. Diese zusätzliche Dimension jedoch, so kann man sagen, fügt eine Tiefendimension hinzu, da wir nunmehr über unsere Wünsche unter dem Gesichtspunkt der Frage nachdenken, welche Art von Wesen wir sind, wenn wir diese Wünsche haben oder realisieren." (Taylor 1985, 23f)

Wir sehen jetzt, daß wir „starke Wertungen" anwenden, wenn wir unser Selbst entwickeln. Die Entwicklung von Ich-Identität ist nichts anderes als die Anwendung „starker Wertungen". Wenn ich nach meiner Identität gefragt werde, reicht es nicht, wenn ich eine Liste von Eigenschaften aufzähle. Diese Eigenschaften zählen nur, soweit sie von mir auch übernommen werden und in einem Konzept von „starken Wertungen" ausgedrückt werden können. So sind mein Geschlecht, meine Familie und meine Nation zwar Zugehörigkeiten, die mich definieren. Ob sie aber in meine Identität eingehen, entscheidet erst die Wertung, die ich ihnen gebe. Wenn ich meine Abstammung mit bestimmten Eigenschaften verknüpfe, die ich schätze, oder wenn ich glaube, daß ich diese schätzen muß, da sie ein integraler Bestandteil meiner selbst sind, so daß ihre Ablehnung bedeuten würde, mich selbst abzulehnen, dann ist die Abstammung Teil meiner Identität. Wenn ich hingegen meine, daß ich die Fähigkeiten, auf die ich stolz sein kann, selbst erwerben muß, spielt die Abstammung bei den „starken Wertungen" keine Rolle.

Der Begriff der Identität „verweist uns auf gewisse Wertungen, die wesentlich sind, weil sie den unerläßlichen Horizont oder die Grundlage bilden, von wo wir als Personen reflektieren und werten" (Taylor 1985, 37f.). Taylor verwendet einen ähnlichen Begriff der Identität wie Erikson, wenn er schreibt: „Meine Identität definieren heißt bestimmen, womit ich Verbindung stehen muß, um im vollen Sinne als handelnder Mensch zu fungieren und um insbesondere in der Lage zu sein, dasjenige zu beurteilen, zu unterscheiden und zu erkennen, das sowohl allgemein gesehen als auch speziell für mich wirklich Wert und Bedeutung besitzt" (Taylor 1985, 249f.). Diese Werte sind „starke Wertungen", weil sie sich erstens auf von mir für gültig gehaltene übergeordnete Werte beziehen und zweitens weil sie eine kontrastierende qualitative Bewertung zulassen. Aus der Verknüpfung oder genauer ausgedrückt aus der Integration dieser Wertungen mit dem, was ich als meinen inneren Kern betrachte, setzt sich mein Selbst zusammen. Diese Wertungen bilden einen

Horizont, vor dem das Selbst sich strukturiert. Der Wertehorizont bildet sich aus Kommunikationsprozessen und Selbstreflexion. Mead hat das Resultat – mit dem Blick auf die zugrundeliegenden sprachlichen Kommunikationsprozesse – die Identifikation mit dem „verallgemeinerten anderen" genannt. Der Horizont an „starken Wertungen" hat die Funktion des „Ichideals" in der Terminologie des Freudschen Modells des psychischen Apparates.

Wenn wir diesen Horizont verlieren, verlieren wir unser Selbst. Dieser Horizont von Wertungen wird in den Dimensionen der „Weltanschauung" definiert, die ich oben besprochen habe. Die Stufen der „Weltanschauung" sind die Stufen immer komplexerer Einsichten und immer weiter ausgedehnter Geflechte von sozialen Beziehungen, in denen wir unsere Identität formulieren und unser Selbstverständnis entwickeln.

Um uns zu unserem Selbst zu verhalten, müssen wir die Kategorien der qualitativen Bewertung anwenden. Auf der Ebene schwacher Wertungen kann ich keine Ich-Identität ausbilden. Eine Person, die ihr Leben allein in Kategorien der schwach bewerteten Nützlichkeit oder quantitativer Vorlieben definiert, hat kein Selbst. Wir empfinden sie als gänzlich außengeleitet, ohne eigenen Kern und ohne Individualität. „Starke Wertungen" eignen sich, wie oben gezeigt, zur Bewertung von Gefühlen. Ohne „starke Wertungen" könnte ich meine Gefühle nicht organisieren. Der Horizont an „starken Wertungen" ermöglicht es, Verstand und Gefühl zu integrieren: indem ich mein Denken und Handeln vor dem Horizont „starker Wertungen" mit meiner emotionellen Persönlichkeit in Beziehung setze.

Ein integrierter Horizont „starker Wertungen" kann auch als Konzeption des „guten Lebens" bezeichnet werden. In der Konzeption des guten Lebens sind alle Dimensionen meines Handeln unter der Herrschaft „starker Wertungen" zu einem sinnhaften Ganzen mit der „Welt" und dem „Kosmos" verknüpft oder beziehen sich auf „Konstruktionen mittlerer Transzendenz". Der Ausdruck „Konzeption guten Lebens" ist treffender als der Ausdruck „Heiliger Kosmos", weil die spezifische Qualität des Heiligen nicht jeder transzendenten Sphäre zuerkannt werden kann. Um deutlich zu machen, daß es auch außerhalb der Religion für die Konstitution des Selbst verbindliche Bezüge gibt und daß sie auch „Konstruktionen mittlerer Transzendenz" umschließen, wird hier der Ausdruck „Konzeption guten Lebens" vorgezogen.

Moral ist zunächst nichts anderes als eine Form von „starken Wertungen", die immer vorhanden sein müssen, wenn es Konzeptionen des guten Lebens gibt. Die obigen Überlegungen bedeuten nicht nur, daß das Alltagshandeln in modernen Gesellschaften moralisch gewertet und beurteilt werden kann, sondern daß die Mehrheit der Männer und Frauen in modernen Gesellschaften auch moralische Kriterien anwendet und ihr Fühlen, Denken und Handeln davon bestimmt wird. Gegen solche Behauptungen gibt es viele Einwände. Gegen eine Art von Einwänden soll im folgenden argumentiert werden: daß nämlich der Wertewandel in der modernen Gesellschaft dazu geführt habe, die traditionellen Werte und die traditionelle Moral zugunsten einer individualistischen und hedonistischen Lebensführung aufzugeben und das deshalb heute Werte keine wesentliche Rolle mehr spielen. Mit der These, daß das Denken, Fühlen und Handeln von modernen Individuen vor dem Hintergrund „starker Wertungen" strukturiert wird, ist noch gar nichts darüber ausgesagt, welche Wertungen es denn sind. Die These lautet vollständig, daß der Horizont der starken Werte des modernen Menschen der Horizont der Identität in seinem Inneren ist, während der Horizont des „vormodernen Menschen im „Außen" zu finden war. Diesen Übergang kann man nur in einer historischen Untersuchung nachweisen, wie sie etwa Charles Taylor in „The sources of the Self" begonnen hat[44]. Das ist nicht Gegenstand dieser Arbeit, in der soziologische Aspekte des modernen Selbstverständnisses, der modernen Identität ausgeführt werden sollen. In einem kurzen historischen Exkurs soll aber wenigstens skizziert werden, auf welchen früheren Formen des Selbstverständnisses die „moderne" Identität aufbaut.

---

44 Zu einzelnen Aspekten vgl. auch McIntyre (1981) oder Toulmin (1991).

Exkurs:
Anmerkungen zur Geschichte der Selbstreflexion

Unser heutiges Verständnis des Verhältnisses von Individuum und Gesellschaft ist das Produkt einer langen Geschichte. Einige wichtige Autoren behandeln das Thema mit sehr langem historischen Atem: McIntyre (1981) geht bis zu Homer zurück und zeigt die Aktualität aristotelischer Gedanken; Taylor (1989) erörtert an den Schriften des Augustinus die frühesten Elemente moderner Identität, Heller (1982) zeigt die Grundkategorien der widersprüchlichen Identität von Individuum und Gesellschaft am „Renaissancemenschen"; Toulmin (1991) erörtert mögliche alternative Wege der Moderne im Anschluß an Montaigne und Descartes, Max Weber zeigte kulturelle Verbindungen zwischen dem Protestantismus und dem modernen Kapitalismus; Norbert Elias führte die Zivilisierung der Affekte bis auf das Ancien régime zurück. Es ist hier nicht möglich, den notwendigen historischen Kontext aufzurollen, in den diese Auseinandersetzung hineingehört. Einige der in den vorangegangenen Kapiteln theoretisch entwickelten Zusammenhänge können aber anhand von historischen Beispielen erläutert werden. Zunächst mag es scheinen, als ob ein so umfassendes Thema wie das Verhältnis von Individuum und Gesellschaft überhaupt nicht sinnvoll an einzelnen Beispielen erfaßt werden kann. Es liegen aber einige Texte vor, die dieses Thema auf je unterschiedliche und – wie ich meine – auch auf offenkundig repräsentative Weise behandeln. Dazu gehören Aristoteles' „Nicomachische Ethik", Augustinus' „Bekenntnisse", Montaignes „Essays", Rousseaus „Bekenntnisse" und Goethes „Dichtung und Wahrheit". Neben der aristotelischen Ethik als „Ausgangspunkt" handelt es sich also um die in der Geschichte der „abendländischen" Kultur wichtigsten Autobiographien, die unter dem Aspekt der Selbstreflexion des Individuums in der Gesellschaft gelesen und verglichen werden können und die bis heute immer wieder in je unterschiedlicher Weise auch in der theoretischen Auseinandersetzung verwendet werden.

Aus den bisherigen theoretischen Überlegungen ergeben sich die Gesichtspunkte, unter denen die Texte betrachtet werden. Denken und Fühlen der Menschen bilden sich in Selbstreflexion und im Austausch mit seiner gemeinschaftlich-gesellschaftlichen Umgebung heraus. Im 2. Kapitel wurde verdeutlicht, daß sich Ich-Identität im Lebenszyklus des einzelnen bildet, also aus der Biographie und der Selbstreflexion. Es wurde gezeigt, daß die Gefühle – hier insbesondere interessant die allen Menschen biologisch gegebenen Affekte – gesellschaftlich geformt und gerichtet werden. Alle Gesellschaften kontrollieren und bewerten die Affekte. Der Umgang mit der Affektregulierung und die Definitionen von Tugenden und Lastern sind deshalb ein brauchbarer „roter Faden" für die Geschichte des Verhältnisses von Individuum und Gesellschaft. Es wurde dargestellt, daß Identitätsfigurationen zur Bildung der Persönlichkeit beitragen, so daß sich immer eine Balance von Ich-Wir-Identitäten herausbildet. Die kollektiven Identitätsmodelle sind Bestandteil der öffentlichen Kultur und Geschichtsschreibung, der geistigen, ideologischen und wissenschaftlichen Auseinandersetzung. Die kulturelle Überlieferung und die jeweiligen Wir-Identitäten sind Dimensionen, die das Verhältnis des einzelnen zur Gemeinschaft und Gesellschaft seit jeher prägen. Die Selbstreflexion und die Bildung der Ich-Identität vollzieht sich in Auseinandersetzung mit der überlieferten Kultur, in der Teilnahme am öffentlichen Leben und in öffentlicher Auseinandersetzung. Die Selbstreflexion findet in repräsentativer Weise in der Philosophie, in der Theologie, in den Künsten und in der Wissenschaft statt. Sie erstreckt sich historisch auf das, was als die eigene kulturelle Vorgeschichte angesehen wird, umfaßt für uns heute also die europäische Kulturgeschichte mit ihren Wurzeln bis in die griechische Antike.

Aristoteles: Ein geselliges Wesen

Das erste Modell eines bestimmten Verhältnisses von Individuum und Gesellschaft kann aus der „Nicomachischen Ethik" des Aristoteles abgeleitet werden, eine Schrift, die am Anfang des 5. Jahrhunderts vor Christus vermutlich in Athen entstand[45]. Obwohl es kein autobiographischer Text ist, wir aus dieser Schrift also nichts über Aristoteles selbst erfahren, gibt er Aufschluß über seine Fähigkeit zur Introspektion, seine Bewertung der Affekte und seine Stellung zur Gemeinschaft. Die Aussagen der „Nicomachischen Ethik" können mit den historisch späteren autobiographischen Texten verglichen werden, so daß wir einen angemessenen und besseren Maßstab an sie anlegen können, als wenn wir sie vor unserem heutigen Verständnis von Individuum und Gesellschaft prüften.

Ausgangspunkt der Lehre des Aristoteles ist die Frage nach dem Guten oder dem höchsten Gut, und die „Ethik" ist deren systematische Untersuchung. Das höchste Gut ist die eudämonia, die Glückseligkeit oder das glückliche Leben. Es ist das Ziel allen Handelns. Aristoteles' Erörterung des „guten Lebens" liegt eine Lehre von der Natur des Menschen, ein anthropologisches Konzept zugrunde. Aristoteles unterschied drei wesentliche psychische Phänomene: Affekte, Vermögen und Habitus. Unter dem Begriff der

---

45 Aristoteles: Nicomachische Ethik. Hamburg 1985

Affekte werden alle Gefühle gefaßt, die allgemein entweder als Lust oder als Unlust erscheinen. Als Vermögen werden die körperlich-seelischen Fähigkeiten bezeichnet, die der Mensch von Natur her besitzt, so wie man auch das Sehen vom Sehvermögen unterscheidet. Der Habitus dagegen ist der durch Erfahrung erworbene Charakter oder die Persönlichkeitsprägung.

„Als Affekte bezeichnen wir: Begierde, Zorn, Furcht, Zuversicht, Neid, Freude, Liebe, Haß, Sehnsucht, Eifersucht, Mitleid, überhaupt alles, was mit Lust oder Unlust verbunden ist; als Vermögen das, was uns für diese Gefühle empfänglich macht, was uns z.B. befähigt, Zorn oder Trauer oder Mitleid zu empfinden; als Habitus endlich das, was macht, daß wir uns in Bezug auf die Affekte richtig oder unrichtig verhalten, wie wir uns z.B. in Bezug auf den Zorn unrichtig verhalten, wenn er zu stark oder zu schwach ist, richtig dagegen, wenn er die rechte Mitte hält und ähnliches gilt für die übrigen Affekte" (Nicomachische Ethik, 1105b, 20).

Affekte und Vermögen hat der Mensch von Natur aus und sie unterliegen nicht seiner Selbstbestimmung. Affekte sind deshalb keine Tugenden oder Laster, auch wenn nach Aristoteles z.B. Schadenfreude, Schamlosigkeit und Neid schon ihrem Namen nach die Schlechtigkeit in sich schließen. Die menschliche Natur ist nicht gut oder böse. Erst wenn der Mensch freiwillig ein bestimmtes Verhalten wählt, kann mit Hilfe der sittlichen Vernunft bestimmt werden, wie das richtige Maß einzuhalten ist und somit entschieden werden, ob eine Handlung gut oder böse, tugendhaft oder lasterhaft ist. Die Tugenden sind „ein Habitus des Wählens, der die nach uns bemessene Mitte hält und durch die Vernunft bestimmt wird, und zwar so, wie ein kluger Mann ihn zu bestimmen pflegt" (Nicomachische Ethik, 1107a).

So stehen auf der einen Seite die „unvernünftigen Seelenteile" – das vegetative Vermögen und das sinnlichen Begehren – auf der anderen die „vernünftigen Seelenteile" – das rationale Denken und die Tugenden. Während das vegetative Vermögen der Vernunft unzugänglich ist, lassen sich die Affekte mehr oder weniger durch die Tugenden formen. Für Aristoteles war Tugend also nicht das Befolgen von Regeln oder Gesetzen. Tugendhaftes Handeln setzt immer ein vernünftige Abwägen und ein Wählen voraus. Damit trägt diese Konzeption nicht nur der menschlichen Handlungsfreiheit Rechnung. Es geht darüber hinaus darum, daß der Mensch ein Telos, einen Sinn und ein Ziel hat, das er durch sein Handeln mehr oder weniger erreicht. Die eigentümliche menschliche Tätigkeit ist die Anwendung des „vernunftbegabten Seelenteils", denn darin ist er unterschieden von den anderen Lebewesen. Die vernünftige Tätigkeit der Seele wird nun so bewertet wie jede Tätigkeit: so wie wir als „die Leistung des Zitherspielers das Spielen, als die Leistung des guten Zitherspielers aber das gute Zitherspiel bezeichnen" (Nicomachische Ethik 1098a, 12). Das menschliche Gut ist also das, was gut und recht ausgeführt ist und setzt die der Tugend gemäße Tätigkeit der Seele voraus. Deswegen muß die „Tugend des Menschen ein Habitus sein, vermöge dessen er selbst gut ist und sein Werk gut verrichtet" (Nicomachische

Ethik 1106a, 22). Da wir aber das Gute wählen müssen, indem wir unseren Verstand einsetzen, schließen sich nach der artistotelischen Ethik Dummheit und Tugend aus[46]. Wenn tugendhaft zu handeln, gut zu handeln heißt – und nicht den Geboten entsprechend oder mit reinem Gewissen zu handeln –, dann ist dieses Gut eben kein absolutes, sondern immer die „Mitte". Die „Mitte" insofern, als ich nach zwei Seiten das Gute verfehlen kann, nach dem „Zuviel" und nach dem „Zuwenig". Es gibt immer einen „Zielpunkt, auf den hinblickend der Inhaber der rechten Vernunft seine Kräfte anspannt und lockert, und eine Grenze, jene Mitten nämlich, die nach unserer Überzeugung, als der rechten Vernunft entsprechend, zwischen dem Übermaß und dem Mangel liegen" (Nicomachische Ethik, 1138b, 24). Diese „rechte Vernunft" zu haben, ist selbst eine Tugend, nämlich nach der Besonderheit des Falles urteilen und Gerechtigkeit üben zu können, d.h. jedem das Seine zukommen zu lassen.

„Daher ist es auch schwer, tugendhaft zu sein. Denn in jedem Dinge die Mitte zu treffen ist schwer. So kann z.B. nicht ein jeder den Mittelpunkt eines Kreises finden, sondern nur der Wissende. So ist es auch jedermanns Sache und ein Leichtes, zornig zu werden und Geld zu verschenken und zu verzehren. Aber das Geld zu geben, wem man soll und wieviel man soll, und wann und weswegen und wie, das ist nicht mehr jedermanns Sache und nicht leicht. Darum ist das Gute auch so selten, so lobenswert und so schön." (Nicomachische Ethik 1109a, 24)

Sowenig wie die aristotelischen Tugenden einem absoluten Gesetz gehorchen, sowenig lassen sie sich als das Angenehme oder als das Nützliche definieren. Sie können nie das sein, was dem einzelnen, der für sich lebt, genügt, sondern nur das, was auch für seine „Eltern, Kinder, Frau, Freunde und Mitbürger überhaupt" genügt, da der „Mensch von Natur für die staatliche Gemeinschaft bestimmt ist" (Nicomachische Ethik 1097b, 8).

Aristoteles dachte menschliches und sinnerfülltes Leben, gesunden Menschenverstand und Staat als Einheit. Er setzte einen philosophischen und auch historischen Ausgangspunkt in der langen Debatte zum Verhältnis von Individuum und Gesellschaft, als er schrieb: „...der Mensch ist von Natur aus ein geselliges Wesen und auf das Zusammenleben angelegt." (Nicomachische Ethik, 1169b, 18). Alle menschlichen Gefühle werden, um nicht roh und barbarisch zu sein, durch den common sense der Gemeinschaft geformt, finden darin ihr richtiges Maß. Es ist tugendhaft, Wut und Zorn auf die Feinde der Polis zu haben, wie es tugendhaft ist, die Freunde, die zusammen das Gemeinwesen bilden, zu lieben. Der Gesetzgeber muß kluge Gesetze erlassen, denn tugendhaft wird man nicht von allein, sondern durch Lernen, Gewöhnung und Übung. Der kluge Mann wendet die sittliche Verstandestugend

---

46 Bei Ethiken, die auf dem Befolgen von Gesetzen und Regeln oder auf Nützlichkeitsprinzipien beruhen, sind hingegen Dummheit und richtiges Handeln keine Gegensätze.

der Klugheit an, wenn er abwägt, was nicht nur für ihn nützlich ist, sondern was das menschliche Leben gut und glücklich macht. Die Fähigkeit zur richtigen Abwägung der menschlichen Güter ist die wichtigste Tugend von „Hausvätern und Staatslenkern". Aristoteles bezeichnete seine Ausführungen zur „Seelenkunde" in der „Nicomachischen Ethik" deshalb auch als Teil der Lehre von der Staatskunst.

Die Grenzen des Gemeinwesens waren zugleich die Grenzen der Tugend und des sinnerfüllten Lebens: barbarisch zu sein, bedeutete nichts anderes, als außerhalb der Polis zu leben. Staat und Gemeinschaft fielen im klassischen Griechenland deshalb auch unmittelbar durch den persönlichen Zusammenhang und die persönliche Kommunikation der Bürger zusammen: Nach Aristoteles durfte ein Staat nicht weniger als 10 und nicht mehr als 100 000 Personen umfassen, denn sonst könnte sich die Tugend der Freundschaft nicht als Grundlage der Gemeinschaft entfalten. Denn die Verknüpfung der Tugenden untereinander zu einem „guten Leben" setzt ein hohes Maß an Übereinstimmung innerhalb der Gemeinschaft voraus und erst diese Übereinstimmung wiederum macht jene Art von Verbindung zwischen Bürgern notwendig, die eine Polis darstellt. Diese Verbindung der Bürger ist das Band der Freundschaft und Freundschaft selbst eine der wichtigsten Tugenden. „Wir müssen uns Freundschaft also denken als die Teilnahme aller an dem gemeinsamen Projekt, das Leben der Stadt zu erwecken und aufrechtzuerhalten, eine Teilnahme, eingegliedert in die Unmittelbarkeit der Freundschaften des einzelnen" (McIntyre 1991, 209f.).

Wäre Aristoteles von einer einfachen Identität von Gemeinschaft und Individuum ausgegangen, könnten seine Ausführungen nicht bis heute die Grundlage vieler ethischer Reflexionen stellen. Das würde nämlich bedeuten, daß die Gesetze der Polis identisch mit dem tugendhaften Verhalten wären oder anders ausgedrückt, daß Gerechtigkeit unter allen Bedingungen die höchste Tugend wäre. Aristoteles machte aber zwei wichtige Einschränkungen, denn es ist „nicht dasselbe, ein guter Mensch schlechthin und ein guter Bürger eines beliebigen Staates zu sein" (Nicomachische Ethik, 1130b, 29): erstens unterliegt das Gesetz selbst Tugendmaßstäben – Aristoteles unterschied gerechte und ungerechte Staatsverfassungen und Gesetze, weshalb die Ethik auch Teil der Lehre von der Staatskunst ist. Zweitens gibt auch eine gute Gesetzgebung nur den unterstützenden Rahmen des tugendhaften Verhaltens, das durch Einsicht und innere Übereinstimmung von Antrieben (Lust) und von der Gemeinschaft gebilligten und tugendhaften Handlungen besteht. Allerdings wußte Aristoteles, daß nur wenige so tugendhaft sind, „denn die Menge läßt sich ihrer Natur gemäß nicht durch sittliche Scheu, sondern durch die Furcht bestimmen und enthält sich des Schlechten, nicht weil es schimpflich ist, sondern weil darauf Strafe steht" (Nicomachische Ethik, 1179b, 11). Die rechte Mitte zu finden, ist schwierig, denn es fordert die Zügelung der Affekte und die Zurückstellung des persönlichen Vorteils.

Erst durch Einsicht und Gewöhnung gelingt es, tugendhafte Handlungen und Lust in Übereinstimmung zu bringen. Schließlich ist „mäßig und abgehärtet" zu leben nicht nach jedermanns Geschmack, und so forderte Aristoteles besonders eine öffentliche Erziehung der Jugend , „denn was einem zur Gewohnheit geworden ist, macht einem hernach keine Beschwerden mehr" (Nicomachische Ethik, 1179 b, 36).

Die Bedeutung der „Nicomachischen Ethik" liegt darin, daß sie erstmals eine Grundlage für eine rationale Betrachtung des Verhältnisses von Individuum und Gesellschaft schuf. Dabei weist die Gemeinschaft dem einzelnen den Platz und den sozialen Rang zu und formuliert darin für jeden entsprechende Lebensziele und Affektregulierungen. Das Selbst ist – gerade wenn es dem einzelnen gelingt, das gesellschaftliche Gute auch subjektiv zu erreichen – der jeweilige Schnittpunkt der von der Gemeinschaft gesetzten Ziele. Diese Ziele sind traditional, lokal und stammesbezogen – trotz Aristoteles' Versuchen einer anthropologischen Begründung der Ethik. Sie war ganz an die historische Polis der Griechen gebunden. Dennoch entwickelte Aristoteles einen begrifflichen Rahmen der Ethik, der bis heute anwendbar bleibt[47], wenn auch mit dem Wandel der Gesellschaft und der heutigen Vorstellung von der Seele manches anders zu entwickeln wäre.

Augustinus: „Wer aber bin ich?"

Aurelius Augustinus, Bischof in der afrikanischen Hafenstadt Hippo, schrieb am Ende des 4. Jahrhunderts nach Christus die „Confessiones", seine „Bekenntnisse", die zum Vorbild aller späterer Autobiographien wurden[48]. Zum ersten Mal in der Geschichte finden wir hier ein Dokument, in dem jemand in der Mitte seines Lebens auf seinen eigenen Lebensweg zurückblickt. Augustinus konnte sein Gefühlsleben sehr einfühlsam schildern. Seine Lebensbeschreibung beginnt schon in der Säuglingszeit:

„ ... damals konnte ich nur saugen, mich durch Schmeicheln beruhigen lassen und weinen, wenn ich mich unbehaglich fühlte, weiter nichts... Und siehe, nach und nach fühlte ich, wo ich war, und wollte meine Wünsche denen kundtun, die sie erfüllen sollten, und war's doch nicht imstande. Denn drinnen regten sich die Wünsche, und jene waren draußen, unfähig, mit einem ihrer Sinne in mein Seelenleben einzudringen. So gab ich durch Strampeln und Schreien Zeichen, die meine Wünsche zum Ausdruck bringen sollten... Und wenn man mir nicht willfahrte ... ward ich zornig ... und rächte mich an ihnen durch Weinen. So ist's die Art der Kinder; das hab' ich von

---

47 McIntyre bezeichnet den Aristotelismus als die „philosophisch stärkste prämoderne Form moralischen Denkens. Wenn eine prämoderne Sicht von Moral und Politik gegen die Moderne verteidigt werden soll, muß das in irgendeiner ähnlichen Form wie der aristotelischen geschehen oder gar nicht" (McIntyre 1981, 160).
48 Aurelius Augustinus: Bekenntnisse. München 1982

denen gelernt, die ich beobachtet, und daß auch ich so gewesen, haben mich unwissende Kinder besser gelehrt als meine einstigen Erzieher, die es wußten." (Bekenntnisse, 35f.)

Er beschrieb ebenso lebhaft die Mißhandlungen und Qualen in seiner Schulzeit, und den Ehrgeiz und die Aufsässigkeit seiner Jugend. Über seine widersprüchlichen Empfindungen zu Liebe und Sexualität teilte er mit:

Ich „liebte zu lieben und getrieben von einem tieferen Verlangen haßte ich mich selbst, weil ich zuwenig Verlangen empfand. Liebe liebend, suchte ich, was ich lieben möchte und haßte die Sicherheit und einen Weg ohne Fallstricke. Denn im Inneren regte sich ein Hunger ... So stürzte ich denn tatsächlich hinein in die Liebe, nach deren Fesseln mich verlangte ... ich ward geliebt und ein Knecht sinnlichen Genusses und ließ mich frohgemut umschlingen von schmerzenden Banden, um bald gepeitscht zu werden mit den glühenden Eisenruten der Eifersucht, des Argwohns, der Furcht, der zornigen Erregung und Zänkerei." (Bekenntnisse, 69f.)

Für Augustinus war die Lust, die er hier nicht von der Liebe unterscheidet, zum entscheidenden Auslöser einer Flut gefährlicher Affekte und Emotionen geworden, gefährlich in dem Sinne, daß sie ihn daran hinderten, eine höhere Stufe der Lebenserfüllung zu erreichen. Für Aristoteles dagegen war die Lust selbst noch notwendiger Teil des höchsten Gutes, der Glückseligkeit, die er ausdrücklich nicht nur als das Beste und Schönste, sondern auch als das Genußreichste bezeichnet.

Augustinus' Bekenntnisse wären allerdings mißverstanden, wenn man in ihnen lediglich eine Lebensbeschreibung sehen wollte. Es geht ihm einzig und allein darum, Gott zu preisen. Sein Leben und dessen Beschreibung sind nur dazu da, Gottes Güte und Gnade widerzuspiegeln. Es handelt sich bei den Bekenntnissen deshalb im Grunde um keine Autobiographie, sondern um ein großes Gebet, eine ganz persönliche Zwiesprache zwischen Augustinus und Gott über das Wunder seiner Bekehrung.

Augustinus stellt die Frage: „Wer also bin ich?" ganz radikal und unbedingt. Er entwickelt – anknüpfend an neoplatonische Denktraditionen – eine eigene Theorie der Sprache, der Geistestätigkeit, des Gedächtnisses und des Erkenntnisvermögens. Die Erkenntnis der Wahrheit steht am Ende eines stufenweisen Prozesses:

„So stieg ich stufenweise empor von den Körpern zu der durch Vermittlung des Körpers empfindenden Seele, von da zu ihrer inneren Kraft, der die körperlichen Sinne melden, was in der Außenwelt vorgeht, und über die auch die Tiere verfügen. Von da erhob ich mich weiter zum Vermögen des Verstandes, dem die Beurteilung des von den Sinnen übermittelten obliegt. Dieser aber, veranlaßt durch die Erfahrung seiner eigenen Veränderlichkeit, schwang sich auf zu der höheren Einsicht, löste das Denken von der Gewohnheit, entzog es dem widerspruchsvollen Schwarm der Phantasievorstellungen, um das zu finden, dessen Glanz ihm leuchtet, wenn er sonder Zweifel ruft, das Unwandelbare dem Wandelbaren vorzuziehen, um zu finden, woher er denn dies Unwandelbare kennt – kennte er es nicht irgendwie, würde er es dem Wandelbaren sicher nicht vorziehen – und so gelangte er zu dem, was ist, in raschem, zitternden Augenaufschlag." (Bekenntnisse, 183f.)

Das Motiv, sich von der Welt und den sinnlichen Empfindungen zu lösen, wird hier ganz deutlich. Augustinus löste die Frage der Selbsterkenntnis ganz radikal aus allen partikularen Bindungen, um ganz in der höheren Einheit eines „heiligen Kosmos" aufzugehen. Es bedarf keinerlei Urteil oder Abwägung, um im Einzelfall tugendhaftes Verhalten zu erkennen, sondern Erleuchtung und Gnade. Alle Bedingungen des „guten Lebens" liegen in der Erfüllung der Ansprüche des „heiligen Kosmos", der keine Distanz und keine anderen Formen neben sich duldet, der deshalb aber auch universal gedacht war.

Bei Aristoteles war dagegen die Einbindung des „guten Lebens" in die Gemeinschaft der Polis notwendig lokal und sozial beschränkt und damit partikular. Nur Menschen mit freiem Willen konnten im klassischen Athen tugendhaft leben. Frauen und Polisbürger mit minderer Rechtsstellung konnten nur eingeschränkt und Sklaven gar keine Glückseligkeit erlangen, sie waren deshalb nur biologisch und nicht sozial vollwertige Menschen. Die Ethik des Aristoteles galt nur für eine Minderheit. Augustinus' Vorstellung vom Selbst war universal, indem ihm alles nur allein auf die Gotteserkenntnis und Gottes Gnade hinauslief, das Selbst also unmittelbar dem einen Gott gegenüber definiert wurde. Jedermann, von wem er auch abstammte und welcher sozialen Schicht er angehörte, konnte an jedem Ort Christ werden und damit sein Leben erneuern. Das Gegenstück zur Universalität war eine neue Form der Individualität. Denn der Mensch tritt dem universellen Gott nicht als „geselliges und auf Zusammenleben angelegtes Wesen" gegenüber, sondern als einzelner. Das war eine große historische Neuerung, die für die europäische Kulturentwicklung sehr folgenreich wurde. Die Individualität erschien hier zuerst in abstrakter Form oder, bezogen auf das Gemeinwesen, in negativer Form und nicht als individuelle Vielfalt.

Vielleicht drängten sich solche Sichtweisen auch in den historischen Zeiten auf, in denen Augustinus lebte. Ich stelle mir vor, daß er am Rande der großen römischen Kultur groß wurde und daß er den Untergang des römischen Reiches und seine nachlassende kulturelle Bindungsfähigkeit überdeutlich miterlebte. Er konnte noch kein Bewußtsein von geschichtlicher Entwicklung haben, nach dem Untergang des römischen Reiches konnte man nichts ebenbürtiges Irdisches mehr erwarten. Insofern wäre die Annahme unhistorisch, jemand in seiner Kultur hätte eine weltliche Zukunftsperspektive entwerfen können. Innere Zerrissenheit und Ziellosigkeit konnte Augustinus aber nicht hinnehmen, und mit großer Intelligenz begabt, konnte er sich nicht mit bequemen Ausflüchten abgeben. Mit einer Handvoll Freunden, die wie er den gehobenen Schichten angehörten und im – wir würden heute sagen – akademischen Milieu Roms und Mailands lebten, diskutierte er leidenschaftlich die Frage, ob ihnen der gesellschaftliche Aufstieg in einem korrupten System oder die intellektuelle Wahrhaftigkeit wichtiger sei. Ihre Lösung bestand schließlich darin, den nur unsystematisch überlieferten Glauben der Christen auf die intellektuelle Höhe der römischen Philosophie zu bringen. Diese gewaltige Leistung erfolgte historisch gesehen im letzten Augenblick: Die Transformation des Römischen Reiches in das westeuropäische Mittelalter führte in eine lange historische Phase, in der bis zu Thomas von Aquin keine wesentlichen Änderungen der geistigen Grundlagen mehr eintraten. Augustinus Schriften bildeten für hunderte von Jahren die intellektuelle Substanz des westlichen Christentums.

Die Universalisierung des Selbst, wie sie bei Augustinus entwickelt wurde, geschah freilich in spezifischer und problematischer Weise. Vor dem „Unwandelbaren" wurden der Mensch, die Natur und die Welt abgewertet. Die „Bekenntnisse" haben passagenweise eine geradezu masochistische Stimmung. Augustinus drängte es, sich schon seine Wut als Säugling als schwere Sünde vorzuwerfen. Vergebung konnte er nicht durch gute Taten erlangen, nur die unfaßliche Gnade des Herrn rettete ihn. Darum fand er kein Ende in den Selbstvorwürfen: noch als längst Bekehrter verbot er sich jeden Genuß und sei er noch so tugendhaft, wie z.B. das Anhören von Kirchenliedern. Als Kern allen Übels erschien ihm die Lust, deren Empfinden er völlig überwinden wollte. Seine so differenzierte Beobachtungsfähigkeit verlor sich in Selbstgeißelungen, wenn er z.B. versuchte, auch noch seine unkeuschen Träume zu bekämpfen. Sein Weg zu Gott führte über einen Rückzug ins „Innere" und dort verstrickte er sich in einen verzweifelten Kampf gegen seine sämtlichen körperlichen Empfindungen und Gefühle. Im Namen der Transzendenz und der Erlösung stellte er sich gegen die Natur, die die Sünde verkörpert. Anders als Aristoteles, der grundsätzlich das rechte Maß aller Affekte suchte und damit eine Balance von Denken und Fühlen sowie zwischen gemeinschaftlichen und persönlichen Zielen anstrebt, war der bekehrte Augustinus der Prototyp des Radikalen, der nur ein Entweder – Oder kennt. Als er schließlich nach vielen Zweifeln erleuchtet wurde, dankte er unter der Überschrift „Gerettet" seinem Gott:

„Und das war's, was Du gewirkt: ganz und gar nicht mehr wollen, was ich wollte, und wollen, was du wolltest...Wie war er mir alsbald so süß, der Verzicht auf all die süßen Nichtigkeiten!...Denn du warfst sie hinaus, weg von mir, du meine wahre und höchste süße Wonne, warfst sie hinaus und tratest an ihrer Statt selbst herein, süßer als alle Lust, doch nicht für Fleisch und Blut, heller als alles Licht, doch verborgener als das tiefste Geheimnis, höher als jegliche Ehre, doch nicht für die, die hoch von sich selbst halten. Schon war mein Geist frei von den nagenden Sorgen des sich Bewerbens und Erraffens, des sich Wälzens und Schabens im Aussatz der Begierden, und ich lallte Dir entgegen, meinem Sonnenlicht, meinem Reichtum und Heil, meinem Herrn und Gott". (Bekenntnisse, 217f.)

Die Vorstellung, alle Gefühle müßten durch neue, geläuterte ersetzt werden, führt zu schwerwiegenden Folgen. Nur in Phasen besonderen Hochgefühls kann das gelingen. Der Kampf um die vollständige Unterdrückung der Affekte – mit der einzigen Ausnahme der Liebe zu Gott – muß scheitern. Die

„Bekenntnisse" zeigen auch, daß im alltäglichen Kampf gegen den „alten Adam", die Frage der Onanie oder ein unkeuscher Traum bedeutsamer werden als die Auseinandersetzung mit der gerechten Ordnung des Gemeinwesens und die soziale Vorsorge.

Augustinus trennte sein „Innenleben" deutlich von der Außenwelt ab. Neben der Verfolgung jeder noch so unbedeutenden Regung von Lust beschäftigte ihn insbesondere das Gedächtnis. Hier fand er einen Bereich des Innenlebens, der ihn faszinierte, weil er die gesamte äußere und innere Welt abbildet. Ich denke, es war gerade die Verwandlung aller Gefühle und aller Außenwelt in Geistestätigkeit, die ihn dazu veranlaßte, im 10. Buch der „Bekenntnisse" inmitten eines Gebetes eine lange Abhandlung über das Gedächtnis einzufügen – die einzige nicht religiöse Abschweifung, die er sich gestattete. Er wollte über das Erinnern das ganze Leben als geistigen Vorgang vor seinem inneren Auge haben und kontrollieren können. Auf diese Weise kommt dem Tätigwerden keine Bedeutung mehr zu, alles wird im Geist entschieden. Anders dagegen Aristoteles. Selbst wenn er – scheinbar nicht unähnlich – den Rückzug in die philosophische Kontemplation ausdrücklich für die höchste und edelste Lebensform erklärte, verstand er das als Form der auf die Gemeinschaft bezogenen Praxis:

„Nur möchte es keinen kleinen Unterschied machen, ob man das höchste Gut in ein Besitzen oder ein Gebrauchen, in einen bloßen Habitus oder in eine Tätigkeit setzt. Der Habitus kann ja, wie z. B. bei einem der schläft, oder sonstwie ganz untätig ist, vorhanden sein, ohne irgend etwas Gutes zu verrichten, der Aktus, die Tätigkeit, aber nicht. Denn sie wird notwendig handeln und gut handeln. Wie aber in Olympia nicht die Schönsten und Stärksten den Kranz erlangen, sondern die, die kämpfen (denn nur unter ihnen befinden sich die Sieger), so werden auch nur die, die recht handeln, dessen, was im Leben schön und gut ist, teilhaftig." (Nicomachische Ethik, 1099a)

Die Verbindung von Tugend und Praxis verbindet das innere Seelenleben mit der Außenwelt, das Individuum mit der Gemeinschaft. In diesem Sinne bestimmt auch Agnes Heller Gefühle als „in etwas involviert sein". Augustinus hingegen war ganz in seinen Gott involviert („du tratest selbst hinein") und damit in sich selbst. Indem sich Augustinus radikal dem einen universellen Gott aussetzte, war er individualisiert, im Sinne von „freigesetzt" von der Gemeinschaft und freigesetzt von gesellschaftlicher Praxis. Es ist klar, daß Augustinus Radikalität nicht in Gemeinschaft lebbar ist (schon, weil sich die Gemeinschaft nicht fortpflanzen würde), allenfalls in einem von der Gemeinschaft getragenen Kloster. Dorthin zog er sich auch zurück, bis die Gemeinde ihn gegen seinen Willen zum Bischof machte. Nach seinem Tode wurde er von einem Konzil kanonisiert und gleichzeitig wurden die radikalen Zuspitzungen seiner Lehre abgeschwächt. Die Frage, ob das Gute sich in guten Taten äußern muß, oder ob das Heil nur in der Gnade Gottes liegt, und ob diese unmittelbar oder nur durch die katholische Kirche wirkt, blieb die wichtigste dogmatische Streitfrage des Christentums.

An Augustinus läßt sich ein bestimmter Typus von Persönlichkeitsbildung zeigen. Nach einem langem Ringen fand er zu einem Selbst, daß ganz von einer scheinbar „außen" liegenden Wahrheit geprägt, ja geradezu durch sie ersetzt wird. Eine solche Persönlichkeitsumbildung hat immer ein Bekehrungserlebnis zur Voraussetzung, das so etwas wie eine Wiedergeburt darstellt. Auch von daher sind die „Bekenntnisse" notwendig (und Vorbild einer endlosen Kette von Bekehrungsberichten): der Bericht über die Wiedergeburt muß den Wahrheitsbeweis ersetzen. Trotz aller ausgefeilten Argumente bleibt das Bekehrungserlebnis und damit die göttliche Gnade der Kern der Aussage. Im persönlichen Erleben nimmt es die Form eines zwingenden Befehls an: „ich konnte mir's nicht anders erklären, als das ich den göttlichen Befehl empfangen habe", es „durchströmte mein Herz das Licht der Gewißheit und alle Schatten des Zweifels waren verschwunden" (Bekenntnisse, 215). Das Hochgefühl des Bekehrungserlebnisses wird dann zum kaum je wieder erreichbaren Vorbild innerer Erfüllung. Das lebensentscheidende Ereignis der Bekehrung hat zwar eine Vorgeschichte, hat aber keine innere Entwicklung zur Voraussetzung. Nach der Bekehrung ist man ein neuer Mensch, aber durch „äußeren" Anstoß, nicht aus innerer Entwicklung.

Ich glaube nicht, daß Augustinus nur von einem überstrengen Über-Ich verfolgt wurde, sondern daß die obige Beschreibung die psychischen Vorgänge eher trifft. Es ist zweifelhaft, ob die damaligen Familienkonstellationen und die gesellschaftlichen Bedingungen überhaupt dem Über-Ich eine entscheidende Funktion gegeben haben können. Darüber hinaus sprechen insbesondere der späte Zeitpunkt der Bekehrung (Augustinus war bereits 32 Jahre alt) und seine durchgehend kritische Haltung gegenüber den Regeln und Sitten seiner Zeit dagegen, daß Augustinus lediglich ein strenges Über-Ich hatte. Seine Askese und sein Kampf um die Keuschheit war weder für ihn als Person noch für die christliche Familie oder Gemeinde typisch, sie entsprach viel eher einem spätantiken Ideal der griechischen und römischen Oberschichten des 3. und 4. Jahrhunderts. Die Selbstanklagen, mit denen Augustinus sein Leben vor der Bekehrung überhäufte, entstammten eher dem Versuch, aus dem Verstand heraus ein neue Subjektivität zu entwickeln als einer inneren Stimme des Gewissens. Er fand für sich ein neues Ich-Ideal und eine neue Persönlichkeit, indem er ganz in einem transzendenten Kosmos aufging. Und möglicherweise hörte er die Stimme Gottes.

Montaigne: „Was weiß ich?"

Nach dem Vorbild der „Bekenntnisse" entstanden im 16. und 17. Jahrhundert, also mehr als 1000 Jahre später, viele christliche Bekehrungsberichte. Eine neue, weltliche Betrachtungsweise brachten die Autobiographien von Petrarca, Cellini und Cardano. Zum Vorbild einer neuen Gattung der Literatur wurden jedoch erst Montaignes Essays, die erstmals zu einer individuellen und subjektiven Betrachtungsweise führten[49]. Montaigne machte sich selbst zum Gegenstand seines Buches, in keiner anderen Absicht, als daß die Nachwelt sich seiner als besondere, individuelle Person erinnern möge. Schon im Alter von 37 Jahren zog sich Michel de Montaigne aus dem Getriebe der Welt auf den Stammsitz seiner adliger Familie zurück, um seine Essays zu schreiben. Nur durch zwei große Reisen unterbrochen, wird ihn dies 22 Jahre lang bis zu seinem Tode im Jahre 1592 beschäftigen. Leben und Reflexion über das Leben verschmolzen miteinander, denn er machte die Reflexion über sich zum Inhalt seines Lebens.

Die Essays halten keine strenge Form ein. Ihr Ziel ist es, authentisch die Gedanken ihres Verfassers widerzuspiegeln. Montaigne schrieb auf, was ihm gerade einfiel: Selbstbeschreibungen, Anekdoten, sehr viele Zitate klassischer Autoren, Reiseberichte, philosophische Gedanken, Kommentare zur Zeit usw. Wir haben es nur insofern mit einer Autobiographie zu tun, als der Verfasser sich sehr subjektiv darstellt, nicht in dem Sinn einer chronologischen Lebensbeschreibung. Eine solche Art der Beschreibung wäre auch nur angebracht gewesen, wenn der Verfasser der Auffassung gewesen wäre, daß sein Leben eine Entwicklung zu einer gewissen Reife durchgemacht hätte. Diese Vorstellung war Montaigne aber fremd. Er reflektierte über Alter und Jugend in ganz anderer Weise:

„Ich bin jetzo nur allzu gesetzt, ich bin allzu bedächtig, und übrig reif. Die Jahre lehren mich täglich kaltsinnig und mäßig sein. Dieser Körper fliehet und fürchtet die Unordnung. Nun ist die Reihe, den Geist zu bessern, an ihm, nun regieret er, und zwar weit gestrenger und gebietherischer." (Essais, III. Buch, V. Hauptstück, 841f)

Er trauerte über den Verlust seiner körperlichen Kräfte – er war fast 60 Jahre alt, als er dieses schrieb – und wollte im Alter wenigstens das Bild der sexuellen Freuden seiner Jugend festhalten. Altern war für ihn ein natürlicher und körperlicher Prozeß, eher Verfall als Reife. Mit dem Körper ändert sich der Charakter, aber nicht im Sinne einer höheren Entwicklung. Montaigne verglich seine Essays mit einer öffentlichen Beichte, „andächtig und ungeheuchelt". Er wollte sich untersuchen und „bis auf die Eingeweide" ausforschen, dabei redete er ohne Scheu und ohne Rücksicht auf die Konventionen. Am liebsten wäre ihm gewesen, er hätte – wie die gerade entdeckten südamerikanischen Indianer – ganz nackt erscheinen können. Aber im großen Unterschied zur Beichte hatte er kein schlechtes Gewissen und schämte sich nicht:

„Der heilige Augustin, Origines und Hippokrates haben die Irrthümer in ihren Lehrsätzen bekannt; ich bekenne die Irrtümer in meinen Sitten. Ich gebe mich recht gern zu erkennen, man mag mich, für was man will, halten, so bin ich, wenn es die Wahrheit ist, zu frieden." (Essais, III, V., 854)

---

49 Michel de Montaigne: Essais (Versuche) nebst des Verfassers Leben nach der Ausgabe von Pierre Coste ins Deutsche übersetzt von Johann Daniel Tietz. Zürich 1992

Montaigne war ebenso unermüdlich auf der Suche nach der Wahrheit wie Augustinus. Aber bei ihm leitete sich das Motiv dazu offensichtlich aus einer Kritik an den Zeitumständen und den herrschenden Sitten ab. Immer wieder kritisierte er scharf die Verstellung, die Lügen, den falschen Schein, das Theater, das alle zu spielen scheinen.

„Ich habe zu meiner Zeit Wunderdinge von Seiten der unbesonnenen und unglaublichen Neigung der Völker, alles zu glauben und zu hoffen, was ihren Oberhäuptern beliebig und nützlich gewesen ist, gesehen: ungeacht sie hundert mal, einmal über das andere, betrogen worden; ungeacht alles nichts, als Einbildung und Träume, gewesen sind." (Essais, III, X., 234)

Hiermit waren die einfachen Leute, ihre Vorurteile und ihr Hexenglauben gemeint, sowie die Unruhe in den sozialen Verhältnissen, wenn Stand und äußeres Auftreten nicht mehr eindeutig zusammenfallen – „wir alle müssen unsere Rolle gehörig spielen; aber als eine Rolle, bey der wir eine andere Person vorstellen" –, doch vor allem schreckten Montaigne die ungezügelten Leidenschaften, die in den Religionskriegen freigesetzt wurden. Montaigne lebte in der Zeit von Reformation und Gegenreformation, er erlebte die Bartolomäusnacht mit, sein Landsitz wurde sowohl von der befreundeten, wie von der gegnerischen Partei geplündert, er mußte vor der Pest fliehen und sah immer mehr Menschen in Hexenwahn und -verfolgung versinken. „Alles um uns herum wankt und fällt", schrieb er, als „hätten die Gestirne selbst beschlossen, daß wir lang genug und über unsere Zeit gedauert haben."

Montaigne sah das fanatische Festhalten an scheinbar überlegenen Glaubenssätzen sowie die allgemeine Lüge und Verstellung als die Hauptursache der Übel seiner Zeit. In der Philosophie unterschied er drei Denkrichtungen: diejenigen, die die Wahrheit gefunden zu haben meinen, diejenigen, die bestreiten, daß es eine Wahrheit gibt und diejenigen, die beständig auf der Suche nach Wahrheit sind. Ganz eindeutig schloß er sich den letzteren an. „Que sais-je?" machte er zu seinem Wahlspruch, zu dem Motto, daß in seinem Studierzimmer immer vor seinen Augen an der Wand hing. Ich denke, daß auch seine scharfe Selbstbeobachtung und die scheinbar schamlose Offenlegung seiner innersten Triebe und Gedanken ihm dazu dienten, sich immer wieder klar zu machen, daß man sich vor Illusionen hüten soll, daß die menschliche Natur vielfältig und widersprüchlich ist und niemand das Recht hat, sich über andere zu erheben. Er betont, daß die weisesten Männer (des Altertums) skeptisch blieben und er lobt den Zweifel über alles. Jede ihm bekannte Eigentümlichkeit von Sitten anderer Völker (viele natürlich sagenhaft, übertrieben und erfunden) zählte er auf, um zu verdeutlichen, daß es nicht nur eine Art geben kann, selig zu werden. Auf diese Weise verband er die klassisch-antike Auffassung mit neuen Elementen: Er führte die Wahrheitssuche auf die Menschen in ihrer Welt zurück und fand humanistische Grundsätze, mit denen Menschen unterschiedlicher Gesellschaften und Religionen gemeinschaftlich leben könnten.

In seiner Innenschau untersuchte Montaigne in erster Linie die Zusammenhänge von Körper und Seele. Ihn beeindruckte die Abhängigkeit der seelischen Regungen vom körperlichen Wohl- oder Unwohlsein. Er hatte nicht nur deshalb Anlaß zu solchen Fragen, weil ihm sein Leben lang Nierensteine die entsetzlichsten Schmerzen bereiteten. Er vollzog auch Experimente mit sich: er ließ sich aus dem Schlaf wecken und spazierte über schwindelerregende Abgründe, um sein Bewußtsein zu erforschen. Er gab einen akribischen Bericht von einer bei einem Unfall erlittenen Ohnmacht, bei dem es ihm tatsächlich gelang, auch die feinen Übergangsstufen zwischen Bewußtlosigkeit und Wachen zu erfassen. Die Erkenntnis der physischen Abhängigkeit der Geistestätigkeit und die Beobachtung, daß starke Affekte den Verstand ausschalten können, führte ihn aber nicht – wie Augustinus – zu einer Entgegensetzung von Körper und Geist, sondern ließ ihn nach einer Art von verständigem Umgang mit beiden und wechselseitiger Ergänzung suchen (vgl. auch Starobinski 1982, 283ff.).

So ist es kein Wunder, wenn er die Wollust als Antrieb der Tugend faßte und wie Aristoteles – aber ohne sich auf ihn zu beziehen – die rechte Mitte suchte. Im übrigen war ihm die sexuelle Lust Naturkraft, die die ihr gemäße Betätigung braucht und er führte ausführlich die Gründe an, warum entgegen dem Sittenkodex seiner Zeit Frauen und Männer sich darin gleichen. Augustinus Welt- und Triebverleugnung war ihm völlig fremd. Ironisch erzählte vom Heiligen Hilar, dem Bischof von Poitiers, der Gott um den Tod seiner einzigen Tochter und seiner Frau bat, damit diese im Himmelreich selig und nicht auf Erden sündig werden würden. (Essais, I, XXXII., 393ff.) Montaigne beschrieb ein Ich, das stark und mit der Welt – mit seinem Körper und seiner sozialen Umgebung – verbunden ist.

Montaigne kannte die neuen höfischen Sitten der Zeit und empfand sie als enges Korsett. Er stand mitten in der von Norbert Elias beschriebenen zweiten Phase des „Zivilisationsprozeß", in dem zwar die Affekte stärker geformt und zurückgedrängt wurden als früher, in der aber dieser Prozeß bewußt durch die Kontrolle von „außen" in Gang gesetzt wurde und noch nicht ganz verinnerlicht war. Montaigne lebte bewußt in seiner Zeit, aber seine Zeit war ihm nicht historisch. Die antiken Schriftsteller waren ihm wie Zeitgenossen. Neuerungen lehnte er grundsätzlich ab. Weltliche Reiche können zerfallen, nach ihnen entstehen neue, aber sie entwickeln sich nicht auseinander. Es gibt einen großen Unterschied zwischen Naturvölkern und zivilisierten Nationen, aber dieser Unterschied ist so natürlich, wie der zwischen den Tierarten.

Montaigne versuchte, in einer Welt und zu einer Zeit an antike Traditionen anzuknüpfen, in der die „natürlichen" Gemeinschaften offensichtlich von religiösen Gegensätzen zerrissen wurden. Seine Einsichten konnte er deshalb nicht mehr als christliche Ethik, als verbindliche Leitlinie des einen „heiligen Kosmos" formulieren. Das gute Leben wird in den Traditionen der griechischen Klassik definiert, aber es kann nicht mehr aus der Gemeinschaft der Polis abgeleitet werden und deshalb auch nicht mehr im Rückgriff auf Aristoteles, sondern im Rückgriff auf die dann einzig mögliche Position der Skepsis und bereichert um das subjektive Empfinden des Individuums. Wenn der Kampf um die Wahrheit auf dem Schlachtfeld ausgetragen wird, bleibt dem Philosophen nur die Position des Skeptikers. Montaigne war ein Denker des Humanismus, er bereitete die Aufklärung vor, mochte sich aber mit guten Gründen auf ihre Fortschrittsgläubigkeit nicht einlassen. An vorurteilsloser Neugier auf sich selbst, an Offenheit und in der Verbindung von scharfer Kritik mit Toleranz sind die Essays bis heute unübertroffen.

Rousseau: Die Kette der Gefühle

Ende des 18. Jahrhunderts begann Jean-Jaques Rousseau „ein Unternehmen, das ohne Beispiel ist[50]", von dem er fälschlicherweise annahm, daß es niemand nachahmen würde: „Ich will einen Menschen in der ganzen Naturwahrheit zeigen, und dieser Mensch werde ich sein" (Die Bekenntnisse, 9). Rücksichtslos die innere Wahrheit aufdecken wollte Rousseau und dabei Montaigne übertreffen:

„Ich habe stets über die falsche Naivität Montaignes gelacht, der während er scheinbar seine Fehler eingesteht, doch sehr darauf bedacht ist, sich nur liebenswürdige Fehler beizulegen; während ich, der ich mich, im ganzen genommen, stets für den Besten der Menschen gehalten habe und noch halte, erkannt habe, daß es kein menschliches Inneres gibt, das, so rein es auch sein möge, nicht irgendein hassenswertes Laster verberge." (Die Bekenntnisse, 509)

Aber nicht die rückhaltlose Ehrlichkeit im Umgang mit dem Selbst ist das Neue, sondern der Ort, an dem Rousseau Wahrheit zu finden glaubt: die innere Natur. Montaigne hatte bei aller Aufgeschlossenheit zur Selbstbeobachtung und Unabhängigkeit des Urteils stets mit Bezug auf die klassische Wissenschaft argumentiert. Rousseau brach radikal mit dieser Tradition. Der Bruch war so stark, daß er in einem bekehrungsähnlichen Erregungszustand erfahren und erlebt werden mußte. Ohne, daß er vorher in seinem Leben als philosophischer Schriftsteller tätig gewesen wäre, drängten sich Rousseau im Alter von 37 Jahren mit einem Schlage neue Ideen auf, aufgrund derer er sein ganzes Leben änderte. Er „sah eine andere Welt und wurde ein anderer Mensch" (Die Bekenntnisse, 346):

„Mit einem Schlage fühlte ich meinen Geist durch tausend Lichter geblendet, zahllose lebensvolle Ideen strömten auf mich ein, mit einer Kraft und Fülle, die mich in unaus-

---

50 Jean-Jacques Rousseau: Die Bekenntnisse. München 1978. Georg Holmsten: Jean-Jacques Rousseau. Reinbeck bei Hamburg 1972

sprechliche Verwirrung brachte. Mein Kopf ist berauscht, als sei ich betrunken. Heftiges Herzklopfen droht mich zu ersticken; ich kann nicht mehr atmen und werfe mich unter einen der Bäume an der Landstraße. Eine halbe Stunde bringe ich dort in einer solchen Aufregung zu, daß ich beim Aufstehen meine Weste von Tränen benetzt finde. Oh, mein Herr, hätte ich damals den vierten Teil dessen niederschreiben können, was ich unter jenem Baum empfand, mit welcher Klarheit hätte ich dann die Widersprüche der gesellschaftlichen Ordnung darlegen können, mit welcher Gradlinigkeit hätte ich bewiesen, daß der Mensch von Natur aus gut ist und daß die Menschen allein durch unsere Einrichtungen böse werden. Das Wenige, was ich von der Fülle der großen Wahrheiten festhalten konnte, die mich in jener Viertelstunde unter dem Baum erleuchteten, findet sich in abgeschwächter Form zerstreut in meinen Hauptschriften. Auf diese Art bin ich, ohne daran zu denken, fast wider meinen Willen zum Schriftsteller geworden." (Zitiert nach Holmsten 1972, 64)

Bald nachdem Rousseaus Abhandlung den Preis der Akademie gewonnen hatte, ergriff ihn eine länger währende Hochstimmung. Er fand „nichts anderes mehr groß und schön, als über Schicksal und Menschenmeinung erhaben, frei und tugendhaft zu sein und sich selbst zu genügen" (Die Bekenntnisse, 350). Er wollte „mit den Lebensregeln meines Jahrhunderts brechen" und nurmehr auf „die sanfte Stimme der Natur" hören. Dieses Bekehrungserlebnis haben Rousseaus „Confessions" mit Augustinus „Confessiones" gemein. Die innere Stimmung ist jedoch konträr.

Mit Rousseau entstand der neue Gedanke, daß die Gesellschaft verändert werden muß, weil der Mensch von Natur aus gut ist. Damit wird die Natur des Menschen zur Grundlage seiner Identität gemacht. Das „Innere" des Menschen wird jetzt zum Sitz seiner Individualität, die „Gesellschaft" wird zum Ort der Verderbnis. Natur und Gesellschaft werden zum Gegensatz, der besonders deutlich am Verhältnis vom „Wilden" zum zivilisierten Menschen hervortritt:

„Der wilde Mensch lebt aus sich selbst; der gesellige hingegen lebt immer außerhalb seines Selbst, kennt kein anderes Leben als das in der Meinung anderer, und nur aus ihrem Urteil gewinnt er das Gefühl seiner eigenen Existenz." (Zitiert nach Holmsten, 1972, 74)

In der Beobachtung gleicht diese These derjenigen J. H. Meads, daß wir unser Selbst durch die Identifikation mit dem „verallgemeinerten anderen" bilden. Rousseau hielt dies freilich für das verderbliche Werk der Zivilisation und des Fortschritts, die den guten Kern des Menschen bedrohen. Daß der Mensch von Natur gut sei, ist die Umkehrung der aristotelischen Position, daß die menschliche Natur und ihre Gefühle erst vermittels der Vernunft und der Moral zu gutem Handeln fähig werden. Rousseau vermutet, daß die „Wilden" im Naturzustand mit sich identisch seien, der zivilisierte Mensch dagegen sei seiner Natur entfremdet.

Montaigne teilte diese Ansicht über die „Wilden" nicht. Er traf – kurz nach der Entdeckung der „Neuen Welt" – Angehörige eines brasilianischen Stammes[51] und berichtet aus „erster Hand" über die „Wilden" (Essais, I, XXX). Montaigne hielt die Indianer für die Verkörperung des „Goldenen Zeitalters" und begab sich darüber in einen fiktiven Dialog mit Plato. Er bewunderte ihre „ursprüngliche Einfalt" und meinte, daß sie natürlichen Gesetzen folgten und „durch die unsrigen noch nicht so sehr verderbet sind". Alle Institutionen, die Montaigne so scharf kritisierte, fehlen bei ihnen. Aber die Ordnung der Natur und der Geschichte tastete er nicht an. Der einfachere Zustand ist glücklicher, so wie die Menschheit vor dem Sündenfall glücklicher als heute war. Es kam Montaigne nicht in den Sinn, die Rollen zu vertauschen. Ironisch endete er seinen Bericht über die Indianer: „Alles dieß ist so unrecht nicht. Allein, was? Sie tragen keine Hosen."

Rousseau formuliert hingegen die Grundlage der Zivilisationskritik, indem er die gesellschaftlichen Institutionen als veränderbar ansieht. Erst Rousseau verbindet die Vorstellung vom Naturzustand mit der Vorstellung von individueller Freiheit. Insofern tritt uns in Rousseau ein wesentlicher Grundzug der modernen Individualität entgegen. Tatsächlich wurde vor ihm dieser Gegensatz nicht so gedacht. Am Vorabend der großen Revolution war in Frankreich die Zersetzung des alten „heiligen Kosmos" und seiner weltlichen Entsprechungen so weit gediehen, daß hinter ihm seine gesellschaftlich-historische Bedingtheit erschien. Die Lebensumstände erscheinen als falsche, weil sie von menschlichen Einrichtungen beherrscht werden und vor allem erscheinen sie als änderbar, weil man sich auf ein naturgegebenes Gutes beziehen kann. Zum Sinnbild des Reinen werden die unberührte Natur, das Naturerlebnis und ihre Anschauung. Sie treten als transzendenter Zusammenhang an die Stelle der Religion:

„Bald erhob sich mein Denken vom Boden der Erde zu allen Wesen der Natur, zu dem allgemeinen Zusammenhang der Dinge, zu dem unbegreiflichen Wesen, in dem alles ist. Dann verlor sich mein Geist in dieser Unendlichkeit, ich dachte nicht, ich vernünftelte nicht, ich philosophierte nicht, aber ich fühlte mich mit einer Art von Wollust niedergedrückt durch die Wucht des Universums. Ich sah mich im weiten Raum verschweben, mein Wesen verrann in der Unendlichkeit." (Zitiert nach Holmsten 1972, 83)

---

51 Es handelt sich um den gleichen Stamm, den Claude Lévi-Strauss 300 Jahre später in Brasilien suchen wird und über den er in „Traurige Tropen" berichtet. Lévi-Strauss hatte Montaigne und Rousseau im Gepäck dabei. „Rousseau hatte zweifellos recht, wenn er glaubte, daß es für das Glück der Menschheit besser gewesen wäre, ,die rechte Mitte zwischen der Trägheit des primitiven Zustands und der ungestümen Aktivität unserer Eigenliebe' zu wahren, daß dieser Zustand ,dem Menschen am besten entspricht' und daß es, um ihn diesem zu entreißen, ,eines unheilvollen Zufalls' bedurfte, in dem man jenes in doppelter Hinsicht außergewöhnliche – da einmalige und spät eingetretene – Phänomen erkennen kann, nämlich das Entstehen der mechanischen Zivilisation." (Lévi-Strauss 1955, 387)

Trotz seiner religiösen Unabhängigkeit durchziehen Rousseaus Bekenntnisse typisch puritanische Themen. Der Kern der Beichte und der Schuldbekenntnisse sind seine sexuellen Neigungen – sein Masochismus und sein Exhibitionismus –, die er selbst auf Ereignisse in seiner frühen Jugend zurückführt. Sein Leben lang ist er von „Gewissensbissen" geplagt, sei es, daß ihm die Erinnerung an Stehlen und Lügen plagt, seien es Schuldgefühle gegenüber der früheren Geliebten und darüber, daß er seine Kinder ins Waisenhaus gegeben hat. Seine bürgerliche Abstammung, seine Erziehung in einem calvinistischen Pfarrhaus und seine Jugend im bürgerlich-calvinistischen Milieu Genfs haben in dieser Hinsicht tiefe Spuren hinterlassen. Aber Rousseaus Stellung zu seinen Gefühlen ist nicht so einfach auf einen Nenner zu bringen. Sie sind ihm auch Halt und Leitfaden seines Lebens:

„Ich habe nur einen treuen Führer, auf den ich zählen kann, das ist die Kette der Gefühle, die die Entwicklung meines Daseins begleitet haben, und durch sie die der Ereignisse, die ihre Ursache oder Wirkung gewesen sind. Ich vergesse leicht mein Unglück, aber ich kann meine Fehler nicht vergessen, und noch weniger vergesse ich meine guten Gefühle...Ich kann Lücken in den Tatsachen lassen, sie verschieben, mich in den Daten irren, aber ich kann mich nicht über das täuschen, was ich gefühlt habe, noch über das, was mich meine Gefühle haben tun lassen." (Die Bekenntnisse, 274)

Rousseau formuliert hier sehr genau, wie das Selbst seine Identität aus der „Kette seiner Gefühle" finden kann und nicht aus dem Telos der Polisgemeinschaft, den Lehren der antiken Schriftsteller oder einem „heiligen Kosmos". Seine Gefühle, die Einkehr in sein „Inneres" sind für Rousseau geradezu das einzig Sichere in einer Welt, die es auf Täuschung und Lüge abgesehen hat. Sie sind die wahre Wirklichkeit. Aus sich selbst heraus leben heißt, entlang der Kette der eigenen untrüglichen Gefühle zu leben und sich seiner Authentizität gewiß zu sein.

Und das ist nicht einfach, wie eine Episode zeigt, in der Rousseau die verdiente Pension des Königs nach seinem ersten Erfolg an der Oper ablehnte (Die Bekenntnisse 372ff.). Zunächst riskierte er eine Brüskierung des Hofes, als er zur Uraufführung „im gleichen nachlässigen Aufzug wie gewöhnlich mit starkem Bart und ziemlich schlecht gekämmter Perücke" erschien. Er fürchtete, daß er, wenn er sich der öffentlichen Meinung in irgendeinem Punkte untertan machte, er bald „in allem ihr Untertan" werden würde. Er nahm diesen „Mangel an Anstand für einen Akt des Mutes", war aber dennoch verlegen und fühlte sich unbehaglich, bis er durch die freundliche Reaktion seiner Umgebung beruhigt wurde. Als er nach dem großen Erfolg seiner Oper für den nächsten Tag zur Audienz gerufen wurde, um eine Anerkennung des Königs und eine – dringend benötigte – Pension zu bekommen, flüchtete er statt dessen und reiste ab. Er führt in den „Bekenntnissen" gleich drei Gründe dafür an: Erstens fürchtete er, wegen eines – vermutlich psychosomatischen – Blasenleidens, während der Audienz den Urin nicht halten zu können. Zweitens fühlte er sich unter dem Zwang, dem König zu antworten, indem er „eine große und nächste Wahrheit in ein schönes und verdientes Lob" hüllt und fürchtete, wegen seiner „verwünschten Schüchternheit" nicht ein Wort von dem herauszubringen, was er vorbereitet hatte. Drittens erst führt er an, daß ihn die Pension abhängig gemacht hätte, er meinte, er hätte mit der Pension des Königs zukünftig nur „schweigen oder schmeicheln" können. „Ich glaubte also, wenn ich auf sie verzichtete, einen völlig meinen Grundsätzen entsprechenden Entschluß zu fassen und den Schein der Wirklichkeit zu opfern". Bezeichnend an dieser Episode ist, daß Rousseau tatsächlich seinen Körper (seine Blasenschwäche), seine Gefühle (seine zwanghafte Schüchternheit) und seine Grundsätze in Übereinstimmung bringt. Authentizität ist der höchste Maßstab, höher als Ehre, Verdienst und Ruhm. Ohne sich mit seinem Selbst identisch zu fühlen, ist das Leben nichts wert und keine äußerliche Anerkennung kann das Selbst darüber hinweg täuschen.

Die Episode zeigt zugleich, welcher Preis dafür – im wörtlichen und übertragenen Sinne – zu entrichten ist. Radikal mit seinen vermeintlich natürlichen Gefühlen in Übereinstimmung zu leben, führt zwangsläufig zu Konflikten mit der „Gesellschaft", ist selbst ein Modell der Gesellschaftskritik. Rousseaus Versuch, auf dieser Basis ein ideales Gesellschaftsmodell zu entwerfen, blieb in sich widersprüchlich. Er meinte, der Mensch hinge in seinen inneren Antrieben von seiner Umgebung ab und könne Lebensregeln ersinnen, die durch ihre „physischen Prinzipien" die „Seele in den für die Tugend günstigen Zustand versetzen":

„Vor wieviel Verirrungen könnte man die Vernunft bewahren, wieviele Laster könnte man hindern, aufzukeimen, wenn man den leiblichen Organismus zwingen könnte, die moralische Ordnung, die er so oft störte, zu fördern. Die Klimate, die Jahreszeiten, die Töne, die Farben, die Dunkelheit, das Licht, die Elemente, die Nahrung, der Lärm, die Stille, die Bewegung, die Ruhe, alles wirkt auf unseren Leib und unsere Seele ein; folglich bietet uns alles tausend sichere Mittel, um die Gefühle, von denen wir uns beherrschen lassen, in ihrem Ursprung zu leiten." (Die Bekenntnisse, 404)

Der Versuch, durch gesellschaftliche Maßnahmen selbst noch die Gefühle der einzelnen nach politischen Nützlichkeitserwägungen leiten zu wollen, verkennt gerade die „Natur" der Gefühle und führt politisch geradewegs in den Totalitarismus. Den Konflikt zwischen individueller Freiheit und gesellschaftlichen Anforderungen löste Rousseau auf, indem er sich vorstellte, die Individuen sollten ihrer Freiheit freiwillig zugunsten der allgemeinen Prinzipien aufgeben. Im Grunde versucht er, eine Gemeinschaft von Polisbürgern, ohne Rücksicht auf deren historische Bedingungen und Schranken, aus der freien Entscheidung der Individuen neu zu begründen. Rousseaus „Gesellschaftsvertrag" blieb eine utopische Idee[52], während seine literarischen

---

52 Die allerdings nicht nur die Jakobiner in der Französischen Revolution inspirierte. Auf die im „Gesellschaftsvertrag" beschriebene Zivilreligion als Grundlage des Gemeinwesens beziehen sich z.B. heute amerikanische „Kommunitaristen".

Schriften die Gefühlsbildung des adligen und bürgerlichen Lesepublikums nachhaltig beeinflußten.

Rousseau begründete nicht weniger als die moderne Form der Identitätssuche. Wenn ich wissen will, wer ich bin, muß ich mir über meine inneren Beweggründe, Antriebe, Ziele, Wünsche und Gefühle klar werden. Wenn ich nach meiner Identität frage, muß ich nach „Innen" schauen. Auch damit vollzieht der „arme Jean-Jaques" einen historischen Positionswechsel. Galt doch von Aristoteles über Augustinus bis Montaigne, daß die Gefühle unzuverlässig, schwer zu beherrschen und oft trügerisch sind, wenn sie nicht vom Verstand auf das rechte Maß gebracht oder ganz und gar gezügelt werden. Selbst Augustinus radikale Innenschau darf nicht als Subjektivismus mißverstanden werden: er entdeckt kosmologische Prinzipien und keine privaten Gefühle. Rousseaus Position tritt noch schärfer hervor, wenn man bedenkt, daß die Philosophen der Aufklärung, seine Zeitgenossen und Kollegen „Enzyklopädisten" gerade den historischen Sieg der Vernunft über Aberglauben, Unwissenheit und auch über die trügerischen Gefühle verkündeten. Indem sie die Zweckrationalität und die wissenschaftliche Erkenntnis über die traditionellen sinnhaften kosmologischen Weltbilder stellen, greifen sie ebenso wie Rousseau, aber von einer anderen Seite die vormoderne Welt an. Die heraufziehende Moderne konstituiert keine einheitliche neue Welt, sondern eine von vornherein widersprüchliche. Die Einheit von Staat und Gesellschaft, Gemeinschaft und Ethik ist offensichtlich zerfallen. Jeder Versuch, sie wieder einzurichten, muß von nun an die Freiheit des einzelnen berücksichtigen oder er führt in die totalitäre Herrschaft. Von nun an erst treten Individuum und Gesellschaft, Natur und Vernunft, Gefühl und Verstand als gesonderte, getrennte oder gar gegensätzliche Kategorien hervor und scheinen in Widerspruch zueinander zu stehen.

Goethe: Sich selbst historisch werden

Mit dem Auftreten der Widersprüche entsteht die Position der Klassik, als Aufhebung der Widersprüche in einer höheren Einheit. Goethes „Dichtung und Wahrheit"[53] zeigt dies am Leben und der Lebensbeschreibung des Dichters selbst. Bei Goethe wird die Person selbst historisch, Teil ihrer als Geschichte verstandenen Zeit und Gesellschaft:

...indem ich „mich bemühte, die innern Regungen, die äußern Einflüsse, die theoretisch und praktisch von mir betretenen Stufen der Reihe nach darzustellen: so ward ich aus meinem engen Privatleben in die weite Welt gerückt, die Gestalten von hundert bedeutenden Menschen, welche näher oder entfernter auf mich eingewirkt, traten hervor; ja die ungeheuren Bewegungen des allgemeinen politischen Weltlaufs, die auf

---

53 Johann Wolfgang von Goethe: Aus meinem Leben. Dichtung und Wahrheit. In: Goethes Werke, Band 9 und 10. München 1982

mich, wie auf die ganze Masse der Gleichzeitigen, den größten Einfluß gehabt, mußten vorzüglich beachtet werden. Denn dies scheint die Hauptaufgabe der Biographie zu sein, den Menschen in seinen Zeitverhältnissen darzustellen, und zu zeigen, inwiefern ihm das Ganze widerstrebt, inwiefern es ihn begünstigt, wie er sich eine Welt- und Menschenansicht daraus gebildet, und wie er sie, wenn er Künstler, Dichter, Schriftsteller ist, wieder nach außen abgespiegelt. Hierdurch wird aber ein kaum Erreichbares gefordert, daß nämlich das Individuum sich und sein Jahrhundert kenne, sich, inwiefern es unter allen Umständen dasselbe geblieben, das Jahrhundert, als welches sowohl den Willigen als Unwilligen mit sich fortreißt, bestimmt und bildet, dergestalt, daß man wohl sagen kann, ein jeder, nur zehn Jahre früher oder später geboren, dürfte, was seine eigene Bildung und die Wirkung nach außen betrifft, ein ganz anderer geworden sein." (Goethes Werke Band 9, 9)

Goethe will in seiner Autobiographie nicht wie Rousseau die „Kette der Gefühle" rekonstruieren. Er wird sich nicht zum psychologischen Problem, sondern er will sich in sich selbst historisch spiegeln. Für Goethe steht nicht die Kontemplation, sondern die Praxis im Mittelpunkt: „Wie kann man sich selbst kennen lernen? Durch Betrachten niemals, wohl aber durch Handeln." (8, 283) „Das Leben eines Menschen ist sein Charakter" (11, 411), infolgedessen ist seine Biographie eine Schilderung von Situationen und davon, was er in ihnen tat und was daraus wurde, er gibt ausdrücklich „Lebensgeschichte, nicht aber Analyse des Innenlebens" (9, 626).

Hinzu kommt, daß Goethe eine ausgereifte Vorstellung von der Entwicklung der Natur und des Menschen hat. Wie die Pflanzen sich gemäß ihrer inneren Natur und der äußeren Umstände entfalten, tut dies auch der Mensch. Was für die Pflanze die natürliche Umwelt ist, ist für den Menschen die geschichtliche Umwelt. Und so zeigt er, wieviel „Welt" das Ich sich anzueignen vermag. Dabei gewinnt das Ich um so mehr Ganzheit, je deutlicher es die Ganzheit der Welt in sich aufnehmen kann. Er kann dies tun, weil sein Ich autonom und selbstbewußt genug dafür ist:

„Das Höchste, was wir von Gott und der Natur erhalten haben, ist das Leben, die rotierende Bewegung der Monas um sich selbst, welche weder Rat noch Ruhe kennt; der Trieb, das Leben zu hegen und zu pflegen, ist einem jeden unverwüstlich eingeboren, die Eigentümlichkeit desselben jedoch bleibt uns und anderen ein Geheimnis." (12, 396)

Der Gang durch die Reihe historischer Autobiographien muß hier enden. Im 19. Jahrhundert zeigt sich, daß sowohl die „Welt", als auch das Selbst vertrackter geworden sind, als daß sie in einer Autobiographie widergespiegelt werden können. Wissenschaftliche Erkenntnis wird unentbehrlich zum Verständnis der Welt und des Selbst und damit zum Selbstverständnis des modernen Menschen. Freud hat gezeigt, daß auch das Selbst nicht ohne weiteres dem Bewußtsein zugänglich ist, nicht einmal in allen seinen wesentlichen Teilen, die unsere Motive und Gefühle bestimmen. Die Psychoanalyse ist die erste und einzige Wissenschaft, die „in ihren wesentlichen Aktivitäten Empathie, angewandt mit wissenschaftlicher Strenge zur Sammlung der Daten menschlicher Erfahrung, mit erfahrungsnahem und erfahrungsfernerem Theoretisieren kombiniert, das mit ebensolcher wissenschaftlichen Strenge angewandt wird, um die beobachteten Daten in einen Kontext von breiterem Sinn und breiterer Bedeutung einzufügen" (Kohut 1977, 292). Indem sich die Psychoanalyse „auf die Grundlage der Daten von Introspektion und Empathie gestellt hat" (ebd.), hat sie das Selbstverständnis der modernen Menschen um eine Dimension bereichert. Kohut vertritt die These, daß im 19. Jahrhundert der herrschende Typus der Persönlichkeit zutiefst vom Ödipuskomplex geprägt worden wäre, daß die Menschen, von Kindheit an stark in ihre familiäre Umgebung einbezogen, durch ihre Wünsche und Begierden schwer geprüft worden seien und somit der „Schuldige Mensch" zum Hauptproblem dieser Epoche geworden wäre. In der heutigen Gesellschaft dagegen werde das zerbrechliche, verwundbare, leere Selbst des Erwachsenen zum zentralen Problem, weil die Menschen schon von Kindheit an unterstimuliert bleiben und idealisierbare Eltern entbehren müßten (vgl. ebd., 279 f.). In beiden Fällen ist das Selbst durch tiefe innere Konflikte gekennzeichnet. Wir haben in den besprochenen Autobiographien keinen Anhaltspunkt dafür gefunden, daß das Ich durch innere seelische Konflikte absorbiert gewesen wäre. Die tiefen Konflikte waren dramatischer oder tragischer Art: ein Ringen um den rechten Weg, Konflikte zwischen innerer Natur und äußerer Gesellschaft.

Nicht nur die Struktur des Selbst, auch die Struktur der Gesellschaft ändert sich im 19. Jahrhundert definitiv und tiefgreifend. Marx hat gezeigt, daß die moderne Gesellschaft an ihrer Oberfläche anders, ja gegensätzlich zu dem erscheinen kann, wie sie in ihrer Kernstruktur ist und vor allem, daß Gesellschaft nicht nur durch menschlichen Sinn, sondern auch durch anonyme Kräfte und eigene Sachgesetzlichkeiten zusammengehalten wird. Daran muß sowohl ein rousseauscher Versuch scheitern, aus dem inneren Gefühl heraus eine konsistente Biographie zu entwickeln, wie ein goethescher Versuch, eine Ganzheit von Geschichte und Person darzustellen. Die moderne Autobiographie muß mit der Disparatheit von Welt und Selbst umgehen lernen.

Um die Bedingungen, unter denen das moderne Selbst sich bildet, näher zu beschreiben, reichen psychologische Kriterien allein nicht. Im folgenden Teil werden die Institutionen und gesellschaftlichen Abhängigkeiten untersucht, die die persönlichen Identitäten prägen. Auf diese Zusammenhänge macht E. Balibar aufmerksam, wenn er schreibt:

„Denn jede Identität ist eine individuelle, aber es gibt niemals eine individuelle Identität, die nicht historischer Natur wäre, d.h. in einem bestimmten Umfeld sozialer Werte, kollektiver Verhaltensnormen und Symbole gebildet würde. Niemals (auch nicht bei den ‚verschmelzenden' Praktiken der Massenbewegungen oder in der ‚Intimität' emotionaler Beziehungen) identifizieren sich die Individuen völlig miteinander, aber sie erwerben auch keine isolierte Identität, was ein in sich widersprüchlicher Begriff ist. Die eigentliche Frage ist, wie sich die dominanten Kennzeichen der individuellen Identität mit der Zeit und der institutionellen Umgebung verändern." (Balibar/Wallerstein 1988, 116)

3. Teil
Die gesellschaftliche Integration

6. Kapitel: Gemeinschaften und gesellschaftliche Integration

Im ersten und zweiten Teil der Arbeit wurde das Verhältnis Individuum und Gesellschaft mit Blick auf die gesellschaftliche Einbindung des Individuums behandelt. Im dritten Teil richtet sich der Blick auf die Strukturierung der Gesellschaft und es wird der Frage nachgegangen, in welche Gesellschaft die Individuen vergesellschaftet werden. Das wirft zunächst die alte soziologische Grundfrage auf, wie Gesellschaft möglich ist. Vielen Theorien über die Moderne liegt leitmotivisch der Gedanke zugrunde, eine einheitliche, traditionelle Sozialform hätte sich differenziert und „entzaubert", hätte sich in versachlichte und gegeneinander verselbständigte Teile zerlegt. In der Moderne träte eine verdinglichte Gesellschaft den aus ihren ursprünglichen sicheren Einbettungen freigesetzten Individuen gegenüber. Bei allen Unterschieden findet sich dieses Motiv in marxistischen und neomarxistischen Theorien, in strukturfunktionalistischen und systemtheoretischen Ansätzen, in Habermas' Theorie des kommunikativen Handeln sowie in einer Reihe von auf der Psychoanalyse aufbauenden sozialpsychologischen Theorien.

Ob diese Modernisierungsthese in konservativem oder in fortschrittlichem Gewand vorgetragen wird, immer sollte sich dieser Diagnose eine Reflexion darüber anschließen, wie trotz der Differenzierung, Versachlichung und Verselbständigung die Gesellschaft noch zusammenhält, warum die nunmehr isolierten Individuen nicht im Chaos untergehen, sondern sich die Gesellschaft und die Menschen reproduzieren. Während es so scheint, als ließe sich zwischen den wichtigen Theorieansätzen noch eine Verständigung über den Befund einer fortschreitenden Differenzierung der Gesellschaft herstellen, liegen die verschiedenen Hypothesen über die wesentlichen Formen der gesellschaftlichen Integration weit auseinander. Eine Reihe von neueren Ansätzen sind um eine Neudefinition der Fragen gesellschaftlicher Integration bemüht (Giddens 1984, 1990, 1991; Münch 1982, 1984, 1986; Peters 1993). Sie zeichnen sich bei allen Unterschieden dadurch aus, daß sie weder gesellschaftliche Eigengesetzlichkeiten leugnen noch die sozialen Beziehungen hypostasieren und daß sie dem sozialen Handeln und dem bewußten Bezug auf die Welt eine weit größere Rolle einräumen, als es in den meisten anderen Theorieansätzen geschieht.

„Wie vereinen sich soziale Ordnung und individuelle Autonomie?" fragt Richard Münch zu Beginn des Entwurfs seiner „voluntaristischen Handlungstheorie" (Münch 1982, 364). Auf diese Frage hat es eine Reihe von „klassischen" Antworten gegeben. Am einflußreichsten war sicher die Arbeit von Emile Durkheim, der schon um die letzte Jahrhundertwende diese Frage zu seinem zentralen Thema gemacht hat. Durkheims Antwort war dezidiert: Die soziale Ordnung und die Individuen werden durch Gemeinschaften verbunden, die eine Verpflichtung des Individuums an gemeinsame Normen erzeugen (Durkheim 1897, Münch 1982, 290). Durkheim ging dabei von einem Menschenbild aus, nach dem er sich die Individuen auch in einem ungesellschaftlichen, quasi wilden Zustand denken kann, in dem sie ausschließlich egoistische und selbstsüchtige Motive verfolgen. Erst die Einbindung in lebendige Gemeinschaften strukturiert die Individuen zu sozialen Wesen. Aber dieses Menschenbild – das ich für falsch halte, wie im 1. Teil ausgeführt – ist keine logische Voraussetzung für die Hypothese über die Verbindung von Individuum und Gesellschaft.

Man kann zu dem gleichen Ergebnis bezüglich der Frage der Einbindung von Individuen in Gesellschaft kommen, wenn man wie Mead von der gesellschaftlichen Konstitution von Individualität ausgeht. Nach Mead spielen ebenfalls Gemeinschaften die zentrale Rolle. Er führt aber eine entscheidende Erweiterung der Perspektive ein: Wenn die Menschen auch nur in face-to-face Gemeinschaften soziales Verhalten lernen können, so sind doch die dabei internalisierten Identitätsstrukturen und Normen keineswegs ausschließlich auf diese Gruppe beschränkt. Die internalisierten „verallgemeinerten anderen", die kollektiven Identitäten und Weltbilder können weit über die unmittelbar beteiligten Gemeinschaften hinausgreifen. Universalistische Werte schließen die ganze Menschheit als Gemeinschaft ein. Nach Mead bilden die gemeinsamen Reaktionen der Gemeinschaften „Institutionen", die das Individuum in seine Identität übernimmt. Das Individuum erweitert seine Identität in dem Maße, wie es seine Gemeinschaften erweitert (vgl. Mead 1934, 312). Diese Erweiterungen beziehen sich nicht nur auf die Größe und die Zusammensetzung der Gruppen (Mutter-Kind, Familie, Altersgenossen, Schulklassen und Schulen, Religionsgemeinschaft, Partei, Weltanschauungsgemeinschaft, Nation, Menschheit), sondern auch auf einen universalistischen Aspekt des Inhalts der Gemeinschaftsbeziehungen:

„Der Mensch, der eine Identität besitzt, ist immer Mitglied einer größeren Gemeinschaft, einer größeren gesellschaftlichen Gruppe als jener, in der er sich unmittelbar und direkt befindet oder zu der er unmittelbar und direkt gehört. In anderen Worten, das allgemeine gesellschaftliche Verhaltensmuster, das sich in den jeweiligen organisierten Haltungen – den jeweiligen integrierten Identitätsstrukturen – der betroffenen Menschen spiegelt, hat für diese Menschen immer einen weiteren Bezugsrahmen als sein direktes Verhältnis zu ihnen, nämlich den Bezug über sich selbst hinaus auf eine weitergespannte gesellschaftliche Umwelt oder einen Kontext gesellschaftlicher Beziehungen, der dieses Muster einschließt und dessen mehr oder weniger begrenzter Aspekt es ist." (Mead 1934, 319f.)

Das geschieht nach Mead durch das allgemeine System universal signifikanter Symbole – durch die sich die Menschen über die bestimmte lokale Gemeinschaft, den Staat oder die Nation hinaus als Mitglied der Zivilisation erfahren. Das entscheidende Problem bei der Untersuchung auch universalistischer Normen ist aber, wie eine dauerhafte Verpflichtung auf eine normative Ordnung zustandekommt (Münch 1982, 290)[54]. Nach Durkheim übernimmt die Gesellschaft selbst die Aufgabe, ihre Normen in den Individuen zu verankern:

„Es gibt keine Gesellschaft, die nicht das Bedürfnis fühlte, die Kollektivgefühle und die Kollektivideen in regelmäßigen Abständen zum Leben zu erwecken und zu festigen. Diese moralische Wiederbelebung kann nur mit Hilfe von Vereinigungen, Versammlungen und Kongregationen erreicht werden, in denen die Individuen, die einander stark angenähert sind, gemeinsam ihre gemeinsamen Gefühle verstärken... Welchen wesentlichen Unterschied gibt es zwischen einer Versammlung von Christen, die die wesentlichen Stationen aus Christi Leben feiern, oder von Juden, die den Auszug aus Ägypten oder die Verkündigung der zehn Gebote zelebrieren, und einer Vereinigung von Bürgern, die sich der Errichtung einer neuen Moralcharta oder eines großen Ereignisses des nationalen Lebens erinnern?" (Durkheim 1968, 571)

Durkheim hatte bereits die möglichen Übergangsformen der Weltbilder von vormodernen religiösen Weltbildern zu modernen Weltbildern analysiert und betonte die Wichtigkeit gefühlsmäßiger Bindungen und symbolischer Vergegenständlichungen von Gesellschaft. Münch schließt an Durkheim an und erklärt die dauerhafte Bindung von Individuen an die Strukturen gesellschaftlicher Ordnung durch „das Zustandekommen von Vergemeinschaftungen auf der Basis affektueller Verbundenheit" (Münch 1982, 316f.). Denn die auf bloße Rationalität begründete soziale Ordnung könnte zwar z.B. die unveräußerlichen Menschenrechte als Kern der normativen Ordnung argumentativ nachweisen, aber nicht die Individuen innerlich daran binden.

Im Anschluß an die bisher entwickelten Thesen über die Entwicklung des Selbst kann an dieser Stelle die weitere These aufgestellt werden, daß die gefühlsmäßige Bindung von Menschen an gemeinschaftliche Strukturen und darin implizierte universalistische Normen die moderne Gesellschaft integrieren. In einem Grundgerüst von Institutionen und Normen wird die gesellschaftliche Gemeinschaft definiert und befestigt. Die Individuen antizipieren in ihrem sozialen Handeln die gesellschaftliche Gemeinschaft in Form von universalistischen Normen und in Weltbildern ausgedrückten kollektiven Identitäten. Insofern sie dies tun, konstituieren sie zugleich Gesellschaft und ihre individuelle Identität.

Eine solche These ist mit zwei großen Einwänden konfrontiert. Der erste Einwand ist, daß die zur gesellschaftlichen Integration notwendigen Gemeinschaften mit der Entwicklung der Moderne untergegangen seien. Der zweite

---

54 Aus den rationalen Anstrengungen von Moralphilosophen lassen sich zwar universalistische Ethiken logisch widerspruchsfrei begründen, zur Frage, ob und warum sich die Menschen daran halten sollten, können die meisten Theorien der neueren Moralphilosophie jedoch wenig beitragen. Das betont auch Habermas bezüglich seines Entwurfes einer Diskursethik (Habermas 1991, 119ff., insb. 184).

Einwand steht in engem Zusammenhang mit dem ersten. Im Zuge der Modernisierung entstünden versachlichte Gesellschaftsstrukturen, die sich nach eigenen Gesetzen integrieren und in denen die Individuen willenlose Restgrößen sind. Gegen diese Einwände sollen zwei Argumentationen vorgetragen werden. Zum einen wird gezeigt, daß die gesellschaftliche Reproduktion ein Prozeß ist, der eine völlige Verselbständigung seiner Teile nicht zuläßt (7. Kapitel), zum anderen wird ausgeführt, daß in modernen Gesellschaften zwar die traditionellen Gemeinschaften nicht mehr die gesamtgesellschaftliche Integration bewirken, daß aber diese Funktion von der gesellschaftlichen Gemeinschaft übernommen wird, genauer, daß die gesellschaftliche Gemeinschaft die der Moderne angemessene Integrationsform darstellt (8. Kapitel).

7. Kapitel: Soziale Reproduktion

Die Gesamtheit des sozialen Lebens und der Gesellschaft bekommt man nur in den Blick, wenn der soziale Reproduktionsprozeß der Analyse zugrunde gelegt wird. Auch wenn die soziale Reproduktion eine sehr einfache und grundsätzliche Tatsache des sozialen Lebens ist, wird sie doch nur in recht wenigen soziologischen Theorieansätzen explizit zum Ausgangspunkt der Analyse gemacht[55]. Unterläßt man aber diese Analyse, kann es zur Verwechslung einzelner Elemente des gesellschaftlichen Reproduktionsprozesses mit gesamtgesellschaftlichen Prozessen und damit zu reduktionistischen Analysen kommen. Zunächst wird das Problem der sozialen Reproduktion im Hinblick auf die Verschränkung von individueller und gesellschaftlicher Reproduktion erörtert.

Die sozialen Aspekte des Verhältnisses von Individuen und Gesellschaft lassen sich theoretisch angemessen nur als sozialer Reproduktionsprozeß verstehen. Die Gesellschaft kann sich nur reproduzieren, wenn sich die einzelnen reproduzieren. Indem die einzelnen sich als einzelne reproduzieren, reproduzieren sie die Gesellschaft. Die Resultate des sozialen Prozesses werden zu seinen Ausgangsbedingungen. Die soziale Reproduktion schließt die Reproduktion des menschlichen Organismus und des Menschen als sozialem Wesen ein.

Der Gesamtprozeß der sozialen Reproduktion muß begrifflich in der gleichen Weise differenziert werden wie die gesellschaftliche Struktur. Deshalb finden wir, je nach der Auffassung von Gesellschaft, unterschiedliche Konzepte. Im wesentlichen lassen sich vier unterscheiden:

1) Bei Marx und Engels heißt es in der „Deutschen Ideologie", daß die Individuen immer von sich, das heißt von ihrem wirklichen Lebensprozeß ausgehen. Zum wirklichen Lebensprozeß gehörten erstens die Produktion des materiellen Lebens, aus der die Erzeugung neuer Bedürfnisse folge, zweitens die Familie sowie drittens das Bewußtsein und die Sprache (vgl. Marx, Engels 1968, 1251). Außer der materiellen Reproduktion unterscheiden Marx und Engels in dieser frühen Schrift also auch noch die Menschen als Familie sowie das Bewußtsein und die Sprache als symbolische Objektivationen des sozialen Reproduktionsprozesses. Darüber hinaus weisen sie darauf hin, daß die soziale Reproduktion die Menschen nicht unverändert läßt, sondern sie als bedürfnisreichere reproduziert. Diese Definition aus der „Deutschen Ideologie" umschließt ein weiteres Feld sozialer Realität als die Definition des gesellschaftlichen Reproduktionsprozesses im „Kapital". Dort heißt es: Der gesellschaftliche Produktionsprozeß ist

---

55 Vgl. Heller (1970), Habermas (1981, Bd. 2), auch Habermas (1976) und Giddens (1984), und Peters (1993).

„sowohl Produktionsprozeß der materiellen Existenzbedingungen des menschlichen Lebens wie ein in spezifischen, historisch-ökonomischen Produktionsverhältnissen vor sich gehender, diese Produktionsverhältnisse selbst und damit die Träger dieses Prozesses, ihre materiellen Existenzbedingungen und ihre gegenseitigen Verhältnisse, d.h. ihre bestimmte ökonomische Gesellschaftsform produzierender und reproduzierender Prozeß. Denn das Ganze dieser Beziehungen, worin sich die Träger dieser Produktion zur Natur und zueinander befinden, worin sie produzieren, dies Ganze ist eben die Gesellschaft, nach ihrer ökonomischen Struktur betrachtet." (Marx, Das Kapital, Bd. 3, 826f.)

Als Elemente des sozialen Reproduktionsprozesse werden aufgeführt: die Menschen, ihre sozialen Beziehungen und ihre selbst geschaffenen und natürlichen materiellen Existenzbedingungen, denn Marx betrachtet im „Kapital" die Gesellschaft „nach ihrer ökonomischen Struktur". Die Durchführung der These des reflexiven Reproduktionsprozesses erfolgt durch den Nachweis, daß im Reproduktionsprozeß des Kapitals die sozialen Klassen und ihre Produktionsverhältnisse mit reproduziert werden. Daß die Gesellschaft nicht nur eine ökonomische, sondern auch eine symbolische und zeitlich/räumliche Struktur hat, ist nicht Gegenstand der Analyse im „Kapital", sondern wird lediglich in früheren Texten wie der „Deutschen Ideologie" angedeutet.

2) Agnes Heller geht in ihrer Analyse des Alltagslebens ebenfalls vom Reproduktionsprozeß aus. Als das „Alltagsleben" bezeichnet sie die „Gesamtheit der Tätigkeiten der Individuen zu ihrer Reproduktion, welche jeweils die Möglichkeit zur gesellschaftlichen Reproduktion schaffen" (Heller 1970, 24). Sie entwickelt, daß die Menschen sich nur reproduzieren, wenn sie ihre gesellschaftliche Funktion erfüllen:

„...die Selbstreproduktion wird zu einem Moment der gesellschaftlichen Reproduktion. Das Alltagsleben der Menschen vermittelt daher auf der Ebene des einzelnen ein Bild der Reproduktion der jeweiligen Gesellschaft – der Schichten dieser Gesellschaft im Allgemeinen; es vermittelt ein Bild einerseits von der Vergesellschaftung der Natur, andererseits von dem Grad und der Weise ihrer Humanisierung". (Heller 1970, 25)

Das soziale Handeln in der Reproduktion faßt Heller abstrakt als „gattungsmäßige Betätigung", die sich „objektiviert". Die „Objektivationsformen" sind einheitlich und zugleich gegliedert in die Welt der von Menschen geschaffenen Dinge, die Welt der Sitten und die Sprache: „Alle drei leiten die Gesamtheit der menschlichen Tätigkeit an" (Heller 1970, 193). Menschen, materielle Reproduktion, Kultur und Sprache sind hier die Elemente des gesellschaftlichen Reproduktionprozesses.

3) Habermas kommt im Resultat einer solchen Struktur nahe, wenn er ausführt, daß sich in der Individual- und Gattungsgeschichte homologe Bewußtseinsstrukturen finden. Er erklärt das damit, daß die Strukturen der sprachlich hergestellten Intersubjektivität gleichermaßen konstitutiv für Gesellschafts-

wie Persönlichkeitssysteme seien: „Auf dieser Ebene sind die Reproduktion der Gesellschaft und die Sozialisation der Gesellschaftsmitglieder zwei Aspekte desselben Vorgangs; sie sind abhängig von denselben Strukturen" (Habermas 1976, 13) In seinem später ausgeführten Ansatz ordnet er alle Bestimmungen dem Entwurf der Theorie des kommunikativen Handelns unter: „Die zum Netz kommunikativer Alltagspraxis verwobenen Interaktionen bilden das Medium, durch das sich Kultur, Gesellschaft und Person reproduzieren[56]. Diese Reproduktionsvorgänge erstrecken sich auf die symbolischen Strukturen der Lebenswelt" (Habermas 1981, Bd. 2, 209). Die symbolische Reproduktion wird unterschieden in kulturelle Reproduktion, soziale Integration und Sozialisation. Diese Differenzierungen der symbolischen Reproduktionsprozesse stehen neben der materiellen Reproduktion: „Davon müssen wir die Erhaltung des materiellen Substrats der Lebenswelt unterscheiden" (ebd.). Diese Trennung zwischen materieller und symbolischer Reproduktion scheint zwar zum Zwecke der Analyse plausibel. Darüber hinaus trennen sich an ihr jedoch auch die wissenschaftlichen Disziplinen Ökonomie und Soziologie. Dadurch werden nur zu leicht notwendige und reale soziale Zusammenhängen übersehen, denn in der sozialen Wirklichkeit bilden materieller und symbolischer Reproduktionsprozeß eine Einheit.

4) Anthony Giddens hat in seiner Theorie der Strukturierung eine Vorstellung von sozialer Reproduktion entwickelt, die so verallgemeinert ist, daß sie beide Vorgänge zusammen erfassen kann:

„Das zentrale Forschungsfeld der Sozialwissenschaften besteht – der Theorie der Strukturierung zufolge – weder in der Erfahrung des individuellen Akteurs noch in der Existenz irgendeiner gesellschaftlichen Totalität, sondern in den über Zeit und Raum geregelten gesellschaftlichen Praktiken. Menschliche soziale Handlungen sind – wie einige sich selbst reproduzierende Phänomene in der Natur – rekursiv. Das bedeutet, daß sie nicht durch die sozialen Akteure hervorgebracht werden, sondern von ihnen mit Hilfe eben jener Mittel fortwährend reproduziert werden, durch die sie sich als Akteure ausdrücken. In und durch ihre Handlungen reproduzieren die Handelnden die Bedingungen, die ihr Handeln ermöglichen." (Giddens 1984, 52f.)

Die Reproduktion ist hier Teil einer Theorie des sozialen Handelns und der rekursiven Grundstrukturen sowohl der Individuen wie der Gesellschaft. Rekursiv zu sein, ist eine grundlegende Qualität von Gesellschaft und von Individuen. Auf diesem Niveau der Abstraktion sind freilich keine Elemente des sozialen Reproduktionsprozesses mehr zu unterscheiden[57].

---

56 Die grundlegenden Gegenstandsbereiche der Sozialtheorie sind nach Parsons Gesellschaft (Sozialstruktur), Kultur (Gesamtheit von Symbolen und Bedeutungen, Normen) und Persönlichkeit (Individuum). vgl. auch Peters (1993, 57), Habermas (1976) und Giddens (1984).
57 Einen vergleichbaren Ansatz wie Giddens entwickelt auch Peters (1993, 77ff.).

Für die Aufhellung der hier gestellten Frage, ob nicht Gemeinschaftlichkeit und Gesellschaftlichkeit im Prozeß der Moderne obsolet werden, muß man sich zunächst zweier sozialer Grundtatsachen versichern: des Zusammenhanges von individueller und gesellschaftlicher sowie von symbolischer und materieller Reproduktion. In diesem Kontext kann ich Bernhard Peters zustimmen, wenn er formuliert: „Die soziale Welt ist zugleich Sinn, Praxis und Materie" (Peters 1993, 67) und er weist gleich darauf hin, daß es eben diese Eigenschaft ist, die sie für die Sozialtheorie zu einem „Vexierbild" hat werden lassen. „Soziale Aktivitäten reproduzieren in einem soziale Beziehungen oder Strukturen, Personen und kulturelle Elemente, während diese Komponenten der sozialen Welt zugleich soziales Handeln ermöglichen, regulieren und begrenzen" (Peters 1993, 56).

Das führt zu folgender Definition: Der gesellschaftliche Reproduktionsprozeß umfaßt nach seiner materiellen Seite die Personen und die Produkte ihrer gesellschaftlichen Arbeit, nach seiner sozialen und symbolischen Seite die sozialen Beziehungen und Institutionen, die Kultur sowie die Sprache. Die einzelnen Elemente können analytisch getrennt behandelt werden, im historischen Prozeß bilden sie jedoch immer eine Einheit. Die einzelnen Elemente der sozialen Reproduktion will ich in vier Dimensionen spezifizieren:

1) Die Personen erwerben ihre Identität im kommunikativen Kontexten, sind aber grundsätzlich offen für „Neues". Die soziale Reproduktion umfaßt die Lebensführung über einen Lebenszyklus hinweg. Geburt, Fortpflanzung und Tod des Einzelwesen machen den Menschen zum Teil seiner Gattung. Unter diesem Gesichtspunkt ist das Individuum unter der Perspektive seiner Biographie, seines Lebenszyklus' zu betrachten. Erst in dieser Perspektive zeigen sich die Verschränkungen von individueller und sozialer Reproduktion. Unter diesem Gesichtspunkt ist die Basiseinheit der Untersuchung auch nicht die isolierte einzelne Person, sondern die „reproduzierende Person", die eine familiäre Konstellation voraussetzt.

2) Die soziale Reproduktion umfaßt des weiteren die materielle Reproduktion, also die Produktion und Reproduktion des gesellschaftlichen Reichtums. Im Verlauf der Moderne werden immer größere Teile des gesellschaftlichen Reichtums als Systeme gesellschaftlicher materieller Infrastruktur zu Produktions- und Reproduktionsvoraussetzungen. Zur materiellen Reproduktion gehören marktvermittelte Waren und Dienstleistungen, aber auch immer umfangreichere Systeme gemeinschaftsvermittelter Infrastruktur- und Dienstleistungen. Weder der Austausch über den Markt, noch staatliche und andere gemeinschaftliche Dienstleistungen und Infrastrukturen stehen außerhalb der Regulation und Strukturierung durch die Formen symbolischer Reproduktion.

3) Die Reproduktion von sozialen Beziehungen umschließt die Aufrechterhaltung sozialer Institutionen, auch über die Lebensspanne der beteiligten

Personen hinaus. Sie enthält auch die Reproduktion von Weltbildern, Moralvorstellungen und Identitätsformationen, die die gemeinschaftlichen Formen der Lebensweise konstituieren. Die Reproduktion der Institutionen umfaßt den materiellen Aspekt wie den immateriellen: die Verfestigung institutioneller Formen z.B. im Recht.

4) Zur sozialen Reproduktion gehören schließlich die Überlieferung, Weitergabe und Entwicklung der Sprache und aller anderen symbolischen Formen, die die Kultur ausmachen. Für alle diese Elemente der sozialen Reproduktion gilt, daß sie alltäglich erzeugt und weitergegeben werden müssen. Soziale Beziehungen und kulturelle Formen sind kein Nebenprodukt der physischen und materiellen Reproduktion. Sie mögen gewohnheitsmäßig im Alltagsleben tradiert werden – also im Regelfall auf einer vorbewußten Ebene verbleiben –, aber ohne gesellschaftliche Praxis werden sie nicht aufrechterhalten. Auch „überlebte", „vormoderne", „ideologische" oder „falsche" Bewußtseinsformen können nur als Teil der aktuellen sozialen Reproduktion wirklich bestehen.

Neben diesen Strukturelementen des sozialen Reproduktionsprozesses können wir seine Dimension im sozialen und geographischen Raum[58] und in der individuellen und historischen Zeit unterscheiden. Die Strukturelemente und Dimensionen der sozialen Reproduktion können in einem Schaubild wiedergegeben werden:

Struktur der sozialen Reproduktion

Bezugsebene	Materielle Reproduktion		Symbolische Reproduktion	
	Person	„Vergegenständ-lichung"	soziale Beziehungen	Kultur
zeitlich/ räumlich	Biographie	Akkumulation, Investition	Gewohnheiten, Traditionen	Geschichte
symbolisch/ sozial	Identität	Lebensstandard, Konsumniveau, Prestige	Normen, Weltbilder, Vorstellungen vom guten Leben, Moral, Ethik	Sprache, Zeichen
materiell	individuelle Reproduktion, Fortpflanzung	Wirtschaft, soziale und materielle Infrastruktur	Gemeinschaften, ökonomische, rechtliche, politische Institutionen	Lebensweise

---

58 Anthony Giddens entwickelt in seiner Theorie der Strukturierung insbesondere die räumlich-geographische Dimension von Gesellschaft.

Die zeitlich/räumliche Dimension stellt sich für die Individuen als Biographie dar, so wie Erikson den Lebenszyklus für die Herausbildung von Ich-Identität betont. Die materielle Welt, soweit sie durch gesellschaftliche Arbeit produziert wird, vergegenständlicht sich räumlich-zeitlich im akkumulierten gesellschaftlichen Reichtum, innerhalb dessen einfache und durch Investitionen erweiterte Reproduktion zu unterscheiden ist. Die sozialen Beziehungen entfalten sich zeitlich/räumlich als bestimmte Gewohnheiten und Traditionen, die die Alltagspraxis bestimmen, während gemeinschaftliche Kultur in ihrer Zeitdimension als Geschichte erscheint.

Die symbolisch-soziale Dimension des Reproduktionsprozesses ist für die Personen deren Wir-Identität. In der Konzeption des Selbst wird die Vermittlung zwischen Individuum und Gesellschaft als Identität gedacht. Identität ist die Form, in der das Individuum sich in der Welt verortet und seine Individualität begreift. Aber auch die geschaffene materielle Welt hat ihre symbolisch-soziale Dimension. Diese wird heute konzipiert als Vorstellung des Lebensstandards als einer komplexen Sammlung von Gütern und Dienstleistungen, die den jeweiligen Stand der wirtschaftlichen Entwicklung in der Lebenslage des einzelnen und seiner Gemeinschaften ausmachen. Das Niveau des Konsums symbolisiert selbst wieder die soziale Lage des Individuums, spiegelt so in der Verfügung über Güter und Dienstleistungen seine soziale Identität. Identität geht eben nicht auf in einem bloßen Selbstkonzept oder bestimmten sozialen Beziehungen oder kulturellen Bedeutungen. Sie hat eine materielle Existenzbasis in einem historisch gewordenen Konsumniveau, das – und darauf kommt es hier an – selbst wieder konzeptualisiert wird als Umkreis von Bedürfnissen oder besser Bedürfnisbefriedigungen, die erwartet werden[59]. Symbolische Existenz findet dies in Prestigesymbolen, die die Welt der Güter und des Reichtums mit der Person, einer Gemeinschaft, einer sozialen Schicht, einer Gesellschaft und einer Kultur verknüpfen.

Die symbolisch-soziale Dimension der Reproduktion als solche besteht aus der Sprache, aber darüber hinaus aus den Weltbildern, Vorstellungen vom guten Leben, den Normen und Regeln, der jeweiligen Moral und Ethik. Sie definieren auch die Grenzen sozialer Einheiten, konstituieren sie gewissermaßen, insofern sie ihnen Sinngrenzen zuweisen. Da keine soziale Einheit und keine soziale Beziehung „natürlich" ist oder vom dem materiellen Reproduktionsprozeß vollständig determiniert ist, müssen „Sinngrenzen" gezogen werden, die ihre Einheit und Abgrenzung symbolisch repräsentieren (vgl. Peters 1993, 59).

Die materielle Seite als solche besteht aus der Natur, der Bevölkerung und der Wirtschaft[60]. Als materielle Dimension der symbolischen Reproduktion

---

59 vgl. dazu ausführlicher Voy/Polster/Thomasberger 1991, Bd.2.
60 Die soziale Reproduktion ist eingebunden in die Natur. Die ökologische Krise zeigt die Konflikte zwischen sozialer Reproduktion und ihren natürlichen Voraussetzungen.

bezeichne ich an dieser Stelle Institutionen und Lebensweise. Institutionen sind alle Formen verfestigter und dauerhafter sozialer Beziehungen: Neben den vielfältigen Organisationen gehören dazu vor allem das Rechtssystem, die staatliche Verfassung, die politischen Organe des demokratischen Staates und die Einrichtungen der sozialen Versorgung. Auf diese Institutionen als Ausdruck sozialer Beziehungen werde ich im Folgenden noch ausführlich eingehen. Lebensweise ist schließlich der Begriff, mit dem beschrieben werden soll, daß sich die Kultur einer Gesellschaft umfassend nur im Lebensprozeß aller ihrer Mitglieder ausdrückt.

Die soziale Reproduktion verweist darauf, daß die Analyse der Gesellschaft immer auch eine zeitlich-historische Dimension zu berücksichtigen hat. Die Menschen machen Geschichte, aber nicht unter selbstgewählten, sondern vorgefundenen Umständen. Die Geschichte ist ein ständiger Prozeß von Verlust und Neugewinn. Alles, was vergangen ist, kann nicht in die Zukunft mitgenommen werden, alles Neue aber muß erst noch integriert werden und es ist offen, ob und wie das geschieht. Daher sind immer zwei verkürzte oder reduktionistische Betrachtungsweisen möglich: die eine, die in dem Vergangenen die Zerstörung hervorhebt, auf das Fehlen des Vergangenen in der Reproduktion aufmerksam macht und den Verlust betrauert, während dem Neuen mit Furcht und mit Ablehnung entgegengetreten wird; die andere, die das Neue hervorhebt, den Fortschritt und die Zukunft schätzt oder überschätzt (denn wegen der grundsätzlichen Kontingenz der Zukunft liegt immer ein Moment der Spekulation darin) und die die Vergangenheit mit Verachtung und Ablehnung betrachtet. Diese beiden Sichtweisen sind grundsätzlich in allen Gesellschaften vorhanden, in denen wesentliche Veränderungen von den Menschen innerhalb ihrer eigenen Lebensspanne erfahren werden – sie bilden also zwei Sichtweisen der Moderne. Offen und historisch wechselnd ist nur, an welchen Themen sie konkretisiert werden. Beide Sichtweisen je für sich genommen ergeben ein falsches Gesamtbild.

Ebenfalls falsch ist es, eine grundlegende Unabhängigkeit von individuellen Bestrebungen und den sozialen Resultaten des Handelns zu unterstellen. Sicher ist die Zeitstruktur sozialer Prozesse komplizierter als die z.B. eines Produktionsprozesses. Das Resultat des Produktionsprozesses entspricht in der Regel dem vorher erdachten Plan und den entsprechenden zweckrationalen Aktivitäten. Soziales Handeln in einer modernen arbeitsteiligen Gesellschaft umfaßt häufig sehr lange, für die Akteure unüberschaubare Handlungsketten. Vergleicht man „Endresultat" und ursprüngliche Absichten der Akteure über historisch relevante Zeiträume, entdeckt man häufig sehr wenig Ähnlichkeiten. Aber die unmittelbare Konfrontation einer Absicht mit einem sozialen Resultat ist unangemessen. Auch die Absichten unterliegen Veränderungen, es finden Lernprozesse statt, Kompromisse werden geschlossen, Konflikte werden ausgetragen und gewonnen oder verloren, es tauchen neue Umstände auf, möglicherweise kommen neue oder zusätzliche Akteure ins

Spiel usw. An der bloßen Diskrepanz zwischen Absichten und gesellschaftlichen Resultaten kann man weder die Verselbständigung der Gesellschaft gegenüber den machtlosen Individuen (oder gar „der Politik") ablesen, noch die Überlegenheit eines spontanen gesellschaftlichen Prozesses (z.B. der Marktwirtschaft) über Versuche der bewußten Regulierung.

Die einseitig „konservativen" oder „fortschrittlichen" Sichtweisen verfehlen nicht nur den zeitlichen Aspekt der sozialen Reproduktion, sondern auch ihren Strukturaspekt. Über den Ansatz zur Kritik anderer Theorien hinaus, lassen sich aus der Struktur der sozialen Reproduktion Aufschlüsse über wesentliche soziale Grundstrukturen gewinnen. In der sozialen Reproduktion wird nämlich klar, daß das Verhältnis von Individuum und Gesellschaft nicht dichotomisch ist, nicht als Gegensatz zweier wesentlich verschiedener Begriffe gefaßt werden darf. Durch die soziale Reproduktion wird das menschliche Leben geschaffen und zugleich strukturiert und geprägt. Daß die Menschen ihre Geschichte aus freien Stücken, aber unter vorgefundenen Bedingungen machen müssen, heißt, daß die Gesellschaft individuelles Handeln erst ermöglicht und zugleich einschränkt. Anthony Giddens nennt das in seiner Theorie der Strukturierung, „daß die Strukturmomente sozialer Systeme sowohl ermöglichende (,enabling') als auch einschränkende (,constraining') Qualitäten besitzen" (Giddens 1984, 215). Er weist deshalb den Dualismus von Gesellschaft und Individuum zurück und ersetzt ihn durch die Dualität von Handlung und Struktur. Dualität von Handlung und Struktur bedeutet, daß die Freiheit zum Handeln durch soziale Strukturen gewährt und strukturiert wird. Sehe ich Gesellschaft und Individuum als Gegensatz wesentlicher Bestimmungen, so erscheint in der Tradition der romantischen Kritik die Freiheit allein beim rebellierenden Individuum, während in entgegenstehenden geschichtsdeterministischen Ansätzen die Gesellschaft als eigensinnige Struktur begriffen wird, der die Individuen passiv ausgeliefert sind.

Die Theorie der sozialen Reproduktion setzt auf einer allgemeinen, abstrakten Ebene gleichsinnige Strukturen der Gesellschaft und der Individuen voraus. Das folgt aus der wechselseitigen Abhängigkeit und der Rekursivität der sozialen Reproduktion. Auf der Ebene der gesellschaftlichen Theorie begegnen wir der gleichen Struktur wie auf der Ebene des Individuums: Zu dessen grundsätzlichen, konstitutiven Möglichkeiten gehören die Freiheit, etwas Neues zu tun, etwas Kreatives zu schaffen und die Fähigkeit, gemeinsam mit anderen zu kommunizieren, sich in eine Struktur einzupassen. Menschlichen Gruppen und sozialen Einheiten kommen die gleichen Qualitäten zu: sie reproduzieren sich in bestimmter Weise und schließen damit andere aus; sie reproduzieren sich, aber unter sich ändernden Umständen und immer mit der Möglichkeit zur Innovation. Indem sie sich in bestimmter Weise reproduzieren, statten sie ihre Mitglieder mit Fähigkeiten und Möglichkeiten aus, die sie als isolierte einzelne nicht hätten und ermöglichen damit Veränderung.

Auch die Entwicklung von Individualität und Autonomie des einzelnen verläuft innerhalb dieser ermöglichenden und einschränkenden Strukturen. Sie stellt sich dar in einer menschlichen Natur, die grundsätzlich die Möglichkeiten zum schöpferischen Denken und Handeln und zur sozialen Anpassung hat. Eriksons Konzept der Entwicklung von Ich-Identität läßt sich innerhalb dieses Ansatzes von gesellschaftlicher Strukturierung interpretieren[61]. Im 2. Kapitel wurde gezeigt, daß Erikson in seinem Ansatz erklärt, was die Gesellschaft dem einzelnen gibt, nicht nur, was sie ihm versagt[62]. Die Bildung der Ich-Identität integriert das körperlich-seelische Wachstum, „ungesellschaftliche" Affekte und Triebe, die Normen und Weltbilder immer weiterer gesellschaftlicher Gruppen und das Selbst-Bewußtsein, also die reflektierte Individualität.

Die Grundstruktur der sozialen Reproduktion und damit die allgemeine Integration von Individuum und Gesellschaft gilt für alle menschlichen Gesellschaften. Die Qualität von Gesellschaft als soziales Handeln ermöglichend und begrenzend sowie des Menschen als innovativen und als angepaßten entwickelt sich historisch. In unserem christlich-jüdischen Kulturkreis erzählt schon die Geschichte vom Sündenfall und der Vertreibung aus dem Paradies von der Spannung zwischen menschlicher Erkenntnis und der Unterordnung unter Gottes Gebot. Diese ontologische Bestimmung wurde erst mit dem Anbruch der Moderne zu einer Bestimmung von Individuum und Gesellschaft. Die moderne Individualität begreift sich als in ihrer eigenen Natur begründet und tritt damit in Spannung zur sie umgebenden Welt. Sinn entwickelt sich im Konflikt oder in der Spannung von Individuum und Welt und umgreift nicht mehr einheitlich Individuum und Welt als Kosmos. Mit dem Anbruch der Moderne tritt nicht nur die Struktur der Trennung von Individuum und Gesellschaft auf, sondern zugleich wird die Gesellschaft dynamisch und damit der Mensch historisch. Entwicklung wird erst jetzt zu einer wesentlichen Kategorie sowohl des einzelnen wie der Gesellschaft. Die soziale Reproduktion reproduziert auch die menschlichen Bedürfnisse auf erweiterter Stufenleiter.

Die soziale Reproduktion kann nur dann modellhaft als Kreislauf gedacht werden, wenn von dieser grundsätzlichen Offenheit abstrahiert wird. Tatsächlich wird sich aber immer irgendeine Form von erweiterter oder „verengender" Reproduktion abspielen. Die Möglichkeiten der „Verengung", des

---

61 Anthony Giddens übernimmt die ersten drei von E. Eriksons Stadien in seine Theorie der Strukturierung, lehnt aber Eriksons Begriff der Ich-Identität und die weiteren Stufen ab. M.E. tut er dies mit Rücksicht auf die Konsistenz seines Theoriemodells, weniger aufgrund argumentativer Einwände und Kritik gegen Eriksons Theorie.
62 Mead übergeht die einschränkenden Strukturen und Freud konstruiert nicht nur einen möglichen, sondern einen notwendigen und grundlegenden Konflikt zwischen einengenden und ermöglichen Strukturen, vgl. Kapitel 1.

gesellschaftlichen Verlustes von Möglichkeiten, Reichtum und Fähigkeiten ist gegenüber naivem Fortschrittsglauben immer in Rechnung zu stellen. Es genügt, an dieser Stellen auf die aktuellen und historischen Erfahrungen von Kriegen, Zerfall gesellschaftlicher Institutionen und ökologischen Zerstörungen zu verweisen. An gesellschaftlich produzierten Katastrophen übertrifft das 20. Jahrhundert in Europa z. B. bei weitem alle früheren Zeiten.

Daß sich die soziale Reproduktion auch innerhalb einer stark differenzierten und arbeitsteiligen modernen Industriegesellschaft vollzieht, spricht gegen die Annahme einer vollständigen Verselbständigung der gesellschaftlicher Teilsysteme gegeneinander. Es sind ja nicht nur mögliche eigengesetzliche Strukturen zu erklären, sondern auch das hohe Maß der Abstimmung zwischen den verschiedenen gesellschaftlichen Teilsystemen, das Funktionieren der gesellschaftlichen Arbeitsteilung, die Unterordnung der Teilsysteme unter allgemeine Normen, ihre Einbindung in ein politisches System und ihre generelle Übereinstimmung mit einem Satz universalistischer ethischer und moralischer Regeln[63]. Zudem ist immer bei einem beträchtlichen Teil der Akteure und Entscheidungsträger ein bewußtes Einverständnis nachzuweisen, zusätzlich oft die Einbettung dieses Einverständnisses in übergreifende Vorstellungen von „guten Leben" oder in allgemeine Entscheidungskriterien und Weltauffassungen. Es wäre also nicht nur zu erklären, wieso gegeneinander verselbständigte Systeme trotzdem arbeitsteilig die soziale Reproduktion ermöglichen, sondern auch nachzuweisen, wieso trotz der behaupteten Unabhängigkeit der Teilsysteme der „Schein" ihres Zusammenhanges besteht.[64]

Die Argumentation in diesem Kapitel sollte den allgemeinen Zusammenhang von Individuum und Gesellschaft gegen reduktionistische Vorstellungen vergegenwärtigen. Damit ist zunächst einmal nur ein Argument für den Zusammenhang, für eine gesellschaftliche Vermittlung gewonnen. Die Art und Weise der Vermittlung ist noch zu entwickeln. Oben wurde die These aufgestellt, daß gemeinschaftliche Vermittlungsformen der Zusammenhang von Individuum und Gesellschaft herstellen und zwar auch in der Moderne. Dabei ist von vornherein einzuräumen, daß face-to-face Gemeinschaften nicht die gesellschaftsvermittelnden Instanzen der Moderne sein können. Im Folgenden sollen also Formen gemeinschaftlicher Vermittlungen diskutiert werden, die die Integration moderner Gesellschaften erklären können.

---

63 Vgl. hierzu auch Münchs Argumentation über die Interpenetration von Handlungssphären in Münch (1984).
64 In dem Gedanken der „Reproduktion" liegt auch eine Bestimmung der Funktion von Soziologie. Der reflexive Charakter der Soziologie ist von Giddens und Peters deutlich gezeigt worden. Damit hat sie aber auch einen „Sinn" in Bezug auf die Erkenntnis, Aufrechterhaltung und Bewußtmachung der gesellschaftlichen Reproduktion, als Bindeglied zwischen Akteuren und dem gesellschaftlichen Ergebnis ihrer Handlungen. Insofern hat sie nur Sinn, wenn sie deren Potenzen erweitert, nicht aber, wenn sie die Verselbständigung hypostasiert.

8. Kapitel: Moderne Identität und gesellschaftliche Gemeinschaft

8.1 Vergemeinschaftung und Vergesellschaftung

In vielen, vor allem auch älteren soziologischen Untersuchungen werden die Veränderungen der sozialen Beziehungen von vormodernen zu modernen Gesellschaften in der Weise beschrieben, daß sich die Formen der Integration von der Gemeinschaft auf die Gesellschaft verlagern. Häufig unterliegt den Darstellungen der Entwicklung zur Moderne eine kontrastierende Auffassung von gemeinschaftlicher und gesellschaftlicher Integration. Zusammenfassend finden sich häufig Beschreibungen der folgenden Art: Die Entwicklung der Moderne hat die Art der sozialen Beziehungen tiefgreifend geändert. In Stammesgesellschaften oder klassengegliederten traditionellen Gesellschaften wurde die gesellschaftliche Integration überwiegend durch Sozialintegration hergestellt, durch „Interaktion in Kontexten der Kopräsenz" (Giddens 1984, 196 u. 80f.). Gesellschaftliche Integration vollzog sich also in personalen Beziehungen, durch direkte gemeinschaftliche Kontrolle in einer Lebensweise, die noch keine Privatsphäre kannte. Die sozialen Einheiten der Sozialintegration waren die Familie, der Stamm, je nachdem auch das Dorf, der Herrschaftsverband und der Stand. Die Abhängigkeitsverhältnisse waren personengebunden. Sie waren offensichtlich und die soziale Hierarchie – soweit vorhanden – wurde nicht nur ausdrücklich gerechtfertigt, sondern wurde auch symbolisch aufgeladen und im sozialen Verkehr inszeniert und betont. Die Individuen konnten nicht von ihren sozialen Beziehungen getrennt werden. Die Menschen waren zwar ungleich, aber alle sozialen Beziehungen waren in einem sinnvollen Kosmos integriert. Am deutlichsten war dies in der Entsprechung von Gottvater, Herrscher und Familienoberhaupt ausgedrückt. Die Hierarchie bezog sich auf ein Zentrum und war doch auf diese Weise dezentralisiert. Nur ein geringer Teil der Gesellschaftmitglieder waren im vollen Besitz aller personalen Rechte. Das Leben war wenig mobil. Ein Stück Land oder das „ganze Haus" faßte eine überschaubare Menschengruppe zu einer sozialen Einheit zusammen. Die soziale Reproduktion geschah an einem Ort und in einer sozialen Einheit, in der Leben und Arbeiten keine unterschiedlichen Sphären bilden.

Demgegenüber dringen in der Moderne unpersönliche Systeme in die traditionelle Lebenswelt ein. Die entscheidenden Systeme sind die kapitalistische Wirtschaft mit dem Arbeitsmarkt und der Selbstverwertung des Kapitals, die Waren- und Geldmärkte aber auch die Trennung der Gesellschaft in Gesellschaft und Staat mit der Bürokratisierung und der Verfeinerung von Herrschaftstechniken. Schließlich werden aber auch Kultur, Kunst, Bildung, Politik usw. zu eigenen verselbständigten Systemen. Sie stellen Verbindungen und Abhängigkeiten zwischen großen unüberschaubaren Menschenmengen her. Systemintegration scheint sich nach eigenen immanenten Gesetzen zu organisieren. Sozialintegration durch persönliche Kommunikation und Systemintegration durch unpersönliche Systemgesetze werden als gegensätzliche Formen gewertet. Als systemische Kräfte wirken die Rationalisierung, die Arbeitsteilung und die gesellschaftliche Differenzierung. Die soziale Welt wird „entzaubert", kein kosmologisches System hält sie mehr zusammen. Der einzelne tritt als Individuum aus dem Zusammenhang der Familie, der Nachbarschaft und der unmittelbar persönlichen Gemeinschaften. Die Stellung des einzelnen in der Welt wird unklar, die Welt erscheint ihm als unbeherrschbar, äußerlich, verselbständigt und versachlicht. Arbeit und Leben, Gefühlswelt und rationales Handeln treten auseinander. Im Gefühls- und Familienleben, in der anonymen Öffentlichkeit, in der Arbeit in Großorganisationen, in der Politik und gegenüber staatlichen Instanzen gelten unterschiedliche Normen und Anforderungen.

Diese Beschreibung des Modernisierungsprozesses gehört so oder ähnlich nicht nur zum Standardrepertoire der Sozialwissenschaften, sondern ist heute auch Teil des Alltagswissens. Dennoch gibt diese Auffassung von Gesellschaft und Gemeinschaft nur einen Aspekt der sozialen Realität vormoderner und moderner Gesellschaften wieder – und es gibt Argumente, die dafür sprechen, daß es mit Bezug auf die Integration der Gesellschaften nicht einmal ein wesentlicher Aspekt ist.

Der erste Punkt, der gegenüber diesen und ähnlichen Argumenten skeptisch stimmen sollte, ist die Existenz einer soziologische „Tradition", in der jede Generation von Forschern erneut entdeckt, daß nunmehr aber wirklich die Gemeinschaften aufgelöst und Individuen und Gesellschaft unmittelbar miteinander konfrontiert sind. Obwohl die Modernisierung und die Individualisierung unser aller Leben so nachhaltig verändert hat, besteht erstaunlicherweise eine erhebliche Meinungsverschiedenheit über die Frage, wann dieses einschneidende Ereignis stattgefunden heben soll. Häufig dementieren die historisch späteren Untersuchungen die früheren, indem sie erneut die Auflösung der Gemeinschaften als Gegenwartsphänomene beschreiben, die ihre Vorgänger bereits zu ihrer Zeit in voller Auflösung gesehen haben. Es gibt offenbar eine durchhaltende Tendenz, die Auflösung von Gemeinschaften als ein Phänomen zu begreifen, das eben erst Platz gegriffen habe und es wird wenig Aufmerksamkeit auf das Phänomen verwendet, daß die gleiche Beobachtung von verschiedenen Autoren über einen Zeitraum von ca. 150 Jahren präsentiert wird[65].

---

65 Noch früher als die soziologische Kritik setzt die antimodernistische Kritik der Konservativen ein (vgl. Kondylis 1986). Auch Marx und Engels beschreiben im Kommunistischen Manifest bereits 1848 den Untergang der Gemeinschaften, wenn sie konstatieren, daß die Bourgeoisie alle feudalen, patriarchalischen, idyllischen Verhältnisse zerstört und kein anderes Band zwischen Mensch und Mensch übriggelassen habe als das nackte Interesse und die gefühllose bare Zahlung. Zum

Zur Illustration dieser Tendenz sollen drei Beispiele angeführt werden.

1) In seiner frühen, berühmten Analyse des Selbstmordes konstatierte Emile Durkheim schon für die letzte Jahrhundertwende die nahezu vollständige Auflösung der sozialen Gebilde, aus denen die gesellschaftlich integrierenden Kollektivvorstellungen entstehen. Familien und Sippen, die „ursprünglichen" gesellschaftsstrukturierenden sozialen Einheiten, wären zum Zentrum des Privatlebens geworden und hätten territorialen Gliederungen, wie der Nachbarschaft, dem Dorf, der Stadt die Funktion überlassen, die allen gemeinsamen Sitten und Vorstellungen zu formen. Seit der Französischen Revolution hätten die staatliche Zentralisierung, die Auflösung der berufsständischen Organisationen und die Entwicklung der Mobilität dazu geführt, daß der Staat die einzige „kollektive Einrichtung" sei, die „den Sturm überdauert". Damit seien aber die Individuen schutzlos der Gesellschaft konfrontiert und die moralische Integration gehe verloren:

„Dagegen untersteht das Individuum keinem anderen Kollektiveinfluß mehr als dem von dieser Seite, da es im Staat allein ein organisierendes Kollektiv gibt. Nur in ihm spürt der einzelne die Gesellschaft und seine Abhängigkeit von ihr... Er hat während des größten Teils seines Lebens nichts um sich, was ihn über sich selbst hinausheben oder ihm Zügel anlegen könnte. Unter solchen Umständen muß es dazu kommen, daß er im Egoismus und in der Regellosigkeit versinkt. Der Mensch kann sich nicht nach höheren Zielen richten, er kann sich keinem Gesetz unterordnen, wenn er nichts über sich sieht, das er zu seiner eigenen Sache machen kann... Das sind denn auch die beiden Charakteristika unserer moralischen Situation. Während der Staat sich aufbläht und größer macht, um dahin zu gelangen, in der Lebenssphäre seiner Bürger mit genügender Stärke aufzutreten, ohne daß ihm dies gelingt, treiben diese durcheinander wie die Moleküle einer Flüssigkeit, ohne ein Kraftzentrum vorzufinden, das ihnen Halt gibt, einen Platz anweist und sie organisiert." (Durkheim 1897, 463f.)

Durkheim erwartete von der mit der gesellschaftlichen Evolution zunehmenden Arbeitsteilung, daß sie die „organische Solidarität" in Form von ständischen Berufsorganisationen stärken würde. Er richtete seine Hoffnung darauf, daß es somit nur zu einer vorübergehenden Schwächung der moralischen Integration der Gesellschaft käme.

2) Ein halbes Jahrhundert später kommt Max Brunner zur gleichen Diagnose, aber zu einer pessimistischeren Zukunftsaussicht. Auch er macht den Modernisierungsprozeß für die Auflösung der Gemeinschaften verantwortlich, stellt aber ausdrücklich fest, daß diese Auflösung nicht im 19. Jahrhundert vonstatten ging, sondern in Deutschland erst nach dem 2. Weltkrieg wirklich eintrat, daß „erst aus den Trümmern der neue Guß der Gesellschaft" (Brunner 1952) entstand. Er konstruiert eine historische Abfolge von ständischer Gesell-

---

Verlauf des Modernisierungsprozesses siehe auch Braig/Lohauß/Polster/Voy (1991) und Lohauß (1991).

schaft, liberal-kapitalistischer Klassengesellschaft, „Spätkapitalismus" und Massengesellschaft des 20. Jahrhunderts.

In der ständischen Gesellschaft waren die „Stände geschlossene Lebensgemeinschaften ..., die ihren Wert, ihr Ethos und ihren gegenseitigen Bezug daraus ableiteten, daß sie bestimmte staatliche, gesellschaftliche oder menschliche Lebensfunktionen voll und ausschließlich auf sich nehmen und demgemäß erstens in diesen Lebensfunktionen aufgehen und zweitens in allen übrigen Funktionen restlos auf die ergänzenden Stände angewiesen bleiben... Die Persönlichkeit tritt in keiner Weise hervor, der einzelne geht ganz in der gesellschaftlichen Bindung, in der Gemeinschaft auf." (Brunner 1952, 1)

In der „liberal-kapitalistischen Klassengesellschaft" strukturiert dann der Klassengegensatz die Gesellschaft. Das Bürgertum wird aber einerseits durch „die liberale Idee überhaupt" andererseits durch „starke ständische Züge" in die Lage versetzt, eine starke und reiche Persönlichkeit auszubilden. Die Individualität bleibt dennoch eingeschränkt: Der Mensch „fügt sich in die Ordnung der Familie, des Staates und des Standes und anderer höherer Gemeinschaften oder Sittlichkeitsordnungen ein, nicht zuletzt auch der christlichen Religion. Er beansprucht noch nicht, die letzten Lebenschancen unmittelbar und selbstverantwortlich wahrzunehmen" (ebd., 5), schreibt Brunner über die Zeit, in der Durkheim bereits nur noch „Anomie" feststellen kann. Erst wenn die Arbeiterklasse und das Bürgertum durch die allgemeine Wirtschaftsentwicklung sich in ihrer sozialen Lage weitgehend angeglichen haben, entstehe eine „Einheitsgesellschaft" oder „Massengesellschaft", in der die Durkheimsche Anomie Platz greift: „Diese Gesellschaft ist die einzige Daseinsform, es ist die letzte gesellschaftliche Aussage!". Das Gleichheitsbewußtsein, ein großer historische Fortschritt, schaffe eben kein Gemeinschaftsgefühl:

„Denn erstens hebt man sich gegen nichts anderes ab; zweitens sieht man keinen Rahmen um sich, sondern vielmehr die Unendlichkeit der Möglichkeiten vor sich, was gleichsam auflösend wirkt; und drittens empfindet man jeden anderen Menschen als Konkurrenten... Das Gleichheitsbewußtsein von heute folgt aus der tatsächlichen Gleichheit der allgemeinen Lebensbedingungen, Lebensformen und -chancen. Es wirkt desintegrierend, auflösend." (ebd., 16f.)

Das gegenüber der Gesellschaft freigesetzte Individuum muß Ohnmachtsgefühle entwickeln: „Die Macht der Technik, die Wucht der Kollektivorganisationen und die Vielfalt des Geschehens überhaupt" wirken bedrohlich und lassen den einzelnen an den Möglichkeiten seiner Freiheit zweifeln. Die sozialen Beziehungen sind „verdichtet, organisiert, anonym und massenhaft", mit einem Wort: „Die Gesellschaft fühlt sich mehr oder weniger als eine Vielfalt identischer Individuen, nicht aber als Gemeinschaft" (ebd. 19). Brunner richtet seine Hoffnung auf eine Stärkung der gesellschaftlichen Eliten, die zur Führung der nivellierten Massen in der Lage wären.

3) Dreißig Jahre nach diesen definitiven Feststellungen schreibt Ulrich Beck, „daß sich in den vergangenen zwei bis drei Jahrzehnten" ein gesellschaftlicher „Individualisierungsprozeß von bisher unerkannter Reichweite und Dauer" vollzogen habe. Er macht dafür Gründe verantwortlich, die wir schon ganz gut kennen: die Mobilität, die die Funktion der Nachbarschaften herabsetzt; die Übernahme sozialer Verpflichtungen durch den Staat, die gemeinschaftliche Solidarität ersetzt; Aufstiegs- und Konkurrenzorientierungen, die zu Vereinzelung führen; die Anonymisierung infolge der Verstädterung; die Angleichung der Lebenslagen und Risiken der Lohnabhängigen; die Ausweitung der Privatsphäre sowie die Auflösung der traditionalen subkulturellen Milieus (vgl. Beck 1983, 38ff.). Trotz aller Umbrüche wäre die Kontinuität vergemeinschafteter Lebensformen in der ersten Hälfte des Jahrhunderts ungebrochen geblieben, erst nach den fünfziger Jahren veränderten lebensweltliche Normen, Wertorientierungen und Lebensstile grundsätzlich ihren Charakter:

„Hier beginnt die komplexe, labile Einheit einer ständisch geprägten, ‚marktvermittelten Gemeinschaftlichkeit', die Max Weber zum Begriff der ‚sozialen Klassen' zusammengefaßt hat, auseinanderzubrechen. Ihre verschiedenen Elemente: die über spezifische Marktchancen vermittelte materielle Lage, die Wirksamkeit von Traditionen und ‚spätständischen' Lebensstilen und das gelebte Bewußtsein dieser Einheit in gemeinschaftlichen Bedingungen und Kontaktnetzen, werden durch wachsende Bildungsabhängigkeiten, Zwänge und Chancen der Mobilität, Ausdehnung von Konkurrenzbeziehungen usw. aufgelöst oder bis zur Unkenntlichkeit verändert." (Beck 1986, 137)

Der Befund der sich auflösenden Vergemeinschaftung wird immer wieder aufs neue bestätigt. Richtet man sein Augenmerk aber nicht auf die Proklamation der nunmehr eingetretenen Auflösung, sondern auf die damit ja verbundene These, daß die Vergemeinschaftung in den jeweils unmittelbar vorhergehenden Zeiten noch das zentrale Integrationsmedium war, so ergibt sich, daß die jeweils späteren Autoren die früheren dementieren. Allein dies sollte zur Vorsicht im Umgang mit der Auflösungsthese mahnen. Zugleich wird immer wieder behauptet, daß die Integration der Individuen in die Gesellschaft eine neue Stufe der Auflösung erreicht habe, ohne daß dies aber bis heute evident wäre[66]. Vielmehr überrascht doch gerade die Überlebensfähigkeit einer Gesellschaftsstruktur, deren Ende bereits seit ihrem Beginn so hartnäckig beschworen wird.

Der Grund für die paradoxen Befunde mag darin liegen, daß die Gesellschaft nicht in ihrer Reproduktion gesehen wird. Das heißt, daß zwar auf der einen Seite in der Moderne immer wieder „Altes" aufgelöst wird und untergeht, daß aber auf der anderen Seite auch immer wieder Neues entsteht und

---

66 Nur anekdotisch will ich an dieser Stelle erwähnen, daß die Selbstmordrate, deren Höhe und soziale Verteilung Durkheim zum Ausgangspunkt seiner Studie über die Anomie in der Moderne machte, 100 Jahre später selbst im vollständig modernisierten Berlin deutlich niedriger lag, als in den damaligen Problemgebieten.

neue Integrationsformen gefunden werden. Wird nur auf das „Alte" geachtet und werden nicht auch die neuen Formen der Integration analysiert, kommen falsche Schlüsse über die Gesamtlage zustande. Das heißt auch, daß wenn heute die Auflösung von traditionellen Milieus und Gemeinschaften beklagt wird, es sich oft überhaupt nicht um „alte" Gemeinschaften und Milieus handelt – also solche z.B., die Durkheim vor Augen hatte , sondern längst um „neue", daß heißt unter den Bedingungen der Moderne neu entstandene. Da der beständige Wandel von sozialen Beziehungen ein wesentliches Merkmal moderner Gesellschaften ist und deshalb selbstverständlich immer auch welche gelöst werden, ist die wiederkehrende Behauptung des nunmehr endgültigen Untergangs der Gemeinschaften wahrscheinlich selbst ein Symptom der Moderne.

Auf tiefere Probleme verweist die Frage, ob denn überhaupt ein so scharfer Gegensatz von Vergesellschaftung und Vergemeinschaftung existiert. Max Weber hat deutlich ausgeführt, daß die begrifflich scharfe Trennung in der Wirklichkeit weit weniger deutlich zu finden ist. Nach seiner bekannten Definition soll eine soziale Beziehung Vergemeinschaftung heißen, wenn und soweit die Einstellung sozialen Handelns auf subjektiv gefühlter Zusammengehörigkeit der Beteiligten beruht, Vergesellschaftung hingegen soll eine soziale Beziehung heißen, wenn und soweit die Einstellung sozialen Handeln auf wert- oder zweckrational motiviertem Interessenausgleich oder -verbindung beruht. Das vergesellschaftete Handeln beruht im Idealfalle auf dem Glauben an die eigene Verbindlichkeit oder der Erwartung der Loyalität des Partners. Max Weber macht aber sogleich deutlich, daß diese analytische Unterscheidung nur begrenzte Trennschärfe bei der Beschreibung sozialer Beziehungen hat:

„Die große Mehrzahl sozialer Beziehungen aber hat teils den Charakter der Vergemeinschaftung, teils den der Vergesellschaftung. Jede noch so zweckrationale und nüchtern geschaffene und abgezweckte soziale Beziehung (Kundschaft z.B.) kann Gefühlswerte stiften, welche über den gewillkürten Zweck hinausgreifen. Jede über ein aktuelles Zweckvereinshandeln hinausgehende, also auf längere Dauer eingestellte soziale Beziehungen zwischen den gleichen Personen herstellende und nicht von vornherein auf sachliche Einzelleistungen begrenzte Vergesellschaftung – wie etwa die Vergesellschaftung im gleichen Heeresverband, in der gleichen Schulklasse, im gleichen Kontor, der gleichen Werkstatt – neigt, in freilich höchst verschiedenem Grade, irgendwie dazu." (Weber 1921, 22)

Zwischen der Erwartung der Loyalität und wechselseitiger Interessenverbindlichkeit auf der einen Seite und subjektiv gefühlter Zusammengehörigkeit ist nur ein gradueller Unterschied. Die Art und Weise der sozialen Verbindlichkeit ändert sich. Beide Typen sozialer Beziehungen haben eine gefühlsbesetzte Grundlage. Beide können zu einer Skala von mehr oder weniger intensiven Integrationsformen führen. Weber führt im Folgenden aus, daß umgekehrt auch beispielsweise die Gemeinschaft der Familie mehr oder weniger als Vergesellschaftung ausgenutzt werden kann. Dagegen führten die Gemeinsamkeit der Sprache, geschaffen durch gleichartige Tradition von Seiten der Familie und Nachbarumwelt zunächst noch nicht zur Vergemeinschaftung, sondern erst einmal zur Erleichterung des gegenseitigen Verstehens und der Stiftung sozialer Beziehungen, sowie zur Erleichterung des Verkehrs zwischen den betreffenden Gruppen und somit zur Entstehung von Vergesellschaftungen. Wenn also in der Moderne mehr vergesellschaftete und weniger vergemeinschaftete soziale Beziehungen vorherrschen, dann kann allein aus diesem Fakt nicht auf eine sinkende Integration oder den Übergang von Sozialintegration auf Systemintegration geschlossen werden.

Die Analyse von Vergesellschaftungen und Vergemeinschaftungen wird schließlich dadurch erschwert, daß mit dem historisch neuen Phänomen der Vergesellschaftung untrennbar ihr scheinbares Gegenteil verbunden ist, die Individualisierung. Tatsächlich sind Vergesellschaftung und Individualisierung zwei Seiten des gleichen sozialen Verhältnisses. Es ist deshalb nicht richtig, die Individualisierung als eine Art Vereinsamung zu begreifen, die den modernen Menschen angesichts des Verlustes der traditionellen Gemeinschaften und Milieus befällt, sondern Vergesellschaftung und Individualisierung müssen als neue Formen gesellschaftlicher Integration entschlüsselt werden, die die Formen traditioneller Vergemeinschaftung ablösen. Gesellschaftliche Integration vollzieht sich also nicht mehr ausschließlich in personalen Beziehungen und durch direkte gemeinschaftliche Kontrolle, sondern in gesellschaftlichen Gemeinschaften, die zunehmend auf die Lebensweisen autonomer Individuen ausgerichtet sind.

Der Gegensatz von Vergemeinschaftung und Vergesellschaftung beruht auf einer falschen Wahrnehmung sozialer Prozesse. Gemeinschaft ist nichts anderes als ein Begriff für emotional besetzte sozialen Beziehungen von mehr als flüchtiger Dauer. Die Vorstellung vom Verlust aller Gemeinschaftlichkeit ist nichts anderes als die Vorstellung eines Wir-losen Ich. Nur wenn es denkbar erscheint, daß das Selbst ohne emotionale Bindung an Wir-Identitäten möglich ist, kann sich die Vorstellung entwickeln, eine sachrationale Gesellschaft habe die persönlichen Gemeinschaften abgelöst. Die Vorstellung eines Wir-losen Ich ist gleich der Vorstellung eines kommunikationslosen Ich. Das ist offenbar eine wirklichkeitsfremde Vorstellung. Wie bei der Darstellung der Bildung des Selbst klar wurde, gibt es keine Persönlichkeitsbildung ohne Formen sozialer Identifikation. „Es gibt keine Ich-Identität ohne Wir-Identität" schreibt Norbert Elias. „Nur die Gewichte der Ich-Wir-Balance, die Muster der Ich-Wir-Beziehung sind wandelbar" (Elias 1987, 247). Die Individuen moderner Gesellschaften hätten keine eigene Persönlichkeit, wenn sie nicht weiterhin fähig zur sozialen Identifikation wären, also emotionale Bindungen an soziale Beziehungen entwickeln würden. Wenn es richtig ist, daß das Selbst immer eine Form der Ich-Wir-Balance ist, dann kann die Fragestellung nur lauten: Wie verändern sich die sozialen Beziehungen historisch? Welche anderen Integrationsformen entwickeln sich in der Moderne?[67] Sie entwickeln sich offenbar in einer Form, die die Vorstellung begünstigt, die Individuen würden aus sich heraus, ohne Kommunikation und ohne Gemeinschaft mit einer übermächtigen fremden Gesellschaft konfrontiert. Ein guter Teil der soziologischen Analysen der Moderne ist nichts anderes als begriffsloser Ausdruck der Moderne. Im Folgenden sollen die spezifische Form der Individualisierung oder das moderne Selbst und die spezifische Form moderner sozialer Strukturen oder die Marktkonkurrenz so beschrieben werden, daß sie als gesellschaftliches Feld der modernen Form der Ich-Wir-Balance deutlich werden.

8.2 Das moderne Selbst und die Individualisierung

Den ersten Teil des Argumentes erhellt Charles Taylor in seiner Fassung der historischen Entwicklungslinien des „modernen Selbst". Während sich für den vormodernen Menschen der Horizont seiner Identität, d.h. der Horizont von Bedeutungen, vor dem die Vorstellungen eines guten oder gelungenen Lebens gedacht werden, im Außen – also im „Kosmos" befinden, findet der moderne Mensch diesen Horizont in seinem Inneren. Im Laufe der Zeit verschiebt sich die Selbsterfahrung und damit die Auffassung davon, was es heißt, ein richtiges oder erfolgreiches menschliches Leben zu führen:

„Für einen modernen Menschen besteht ein erfolgreiches Leben, menschlich gesprochen, in der Erfüllung der Triebe, Ziele und Sehnsüchte, die seine Natur ausmachen. ‚Erfüllung' ist ein natürlicher Begriff, der uns in diesem Zusammenhang oft über die Lippen kommt. Etwas aus seinem Leben machen, heißt im Kontext einer vormodernen Identität jedoch, in der eigenen Person eine Position innerhalb der Strukturen zu verwirklichen, vollständig und glanzvoll." (Taylor 1985, 250f.)

Um ihrer Natur nahe zu kommen, müssen sich moderne Menschen der Kontrolle und der Einbindung der vormodernen Gemeinschaften entziehen und sich einen autonomen Raum der Privatheit schaffen. Privatheit bedeutet dabei nicht allein, sondern in Beziehungen, die weitgehend auf Neigung gegründet

---

67 Es ist falsch, wenn man aus den Beschreibungen des psychotherapeutischen Klientels und der dort konstatierten zunehmenden Selbst-Problematik umstandslos auf den psychischen Zustand der Gesamtgesellschaft schließt und sich somit der soziologischen Analyse enthebt. Die Frage der gesellschaftlichen Integration muß empirisch an der Reproduktion der Gesamtgesellschaft überprüft werden. Solange wir in einer Wachstumsgesellschaft leben, können zwar Widersprüche und Spannungen anwachsen, aber schon die Tatsache des wachsenden ökonomischen Reichtums spricht dagegen, daß es fundamentale soziale Auflösungserscheinungen gibt. Die Frage, ob die Moderne die Menschheit glücklicher oder unglücklicher, psychisch gesünder oder kränker gemacht hat, hat damit nichts zu tun.

sind, zu leben. Die Autonomie ist die Voraussetzung, um sich selbst zu finden und dafür wird der Privatbereich benötigt. Mit Bezug auf das Selbst kann man diesen Prozeß auch als Verschiebung der Ich-Wir-Balance in Richtung auf das Ich beschreiben.

Auch Taylor konstatiert, daß diese Entwicklung der modernen Identität zur „Austrocknung" der Gemeinschaften mit ihren gemeinsamen Lebensweisen und Ritualen führt, wie sie im Dorf der traditionellen Gesellschaft und in Großfamilienverbänden stattgefunden habe. Entscheidend wird jetzt, was die Individuen aus ihrer inneren Natur herauslesen. Beispielsweise greifen bei Locke christliche Motive mit modernen ineinander, wenn er die Auffassung entwickelt, die Menschen seien das Werk Gottes und müssen daher seinen Absichten folgen. Diese Absichten Gottes werden aber aus unseren natürlichen Neigungen herausgelesen: zu leben und durch Arbeit die Mittel hierfür zu erwerben und dadurch werden sie zur Grundlage unveräußerlichen Rechts. Die entscheidende Konsequenz ist, daß der Mensch nicht einfach Teil einer umfassenden Ordnung ist, sondern selbst seine Ziele erkennen muß. Im siebzehnten Jahrhundert entsteht die Vorstellung, daß Gott die Menschen zwar zur Gesellschaft bestimmt,

„aber dieser Gesellschaftszustand ist ein Ziel, das die Menschen wie alle anderen Ziele in sich selbst entdecken und verwirklichen müssen. Somit muß Gesellschaftlichkeit durch Zustimmung herbeigeführt werden. Die grundlegendste Bestimmung des Menschen besteht in der Entdeckung der Absichten Gottes bzw. der Natur in sich; in dieser grundlegenden Bestimmung handelt er als Individuum. Daher das Bild vom Naturzustand als ursprünglicher Verfassung." (Taylor 1985, 258)

Die Reformation hob die katholische Vorstellung vom Heiligen als vom profanen getrennter Lebenssphäre auf und erklärte das „gewöhnliche Leben, einschließlich der Ehe als von Gott geheiligt, solange es in einem Geist von Demut, Dankbarkeit und Anbetung vollzogen wurde. Indem ich jedoch ein geheiligtes Leben in Erfüllung meiner gewöhnlichen Bedürfnisse lebe, muß ich sie als das betrachten, was sie sind: Bedürfnisse, die Gott in mich eingepflanzt hat" (ebd. 261) und die ich mit einer geistigen Verfassung erkennen und leben kann, die von Disziplin und Einsicht geprägt ist. Das protestantische Ideal des guten Lebens ist zunächst die alltagsweltliche Rationalisierung des tätigen Lebens, also der Arbeit. Vernunft ist die Quelle der Autonomie und die rationale Kontrolle über Triebe, Leben und Arbeit entspricht meiner wohlverstandenen inneren Natur.

In der europäischen Tradition gibt es somit einen kulturellen Bedeutungswandel des Ortes, an dem das Selbst bestimmt wird. Nicht mehr im Kosmos, in der Tradition oder in ewigen Gesetzen, sondern in der inneren Natur des Menschen finden sich nun die Bestimmungen für Familie, Arbeit und die Form des gesellschaftlichen Zusammenlebens. Die sinnhaften Bedeutungen werden als selbstgewählte neu konstituiert. In erster Linie ändern sich die Art der Begründung des Horizonts starker Wertungen und in zweiter Linie auch die präferierten Werte.

Taylor leitet aus dieser Struktur das moderne Selbst ab, soweit es in bewußter und ausdrücklicher Übereinstimmung mit den Strukturprinzipien der Marktwirtschaft und des kapitalistischen Wachstums steht. Weit entfernt davon, den Protestantismus als eine untergegangene vorkapitalistische Bewußtseinsform anzusehen, deren Strukturprinzip der rationalisierten Lebensführung längst von den Subjekten auf die formale Rationalität der unpersönlichen Systeme übergegangen ist, zeigt er vielmehr, daß auch die heutigen Individuen ihre Identität aus einem Bewußtsein der Autonomie und der Kontrolle und Effizienz entwickeln und ihre innere Struktur in ihren gesellschaftlichen Lebensbedingungen wiederfinden. Die Individuen erscheinen in dieser Hinsicht gar nicht zwanghaft an den Markt angepaßt, der ihre innere Triebnatur unterdrückt, sondern Markt und moderne Identität haben teilweise homologe Strukturen[68].

In der Konkurrenz gewinnen zu wollen; materiellen Erfolg als Bestätigung einer inneren Haltung anzustreben; die Kontrolle über ein Stück Welt zu erlangen; effektiv zu sein – das sind Haltungen, die zur Bildung des inneren Horizonts beitragen, vor dem moderne Individuen den Sinn ihres Lebens und die Kriterien für ein gelungenes Leben suchen. Taylor behauptet, daß der Wert, der im modernen Leben auf Effektivität im Einklang mit der Natur gelegt wird, eine „Art von säkularisierter Übertragung, in gewisser Weise eine Fortsetzung dieses religiösen Verhältnisses darstellt" (ebd., 263). Eben diese Konsequenz scheint mir auch der springende Punkt bei Webers Protestantismusanalyse zu sein. Der Übergang von religiösen Weltbildern in säkulare und die Prägung von Identitätsstrukturen durch diese Weltbilder ist die für die heutigen Gesellschaften entscheidende Entwicklung. Diese Haltungen lassen sich nur in einem Leben verwirklichen, das autonom gegenüber strikten gemeinschaftlichen Einbindungen vormoderner Art ist, das also auf persönliche Freiheit und Privatsphäre rechnen kann. Der moderne Mensch „akkumuliert durch produktive Arbeit, und diese Arbeit ist das Ergebnis von Disziplin und Kontrolle, der Disziplin einer instrumentellen Einstellung zur Welt. Indem wir produzieren, schaffen wir nicht nur unseren Bedürfnissen Abhilfe, sondern verwirklichen zugleich unseren Status als autonome und rational handelnde Subjekte" (ebd., 264).

---

68 Der Entwurf dieser Vorstellungen vom modernen Individuum vollzog sich innerhalb eines patriarchalischen Bezugsrahmens, in dem nur Männer als Haushaltsvorstände vollwertige Menschen sein konnten und in dem die Menschen sich noch nicht so weit wie heute von als natürlich empfundenen familiären Rollen gelöst hatten. Die Gleichberechtigung von Frauen und die Entwicklung hin zu persönlichen Beziehungen, die persönliche Autonomie vor familiäre Tradition setzen, führt deshalb zur tiefgreifenden Veränderung der sozialen Beziehungen im 20. Jahrhundert.

Die Verknüpfung von ökonomischer Freiheit und Gleichheit am Markt und persönlicher Freiheit und Gleichheit als autonomes Individuum stellt sich nicht „hinter dem Rücken" her, sondern liegt für die meisten Männer und Frauen heute auf der Hand. Das gesellschaftliche System der Marktwirtschaft ermöglicht diese Haltungen. Auch wenn man zu dem Urteil kommt, daß langfristig die Strukturen der Marktwirtschaft durch innere Widersprüche in die ökonomische Krise, in die globale Umweltkrise und in eine Krise des sozialen Zusammenhanges führen werden, und daß die einschränkenden gegenüber den ermöglichenden Faktoren überwiegen, so ändert das nichts daran, daß die Strukturen der Marktwirtschaft und der Identitätsbildung ineinander verschränkt sind und nicht in dichotomischem Gegensatz stehen.

Aber ist es nicht gerade diese Ausrichtung auf die unpersönlichen Strukturen des Marktes und der Leistung, die zur Unterdrückung der natürlichen Triebe führt und die letztlich den modernen Menschen neurotisiert und entfremdet? Die Zügelung der Affekte und die Unterdrückung der Triebe ist grundsätzlich nichts Neues in der Geschichte menschlicher Gemeinschaften. Über das Mehr oder Weniger an Triebkontrolle und über die Frage, welche Triebe auf welche Weise gesteuert werden, kann immer wieder neu diskutiert werden, aber jedenfalls ist der Unterschied zwischen gesellschaftlicher Integration und gemeinschaftlicher Integration nicht dem Unterschied zwischen Triebunterdrückung und einer irgendwie natürlichen Harmonie zwischen individueller Natur und Gemeinschaft gleichzusetzen[69]. Vielmehr läßt sich zeigen, daß die Vorstellung, die Individualität hätte eine Grundlage in natürlichen Bedürfnissen, in der Moderne selbst noch eine ganz spezifische Form annimmt.

Das wird deutlicher, wenn Taylors Argument weiterverfolgt wird. Die moderne Identität ist nicht nur durch instrumentelle Rationalität, sondern auch durch eine romantisch-expressive Seite gekennzeichnet. In unserer inneren Natur können auch die wahren, unverdorbenen Gefühle entdeckt werden, die wir nur unverstellt zum Ausdruck zu bringen haben. Selbstausdruck und Selbstverwirklichung bilden den Kern der Identität. Autonomie heißt jetzt, gefühlsreich und frei zu sein, frei auch von der Disziplin, der Arbeit und den gegebenen Konsumstrukturen. Diese Version von Autonomie ist besonders eng mit unseren Vorstellungen von persönlichen Gefühlen und von Ehe und Familie verbunden. Beide Versionen des autonomen Subjekts können nicht widerspruchsfrei miteinander verknüpft werden. Nach Taylor führt die romantisch-expressive Seite immer wieder zur Kritik des Kapitalismus, des Wachstums, der schrankenlosen Bereicherung, der Maßlosigkeit und Ungerechtigkeit der herrschenden Verhältnisse. Diese Fortsetzung der Analyse ist nur konsequent: sie zeigt, daß die ermöglichenden und die einschränkenden

---

69 Genau dies war allerdings die These Rousseaus, die er in seinem Traktat über den „Ursprung der Ungleichheit zwischen den Menschen" ausführte und die bis heute die Grundlage der romantischen Kritik der Gesellschaft geblieben ist.

Faktoren eben nicht nur in der Gesellschaft liegen, sondern ebenso Widersprüche in der modernen Identität sind.

Die widersprüchliche Vorstellung einer individuellen Autonomie, die sowohl eine Seite der rationalen Lebensführung, als auch eine gefühlvoll-expressive Seite hat, kann vielerlei Formen annehmen. Im Bürgertum des 19. Jahrhunderts wurde sie in der klassischen Weise dichotomisiert: in den rationalen Beruf und die gefühlvolle Ehe, in den rationalen Mann und die gefühlvolle Frau usw. Die romantisch-expressive Seite wurde aber auch zur protestierenden Lebensform der Boheme, der Wandervögel, der Hippies, der alternativen Aussteiger aus der kalten Welt der technischen Rationalität usw.[70]

Die moderne Identität beruht auf der Vorstellung autonomer Individualität, die sich in tätiger Aneignung der Welt – Arbeit, Effektivität, Kontrolle – und in emotionaler Selbstverwirklichung ausdrückt. Diese Vorstellungen sind nun aber nicht bloße Gedankengebilde, sondern die gleichen Inhalte prägen auch gesellschaftliche Institutionen, die die Voraussetzung und die Verwirklichungsbedingungen für moderne Identität darstellen. Es ist nun zu zeigen, daß umgekehrt auch die unpersönlichen Systeme nicht ohne gemeinschaftliche Einbindungen funktionieren.

8.3 Die Marktgemeinschaft und die gesellschaftliche Gemeinschaft

Das wichtigste unpersönliche System ist der Markt. Unzweifelhaft kann eine zunehmende Geld- und Marktwirtschaft die gewachsenen gemeinschaftlichen Strukturen von Stammesgemeinschaften, die der Modernisierung ausgesetzt sind, zerstören, indem sie traditionelle ökonomische und kulturelle Strukturen auflöst. Dies geschieht aber nur dann, wenn die Marktstrukturen nicht von der Gemeinschaft kontrolliert werden können. Die Auflösung der traditionell integrierenden Kultur ist ein katastrophischer Prozeß sowohl für die Gemeinschaften als auch für die meisten der ihnen angehörenden Individuen. Da sich das Selbst durch die Identifikation mit den gemeinschaftlichen Formen der traditionellen Gesellschaften gebildet hatte, geht die Zerstörung der traditionalen Strukturen mit einer Zerstörung der Persönlichkeiten einher. Aus dem Verlust der alten integrierenden gemeinschaftlichen Kultur wurde häufig geschlossen, daß Marktwirtschaften nun gar keine gemeinschaftliche Strukturen mehr aufweisen. Tatsächlich bildete sich in vielen Ländern ein Übergang zu neuen integrierenden Strukturen heraus, der eben auch neue Formen der Identitätsbildung ermöglicht – ein Prozeß, der nicht kürzer als in mehreren Generationen verlaufen kann. Die gemeinschaftlichen Momente marktwirtschaftlicher Gesellschaft sind freilich sehr von denen der Stammesgesellschaften verschieden.

---

70 vgl. dazu Hennig (1989), der eine plastische Beschreibung der Geschichte deutscher Alternativkulturen gibt.

Es ist interessant, sich unter diesem Gesichtspunkt noch einmal Karl Marx' Analyse des Marktes in kapitalistischen Gesellschaften anzusehen. Schaut man auf die reine Form, die ökonomische Seite des Austauschverhältnisses, dann fällt der Inhalt des Austausch außerhalb des Austauschaktes. Es ist gerade die natürliche Verschiedenheit der Individuen, beziehungsweise ihrer Waren, die den Anlaß zum Austausch gibt. Die Verschiedenheit ihrer Bedürfnisse gibt den Anstoß zum sozialen Akt des Austauschs, zu ihrer sozialen Beziehung als Austauschende. Indem sich die Menschen aber im Austausch als Menschen mit verschiedenen Bedürfnissen anerkennen, setzten sie sich zugleich als gesellschaftliche Gemeinschaft oder wie Marx sagt, als gemeinschaftliches Gattungswesen:

„Demnach sind sie aber nicht gleichgültig gegeneinander, sondern integrieren sich, bedürfen einander, so daß das Individuum B als objektiviert in der Ware ein Bedürfnis für das Individuum A ist und vice versa; so daß sie nicht nur in gleicher, sondern auch in gesellschaftlicher Beziehung zueinander stehen." Dies „beweist, daß jeder als Mensch über sein eignes besonderes Bedürfnis etc. übergreift, und daß sie sich als Menschen zueinander verhalten; daß ihr gemeinschaftliches Gattungswesen von allen gewußt ist." (Marx 1953, 154)

Der Markt, als Ort des Austauschs ist demnach kein Ort der Isolation oder der Trennung der Individuen, sondern vielmehr ein Ort, an dem sie sich als Gattungswesen wissen. In dieser letzten Bestimmung setzt Marx gerade die Sphäre des Austauschs als spezifisch menschliche im Unterschied zu den Tieren: „Es kommt sonst nicht vor, daß Elefanten für Tiger oder Tiere für andere Tiere produzieren" (ebd.). Die im Austausch gesetzte Gleichheit der Tauschenden ist nicht nur reiner Schein. Das Austauschverhältnis wird institutionalisiert, es erhält objektive gesellschaftliche Gültigkeit durch seine Befestigung als Rechtsverhältnis und dabei erweitert sich sein Inhalt auf die Freiheit und Gleichheit der Person:

„Soweit nur diese natürliche Verschiedenheit der Individuen und der Waren derselben... das Motiv bilden zur Integrierung dieser Individuen, zu ihrer gesellschaftlichen Beziehung als Austauschende, worin sie sich als gleiche vorausgesetzt sind und bewähren, kommt zur Bestimmung der Gleichheit noch die der Freiheit hinzu. ...sie erkennen sich wechselseitig an als Eigentümer, als Personen, deren Willen ihre Waren durchdringt. Danach kommt hier zunächst das juristische Moment der Person herein und der Freiheit, soweit sie darin enthalten ist." (Marx 1953, 155)

Freiheit und Gleichheit der Person sind der Inhalt des aus der „reinen ökonomischen Form" abgeleiteten sozialen Verhältnisses der Austauschenden. Freiheit und Gleichheit sind der Inhalt ihres „gemeinschaftlichen Gattungswesens". Sie werden garantiert im Recht der Person und konstituieren das bürgerliche Rechtssubjekt. Sie bilden die institutionalisierte Form der individuellen Autonomie. Die moderne Identität, die ihren Ursprung in der inneren menschlichen Natur entdeckt, hat mit einem Mal ein Korsett in einer ihr gemäßen gesellschaftlichen Beziehung und eine institutionalisierte Garantie.

Die institutionalisierten gesellschaftlichen Bedingungen der Individualisierung sind ihre notwendigen Rahmenbedingungen. Diese Rahmenbedingungen müssen bewußt gesellschaftlich gesetzt werden, sie entstehen nicht notwendig aus den ökonomischen Bedingungen und sie können auch nicht ohne bewußte Beteiligung der Individuen aufrechterhalten werden[71].

Die Frage der Beziehung des Marktes zur Gemeinschaftlichkeit ist also vertrackter, als es auf den ersten Blick erscheinen mag. Schon auf der Ebene der reinen ökonomischen Formbestimmungen entdeckt man Formen einer abstrakten, einer formalen Gemeinschaftlichkeit. Max Weber schrieb von einer „Marktgemeinschaft". Erst in der gemeinschaftlichen Gesellschaft des Marktes sind die Personen als Individuen gesetzt. Zugleich können sie dies nur, soweit sie sich als Freie und Gleiche wechselseitig anerkennen. Sie haben also sehr wohl eine Vorstellung von ihrem gesellschaftlichen Zusammenhang. Diese Anerkennung ist ein Akt der Inklusion, der Festlegung von Grenzen um eine Gruppe von Menschen, die dazu gehören. Das mag von den Austauschverhältnissen an den Rändern zweier Stammesgesellschaften bis zur Weltmarktgemeinschaft reichen, jedenfalls findet eine Grenzziehung um eine Gruppe von Menschen statt. Für die vorliegende Argumentation entscheidend ist der Punkt, daß die integrierende Funktion des Marktes nur über die wechselseitige Anerkennung der Tauschenden gewährleistet wird. Umgekehrt: Die Konstitution der Austauschverhältnisse als wechselseitige Anerkennung ist die Voraussetzung der Entstehung einer Marktgemeinschaft und nur dann – und nur so weit – entfaltet der Markt integrierende Wirkungen[72]. Es sei gleich hinzugefügt, daß die Marktgemeinschaft nicht der ökonomischen Form „entspringt", sondern daß sie in bestimmter Form bewußt gesellschaftlich hergestellt und garantiert werden muß. In dieser Marktgemeinschaft sind die Individuen als Freie und Gleiche gesetzt und damit ist die Grundlage der modernen Identität gegeben. Damit erscheint diese Bestimmung nicht mehr nur rein formal, denn die moderne Identität betätigt sich eben darin, in sich als freier und gleicher Person die ihr gemäßen Bestimmungen zu finden[73].

---

71 Die rechtlichen, demokratischen und sozialen Rahmenbedingungen freier Individualität werden im folgenden Kapital näher untersucht.
72 Auf der Ebene des allgemeinen Begriffes des Austauschs ist noch nichts darüber in Erfahrung zu bringen, ob und wenn ja unter welchen Formen sich Marktgemeinschaften konstituieren. Zweifellos gibt es Marktwirtschaft und Kapitalismus ohne Marktgemeinschaft – ungleichen Tausch, internationale Ausbeutung usw.
73 Die marxsche Kritik an den so beschriebenen Verhältnissen war radikal: Im ersten Band des Kapital wird sie mit dem Übergang von der Darstellung des Austauschs zur Darstellung des Kapitals geradezu dramatisch präsentiert. Sobald der Proletarier das Fabriktor durchschreitet, ist Schluß mit den hehren Idealen von Freiheit und Gleichheit und die Reproduktion des Kapitals entläßt die Arbeiterklasse beraubt und verelendet. Gleichheit und Freiheit seien als Ideen bloß idealisierte

Rückblickend, nach dem Zerreißen der feudalen Bande, erscheinen dem bürgerlichen Individuum die vormals so gemütlichen Gemeinschaftsbeziehungen als Gewaltverhältnis, ja als Raub an seinem sauer verdienten Eigentum. Es proklamiert den zivilisatorischen Fortschritt der bürgerlichen Gesellschaft durch das Geltendmachen eines neuen Prinzips des Austauschs: „Keines bemächtigt sich des Eigentums des anderen mit Gewalt. Jedes entäußert sich desselben freiwillig." Zugleich richtet es ein neues moralisches Prinzip auf, das in krassem Gegensatz zur traditionellen Ethik steht: „Jedes dient dem anderen, um sich selbst zu dienen; jedes bedient sich des anderen wechselseitig als seines Mittels". Die „Gleichgeltenden" verhalten sich wie „Gleichgültige" gegeneinander. Dieser Bruch mit der traditionellen Ethik der verbindlichen, positiv gesetzten gemeinschaftlichen Norm und Ordnung macht den Unterschied des modernen bürgerlichen zum traditionell gebundenen Individuum aus. Für Marx folgt daraus:

Das heißt, das gemeinschaftliche Interesse, was als Motiv des Gesamtaktes erscheint, ist zwar als fact von beiden Seiten anerkannt, aber als solches ist es nicht Motiv, sondern geht sozusagen nur hinter dem Rücken der in sich selbst reflektierten Sonderinteressen, dem Einzelinteresse im Gegensatz zu dem des anderen vor. Nach dieser letzten Seite kann das Individuum höchstens noch das tröstliche Bewußtsein haben, daß die Befriedigung seines gegensätzlichen Einzelinteresses gerade die Verwirklichung des aufgehobenen Gegensatzes, des gesellschaftlichen allgemeinen Interesses ist." (Marx 1953, 155f.)

Die ökonomischen und rechtlichen Prinzipien der auf dem Markt austauschenden Individuen scheinen das Gegenteil der traditionellen Ethik zu sein, die sich nur innerhalb einer positiv definierten Gesamtordnung definieren konnte. Aber die Absage an die traditionelle Ethik führte zunächst nicht in Nihilismus, sondern zu einer neuen Begründung der Ethik. Seit der Aufklärung entstehen liberale und utilitaristische Ethiken eben auf dieser neuen Basis[74]. Der Begriff des guten Lebens wird als überflüssig und falsch kritisiert, weil sich aus rein formalen Prinzipien widerspruchsfrei gesellschaftlicher Wohlstand und privates Glück begründen ließen und somit der (gewaltsame) Kampf um das richtige „gute Leben" vermeidbar sei.

Solange aber über den Umweg formaler Begründungen doch wieder starke

---

Ausdrücke des Austauschs von Tauschwerten und als entwickelt in juristischen, politischen, sozialen Beziehungen nur diese Basis in anderer Potenz. Die bürgerliche Demokratie bediene sich ihrer allein zur Apologetik der bestehenden ökonomischen Verhältnisse. In der Tat kommt alles auf die Frage an, ob Freiheit und Gleichheit auch in den Lebensverhältnissen aller Menschen wirklich werden. Hierfür bedarf es freilich mehr Bestimmungen, als aus dem abstrakten Wertverhältnissen abgeleitet werden können.

74 Vgl. zu den Argumenten, daß die Interessen des Marktes die traditionelle Ethik ablösen Hirschmann (1977).

Wertungen eingeführt werden – und es geht ja ausdrücklich um die Begründung eines besseren Lebens – trägt auch der utilitaristische und liberale moralphilosophische Diskurs im Grunde zu dem neuen Horizont starker Wertungen bei, die die Individuen zur Identitätsbildung benötigen[75].

Mit der Konstitution des Begriffs des Individuums in der (Konkurrenz-)Gesellschaft ist allerdings der Widerspruch verbunden, daß beide als Gegensätze auseinanderzutreten scheinen: es wird die Fiktion errichtet, daß ein völlig freies Individuum nach rein formalen Regeln handelnd zum größten allgemeinen Nutzen beitragen könnte, und daß die als Staat organisierte Gesellschaft lediglich Fessel dieses Individuums und damit Ursache aller Übel sei. Während früher die einzelne Person mit ihrer vorgegebenen Bestimmung identisch sein konnte, muß sich nun das Individuum selbst in ein Verhältnis zur Gesellschaft setzen. Auf diese Weise gelingt auch die Verbindung der liberalen mit der romantischen Kritik.

Wir sind hier auf die gesellschaftliche Grundlage der oben angesprochenen widersprüchlichen Konstruktion der modernen individuellen Autonomie gestoßen. Während sich die instrumentell-rationale Seite des autonomen Individuums in den Marktverhältnissen und ihrer rein formalen Ethik pudelwohl fühlt und darin erst die rechte Betätigungsform ihrer Bedürfnisse nach tätiger Aneignung der Welt, nach Erfolg und Leistung (und bei Bedarf auch nach göttlichem Segen) findet, rebelliert die romantisch-expressive Seite über die Unterdrückung seiner natürlichen, am Markt nicht befriedigten Bedürfnisse nach Liebe und nach Geborgenheit in der Gemeinschaft. Aus letzterem entwächst dann die Phantasie einer gemütlichen, vormodernen Gemeinschaftlichkeit, die irgendwie kompatibel mit der Freiheit der Person wäre. Die Konstruktion einer natürlichen Harmonie von Individuum und Gemeinschaft ist selbst eine rückwärtsgewandte Projektion der modernen Identität. Sie beruht nicht auf einer wirklichen historischen Abfolge von Gemeinschaft und Gesellschaft, sondern auf der eigenen, inneren Widersprüchlichkeit zwischen rational-aneignender und gefühlsreicher Seite des autonomen Individuums. Das erklärt auch, warum die romantische Kritik bis heute so aktuell geblieben ist, warum die Klage von der aufgezehrten Gemeinschaftlichkeit und der Entzauberung der Welt wieder und wieder erhoben wird.

Beide Argumentationsstränge sollen nun zusammengefaßt werden: Einerseits ist die moderne Identität in ihrem Kern auf die doppelte Autonomie des aktiven Handelns und der privaten Emotionalität ausgerichtet, andererseits setzen die modernen gesellschaftlichen Institutionen die wechselseitige Anerkennung der Individuen als Freie und Gleiche voraus. Diese doppelte Struktur überschreitet die traditionelle gemeinschaftliche Einbindung nach zwei

---

75 Es wird später gezeigt, daß die utilitaristische Ethik sowohl die Struktur entwickelter moderner Gesellschaften verfehlt als auch absolut unzureichend für die allgemeine Konstitution moderner Identität ist. Noch weniger können die „Marktwirtschaft" oder gar das „Wirtschaftswachstum" soziale Integration stiften.

Seiten: Sie setzt das autonome Individuum von der traditionellen Gemeinschaft ab und sie erweitert den gemeinschaftlichen Zusammenhang hin zu einer gesellschaftlichen Gemeinschaft. Die These lautet also, daß in der Moderne die integrierende Wirkung von sozial-kulturellen Bezügen in der Gemeinschaft nicht einfach ersatzlos schwindet und der Regulation unpersönlicher Systeme Platz macht, sondern daß die integrierende Funktion sozial-kultureller Bezüge von der traditionellen Gemeinschaft auf die gesellschaftliche Ebene verlagert wird. Weil sich die wesentlichen gesellschaftlich integrierenden Institutionen im Rahmen von Identitätskonzepten und gemeinschaftlich geteilten Werten bewegen, ist der Begriff „gesellschaftliche Gemeinschaft"[76] angemessen.

8.4 Die gesellschaftliche Gemeinschaft und die Rationalisierung

Gesellschaftliche Integration wird nicht entweder durch Vergemeinschaftung oder Vergesellschaftung hergestellt. In modernen Gesellschaften führt die Funktionsdifferenzierung auch nicht einseitig zu einem Auseinanderfallen in unterschiedliche Handlungssphären, sondern alle Sphären unterliegen einer ökonomischen, materiellen, kulturellen und politischen Integration. Diese Integration wird durch gleichsinnige Strukturen in den jeweiligen Sphären sowie durch übergreifende Strukturen hergestellt. Die wichtigsten übergreifenden Strukturen sind die Formen der entwickelten Marktwirtschaft, die Bestimmung der freien und gleichen Individualität, die universalistischen Strukturen des Rechts und die nationalstaatliche Verfassung der Gesellschaften.

Die ökonomische Integration der Gesellschaft wird als Marktgemeinschaft und in Form von ökonomischen Interessengemeinschaften hergestellt. Sie wird in der entwickelten Marktwirtschaft materiell durch die Abhängigkeit von Infrastrukturen verstärkt: dem Geld und dem Kredit[77]; der technischen Kommunikationsmittel von Straßen, Verkehr, Nachrichten und Medien; der Infrastruktur im engeren Sinne wie Be- und Entwässerung, Abfallwirtschaft, Energieversorgung. An den technischen Großsystemen tritt besonders anschaulich einerseits die einschränkende, bzw. abhängig machende und risikobehaftete und andererseits die (einen höheren Lebensstandard und die Mittel, als freies und gleiches Individuum zu leben) ermöglichende Struktur gesellschaftlicher Funktionen zutage. Die gesellschaftliche Integration findet kulturell durch die gemeinsame (Hoch-)Sprache, das Normen- und Rechtssystem, sowie das Bildungssystem und den Kultursektor im engeren Sinne statt. Die gesellschaftliche Integration findet politisch den bewußtesten Ausdruck: Die

---

76 Parsons prägt den Begriff der „societal community".
77 „Jeder Tausch mit Geldgebrauch (Kauf) ist überdies Gemeinschaftshandeln, kraft der Verwendung des Geldes, welches seine Funktion lediglich kraft der Bezogenheit auf das potentielle Handeln anderer versieht." (Weber 1921, 382)

Machtstrukturen des Nationalstaates sind die allgemeine Integrationsebene moderner Gesellschaften.

Die Mittel, durch die das Gemeinschaftshandeln auf gesellschaftliche Strukturen erweitert wird, lassen sich mit den Begriffen Solidarität, Universalismus, Pluralismus und formale Rechtlichkeit umschreiben:

„Die moderne gesellschaftliche Gemeinschaft ist kein geschlossener partikularistischer Verband. Die Solidarität der Gemeinschaft wird nämlich durch ethischen Universalismus kulturell generalisiert, durch Pluralismus für Interessen geöffnet und durch ein formales Rechtssystem in bezug auf praktische Regulierungen des Handelns spezifiziert." (Münch 1984, 19)

Die Integrationsfunktion von Gemeinschaften wird auf die gesellschaftliche Ebene erweitert. Dabei müssen neue Qualitäten ins Spiel kommen. Die Integration ausdifferenzierter, arbeitsteiliger Gesellschaften ist nur möglich, wenn allgemeine Strukturprinzipien Individuen und Gesellschaft zusammenbinden. Die Integration moderner Gesellschaft ist nicht zwangsläufig, sondern muß durch eine bestimmte Struktur der gesellschaftlichen Reproduktion erzeugt werden.

Richard Münch erläutert diese These durch eine inhaltliche Erweiterung des Begriffs der Rationalisierung. In der Regel wird unter Rationalisierung die Entfaltung der Eigengesetzlichkeit von Handlungssphären verstanden. Münch deutet aber den von Max Weber beschriebenen historischen Prozeß der okzidentalen Rationalisierung

„als eine Ausstrahlung der kulturellen Rationalisierung auf die nicht-kulturellen Handlungssphären, als eine Richtung der Interpenetration sozial-kultureller Diskurse mit dem gemeinschaftlichen, politischen und ökonomischen Handeln. In diesem Falle bedeutet die Rationalisierung jedoch gerade nicht die reine Entfaltung ihrer Eigengesetzlichkeiten, sondern im Gegenteil ihre sozial-kulturelle Begrenzung. Die Partikularisierungstendenz der solidarischen Vergemeinschaftung mit ihrer partikularen Lebenswelt wird dem Druck der Universalisierung unterworfen, die Machtpolitik dem Druck der rationalen Rechtfertigung durch Subsumtion unter allgemeingültige symbolische Konstrukte, die ökonomische Nutzenkalkulation dem Druck der generellen sozio-kulturellen Begründung." (Münch 1984, 19f.)

Im Unterschied zu den Ausführungen Münchs scheint es mir plausibler zu sein, eine gleichsinnige Strukturierung unterschiedlicher Handlungssysteme anzunehmen, was jedoch möglicherweise auch in seinem Verständnis von wechselseitiger Durchdringung eingeschlossen ist. Die wechselseitige Durchdringung gemeinschaftlichen, sozialen und politischen Handelns läßt sich spezifizieren: Das gemeinschaftliche Handeln und die wechselseitige Anerkennung schaffen eine ökonomische Ordnung (Marktgemeinschaft) und organisieren sich als politische Ordnung. Das politische Handeln setzt rechtliche Rahmenbedingungen des Gemeinschaftshandelns (Verfassung) und verwirklicht kollektive Zielvorstellungen über das ökonomische Handeln und die soziale Sicherung. Das ökonomische Handeln strukturiert wesentlich die

Einzel- und Gesamtinteressen, pluralisiert die Gemeinschaften und setzt Rahmenbedingungen für das politische Handeln.

Dieser Typus der Rationalisierung entspricht einer modernen Identität, die sich um die aktive Aneignung der Welt und die Entwicklung eines gefühlsreichen Innenwelt bildet und die sich als Individualisierung darstellt. Wenn diese Thesen richtig sind, dann müssen auch in der modernen gesellschaftlichen Wirklichkeit integrierende Werte und Weltbilder sichtbar sein und dann müssen vor allem die die moderne Identität prägenden Werte und Begriffe die gleichen sein, die die gesellschaftliche Integration formen.

9. Kapitel: Die institutionalisierten Bürgerrechte

9.1 Recht, legitime Ordnung und gesellschaftliche Gemeinschaft

Jürgen Habermas schrieb Anfang der achtziger Jahre, daß mit dem modernen Staat notwendigerweise illusionäre und damit widersprüchliche und ideologische Deutungen die Lebenswelt beherrschten und mit den modernen Medien „normfreie Sozialität" der Lebenswelt als „versachlichter Lebenszusammenhang" begegne:

> „Die Entkopplung von System und Lebenswelt spiegelt sich innerhalb moderner Lebenswelten zunächst als Versachlichung: das Gesellschaftssystem sprengt definitiv den lebensweltlichen Horizont, entzieht sich dem Vorverständnis der kommunikativen Alltagspraxis und ist nur noch dem kontraintuitiven Wissen der seit dem 18. Jahrhundert entstehenden Sozialwissenschaften zugänglich." (Habermas 1981, Bd.2, 158)

Fraglich bleibt jedoch, wie die bürgerlichen Individuen es „intuitiv" geschafft haben, eine ihrem Selbstverständnis von innerer Natur entsprechende Gesellschaftsordnung zu institutionalisieren. Wenn die Theorie von der inneren Natur der modernen Identität richtig ist, dann wäre die Übereinstimmung „intuitiver" Werte mit gesellschaftlichen Institutionen und sogar mit Funktionszusammenhängen der „Systemintegration" kein Zufall. Es wäre dann eher gefährlich, zu sehr „kontraintuitiv" zu argumentieren. Ich habe den Eindruck, daß eben deshalb Habermas jüngst eine, wie mir scheint substantielle, Weiterentwicklung seiner Gesellschaftstheorie vorgenommen hat. Denn in der Tat kann ja der Frage, wie die Akteure überhaupt in eine soziale Ordnung eingebunden werden, nicht mit Verweis auf Systemzusammenhänge oder dem „kontingenten Aufeinandertreffen verschiedener erwarteter Interessenlagen und Erfolgskalküle" ausgewichen werden: „Soweit sich aber die Rechtssoziologie auf einen objektivierenden Blick von außen versteift und gegenüber dem nur intern zugänglichen Sinn der symbolischen Dimension unempfindlich ist, gerät umgekehrt die soziologische Anschauung in Gefahr, blind zu bleiben" (Habermas 1992, 90).

Im Zusammenhang einer längeren Untersuchung zum Zusammenhang der faktischen Rechtsordnung mit ihren legitimen Geltungsgründen kommt Habermas schließlich dazu, das Recht als Teil der Lebenswelt zu behandeln. Die Untersuchung wird mit einem Rückblick auf die Begründung legitimer Ordnung durch Max Weber und den Begriff der gesellschaftlichen Gemeinschaft bei Talcott Parsons begonnen: Nach Max Weber beruht eine legitime Ordnung auf einem Wertekonsens, insofern die in ihr verkörperten Werte oder Ideen intersubjektiv anerkannt sein müssen. Das normative Einverständnis ist durch Internalisierung entsprechender Werte intrapsychisch verankert. Religiöse Autorität oder wertrationale Moral festigen diese Werte. Die Angst vor Verlust von Heilsgütern und das Scham- und Schuldbewußtsein bilden gefühlsmäßige Hemmungen vor einer zu weiten Abweichung individueller Bestrebungen von der anerkannten Ordnung. Hinzu kommt die Fähigkeit zur Selbstbindung, also zur Selbststeuerung gemäß der wertrational anerkannten Grundsätze. Zur inneren Bindung tritt immer die äußere Garantie der legitimen Ordnung. Soweit sie Rechtsordnung und Konvention ist, wird sie durch Sanktionen geschützt, von der sozialen Mißbilligung bis zu förmlichen Strafen. Die Institutionen sind also ambivalent: der soziale Wertekonsens und die faktische Ordnung bedürfen einander und beide sind jeweils ohne das andere schwer denkbar. Normfreie Interessen bedürfen der Absicherung durch wertebezogene Ideen, und Ideen brauchen Interessen und institutionelle Absicherungen, um sich sozial durchsetzen zu können. Habermas zieht daraus die Konsequenz, daß „sich legitime Ordnungen gleichermaßen ‚von oben' wie von ‚von unten' analysieren lassen, eine rekonstruktiv verfahrende Soziologie muß beiden Perspektiven gerecht werden" (Habermas 1992, 94). Habermas kritisiert, daß Max Weber das moderne Recht in einen so engen Zusammenhang mit der bürokratischen Herrschaft stellt, daß er die „sozialintegrative Eigenfunktion" des Rechts nicht gebührend berücksichtigen kann:

„Nach Weber bezieht der Rechtsstaat seine Legitimation letztlich nicht aus der demokratischen Form der politischen Willensbildung, sondern nur aus den Prämissen der rechtsförmigen Ausübung der politischen Herrschaft...Bei Weber ergibt sich ein spezifisch deutsches Bild vom Rechtsstaat, dem sich die Eliteherrschaft politischer Parteien einfügt". (Habermas 1992, 98)

Webers eingeschränktes Demokratieverständnis verdeutlicht noch einmal, daß sich der im Grundgesetz beschriebene Vorrang der zivilen Gesellschaft vor der staatlichen Autorität und der Positivität des Rechts auf keine lange Tradition in Deutschland stützen konnte und schon gar nicht auf eine breite Unterstützung der akademischen Eliten[78]. Ganz anders im angelsächsischen Raum, aus dem die grundlegenden theoretischen Beiträge zu einer soziologischen Theorie einer demokratischen Gesellschaft stammen. Habermas' Überlegungen zur Rechtstheorie knüpfen dann auch an Talcott Parsons an. Nach Parsons entwickelt sich jedes Gesellschaftssystem aus einem Kernbereich, der „societal community". Sie umfaßt alle auf Integrationsleistungen spezialisierten Handlungssysteme, die die gesellschaftliche Solidarität sichern. Dazu gehören auf der ersten Ebene die schon von Durkheim benannten symbolischen Praktiken, wie religiöse Kulte, Riten, aber auch nationale Zeremonien, Symbole und Gedenkstätten. Auf einer zweiten Ebene kommen Institutionen wie Moral und Recht hinzu, die dann eintreten, wenn die soziale Integration auf der ersten Ebene nicht ausreicht. Habermas faßt Parsons Theorie wie folgt zusammen:

---

78 Vgl. zur politischen Kultur der deutschen Akademiker bis 1933: Ringer (1969), zu Max Weber (ebd., 164ff.).

„Recht ist eine im Hinblick auf den Institutionalisierungsvorgang selbst reflexiv gewordene legitime Ordnung. Als solches bildet es den Kern eines Gemeinschaftssystems, das seinerseits die Kernstruktur von Gesellschaft überhaupt ist." (Habermas 1992, 99)

Für Parsons ist das moderne Recht eine Art Transmissionsriemen, durch die sich die Solidarität der Gesellschaftsmitglieder, die Strukturen ihrer wechselseitigen Anerkennung unter den Bedingungen einer differenzierten Gesellschaft bewahren lassen. In einer abstrakten, aber bindenden Form, überträgt es die Solidarität auch auf die anonymen und systemisch vermittelten Beziehungen von Staat und Ökonomie. Dabei sind die Inklusion aller Gesellschaftsmitglieder in die gesellschaftliche Gemeinschaft und die Verallgemeinerung der Werte ebenfalls über das Recht vermittelt: über seine universalistischen moralischen Geltungsgrundlagen und die Anerkennung aller als freie und gleiche Rechtspersonen. Historisch wäre dieser Prozeß in die Differenzierung moderner Gesellschaften einzubetten. Zunächst differenzieren sich das durch Geld gesteuerte Wirtschaftssystem und das durch administrative Macht gesteuerte Herrschaftssystem aus der traditionellen Gesellschaft und setzen dabei die Zivilgesellschaft frei von Ökonomie und Staat. Den nun entstehenden neuartigen Integrationsbedarf regelt das Recht. Erstens werden Ökonomie und Staat durch die rechtliche Institutionalisierung von Märkten und die bürokratische Organisation an die Geltungsgrundlagen des Rechts gebunden. Zweitens werden Konflikte, die früher in face-to-face Gemeinschaften auf der Basis von Gewohnheit, Loyalität und Vertrauen ethisch bewältigt wurden, verrechtlicht. Die Beteiligten können sich nunmehr auf Rechtsansprüche beziehen und es treten institutionalisierte Regelungs- und Durchsetzungsformen ein. Drittens werden die Bürgerrechte institutionalisiert:

„Den Kern dieser Staatsbürgerschaft bilden politische Teilnahmerechte, die in neuen Verkehrsformen der Zivilgesellschaft, einem grundrechtlich geschützten Netz von freiwilligen Assoziationen, sowie in den Kommunikationsformen einer über Massenmedien hergestellten Öffentlichkeit wahrgenommen werden." (Habermas 1992, 101)

Die rechtliche Konstruktion der Bürger als freie und gleiche in einer demokratischen Gesellschaft löst die Legitimation älterer askriptiver Mitgliedschaften wie Religion, Rasse, regionaler Zugehörigkeit oder vererbten sozialen Status ab. Insofern ist die gemeinschaftliche Gesellschaft von Gleichen eine neue Form sozialer Beziehungen.

Habermas setzt sich von der Theorie Parsons ab, indem er die aufgeworfenen Probleme der Rechtssoziologie durch eine Rekonstruktion des Rechts im Rahmen der Theorie des kommunikativen Handelns lösen will. Ich möchte im folgenden die Beschreibung des Zusammenhangs von Persönlichkeit und rechtlicher Institutionalisierung vertiefen. Die Implikationen der gesellschaftlichen Integration werden m. E. erst klar, wenn die Beziehung der gesellschaftlichen Gemeinschaft zur modernen Identität näher beleuchtet wird. Was bislang erst ganz abstrakt entwickelt wurde, ist in den folgenden Kapitel näher zu beschreiben. Dabei werden zunächst die gemeinschaftlich geteilten Werte und Weltbilder am Beispiel der institutionalisierten Bürgerrechte erläutert. Die institutionellen Regelungen und Stützungen der individuellen Autonomie führen zu einer modernen Form der gemeinschaftlichen Einbettung der Individuen in die gesellschaftliche Gemeinschaft. Denn die rechtliche Sphäre ist diejenige, die die Konstitution des modernen Subjekts und seiner Vergesellschaftungsformen noch als normativen Akt setzt. Gerade sie ist also geeignet, eine konkretere Vorstellung von den Formen der Institutionalisierung von Werten und Weltbildern zu geben.

9.2 Gesellschaftliche Gemeinschaft und Bürgerrechte

An dieser Stelle sind zwei wichtige begriffliche Klarstellungen einzuschieben. Erstens ist nunmehr auf einer konkreteren Ebene von „Gesellschaft" die Rede als im vorigen Kapitel. Geht es um die begriffliche Abgrenzung von Vergemeinschaftung und Vergesellschaftung, dann wird unter Gesellschaft eine bestimmte Form von sozialen Beziehungen verstanden. Gesellschaft als solche hat aber keine reale Existenz. Wenn von „der Gesellschaft" gehandelt wird, ist heute fast immer der moderne Nationalstaat gemeint, also eine auf einem abgegrenzten Territorium unter einem Herrschaftssystem zusammengefaßte Bevölkerung. Diese Merkmale sind keine, die alle Gesellschaftsformen gemeinsam haben[79]. Zwar unterliegen heute alle Gesellschaften dem inneren und äußeren Druck zur Bildung von Nationalstaaten, aber selbstverständlich sind das historisch spezifische Bedingungen der Moderne. Da an dieser Stelle nur über moderne Gesellschaften gehandelt wird, geht es also um Gesellschaften in der modernen „westlichen" Form des Nationalstaates.

Macht man sich diese Konkretionsebene klar, tritt sofort hervor, daß die moderne Gesellschaft einem Integrationsdruck ausgesetzt ist. Alle Nationalstaaten tendieren dazu, einen einheitlichen Wirtschaftsraum, einheitliche wirtschaftliche Bedingungen und eine einheitliche Kultur hervorzubringen. Alle Nationalstaaten sind „künstliche", auf historisch-politischen Machtkonstellationen beruhende soziale Institutionen. Sie müssen sich deshalb eigene Legitimationen in Form von kollektiven Identitäten schaffen. Aber es wäre an dieser Stelle nicht folgerichtig, wenn die Herstellung der gesellschaftlichen Gemeinschaft aus der nationalen Identität erklärt würde. Die Argumentation soll gerade umgekehrt zeigen, daß die Mitglieder der Gesellschaft in der Moderne eine gesellschaftliche Gemeinschaft hervorbringen, die sich u.a. auch in nationalen Identitäten ausdrückt. Es ist wichtig, sich klar zu machen,

---

79 Vgl. Giddens (1984, 216 ff.) und Elias (1987, 218ff.).

daß die Institutionalisierung sozialer Beziehungen sich nicht in abstrakten Räumen, sondern in konkreten, staatlich organisierten Gesellschaften vollzieht. Zweitens kann die Institutionalisierung moderner Gesellschaften nicht nach ihrer tatsächlichen Struktur dargestellt werden, dazu ist sie einerseits viel zu komplex und umfangreich und andererseits würde das auch zu weit von der hier gesuchten Argumentation abführen. Zudem gibt es dazu überreichlich Literatur. Es muß eine Darstellungsform gefunden werden, in der nicht die Institutionen selbst, sondern lediglich ihre wesentlichen Inhalte beschrieben werden können. Diese Inhalte sollten aber auch eine reale gesellschaftliche Existenz und Gültigkeit haben, denn nichts wäre einfacher und weniger aussagekräftig, als der modernen Gesellschaft einen Sinn zu unterschieben. Nun gibt es aber eine Institution, die beide Ansprüche in hervorragender Weise in sich vereinigt: die Verfassung, in der die leitenden Prinzipien der Institutionalisierung formuliert sind und die zugleich eine reale gesellschaftliche Gültigkeit hat, nicht nur durch ihren Entstehungsakt, sondern durch die Funktion eines gewichtigen Teils der demokratischen Institutionen selbst. Im Folgenden wird deshalb im Kern eine Interpretation des Grundgesetzes erfolgen, freilich nicht unter juristischem Aspekt, sondern unter den hier leitenden soziologischen Fragestellungen.

Die wichtigsten institutionellen Regelungen, die im Verlauf der Moderne entwickelt werden, sind die Bürgerrechte: „Die Bürgerrechte formen den Kern der gemeinsamen Lebenswelt einer modernen gesellschaftlichen Gemeinschaft" (Münch 1984, 296). Kann die ganze komplexe, institutionalisierte Struktur moderner Gesellschaften auf die Struktur moderner Identität zurückgeführt werden? Wieder kann die Antwort nicht in einem einfachen Ja oder Nein liegen. Auf der einen Seite kann die moderne Identität, insbesondere die Individualisierung, nicht ohne genau diese Grundstruktur institutionalisierter Bürgerrechte verwirklicht werden. Zum anderen ist die Institutionalisierung – wie nicht zuletzt der zu allen Zeiten und in allen Ländern heftige politisch-ideologische Streit zeigt – nur Resultat einer intentionalen Aktion der betroffenen Bürger und Bürgerinnen selbst. Es soll im Folgenden gezeigt werden, daß das tätige und gefühlsreiche Individuum eine allgemeine Leitvorstellung ist, die konstitutiv für die Institutionalisierung der Bürgerrechte und der Lebenspraxis ist. Zunächst soll anhand der institutionalisierten Bürgerrechte geprüft werden, wie sie Individualität definieren und welchen Bezug sie zwischen Individuum und Gesellschaft herstellen.

Die Bürgerrechte lassen sich in drei große Komplexe einteilen: die Freiheitsrechte, die politischen Rechte und die sozialen Rechte. Man kann ihre Durchsetzung in den führenden europäischen Nationen jeweils einem Jahrhundert zuweisen: Demnach werden „im 18. Jahrhundert die wichtigsten Kämpfe um die Einführung der bürgerlichen Freiheitsrechte – von der Rede-, Gedanken- und Religionsfreiheit bis hin zur Gleichheit vor dem Gesetz und den anderen Aspekten individueller Freiheit, insgesamt also der Menschenrechte nach dem Bilde der Naturrechtslehre und den Vorstellungen der Amerikanischen wie der Französischen Revolution" (Hirschmann 1991, 15f.) ausgefochten. Im 19. Jahrhundert folgen dann die Durchsetzung der politischen Bürgerrechte, also die mühsame Erweiterung des Wahlrechts auf immer größere Gesellschaftsgruppen und die schrittweise Beteiligung ihrer Repräsentanten an der Ausübung politischer Macht durch Gesetzgebung und Regierung. Schließlich erfolgte erst im 20. Jahrhundert mit dem Ausbau des Sozialstaates die Ausdehnung der Bürgerrechte auf die soziale und ökonomische Sphäre und damit die wirkliche Durchsetzung von Chancengleichheit. Das umfaßt einen großen Komplex von institutionellen Veränderungen: von der Durchsetzung eines Mindestniveaus von Bildung, Gesundheit und sozialer Sicherheit bis zur allgemeinen Verbesserung des Lebensstandards. Die Durchsetzung dieser sozialen Bürgerrechte schafft erst die Voraussetzung für eine wirkliche Verallgemeinerung der Menschenrechte und der politischen Teilhaberechte. Richard Münch unterteilt die institutionalisierten Bürgerrechte am Beispiel Englands in folgender Weise:

„Nehmen wir England als historisches Beispiel, wo sich die institutionalisierten Bürgerrechte zuerst herausgebildet haben, dann hat nach einer ersten inneren Solidarisierung von Aristokratie und Bürgertum die Entwicklung mit der Ausdehnung der Bürgerrechte auf das ökonomische Interessehandeln, mit der Institutionalisierung der Freiheitsrechte eingesetzt. Die zweite Stufe bildet die Einrichtung der Rechte der politischen Teilnahme, insbesondere des aktiven und passiven Wahlrechts. Als dritte Stufe kann man die Verstärkung der inneren Solidarität durch die Institutionalisierung der sozialen Rechte, wie Krankenversorgung, Arbeitslosenunterstützung und Altersversorgung bezeichnen. Die vierte Stufe ergibt sich aus der Institutionalisierung kultureller Rechte durch die verstärkte Öffnung der höheren Bildung für alle sozialen Schichten nach dem Motto ‚Bildung ist Bürgerrecht'."(Münch 1984, 296f.)

Münchs Differenzierung einer dritten und vierten Stufe bringt keine grundsätzliche Modifikation. Für England läßt sich diese Reihenfolge der Bürgerrechte nachweisen. Münch betont besonders, daß es nicht nur um die Durchsetzung von Rechten geht, sondern daß sie als Bürgerrechte institutionalisiert werden. Eine Vielzahl von unterschiedlich strukturierten und geleiteten gesellschaftlichen Institutionen bringen die Bürgerrechte erst zur Entfaltung: Nationalstaat und Verfassung, die Gewaltenteilung in Exekutive, Legislative und Rechtsprechung, die Ausdifferenzierung der Rechtszweige; Wahlen, Parteien und Interessenverbände; Unternehmen und Gewerkschaften; Schulen und Universitäten; Krankenkassen, öffentlicher Gesundheitsdienst, Sozialversicherung und Arbeitslosenversicherung und vieles mehr.

Folgt man den zuerst von T. H. Marshall 1949 entwickelten Thesen über die Stufenfolge von Bürgerrechten, so scheinen sie eine Art Entwicklungsgesetz der Moderne, zumindest eine Entwicklungsnotwendigkeit zu beschreiben. Die tatsächliche historische Entwicklung der wichtigsten europäischen

Länder hielt sich jedoch nicht an ein und dieselbe Stufenfolge. So waren in der ehemaligen Sowjetunion und anderen sozialistischen Staaten einige der sozialen Bürgerrechte verwirklicht, ohne daß die Menschenrechte und die politischen Teilhaberechte gewährt wurden. Daß die Bürgerrechte weder in der von Marshall beschriebenen Reihenfolge, noch überhaupt immer in allen Formen verwirklicht werden, wird noch deutlicher, wenn man an die Nationen der übrigen Welt denkt, die ebenfalls Modernisierungsprozessen unterworfen waren. Ganz offenbar ist zwar die Aufgliederung der Bürgerrechte eine sinnvolle Kategorisierung, sie gehorcht aber keiner einfachen historischen Abfolge und ist für jede Nation gesondert zu betrachten.

Wie A. Hirschmann gezeigt hat, war und ist die Durchsetzung der institutionalisierten Bürgerrechte von den heftigsten inneren Kämpfen begleitet, und sie bilden den Kern, um den die Rhetorik der Reaktion und des Fortschritts kreist[80]. Die ideologischen Kämpfe um das Selbstbild und die Verfassung der Gesellschaft und um das Selbstbild und die soziale Lage der Individuen und Gruppen werden über diese Themen ausgetragen.

Die historische Entwicklung in Deutschland war verglichen mit der in den USA, England und Frankreich besonders kompliziert, weil Deutschland besonders kurze und tief gebrochene Verfassungstraditionen hat. Zwar wurden bereits 1848 in der Paulskirchenverfassung Bürgerrechte formuliert, aber sie traten nicht in Kraft bzw. wurden ausdrücklich wieder suspendiert. Die Preußische Verfassung kannte keine Bürgerrechte und auch die Verfassung zur Reichsgründung 1871 nicht. In der Weimarer Verfassung wurden zwar Bürgerrechte deklamatorisch aufgezählt, aber nicht als subjektive Rechte der Bürger begründet. Die herrschende positivistische Rechtslehre kannte nur den Staat als genuinen Träger von Rechten. Im Nationalsozialismus wurde die Verfassung durch das Ermächtigungsgesetz vollständig suspendiert. In der DDR hatten die in der Verfassung niedergelegten Grundrechte nur deklamatorischen Wert, so daß für die ostdeutschen Länder erstmals in der Geschichte 1990 subjektiv einklagbare Grundrechte eingeführt wurden. Die heutigen institutionalisierten Bürgerrechte sind in der Bundesrepublik nach 1945 im Grunde ohne vorhergehende entsprechende politisch-kulturelle Praxis eingeführt worden. Die Einführung der Bürgerrechte hatte in der Bundesrepublik Deutschland im Unterschied zu England und den USA einen verfassungsrechtlichen Vorlauf vor ihrer gesellschaftlichen Verwirklichung.

9.3 Bürgerrechte im Grundgesetz

Zunächst ist zu zeigen, welche Rechte als Bürgerrechte institutionalisiert

---

80 Vgl. Hirschmann (1991).

wurden[81]. Die Bürgerrechte sind abschließend im Grundgesetz festgelegt. Bürgerrechte, die dort nicht aufgenommen wurden und durch Verfassungsrechtsprechung, Gesetzgebung und gesellschaftliche Institutionalisierung nicht befestigt wurden, haben keine gesellschaftliche Relevanz. Die Grundrechte sind nicht bloß deklamatorisch, sondern subjektive Rechte, insofern jedermann „mit der Behauptung, durch die öffentliche Gewalt in einem seiner Grundrechte verletzt zu sein, Verfassungsbeschwerde erheben kann (vgl. §90 BVerfGG). Die Gesamtheit der Grundrechte teilt sich in Freiheitsrechte der Person und Freiheitsrechte zur gesellschaftlichen Integration. Hier werden das autonome, sich selbst entwickelnde Individuum und die von diesen Individuen selbstbestimmten Gemeinschaften als Grundlage des gesellschaftlichen und staatlichen Zusammenlebens bestimmt. Auf dieser Grundlage werden Freiheitsrechte über die Komplexe Arbeit und Wirtschaft sowie Privatleben und Familie festgelegt, also für die beiden Lebensbereiche, in denen sich die wesentlichen Bestimmungen der modernen Identität, die tätige Aneignung der Welt und die Entwicklung einer persönlichen Gefühlswelt verwirklichen.

9.3.1 Die persönlichen Freiheitsrechte

Der grundsätzliche Charakter von Grundrechten ist der von Schutzrechten gegen staatliche Gewalt. Damit ist in modernen Gesellschaften zugleich auch das Verhältnis des einzelnen gegenüber der politisch gewollten Form von Gesellschaftlichkeit definiert. Sind die Grundrechte als für alle Individuen gleiche Rechte definiert, so konstituiert sich daraus auch eine Form der sozialen Beziehungen der Individuen untereinander.

Das ist besonders deutlich am *Grundrecht auf Leben und körperliche Unversehrtheit* (Art. 2 Abs. 2). Es umfaßt nicht nur den Schutz vor staatlichen Ein- und Angriffen, sondern auch die staatliche Verpflichtung zur Aufrechterhaltung einer öffentlichen Ordnung in der Schutz vor Angriffen anderer gegeben ist. Zur Realisierung dieses Rechts wird dem Staat das Gewaltmonopol zugesprochen. Verfassungsgeschichtlich bedeutet dies die Abschaffung der Privilegien der Gewaltausübung der adligen Herrscherklasse [82]. Heute bezieht es sich auf den Verzicht darauf, innerhalb der Gesellschaft seine Interessen mit Gewalt durchzusetzen. Das Grundrecht auf Leben und körperliche Unversehrtheit und das staatliche Gewaltmonopol bedürfen einer umfangreichen

---

81 Die folgende Darstellung der Grundrechte im Grundgesetz ist selbstverständlich eine Interpretation. Über den Rahmen und die Theorien zur Grundrechtsinterpretation vgl. Böckenförde (1991b, 115ff.) sowie Böckenförde (1991a, 58ff.).
82 Auch danach spielten in Deutschland bis in die erste Hälfte des 20. Jahrhunderts adlig-militärische Traditionen eine demokratiefeindliche Rolle. Zum problematischen Verhältnis von Zivilisation und Gewalt siehe die Analyse der „satisfaktionsfähigen Gesellschaft" in Elias (1989).

Institutionalisierung. Hierauf beziehen sich Teile des Strafrechtes, der Polizei, der Rechtspflege, des Strafvollzuges. Darüber hinaus dienen diesem Grundrecht wesentliche Bereiche der öffentlichen Sicherheit, aber auch Einrichtungen, Normen, Vorschriften und Kontrollen der technischen Sicherheit.

Schützt das Grundrecht auf Leben und körperliche Unversehrtheit das individuelle Leben als solches, so bestimmt das *Recht auf freie Entfaltung der Persönlichkeit* (Art. 2 Abs. 1) spezifische Qualitäten des Individuums. Dieses Recht wird als Begründung der allgemeinen Handlungsfreiheit aufgefaßt. Das bedeutet zum einen, daß ein Kernbereich individuellen Handelns der öffentlichen Einwirkung entzogen ist. Es gibt also eine grundgesetzlich geschützte Intimsphäre, die der öffentlichen Gewalt Schranken setzt. Damit wird die grundsätzliche Entscheidung über das Wesen des Menschen getroffen: es wird in seiner Individualität und nicht in seiner Gemeinschaftlichkeit bestimmt. Die freie Entfaltung der Persönlichkeit als allgemeines Menschenrecht ist eine Absage an alle Einbindungen in Gemeinschaften, die nicht selbst gewählt sind. Das bezieht sich einerseits auf die Vorstellungen einer natürlichen Einbindung des Menschen in traditionelle Gemeinschaften, die die Affekte und die sozialen Beziehungen ihrer Mitglieder – und damit die Entwicklung ihrer Persönlichkeit – kontrollieren und festlegen. Es richtet sich andererseits gegen Auffassungen, die die Freiheit des Menschen nur in einer Aufhebung der Trennung zwischen Individuum und Kollektiv gewährleistet sehen. Beispiele hierfür sind so unterschiedliche und gegensätzliche Konzepte wie Rousseaus Vorstellung des Gesellschaftsvertrages, die nationalsozialistische deutsche Volksgemeinschaft oder die marxistisch-leninistische sozialistische Gesellschaftsordnung.

Die Möglichkeit der individuellen Wahl der gemeinschaftlichen Orientierungen und der Wertordnungen ist dabei grundlegend. Denn die leitende Vorstellung des Grundrechts auf freie Entfaltung der Persönlichkeit ist keineswegs, daß die Individuen allein als Monaden existieren: das wird durch die später zu erläuternden Festlegungen über die Konstitution der Gesellschaft, von Eigentum und Arbeit sowie Ehe und Familie ganz deutlich. Freie Entfaltung der Persönlichkeit ist zu verstehen als institutionalisierte Garantie der freien Wahlmöglichkeit der gemeinschaftlichen Einbindungen. Das folgt schon daraus, daß als verfassungsmäßiges Recht immer nur die gesellschaftlichen Verwirklichungsbedingungen der Individualität gesichert werden können. Ob und wie die freie Entfaltung der Persönlichkeit von den einzelnen interpretiert wird, bleibt offen. Institutionell ist damit auch nicht festgelegt, daß jeder eine einzigartige Persönlichkeit entwickeln muß. Zum Kernbestand dieses Grundrechts gehören aber persönliche Eigenständigkeit und Selbstverantwortung, denn wenn die Gesellschaft die Persönlichkeitsentwicklung freistellt, obliegt sie dem einzelnen eigenständig und in eigener Verantwortung.

Die Entfaltung der Persönlichkeit umfaßt in weiterer Interpretation als Kernbestand die Vorstellung, daß jeder eine innere Natur habe, in deren Entfaltung das Selbst konstituiert wird. Selbstentfaltung ist nicht unbestimmte und allgemeine Handlungsfreiheit, sondern die Freiheit, das zu entfalten, was im Menschen angelegt ist. Die Spezifizierung der Entfaltung als freie Entfaltung heißt darüber hinaus autonome, nicht fremdbestimmte Entfaltung[83]. Das autonome, nur seiner inneren Natur verpflichtete Individuum ist also nicht nur das Ideal des klassischen Bildungsbürgertums oder der protestantischen Ethik, es wird zu einem institutionalisierten Grundrecht.

Die freie Entfaltung der Persönlichkeit wird ergänzt durch die *Glaubens-, Gewissens- und Bekenntnisfreiheit* (Art. 4). Damit sind die tiefsten Überzeugungen der Menschen zu ihrer Privatsache erklärt und der gesellschaftlichen Gemeinschaft das Recht genommen, hierüber zu verfügen. Dieses Grundrecht datiert schon Anfang des 19. Jahrhunderts und findet sich in der Paulskirchenverfassung. Es beendete die unselige Religionsdiktatur der deutschen evangelischen und katholischen Kirchen, die mit dem Grundsatz des Augsburger Religionsfrieden eingeführt wurde, nach dem der Landesfürst das Bekenntnis auf seinem Territorium festlegen konnte. Bis ins 19. Jahrhundert hatten Nichtchristen keine vollen Bürgerrechte[84]. Mit dem Art. 3 und 4 GG sind nicht nur die Religionen, sondern auch alle anderen Gewissensgründe und weltanschaulichen Bekenntnisse frei, den Religionsgemeinschaften wird zudem auch die ungestörte Ausübung zugesichert. In diesem Artikel ist ausgedrückt, daß die gesellschaftliche Gemeinschaft ausdrücklich unterschiedliche „letzte Begründungen" und Sinngebungen akzeptiert. Damit wird grundsätzlich ein Wertepluralismus begründet, obwohl ganz deutlich die „christlich-abendländischen" Traditionen durchschimmern und in der sozialen Wirklichkeit die Amtskirchen weiterhin privilegiert sind. Der Wertepluralismus ist nicht beliebig weit: vor allem ist die Werteordnung der Verfassung selbst ein „Horizont starker Wertungen"[85].

Auch als Negativrecht wiegt die Gewissenfreiheit schwer: sie begründet sogar die Verweigerung der positiven Pflicht, die die gesellschaftliche Gemeinschaft ihren männlichen Mitgliedern auferlegt: Niemand darf gegen sein Gewissen zum Kriegsdienst zur Verteidigung des Gemeinwesens[86] gezwun-

---

83 Vgl. dazu Stein (1968, 198f.).
84 „Die Verfassungen der deutschen Einzelstaaten vor 1848 differenzierten noch zwischen den verschiedenen Glaubensrichtungen und sicherten den vollen Genuß der bürgerlichen und staatsbürgerlichen Rechte nur den Katholiken, Protestanten und Reformierten zu, nicht den Anhängern anderer christlicher Bekenntnisse, geschweige denn den Nichtchristen" (Stein 1968, 191).
85 Grundsätzliche Konflikte entstehen beispielsweise, wenn die Freiheit der Religionsausübung mit den Rechten der Entfaltung der Persönlichkeit und der Gleichheit kollidieren, z.B. wenn Angehörige muslimischen Glaubens für ihre Kinder in öffentlichen Schulen Geschlechtertrennung und die Einhaltung von Kleidungsvorschriften verlangen.
86 Die Festlegung des Militäreinsatzes auf die Verteidigung ergibt sich aus Art. 87a.

gen werden (Art. 4 Abs. 3). Hier zeigt sich besonders deutlich, daß die innere Überzeugung vor einem noch so hohen Anspruch der gesellschaftlichen Gemeinschaft rangiert.

Die freie Entfaltung der Persönlichkeit wird dem Text des Grundgesetzes nach begrenzt durch die gleichen Rechte anderer und das Sittengesetz. Der Figur der Rechtsschranken an den gleichen Rechten anderer unterliegt die Vorstellung, daß die Verallgemeinerbarkeit des individuellen Handelns zu einer harmonischen sozialen Gerechtigkeit führen könnte, also die klassische liberale Begründung der Moral. Es heißt gerade nicht: jeder kann sich seiner Stärke und seinem Willen gemäß frei entfalten und durchsetzen und auch nicht, daß die Rechte der Gemeinschaft den Rechten des Individuum vorgehen, sondern: alle Menschen sind von Natur aus mit gleichen Rechten ausgestattet und von eben dieser Universalisierung der Rechte erwartet man eine sinnvolle und gerechte Ordnung.

Die daneben im Grundgesetz genannte Einschränkung der persönlichen Freiheit durch das Sittengesetz zieht einen engeren Rahmen. Sie rechtfertigt eine gemeinschaftliche Kontrolle, die sich eben durch die tradierten Verhaltenskontrollen und Affektregulierungen der traditionellen Gemeinschaft und nicht durch allgemeine und rationale Prinzipien legitimiert. Der Widerspruch zwischen beiden Einschränkungen ist durch verfassungsgerichtliche Interpretation aufgehoben worden. In ständiger Rechtspraxis werden beide Prinzipien interpretiert als durch den Rahmen der allgemeinen verfassungsmäßigen Gesetze vorgegeben. Das bedeutet faktisch, daß nur allgemeine Rechte – also meine Rechte, die allen anderen auch zustehen – die freie Entfaltung meiner Persönlichkeit einschränken können, nicht hingegen die tradierten Vorstellungen kleiner Gemeinschaften, die nicht Allgemeingut geworden sind. Diese Auslegung beruht aber auch auf der Auffassung, daß Verfassung und Gesetze eine sittliche Ordnung bilden. Die Verallgemeinerbarkeit des sittlichen Anspruches ist das Kriterium für seine Legitimität.

Als weiteres persönliches Freiheitsrecht wird die *Freiheit der Bewegung* ausdrücklich normiert (Art. 11). Gegen den Staat sind die Grundrechte auf Freiheit der Fortbewegung sowie die Freiheit der Wahl des ständigen Aufenthaltsortes im Inland gerichtet. Freiwillige regionale Mobilität hat Grundrechtscharakter[87].

Die Bestimmung über die *Gleichheit der Menschen vor dem Gesetz* (Art. 3) bedeutet praktisch ein Willkürverbot für den Staat. Inhaltlich wird in den Diskriminierungsverboten präzisiert, was in den allgemeinen Freiheitsrechten bereits angelegt ist: daß alle Menschen nicht nur frei, sondern mit gleichen Rechten ausgestattet sind. Das Gleichheitsgebot ist ein Inklusionsgebot: Frauen, Juden, Farbige, Heimatvertriebene, Nicht-Christen und Anhänger der Op-

---

[87] Frühere Verfassungen normierten auch das Recht auf Auswanderung, das im Grundgesetz fehlt.

positionsparteien sollen – sofern sie deutsche Staatsbürger/innen sind – nicht staatlich benachteiligt werden. Die Aufzählung von Merkmalen möglicher Diskriminierung (Geschlecht, Abstammung, Rasse, Sprache, Heimat und Herkunft, Glauben, religiöse und politische Anschauungen) spiegelt das Problembewußtsein wieder, das bei der Verabschiedung des Grundgesetzes vor allem aufgrund von Nationalsozialismus und Krieg vorhanden war. Sie besagt nicht, daß andere Diskriminierungen zulässig wären. Das Prinzip besagt aber auch nicht, daß reale gesellschaftliche Ungleichheiten aktiv beseitigt werden müssen.

Die heute oft als sozial benachteiligte Gruppen bezeichneten Rentnerinnen, alleinerziehende Mütter, Behinderte und Ausländer oder ungelernte Arbeiter, Jugendliche ohne Hauptschulabschluß oder Nichtseßhafte und Drogensüchtige sind gewiß gegenüber der Bevölkerungsmehrheit ungleich behandelt und mit weniger Chancen ausgestattet. Allein das Postulat der Gleichheit gewährt nur die Gleichheit vor dem Gesetz, nicht die soziale Gleichheit oder gleiche Lebensbedingungen. Eine Verpflichtung der Gesellschaft, für die „Bedarfsdeckung" aller Rechnung zu tragen, den sozial Schwachen zu helfen sowie die soziale Gleichheit zu fördern, ergibt sich erst aus der Definition des Staates als sozialem Rechtsstaat (Art. 20) sowie aus der Verpflichtung des Eigentumsgebrauchs auch zum Wohle der Allgemeinheit (Art 14. Abs. 2), nicht schon aus dem Verständnis der Grund- und Menschenrechte. Die liberale Prägung des Grundgedankens ist eindeutig. Das darin ausgedrückte Menschenbild betont die Selbstverantwortlichkeit des einzelnen mehr als die Verpflichtung der Gemeinschaft. Die demgegenüber weitreichende tatsächliche Institutionalisierung der sozialen Sicherheit ist Resultat der freien Ausgestaltung der sozialen Ordnung, deutlicher gesagt, des gesellschaftlichen Interessen- und Kräfteverhältnisses.

Das Verhältnis von Freiheit und Gleichheit bleibt ambivalent. Logisch einleuchtend erscheint die liberale Grundformel, Freiheitsrechte als Abwehr von äußeren Beschränkungen zu interpretieren und Gleichheit als Verpflichtung auf allgemeine, nicht einzelne privilegierende Jurisprudenz. Ebenso klar ist, daß sich die abstrakte Bestimmung der Freiheit und Gleichheit als natürliche Menschenrechte an der wirklichen sozialen Ungleichheit, an Diskriminierung und Herrschaft stößt und deshalb nach einer gemeinschaftlichen Form gesucht wird, die die Freiheit an ihre sozialen Verwirklichungsbedingungen knüpft. Es gibt aber im Grundgesetz kein Grundrecht, daß jeder den zur Verwirklichung der freien Entfaltung seiner Persönlichkeit erforderlichen Anteil am gesellschaftlichen Reichtum erhält und an der entsprechenden kulturellen Entwicklung teilhaben kann. Es wird noch zu zeigen sein, daß es falsch ist, den liberale Rahmen als rein formalen, inhaltlich unbestimmten oder offenen Rahmen zu interpretieren. Die institutionalisierten Bürgerrechte beruhen auf der Grundannahme, daß jeder die freie Entfaltung seiner Persönlichkeit eben dazu verwendet, sich durch Arbeit und in einer Familie zu verwirklichen.

Die so häufig zitierte Unantastbarkeit der Würde des Menschen und die Berufung auf die Menschenrechte sind – obwohl sie den Artikel 1 des Grundgesetzes bilden – kein eigenständiges Grundrecht und fügen den bislang besprochenen Rechten kein neues hinzu. Wichtig ist hingegen die Formulierung, daß die Grundrechte Gesetzgebung, vollziehende Gewalt und Rechtsprechung als unmittelbar geltendes Recht binden. Hierdurch wird klargestellt, daß die Bürgerrechte nicht bloß deklamatorisch sind – wie zum Teil noch in der Weimarer Verfassung –, sondern tatsächlich institutionalisierte subjektive Rechte der Staatsbürger.

9.3.2 Die Freiheitsrechte der gesellschaftlichen Integration

Den ergänzenden Gegenpol zu den die Individualität institutionalisierenden Grundrechten bilden die auf gesellschaftliche Integration zielenden Grundrechte. Es sind dies die Meinungsfreiheit, die Versammlungsfreiheit und die Vereinigungsfreiheit mit dem Parteienprivileg. Sie bilden einen zusammenhängenden Komplex von Rechten zur Gestaltung des Gemeinwesens. Sie konstituieren nicht nur die negative Freiheit zur Abwehr äußerer Einschränkungen der Individualität, sondern bieten die positive Freiheit, die in der Chance zur kollektiven Kontrolle des gemeinschaftlichen Lebens besteht. Diese Grundrechte drücken zugleich eine bestimmte Vorstellung von gesellschaftlicher Integration durch demokratische Kommunikations- und Willensbildungsprozesse aus und bilden die Basis der politischen Teilnahmerechte. Sie beziehen sich grundsätzlich auf die Staatsangehörigen, sind also für Ausländer nur eingeschränkt oder gar nicht gültig.

Die *Meinungsfreiheit* (Art. 5) ist nicht die Freiheit, sich zu denken, was man will. Dieser Punkt ist dem Wesen nach bereits in den persönlichen Freiheitsrechten abgehandelt. Die reine Gedankenfreiheit entzieht sich zudem weitgehend dem öffentlichen Zugriff. Die Meinungsfreiheit des Grundgesetzes ist die Freiheit zur gemeinschaftlichen Kommunikation: Meinungen zu äußern und zu verbreiten, sowie sich zu informieren. Dieser gemeinschaftlich orientierte Charakter der Meinungsfreiheit wird weiterentwickelt zur Informationsfreiheit und zur Presse- und Öffentlichkeitsfreiheit. Öffentliche Meinung wird als das Geflecht von Gruppenmeinungen aufgefaßt, einschließlich der religiösen und Weltanschauungsgemeinschaften. Eine Zensur findet nicht statt. Öffentlichkeit und Meinungsfreiheit haben einen umfangreichen institutionalisierten Unterbau. Nicht garantiert ist allerdings, daß jeder die gleichen Mittel zur Verbreitung seiner Meinung hat.

Die *Versammlungsfreiheit* (Art. 8) schützt die gemeinsame Willensbildung. Sie ist unmittelbar ein Schutz zur Bildung freiwilliger Gemeinschaften, die an der politischen Willensbildung und an der gemeinschaftlichen Regelung der Gesellschaft teilnehmen. Die Versammlungsfreiheit schützt nicht jede private Versammlung, sondern privilegiert die freie Versammlung von

Staatsbürgerinnen und Staatsbürgern zur Artikulation ihrer politischen Rechte. Das Recht zur Gemeinschaftsbildung ist historisch gegen Absolutismus und Polizeistaat gerichtet, seine häufigste Äußerungsform ist die öffentliche politische Demonstration.

Die *Vereinigungsfreiheit* (Art. 9) ergänzt die Meinungs- und Versammlungsfreiheit um das Recht der freien und gleichen Bürger und Bürgerinnen, sich zur Teilnahme an der gemeinschaftlichen Willensbildung und zur Verfolgung gemeinschaftlicher Interessen institutionell zusammenzuschließen. Geschützt sind alle Zusammenschlüsse zur Verfolgung gemeinsamer Ziele, ohne Rücksicht auf die rechtliche Form. Vereinigungen sind grundrechtsfähig. Dieses Recht richtet sich gegen Versuche, das gemeinsame Tätigwerden zu behindern.

Dem unterliegt die Vorstellung, daß zwischen dem einzelnen Bürger und dem Staat eine „Zwischenzone" der zivilen Gesellschaft eingerichtet werden muß. Dies ist der Ort, an dem sich die bürgerliche Gesellschaft als Gesellschaft von Gemeinschaften konstituiert. Sie umfaßt heute wirtschaftliche Interessenvereinigungen und weltanschauliche, Vereine, Selbstverwaltungsorgane, Bürgerinitiativen und Kinderläden, Industrie- und Handelskammern, Unternehmerverbände, kulturelle Vereine und Herausgeberkollegien, Forschungsgruppen und Fußballclubs, politische Parteien und Berufsverbände, landsmannschaftliche Vertretungen und Rentnerverbände, Wohnungsbaugenossenschaften und Selbsthilfegruppen usw.

Die Bedeutung und die Modernität der Zivilgesellschaft werden erst verständlich, wenn die persönlichen Freiheitsrechte mit den Freiheitsrechten zur gemeinschaftlich-gesellschaftlichen Integration zusammen gesehen werden. Die Freiheitsrechte zur gemeinschaftlich-gesellschaftlichen Integration sind Institutionalisierungsrechte individuell-autonomer Ansprüche und Interessen gegen den Staat und gegenüber der Gesellschaft. Erst wenn das freie Individuum sich mit anderen institutionell zusammenschließen kann, können selbstgewählte Gemeinschaften die Grundlage des gesellschaftlichen Lebens werden. Gerade die traditionelle Gemeinschaftlichkeit kannte die Vereinigungsfreiheit nicht. Die Vereinigungsfreiheit richtete sich nicht nur gegen die feudalen Vorrechte der absoluten Herrscher, sondern auch gegen Zünfte, Stände und Monopole, also gegen Formen in denen sich nicht nur Herrschaft, sondern auch das traditionelle gemeinschaftliche Leben ausdrückte. Zünftige und ständische Interessen wurden auch von Handwerkern, dem Kleinbürgertum und dem Bildungsbürgertum vertreten. Oftmals – und gerade in Deutschland – wurde die Freisetzung von traditionellen gemeinschaftlichen Bindungen durch den Staat – den absoluten Herrscher und seine Verwaltungsbürokratie – durchgesetzt, gegen den die so Freigesetzten dann selbst wieder ihre Freiheit behaupten mußten. Geht die Freisetzung von zünftigen und ständischen Schranken nicht mit der Konstituierung einer freien und gleichen bürgerlichen Öffentlichkeit und zivilen Gesellschaft einher, dann löst sich die Gesellschaft nicht einfach auf, sondern der Staat okkupiert mehr oder weniger die gemeinschafts- bzw. gesellschaftsbildenden sozialen Beziehungen.

Politische *Parteien* (Art. 21) sind rechtlich Vereine. Im Grundgesetz sind sie vor anderen Vereinigungen dadurch privilegiert, daß ihre Mitwirkung bei der politischen Willensbildung ausdrücklich festgelegt ist, weshalb spezifische demokratische Anforderungen an ihre innere Struktur gestellt werden. Sie fungieren bei Wahlen als Verfassungsorgane. Sie sollen deswegen am Gemeinwohl orientiert sein und ihre subjektive Sicht des Gemeinwohls durchsetzen, nicht lediglich partikulare Interessen vertreten. Das Wahlrecht ist interessanterweise kein individuelles Grundrecht. Es ergibt sich aus dem institutionellen Aufbau des Staates und der Festlegung, daß das Parlament in allgemeiner, unmittelbarer, freier, gleicher und geheimer Wahl gewählt wird. Da den Parteien durch die Wahlgesetze eine monopolistische Durchsetzungschance bei der Wahl von Abgeordneten eingeräumt ist, sind Staatsbürgerinnen und Staatsbürger als Individuen praktisch von der direkten Mitarbeit in den Verfassungsorganen ausgeschlossen. In diesem Kernbereich der Konstitution der gesellschaftlichen Gemeinschaft ist besonders deutlich, daß die Individuen nicht unmittelbar die politische Gesellschaft konstituieren, sondern nur vermittelt über institutionell sehr detailliert festgelegte Vereine, die in der Regel Weltanschauungsgemeinschaften sind.

Die Vereinigungsfreiheit hat wie alle weiteren Freiheiten der gesellschaftlichen Integration auch die Seite der Freiheitsgarantie von und vor zwanghafter Vergemeinschaftung, beispielsweise in einer Staatspartei oder Staatsreligion. Die Freiheit, sich nicht Vereinigungen anschließen zu müssen, ist logisches Gegenstück zur Freiheit, Vereinigungen zu bilden. Wie ich gezeigt habe, ist die Freiheit aber als negative Freiheit überhaupt nicht zureichend beschrieben. Von den verfassungskonstituierenden Grundprinzipien bis zur gesellschaftlichen Wirklichkeit geht es um die Konstituierungsmöglichkeiten der zivilen Gesellschaft, nicht um die Freiheit zum privaten Rückzug.

Die gesellschaftlichen Konfliktlinien der Integrationsfreiheiten sind damit aber ebenfalls bereits umrissen: Auf der einen Seite besteht die Gefahr der Monopolisierung der öffentlichen sozialen Beziehungen durch Herrschaftsverhältnisse, die ihre Legitimation oder ihren Grund nicht in dem politischen Konsens freier und gleicher Bürgerinnen und Bürger haben. Die stärksten Gefahren gehen von der Konzentration wirtschaftlicher Macht und ihrem Einsatz in der öffentlichen Sphäre aus, weitere von der Macht des Staates und von Verbänden gegenüber weniger mächtigen Interessengruppen und einzelnen.

Auf der anderen Seite besteht immer die Möglichkeit des Rückzugs der zivilen Gesellschaft von der Regelung ihrer eigenen öffentlichen Angelegenheiten, ein Schwanken zwischen Engagement und Enttäuschung[88]. Die mo-

---

88 Hierzu die ausführliche Untersuchung von Hirschmann (1982).

derne Individualität, die ihren Grund in ihrer individuellen Natur sucht, stößt sich an der strikt gemeinschaftlich institutionalisierten Sphäre der demokratischen Öffentlichkeit und neigt dazu, ihre Freiheit als negative Freiheiten zu interpretieren. Das Machtgefälle zwischen einzelner Person und gesellschaftlich-gemeinschaftlichen Institutionalisierung erscheint als Entfremdung, die Sphäre der zivilen Gesellschaft erscheint entweder als lediglich private ohne Zusammenhang zur Gesellschaftlichkeit oder ebenfalls als Sphäre entfremdeter Mächte.

Jede soziologische Theorie, die einen Zerfall der Gemeinschaftlichkeit in der modernen Gesellschaft behauptet, müßte nicht nur den Zerfall ständisch-zünftiger Gemeinschaften oder traditioneller Sozialmilieus zeigen, sondern auch den Zerfall der modernen freiwilligen Vereinigungen. Dieser aber ist empirisch nicht festzustellen, im Gegenteil, in der modernen Gesellschaft bestehen weit mehr freiwillige Vereinigungen und Mitgliedschaften für die Bürger und Bürgerinnen, als es in traditionellen Verhältnissen der Fall war.

Die individuellen und demokratischen Freiheitsrechte müssen schon für sich im Kontext nicht nur formaler, sondern auch von inhaltlich wertbestimmten Institutionalisierungen interpretiert werden. Die Konstruktion der Grundrechte wäre nur dann allein auf einzelne Individuen bezogen, wenn sie mit den persönlichen Rechten ausgeschöpft wären. Darüber hinaus konstituieren die Freiheitsrechte der gesellschaftlichen Integration die bürgerliche Öffentlichkeit und die zivile Gesellschaft. Die Grundrechte werden aber weiter gezogen. Sie werden erweitert und verdeutlicht durch die Grundrechte bezüglich Wirtschaft und Familie, die konkrete Formen sozialer Beziehungen zum Gegenstand haben und den Rahmen eines bestimmten Lebensinhalts gemeinschaftlich-gesellschaftlich garantieren sollen.

9.3.3 Die Freiheitsrechte in der Wirtschaft

Der Kern des institutionellen Schutzes der wirtschaftlichen Sphäre ist das Bestimmungsrecht über *Eigentum* und damit die Rechtsgeltung der Austauschverhältnisse (Art. 14). Geschützt wird nicht die Arbeit, sondern die Stellung als verfügungsberechtigter Verkäufer und der rechtmäßige Erwerb. Ausgeschlossen ist allerdings das Eigentum an Personen – was sich aus den Persönlichkeitsrechten ergibt.

Historisch wurde zuerst das Grundeigentum als Produktionsmittel staatsrechtlich geschützt, was auch seiner damaligen ökonomischen Bedeutung entsprach. Im Grundgesetz sind auch alle dinglichen Rechte und alle vermögenswerten schuldrechtlichen Ansprüche in die Eigentumsgarantie eingeschlossen, gemäß ihrer gewachsenen Bedeutung in der modernisierten Gesellschaft. Die Vorschriften über Enteignung und Sozialisierung wollen keine andere Gesellschaftsordnung ankündigen, sondern garantieren den Erhalt des Geldkapitals bei Enteignung von Grundbesitz oder Produktivvermögen. Sie sichern also gerade die Existenz der Eigentümer als Eigentümer gegen gesellschaftlich-gemeinschaftliche Ansprüche. Diese können sich nur in einem Formwandel des Eigentums geltend machen, nicht in einer entschädigungslosen Enteignung.

Der wesentliche Inhalt des Eigentumsrechts liegt im Schutz der sozialen Beziehungen der Marktteilnehmer und in der Garantie der wirtschaftlichen Existenzform von Eigentümern. Die letztere wird durch die Garantie des Erbrechts auch noch über die individuelle Person des Eigentümers auf seine Familie ausgedehnt. Diese Eigentumsgarantie ist die institutionelle Absicherung der Austauschverhältnisse und sie unterstellt nicht nur die Abwehr feudaler oder anderer herrschaftsmäßiger Zugriffsprivilegien, sondern – wie oben gezeigt – die wechselseitige Anerkennung der Eigentümer als freie und gleiche. Denn das Recht gilt für jedes Eigentum gleich und die Verfügung darüber bleibt grundsätzlich freigestellt. Es gibt keine Regelung der wechselseitigen Stellung von Grundeigentum und Vermögenseinkommen gegenüber Produktivkapital. In der speziellen Konstruktion der wirtschaftlichen Freiheitsrechte ist die mit dem Eigentum zugleich gegebene Verfügungsmacht über Ressourcen und Produktionsmittel abgesichert und damit haben die Eigentümer von Produktionsmitteln gegenüber den Lohnabhängigen eine gesellschaftlich privilegierte, weil machtvollere Stellung. Diese soziale Ungleichheit fällt juristisch außerhalb des Gesichtskreises gleicher Eigentumsrechte. Indem das Eigentum und die ihm entsprechende Form von Gleichheit und Freiheit zum Angelpunkt der Verfassung gemacht werden, bleiben andere mögliche Gesichtspunkte distributiver Gerechtigkeit ausgeschlossen. Es gibt kein Grundrecht auf gleiche Machtchancen oder gerechte Verteilung des Eigentums.

Die Probleme, die die Ungleichheit der sozialen Klassen aufwirft, werden im Grundgesetz auf andere Weise angesprochen. Das Grundgesetz dehnt die Freiheitsrechte ausdrücklich auf die Sphäre der Lohnabhängigen aus durch die Garantie der *freien Wahl des Berufs*, des Arbeitsplatzes und der Ausbildung (Art. 12). Diese Regelung entstand historisch aus der Gewerbefreiheit – also einem Eigentümerrecht –, die auf alle Klassen umgedeutet wurde. Wichtiger noch und genuin auf die Lohnabhängigen als Mehrheit der Bevölkerung bezogen ist die *Koalitionsfreiheit* (Art. 9 Abs. 3). Hier wird das Recht zur Bildung von Gewerkschaften konstituiert, diese selbst werden zu verfassungsrechtlich geschützten Institutionen. Waren Eigentums- und Gewerbefreiheit bürgerliche Rechte, so ist die Koalitionsfreiheit Arbeiterrecht. Sie wurde erst in der Weimarer Republik durchgesetzt und ist somit viel jünger als die Vereinigungsfreiheit.

Die Grundkonstruktion der Institutionalisierung der wirtschaftlichen und Klassenbeziehungen ist eine eigentümliche Mischung aus individuellen und kollektiven Rechten. Die Arbeitnehmer akzeptieren ihren Einzelarbeitsvertrag mit dem Unternehmer und geben sich keine kollektiv-gemeinschaftliche Ordnung, also keine Ständeordnung oder Genossenschaft als Regelmodell.

Damit sind sie grundsätzlich in einer schwachen Position, die nachträglich durch die Konstruktion kollektiver Organisationsrechte wieder gestärkt werden muß. Die Gewerkschaften befinden sich rechtlich grundsätzlich außerhalb des Betriebes und sind überbetriebliche Einrichtungen. Dem folgen auch das Betriebsräte- und Personalvertretungsrecht sowie das Arbeitsrecht und Tarifrecht. Betriebe und Unternehmen sind rechtlich keine Gemeinschaften, sondern die Arbeitsbeziehungen und -löhne werden zwischen den freien und voneinander unabhängigen Tarifpartnern ausgehandelt, während die einzelnen Arbeitnehmer vertraglich individuell mit dem Betrieb oder Unternehmen verbunden sind.

Die Institutionalisierung der wirtschaftlichen Beziehungen hat erhebliche Ausmaße erreicht und kann hier nicht dargestellt werden. Die Mischung aus individuellen und kollektiven Elementen in der Arbeits- und Tarifordnung bietet einerseits immer wieder tatsächliche Spielräume individueller Gestaltung, andererseits wird auf der Grundlage einer individualistischen Interpretation der Gesellschaft häufig die Bedeutung der kollektiven Rahmenbedingungen gegenüber der persönlichen Leistung gering geschätzt.

9.3.4 Die Freiheit in der Privatsphäre

Die Freiheit der Privatsphäre wäre allgemein und formal bereits mit den individuellen Grundrechten zu sichern. Sie ist aber in einer ganz bestimmten Form im Grundgesetz weiter ausgeführt. In der typischen Ausgestaltung des Ideals der bürgerlichen Familie gewann sie Mitte des 19. Jahrhunderts ihre Grundform als Schutz des Hauses um der Familie willen. Die *Unverletzlichkeit der Wohnung* vor dem unlegitimierten staatlichen Zugriff konstituierte die bürgerliche Wohnung als Privatsphäre mit Verfassungsrang (Art. 13). Ihr erster Sinn war der Schutz eines räumlichen Bezirkes, in dem der einzelne im Kreise seiner Familie seinen eigenen Lebensraum gestalten konnte (Stein 1968, 185f.)[89]. Denn nicht nur die räumliche Sphäre der Privatheit, sondern auch *Ehe und Familie* (Art. 6) stehen „unter dem besonderen Schutz der staatlichen Ordnung" und haben damit Grundrechtscharakter. Das zu schützende Gut ist nicht das Rechtsinstitut, sondern ausdrücklich die realen Lebensgemeinschaften, die die Privatsphäre ausfüllen. Daraus folgt in positiver Hinsicht die Pflicht des Staates, alle vorhandenen Ehen und Familien vor Beeinträchtigungen durch andere zu schützen und in negativer Hinsicht das Verbot für den Staat selbst, gegen sie zu wirken[90].

---

89 In der modernen Rechtspraxis ist die Garantie der Unverletzlichkeit der Wohnung auch auf die Betriebsräume des Unternehmers ausgedehnt worden. Stein kritisiert das zu Recht als Rückfall in einen eigentlich historisch überholten Herr-im-Haus-Standpunkt des Unternehmers (Stein 1968, 186).

90 Ergänzt wird das Recht auf Privatheit durch den Schutz der privaten Kommunikation, das Brief-, Post- und Fernmeldegeheimnis.

Zum Schutz der Familie gehören in erster Linie die ausdrückliche Garantie der Elternrechte. Die Elternrechte sind jedoch nicht absolut gesetzt, sondern zugleich wird die Verpflichtung der Gemeinschaft für die Kinder festgelegt, indem die Pflege und Erziehung der Kinder zwar „natürliches Recht der Eltern" aber zugleich auch „die zuvörderst ihnen obliegende Pflicht" sind, über deren Betätigung „die staatliche Gemeinschaft wacht". Zudem hat jede Mutter Anspruch auf den Schutz und die Fürsorge der Gemeinschaft. Auch die Kinder haben natürlich das Recht auf freie Entfaltung der Persönlichkeit, was die elterliche Gewalt einschränkt. Das Wohl des Kindes kann somit von der Gemeinschaft gegen Elternrechte abgewogen werden. Dem korrespondiert, daß das Schulwesen unter der Aufsicht des Staates steht (Art. 7), und die Schule als öffentliche Anstalt der Bindung an den ganzen Katalog der Grundrechte unterliegt.

Es zeigt sich, daß die institutionalisierte Privatheit ein doppeltes Gesicht hat. Sie ist in gemeinschaftliche Überwachung, gemeinschaftliche Hilfen und öffentliche Institutionen eingebunden. Alles zusammen soll der Verwirklichung einer Vorstellung „guten Lebens" dienen, die einen Kern unveräußerlicher Individualität garantiert und die wieder eingebunden ist in eine Marktgemeinschaft mit regulierten Arbeitsbeziehungen und die Institutionen von Ehe und Familie, die nach einer spezifischen bürgerlichen Tradition ausgestaltet sind. Damit sind beide Seiten der modernen Identität nicht nur formal, sondern ihrem inneren Sinn nach abgesichert: Die im Beruf zu realisierende aktive Aneignung der Welt und die Errichtung eines familiären Lebensraum für die Entwicklung des gefühlsreichen Individuums.

9.3.5 Die staatliche Organisation

Die freien und gleichen Bürgerinnen und Bürger bedürfen zur Verwirklichung dieser Prinzipien einer staatlichen Organisation, die zusammenfassender Ausdruck ihrer gemeinschaftlichen Vorstellungen ist und die allein die Legitimität zur Ausübung von Gewalt hat. Diese Prinzipien werden in der Formel des „sozialen und demokratischen Rechtsstaates" ausgedrückt.

„Das demokratische Prinzip beinhaltet die Selbstherrschaft des Volkes durch eine von Parteien, Verbänden und der öffentlichen Meinung getragenen Volksvertretung unter Bedingungen, die eine Ablösung der Regierung durch eine Opposition möglich machen. Das Rechtsstaatsprinzip umfaßt Garantien für die Bindung der gesamten Staatsgewalt an das von der Volksvertretung gesetzte Recht, insbesondere die rechtliche Kontrolle der Exekutive durch unabhängige Gerichte. Das Sozialstaatsprinzip begründet die Verantwortung des Staates für die Ordnung der Gesellschaft im Sinne der Sozialpflichtigkeit, d.h. der Hilfe durch Leistungen, welche die einzelnen aus eigener Kraft nicht erbringen können, anderseits durch Gewährleistung sozialer Freiheit und gleicher Entfaltungschancen." (Stein 1968, 153)

Eine Vielzahl staatlicher und gesetzlicher Institutionen insbesondere zur Ausgestaltung des Sozialstaates schafft die Voraussetzungen einer wirklichen sozialen Gleichheit, zumindest einer Verminderung der sozialen Ungleichheit. In der konkreten institutionellen Ausgestaltung des Sozialstaates werden die Leitvorstellungen noch weiter institutionalisiert und befestigt. Sie beruhen fast durchgängig auf der sozialen Norm von durch eigene Arbeit erworbenen Ansprüchen und aus familiärer Zugehörigkeit mit abgeleiteten Ansprüchen. Arbeitsmarktlage und familiäre Lebensgrundlagen werden stabilisiert und die Voraussetzungen für die Überwindung der krassen sozialen Klassenungleichheit geschaffen[91].

9.4 Soziale Wirklichkeit und Bürgerrechte

Die Institutionalisierung der Bürgerrechte definiert soziale Inklusion und Exklusion großer Gruppen und sie formt dadurch auch die soziale Hierarchie und Segmentierung. Die einleitend besprochene langsame historische Durchsetzung der Bürgerrechte kann auch als allmählich verallgemeinerte Inklusion von immer mehr Gesellschaftmitgliedern dargestellt werden:

1) Die Durchsetzung und Verallgemeinerung der universellen individuellen Menschenrechte konstituieren die gesellschaftlichen Voraussetzungen für die Freiheit der Person, die persönliche Sicherheit, die körperliche Unversehrtheit und die Achtung der Menschenwürde. Sie bilden zugleich die gesellschaftliche Voraussetzung für die Selbstorganisation der Märkte und die Konkurrenz, in der soziale Ungleichheit produziert wird. Sie bilden für sich einen wichtigen Baustein in der politischen Kultur und in der gesellschaftlichen Integration, wenn sie – wie in den USA – als Teil einer „Zivilreligion" und als wichtige Tradition der gemeinschaftlichen Geschichte auf die staatlichen Institutionen bezogen werden. Dort war es von ihrer Institutionalisierung in der Verfassung bis zu ihrer heutigen Verallgemeinerung ein langer Kampf um die Inklusion der Sklaven, der rassischen Minderheiten und der Frauen (außerhalb der Familie).

2) Die Durchsetzung und Verallgemeinerung der politischen Gleichheit aller als Staatsbürger/innen, die Durchsetzung der Demokratie, von Mitbestimmung, Selbstbestimmung und Selbstorganisation der Gemeinschaften ging in noch kleineren Etappen vor sich und ist noch heute weit von den Idealvorstellungen entfernt. Je mehr sie aber ausgeprägt ist, desto höher ist ihre gesellschaftliche Integrationswirkung, desto bewußter die gesellschaftliche Gemeinschaft. Es gibt zahlreiche gesellschaftliche Gruppen, deren Inklusion erst nach langen Auseinandersetzungen und immer noch unzureichend erfolgt ist: Frauen, Arme, Immigranten sowie religiöse und ethnische Minderheiten. Die Entwicklung verlief keineswegs gradlinig. In der Bundesrepublik

---

91 Vgl. ausführlicher dazu Braig/Lohauß/Polster/Voy (1991) und Braig (1991).

wurde beispielsweise ein gravierendes Problem politischer Ungleichheit erst seit den sechziger Jahren durch die verdeckte Einwanderungspolitik und den fortdauernden Ausschluß von Immigranten von politischen Rechten geschaffen. Die heutige Existenz von Millionen politisch rechtloser Ausländer in der Bundesrepublik, die gleichwohl in allen anderen Beziehungen Mitglieder der gesellschaftlichen Gemeinschaft sind, ist ein quasi vormoderner Zustand. Der Ausschluß einer so zahlreichen gesellschaftlichen Gruppe von den politischen Bürgerrechten betrifft nicht nur diese Gruppe selbst, sondern er verzerrt die gesamten Verhältnisse, indem er die Gesellschaft in privilegierte Staatsbürger und staatspolitisch rechtlose Fremde teilt.

3) Zuletzt institutionalisiert und immer wieder prekär sind die sozialen Teilhaberechte: soziale Gleichheit, soziale Sicherheit, soziale Gerechtigkeit. Die Ausgestaltungsmöglichkeiten des Sozialstaats und die Formen distributiver Gerechtigkeit sind ungleich größer als die der anderen Bereiche der Bürgerrechte, ihre Wirkung auf das Ausmaß der sozialen Ungleichheit ebenfalls. Hier zeigt sich besonders deutlich, daß sich alle drei grundsätzlichen Formen von Bürgerrechten gegenseitig bedingen: Der Sozialstaat kann nur ausgestaltet werden, wenn die, denen er nutzen soll, auch an der politischen Führung beteiligt sind. Ist die soziale Ungleichheit sehr kraß, sind große Teile der Gesellschaft aber nicht in der Lage, politischen Einfluß auszuüben. Die Inklusion der Armen, der Arbeiterklasse und der Frauen als selbständige Personen ist historisch bis zu einem Grad erreicht worden, der die moderne Gesellschaft in ihrer entwickelten Gestalt erstmals praktisch deutlich werden läßt. Zugleich zeichnen sich neue scharfe Diskriminierungstendenzen ab. Wirtschaftliche Lage, Institutionalisierung der Arbeitsbeziehungen und soziale Ausgestaltung hängen eng zusammen und alle drei Elemente können eigenständige Entwicklungen durchmachen und Konflikte hervorrufen.

Die offensichtliche Diskrepanz zwischen Verfassungsrecht und Verfassungswirklichkeit darf nicht dazu führen, die reale Wirksamkeit des in den institutionalisierten Bürgerrechten verankerten Lebensmodells zu unterschätzen, es vielleicht gar nur für eine ideologische Konstruktion der Herrschenden zur Legitimierung ihrer Herrschaft zu halten. Gerade umgekehrt: Eben der Vergleich von Verfassungsrecht und Lebenswirklichkeit und der Anspruch, die Bürgerrechte umfassender zu verwirklichen spricht für die Stärke und Verankerung eines gemeinsam geteilten Lebensmodells.

Wovon hängt es aber ab, welche Ausgestaltung das demokratisch-bürgerliche Lebensmodell annimmt, wenn es offensichtlich zwar als institutionalisierte Leitvorstellung vorhanden ist und die soziale Wirklichkeit durch eine Unmenge von Einzelnormen und Institutionen prägt, aber nicht voll verwirklicht ist? Abgesehen von den notwendigen wirtschaftlichen Voraussetzungen und dem Ausmaß und Ausgang gesellschaftlicher Machtkonflikte muß es noch weitere Variablen geben. Die gleiche Fragestellung läßt sich auch im Hinblick auf die aktuelle Verfassungslage der Bundesrepublik Deutschland aufwerfen. In diesem Kapitel wurde gezeigt, in welcher Form die Bürgerrechte in der Bundesrepublik institutionalisiert wurden. Damit sind zugleich wichtige kulturelle Grundlagen der Bundesrepublik beschrieben, die zu einem zentralen Teil ihrer Tradition geworden sind. Die im Grundgesetz von 1949 formulierten Bürgerrechte entstammen einer langen europäisch-nordamerikanischen liberalen Tradition. Sie war in Deutschland nie – mit Ausnahme der kurzen Anfangsperiode Mitte des 19. Jahrhunderts – von einer dominierenden Parteienformation voll repräsentiert. Nur durch die Niederlage im 2. Weltkrieg und den Zusammenbruch der vorher bestimmenden politischen Kräfte konnten hier Positionen zur Geltung kommen, die vorher keine stabilen politischen Mehrheiten auf sich vereinen konnten. Nur durch die vorgängige Institutionalisierung der Bürgerrechte, eine prosperierende regulierte marktwirtschaftliche Entwicklung und eine begleitende soziale Ausgestaltung der Institutionen[92] konnte die Bundesrepublik zu dem Staatswesen gemacht werden, das es 1949 erst noch werden sollte.

Hier können die politischen Fragen nicht vertieft werden – die zwangsläufige Nähe zu politischen Streitfragen ist eine unvermeidliche Schwierigkeit des Themas. Der Verweis auf die verfassungsrechtliche Problemkonstellation nach der deutschen Vereinigung kann aber dazu dienen, zu demonstrieren, daß sich in historischen Umbruchssituationen Fragen gemeinschaftlich geteilter Werte vor dem Hintergrund des Verständnisses von persönlicher und nationaler Identität unvermeidlich mit aller Schärfe stellen.

Das Grundgesetz konnte nicht aus einer ungebrochenen Tradition hervorgehen, genauso wenig, wie es in der historischen Wirklichkeit zum Beginn der Bundesrepublik eine Stunde Null gab. Dennoch wurde im Verlauf der Nachkriegszeit eine politische Kultur begründet, die heute den Charakter einer historischen Tradition angenommen hat, auch in dem Sinne, daß im Laufe der Zeit wichtige grundsätzliche Wertentscheidungen allmählich Teil des bundesrepublikanischen Alltagslebens geworden sind. Norbert Elias hat darauf hingewiesen, daß es eines der schwersten Probleme der Bundesrepublik ist, daß sie sich ihrer eigenen politischen Tradition so wenig bewußt ist:

„Es ist nur das Bewußtsein dieser unbeabsichtigten Zusammengehörigkeit, die Abhängigkeit der gewohnten Lebensweise, der eigenen sozialen Existenz von dem Weiterbestehen der Bundesrepublik, das bei vielen Menschen ausfällt." (Elias 1989, 544)

Das ist eine Besonderheit der deutschen Geschichte. Nationen mit langer und mit weniger gebrochener innerstaatlicher demokratischer Tradition wie die USA, Großbritannien, Schweden oder Holland haben viel weniger Schwierigkeiten, ein nationales Selbstbild zu entwickeln, das auch integrativen Charakter hat. Die relative Unbewußtheit über das gemeinschaftlich geteilte Schicksal und die gemeinschaftlichen Grundlagen der demokratischen Arena,

---

92 Vgl. zur Geschichte der Bundesrepublik und der Ausgestaltung der regulierten Marktwirtschaft Voy/Polster/Thomasberger (1991 Bd. 1).

in der die politische Auseinandersetzung ausgetragen werden muß, wenn es nicht zu gefährlichen Desintegrationsformen kommen soll, teilt die gesamte politische Kultur der Bundesrepublik – von der ehemaligen DDR gar nicht zu reden. Sie ist nicht Defekt oder Privileg nur eines politischen Lagers und auch nicht bloß Teil des Alltagslebens, sondern findet sich bevorzugt in der Kultur und auch in den Gesellschaftswissenschaften.

Die deutsche Einigung hat unübersehbar klar gemacht, daß grundlegende und konstitutive Wertentscheidungen über die Struktur der Gemeinschaft und die Art des gemeinschaftlichen Zusammenlebens unabdingbar sind. Dies schlug sich in der Verfassungsdiskussion der ostdeutschen Bürgerbewegungen genauso nieder wie in den immer häufigeren Anrufungen des Bundesverfassungsgerichts in grundsätzlichen Fragen durch die Parteien und die Regierung. Die Verweigerung der Mehrheitsgesellschaft, eine grundlegende Verfassungsdiskussion selbst zu führen und sich als freie und gleiche Bürger auf dem neuen Stand der Probleme neu zu konstituieren, ist eben Ausdruck jener fatalen und „typisch deutschen" Unbewußtheit über die Rolle der zivilen Gesellschaft für die Schaffung einer demokratischen, wertgebundenen gemeinschaftlichen Grundlagen der Gesellschaft. Das führte dazu, daß so gut wie alle Fragen, in denen die zivile Gesellschaft einen Konsens zu finden hätte – vom Persönlichkeitsrecht der Frauen bei ungewollter Schwangerschaft über die Grundlagen der distributiven Gerechtigkeit im System sozialer Sicherung und in den Arbeitsbeziehungen, die Inklusion der Immigranten in die politischen Bürgerrechte, die moralische Bewertung und die Konsequenzen einer Beteiligung an den Herrschaftsfunktionen der ehemaligen DDR bis zur Definition der internationalen Rolle der neuen Nation – an das Bundesverfassungsgericht abgetreten wurden: eine Lösung, zwar im Rahmen demokratischer Institutionen, doch ohne selbstbestimmten politischen Inhalt und unter Ausschluß der möglichen demokratischen Öffentlichkeit.

In historischen Umbruchssituationen drängen sich Neubewertungen der persönlichen und nationalen Identität auf und die institutionalisierten Wertstrukturen werden in Frage gestellt. Die oben diskutierten Grundstrukturen der Verfassung vermitteln selbst noch eine Vorstellung davon, wie ein gesellschaftlicher Konsens hierüber vermittelt werden könnte – insofern ist eine moderne Verfassung keine Bibel, sondern ein selbstreflexives Instrument, das seine eigene Weiterentwicklung ermöglicht – wenn es denn auch so angewendet wird. Dabei geht es nicht darum, alle Wertentscheidungen als parlamentarische Verfassungsänderungen zu institutionalisieren, sondern einen offenen demokratischen Prozeß um deren Ausgestaltung zu führen.

Die institutionalisierten Bürgerrechte prägen unzweifelhaft die soziale Wirklichkeit. Wir müssen aber sehen, daß gleich in mehrfacher Weise Diskrepanzen auftreten können: Von ihrer Grundkonstruktion her sind die Bürgerrechte universell, ihr historischer Ursprung liegt in der Vorstellung natürlicher Rechte des Menschen. Die Spanne oder Diskrepanz zwischen universellem Anspruch und sozialer Wirklichkeit drückt sich in der Frage der Inklusion/Exklusion von Menschengruppen oder einzelnen aus. Wichtigstes aktuelles Beispiel ist die Frage der politischen Gleichberechtigung der Immigranten und ihrer Nachkommen.

Indem die Bürgerrechte eben nicht nur formale Rechte sind, sondern auch ein Lebensmodell ausdrücken, das von einer Vorstellung sowohl von Persönlichkeitsstrukturen als auch von ihren gemeinschaftlichen Einbindungen und Verwirklichungsmöglichkeiten geprägt ist, können Diskrepanzen und Konflikte zwischen gewandelten Auffassungen und Werten größerer Menschengruppen und dem Lebensmodell auftreten, das hinter den institutionalisierten Bürgerrechten steht. Diese Fragen drehen sich in aller Regel nicht um die Geltung der Bürgerrechte überhaupt oder für bestimmte Menschengruppen, sondern betreffen die zeitgemäße Auslegung der grundlegenden Rechte. Letztlich geht es natürlich immer um die aus diesen Auslegungen folgenden Institutionalisierungen im Strafrecht, in der Ausgestaltung des Systems der sozialen Sicherheit, im Steuersystem, bei den staatlich vermittelten Einkommensübertragungen usw. Wichtigstes Beispiele sind der Streit um die Anerkennung der Persönlichkeitsrechte der Frau im Falle der ungewollten Schwangerschaft, der Kampf um staatliche Gleichstellung nicht-legitimierter Formen des privaten Zusammenlebens mit Ehe und Familie und um die Anerkennung von nicht auf Eigentum oder Arbeit begründeten Ansprüchen auf soziale Gleichheit.

Als Drittes und vielleicht Wichtigstes kommt das Problem der Spannung zwischen Institutionalisierung, ziviler Gesellschaft und Wertbindung hinzu. Ursprünglich gewinnen die Bürgerrechte soziale Realität durch einen politischen Willensakt der Gesellschaft, in dem sie die ihr zentralen Wertvorstellungen normiert. Dann folgt die Ausgestaltung der Bürgerrechte in einem Netz von abgeleiteten Normen (Gesetzen, Verordnungen, Vorschriften), dem Ausbau von Institutionen, der Verteilung und Umverteilung von Mitteln – meist unter staatlicher Regie. Diese Seite der Institutionalisierung entwickelt durchaus die Tendenz eines bürokratischen Eigenlebens, indem zu den ursprünglichen Zwecken organisationsinterne Zwecke hinzutreten. Für die Fortwirkung der in den Bürgerrechten angelegten inhaltlichen Werte und Weltbilder bedarf es aber nicht nur staatlicher Apparate, sondern einer fortwirkenden zivilen Gesellschaft und der entsprechenden Persönlichkeiten – das entspricht, wie gezeigt, ihrer Grundkonstruktion. Zivile Gesellschaft und Persönlichkeit unterliegen nun nicht denselben Verfestigungs- und Ausdehnungstendenzen, wie die großen staatlichen, gemeinschaftlichen oder privaten Institutionen.

Die Institutionalisierung der Bürgerrechte führt demnach sowohl zu ihrer weiteren Ausformulierung und Verdeutlichung, als auch zum Auftreten von Spannungen gegenüber dem tatsächlich gelebten oder gedachten Lebensmodell. Im Folgenden soll versucht werden, die moderne Identität in ihrer doppelten Bestimmung als tätige Aneignung der Welt und als Entwicklung des gefühlsreichen Individuums als Lebensmodell zu beschreiben, das der Institutionalisierung der Bürgerrechte zu Grunde liegt.

4. Teil
Moderne Identität

10. Kapitel: Reflexives Selbst und Lebensorientierung

10.1 Wertpräferenzen und Wertorientierungen heute

Die subjektiven Einstellungen und Wertpräferenzen können nicht so konsistent sein wie die institutionalisierten Bürgerrechte. Der Akt der Verfassungsgebung bleibt ein gesellschaftlicher Akt und der wird nicht unmittelbar von den Individuen selbst nach- oder mitvollzogen. In diesem Kapitel geht es darum, zu zeigen, daß die moderne Identität gleichwohl auch die subjektiven Wertpräferenzen prägt und auf welche Weise das geschieht. Es wird sich dann zeigen, daß es – unter bestimmten Bedingungen – Kongruenzen zwischen den institutionalisierten Bürgerrechten und den grundlegenden individuellen Gefühlsdispositionen gibt.

Die subjektiven Wertpräferenzen in der Gegenwart sind durch die empirische Meinungsforschung recht einfach erfaßbar. Es zeigt sich, daß es gesellschaftlich sehr wohl eine Reihenfolge oder gar Hierarchie der Werte gibt. Umfassende empirische Untersuchungen zu den religiösen und kulturellen Wertvorstellungen der Menschen in Ländern der westlichen Welt[93] zeigen einen bemerkenswert hohen Grad an Struktur und Kohärenz. R. Inglehart führt in seiner groß angelegten Studie zum Wertewandel (Inglehart 1989) aus, daß sich ein komplexes und zusammenhängendes Wertesystem nachweisen läßt. Im Unterschied zu den Einstellungen zu politischen Fragen und Ideologien lassen sich die Einstellungen der Menschen zu religiösen und kulturellen Werten sehr konsistent auf einer einzigen statistischen Dimension darstellen. Die untersuchten 40 einzelnen Einstellungen – zu den Zehn Geboten und weitere 30 Fragen, die in nicht religiös geprägter Weise Fragen moralischer Wertungen im Alltag betrafen – faßt Inglehart in drei Kategorien zusammen: 1. den Monotheismus, 2. die Unverletzlichkeit der Familie und 3. die bürgerliche Ordnung. Die höchste Ladung hatte das Item mit der Frage: „Wie wichtig ist Gott in ihrem Leben?" In dieser einen Dimension spiegelt sich wieder, in welchem Maß ein Mensch die traditionellen jüdisch-christlichen Kulturnormen akzeptiert oder ablehnt. Die Einstellung zu dieser Frage – und nicht etwa zum Kirchgang oder zu anderen Formen äußerlich er-

---

93 Die European Value Systems Study Group führte 1981 in zehn westeuropäischen Ländern eine umfangreiche Untersuchung der Wertsysteme repräsentativer nationaler Stichproben durch. Inglehart kombiniert diese Studie zusätzlich mit der World Values Survey für 15 Länder (Inglehart 1989).

kennbaren religiösen Verhaltens – ist entscheidend für die ganze weitere Gruppe von Einstellungen.

„Im Kontext der Umfrageforschung ist das eine bemerkenswert umfassende und zugleich geschlossene Dimension, die ungewöhnlich starke Korrelationen zwischen einer Reihe unterschiedlicher Einstellungen aufweist. Das einigende Band, das dieses Wertsystem zusammenhält, sind offenbar die Zehn Gebote des Alten Testaments, gekoppelt mit dem Glauben, daß diese Gebote den Willen des omnipotenten Gottes widerspiegeln. Wer diesen Glauben teilt, billigt das gesamte System." (Inglehart 1989, 234)

In den sieben Items mit den höchsten Ladungen geht es um die Vorstellung, daß Gott existiert, daß es nur einen Gott gibt und daß man ihm mit Ehrfurcht begegnen muß. Die zweite Gruppe von Items betrifft die Unverletzlichkeit der Familie und das Aufziehen der Kinder. Hier geht es u.a. um die Haltung zu Abtreibung, Scheidung, außereheliche Beziehungen usw. In der dritten Kategorie geht es um die Ordnung in der Gesellschaft: um gestohlenes Eigentum, Lügen und Gewalt gegen andere Menschen.

Diese Untersuchungsergebnisse machen deutlich, daß die modernen Weltbilder in älteren Traditionen wurzeln. Sie sind freilich angepaßt an moderne Verhältnisse, sicher auch mehr im „Hintergrund" als früher. In ihnen spiegelt sich vor allem das Bestreben der Menschen, sich annehmbare Antworten auf die ihr Leben betreffenden Fragen zu geben und ihr persönliches Leben in einen Sinnzusammenhang zu stellen. Die Ausdifferenzierung der gesellschaftlichen Teilsysteme wird nicht ohne weiteres akzeptiert, denn für das eigene Leben bleiben weiterreichende Bedeutungen wichtig.

Nun zeigt Ingleharts Untersuchung auch beträchtliche Unterschiede zwischen verschiedenen Nationen und auch innerhalb der Länder. Die für das Vorhandensein eines relativ umfassenden Weltbildes wichtigste Variable ist die Bedeutung, die die Befragten Gott in ihrem Leben geben. An der Stärke der Zustimmung zu dieser Frage lassen sich markante Unterschiede zwischen den Nationen feststellen. Am weitaus stärksten im jüdisch-christlichen Weltbild verwurzelt sind die Befragten in den USA. Nur 8% der Befragten messen Gott in ihrem Leben eine geringe Bedeutung bei (eins bis vier auf einer Skala von eins bis zehn). Im Durchschnitt der untersuchten Nationen sind es 30%. Im Mittelfeld liegen so unterschiedliche Länder wie Italien, Ungarn und Belgien. Ein vergleichsweise hoher Anteil von Befragten mit nur geringen Bindungen an das konsistente religiös bestimmte Weltbild (42% bis 50%) ist in der Bundesrepublik, den Niederlanden und Frankreich zu finden (vgl. Inglehart 1989, 238).

Inglehart kommt im Weiteren zu dem Schluß, daß je geringer die religiöse Bindung ist, desto stärker eine „postmaterialistische" Wertorientierung[94]

---

94 Die Bezeichnungen materialistische und postmaterialistische Orientierung, mit denen Inglehart traditionellere und neuere Wertorientierungen bezeichnet, sind

hervortritt. Soziale Bedürfnisse und Bedürfnisse nach Selbstverwirklichung träten in den Vordergrund, die Befragten wünschten u.a. eine größeres Mitspracherecht am Arbeitsplatz oder bei politischen Entscheidungen. Die eher „postmaterialistisch" Eingestellten würden aber nicht weniger, sondern häufiger über den Sinn und Zweck des Lebens nachdenken als die traditioneller eingestellten. Sie hätten also potentiell eher größeres Interesse an den Alltag transzendierender Sinnstiftung.

Die international vergleichenden Untersuchungen machen auf verschiedene wichtige Punkte aufmerksam: Erstens wird deutlich, daß es bis in die jüngste Zeit auf der Basis der jüdisch-christlichen Grundvorstellungen relativ konsistente Weltbilder gibt. Zwar treten in vielen Ländern die traditionellen Äußerungsformen des Glaubens zurück, aber man darf daraus nicht schließen, daß sich damit konsistente Weltbilder auflösen. Daß sich gerade in den USA, die unter allen Gesichtspunkten die am weitesten fortgeschrittene Nation ist, die stärkste Verwurzelung in dieser Tradition feststellen läßt, widerlegt alle schlichten Thesen über den Zusammenhang von zunehmender Modernisierung und abnehmender Religiosität. Wie im Kapitel 5 ausführlich erörtert wurde, bleiben „Systeme letzter Bedeutungen" in allen Gesellschaften relevant, weil die Herausbildung der Ich-Identität auf sie angewiesen ist. Was sich ändert, sind die Ausdrucksformen der „Systeme letzter Bedeutungen" und vor allem die kirchliche Praxis und die gesellschaftliche Stellung der Kirchen. Die in den modernen Gesellschaften tragenden Sinnsysteme finden in den Kirchen keinen hinreichenden Ausdruck mehr – für die USA gilt allerdings auch diese Aussage nur eingeschränkt, weil der religiöse Ausdruck selbst stärker modernisiert wurde.

Die großen religiösen Sinnsysteme sind in jahrhundertelangen kulturellen Anstrengungen ausgeformt, begründet und rationalisiert worden. Sie verfügen vor allem über reichhaltige Bestände von Symbolen und Riten, die auch transzendente Inhalte faßbar und kommunizierbar machen. Es ist klar, daß nicht-kirchliche und profane Systeme letzter Bedeutungen diese Eigenschaften nicht haben und deshalb ungleich schwerer über die „letzten Bedeutungen" kommunizieren können. Es ist auch nicht verwunderlich, daß Männer und Frauen, die sich über „letzte Bedeutungen" ohne die Stütze jahrhundertelanger Tradition klar werden wollen, dies nur in vergleichsweise vagen und offenen Begriffen tun können. Wo es an einem Begriff des Heiligen, des Numinosen mangelt, müssen „letzte Bedeutungen" unter Bezug auf die umge-

---

ausgesprochen irreführend. Wie aus den Untersuchungen selbst deutlich wird, unterscheiden sich beide Gruppen bezüglich der Begründung von Werten. Sie unterscheiden sich aber nicht in der Weise, daß die „Materialisten" mehr an materiellem oder gar Geld und Reichtum und die „Postmaterialisten" mehr an Ideellem oder geistigen Werten interessiert wären. Die Unterscheidung ist trotz ihrer begrifflichen Unklarheit geradezu populär geworden.

189

bende Realität gesucht werden. Sie können deshalb auch nicht mehr absolut sein, sondern beziehen sich nur noch auf das, was im einzelnen Leben als das Wichtigste erscheint. Wir können deshalb erwarten, daß Männer und Frauen ihren Alltag, ihre Lebenspraxis so strukturieren, daß sie Ziele und Wertpräferenzen ausdrücken. Es wäre nicht überraschend, wenn die profanen Begründungen bezüglich des Alltagslebens zu den gleichen Wertpräferenzen führten wie die religiösen. Die Frage nach den „letzten Bedeutungen" verwandelt sich bei profaner Begründung in die Frage nach dem Wichtigsten im Leben und in die Frage nach dem anzustrebenden „Gut", den Lebenszielen und dem daraus abgeleiteten moralischen Kanon[95].

Die Frage nach den wichtigsten Lebensbereichen ist in der empirischen Soziologie häufig gestellt worden. In der Bundesrepublik entstand ein weitgehender Konsens über die Wichtigkeit von Lebensbereichen für das persönliche Wohlbefinden und auch über die Grundlinien des Zusammenhangs zwischen diesen Lebensbereichen. Der erste „Datenreport" des Statistischen Bundesamtes nach der Wiedervereinigung zeigt sogar eine weitgehende Übereinstimmung der Bevölkerung Ost- und Westdeutschlands in den Grundwerten[96].

An erster Stelle steht unangefochten das Privatleben: Gesundheit, Familie sowie Liebe und Zuneigung sind für knapp 70% bis über 80% „sehr wichtig" und nur eine verschwindene Minderheit bezeichnet sie als weniger oder nicht wichtig.

Deutlich abgesetzt davon sind Arbeit, Einkommen und Erfolg, die im Westen jeweils Mehrheiten als „wichtig" einstufen. Nur ein Drittel der Befragten halten Arbeit und Einkommen im Vergleich mit Familie und Zuneigung/Liebe für „sehr wichtig". Anders gewichten die Ostdeutschen. Für sie sind Arbeit und Einkommen mehrheitlich noch „sehr wichtig".

In beiden Teilen des Landes wird die Freizeit für noch etwas wichtiger als Erfolg gehalten, aber dieser direkte Vergleich ist vielleicht irreführend. Während, die erwerbstätig oder in der Ausbildung sind, die Freizeit brauchen, um ihre wichtigsten Lebensbereiche zu realisieren, ist „Erfolg" nur für einen Teil der Männer und Frauen praktisch relevant. In vielen Berufen gibt es weder den dazu notwendigen Dispositionsspielraum noch die erforderlichen Aufstiegschancen. Deshalb ist es bezeichnend, wenn dennoch für rund 80% der Männer und Frauen in der Bundesrepublik „Erfolg" ein wichtiger oder sehr wichtiger Lebensbereich ist. Ich interpretiere diese hohe Zustimmung als

---

95 Dieser Wandel wird im Protestantismus selbst noch in religiösen Denkformen vollzogen.
96 Die folgenden Angaben sind alle entnommen aus Statistisches Bundesamt (Hrsg.) 1992, Datenreport 5. Zahlen und Fakten über die Bundesrepublik Deutschland 1991/92. München/Landsberg: Bonn Aktuell, Seite 555 ff. Die zitierten Zahlen beziehen sich für Westdeutschland auf das Jahr 1988 und für Ostdeutschland auf das Jahr 1990.

Ausdruck dafür, daß es eben nicht nur auf Arbeit und Einkommen ankommt, sondern daß sich Männer und Frauen aktiv und tätig in der Welt verhalten wollen. Sie wollen, daß sie etwas haben oder tun, auf das sie stolz sein können und sie möchten Freude an Effizienz und an den Ergebnissen ihres Tuns haben. Dieser Bezug kann allgemein als positive Bewertung der „tätigen Aneignung der Welt" bezeichnet werden.

Die Wichtigkeit von Arbeit und Einkommen kann rein sachlich, als objektives Erfordernis in dieser Gesellschaft festgestellt werden. Arbeit und Einkommen sind schlicht deshalb wichtig, weil diese Gesellschaft sie um den Preis der Lebensqualität von den allermeisten Menschen abfordert. Diese Aussage trifft auf den „Erfolg" nicht in gleichem Maße zu. Es gibt zwar einen Zwang zum Erfolg: zum Beispiel im Ausbildungssystem und auch in vielen – aber eben keineswegs allen – Berufen. Aber „Erfolg haben" hat mit Sicherheit immer auch eine persönliche Seite, die positiv bewertet wird und die das Selbstgefühl stärkt. „Erfolg haben" kann man im übrigen in sehr vieler Beziehung, selbstverständlich auch in den wichtigsten Lebensbereichen: Familie und Liebe.

Der religiöse Glaube ist im Westen der Bundesrepublik für über 40% nur noch weniger wichtig oder unwichtig, in Ostdeutschland sogar für 70%. Große Teile der Bevölkerung haben also ein profanes Weltbild, das sich in seinen Wertpräferenzen dennoch nicht wesentlich von dem jener Menschen unterscheidet, deren Weltbild einen religiösen Hintergrund hat. Politische Beteiligung ist jedoch keine Alternative zur religiösen Fundierung: In Ost und West sind immer noch mehr Menschen religiös orientiert, als politisch engagiert.

Politischer Einfluß steht in der Rangfolge der Wichtigkeit von Lebensbereichen ganz unten. Die Menschen können in der modernen Gesellschaft aus politischen Ideologien wie Sozialismus oder Nationalismus die gleiche Orientierungshilfe ziehen wie aus der Religion, und sie haben das zu Zeiten auch nachhaltig getan. Wenn heute politischer Einfluß in dem Zusammenhang der Befragung als weniger wichtig eingestuft wird, heißt das nicht, daß Politik für uninteressant erklärt wird. Es drückt die mit der gesellschaftlichen Wirklichkeit völlig übereinstimmende Einschätzung aus, daß persönlicher politischer Einfluß für die Orientierung im persönlichen Leben unmittelbar weniger wichtig ist als die Familie und das Einkommen. Dennoch ist mit der Frage nach dem politischen Einfluß des einzelnen das Problem der Zustimmung zum politischen Gemeinwesens nicht ausgelotet. Das Gemeinwesen nämlich basiert zwar auf der Zustimmung und räumt die Möglichkeit persönlicher politischer Einflußnahme ein, es existiert jedoch grundsätzlich unabhängig davon, ob von dieser Möglichkeit Gebrauch gemacht wird.

Wenn die Wertpräferenzen nicht aus den absoluten Setzungen der Religion, sondern aus dem profanen Alltagsleben abgeleitet werden, dann ist es selbstverständlich, daß sie je nach den allgemeinen Bedingungen des Alltagslebens auch Veränderungen ausgesetzt sind. Inglehart stellt wichtige Unterschiede der Wertorientierungen im Zeitvergleich fest. Auch hier geht es nicht um die einfache Auflösung von traditionellen Werten:

„Ein noch eindruckvolleres Beispiel für kulturellen Wandel bietet die Bundesrepublik Deutschland. Im Jahr 1959 rangierte die bundesdeutsche Öffentlichkeit beim zwischenmenschlichen Vertrauen und bei anderen Elementen der Bürgerkultur weit hinter den Briten und Amerikanern und nur geringfügig vor den Italienern. Mitte der siebziger Jahre jedoch hatten die Deutschen bei der allgemeinen Lebenszufriedenheit fast das Niveau der Briten erreicht; ihr zwischenmenschliches Vertrauen war ein wenig größer, und die Werte für politische Zufriedenheit und Unterstützung der bestehenden Ordnung lagen weit über den Werten der Briten. Einige Jahrzehnte des Wohlstandes und ein relativ effektives und stabiles politisches System trugen dazu bei, daß sich in der bundesdeutschen Öffentlichkeit eine starke Bürgerkultur entwickelte. Der Wandel ist unübersehbar, aber er hat sich ganz allmählich vollzogen." (Inglehart 1989, 488)

Was sich hier zeigt, ist, daß sich die in der Verfassung institutionalisierten Bürgerrechte erst im Laufe der Nachkriegsentwicklung auch im Bewußtsein und in der Alltagspraxis der Bundesbürger durchsetzten[97]. Über das Ausmaß und die Bewertung der „starken Bürgerkultur" wird man verschiedener Meinung sein können, aber unbestreitbar ist die Zunahme persönlicher, politischer und sozialer Rechte und ein zunehmendes Verständnis dessen, was die Bürgerrechte ausmacht: eine Persönlichkeitsbildung innerhalb des privaten Lebensraums der Familie, der Arbeit in einer regulierten Marktwirtschaft und der Beteiligung an einer demokratischen Öffentlichkeit.

Empirische Untersuchungen zeigen also heute eine hohe Übereinstimmung über das, was im Leben wichtig ist. Die Tendenzen zur Pluralisierung der Lebensstile sollten also nicht überbewertet werden. Mit Sicherheit zeigt sich in diesen Untersuchungen auch kein allgemeiner Werteverfall, eher im Gegenteil: Ein allgemeines Lebensmodell und mit diesem verknüpfte Werte nahmen in der Bundesrepublik langsam Gestalt an und breiteten sich in der Gesellschaft aus. Im Folgenden soll die These entwickelt werden, daß sich dieses allgemeine Lebensmodell als Herausbildung der „modernen Identität" beschreiben läßt. Das bedeutet, daß in die moderne Lebensweise benennbare kulturelle Traditionen eingehen und da? es gestützt wird von Menschen- und Weltbildern, die differenziert ausgeführt werden können. Die „moderne Identität" ist historische Tendenz und Idealtypus zugleich. Das bedeutet, daß sie

---

97 Das gilt nur für Westdeutschland. Für die ostdeutschen Länder müßte, wenn die hier aufgestellten Thesen richtig sind, eine andere Prägung von Persönlichkeitsstrukturen im Zusammenhang mit dem entsprechenden Gesellschaftssystem nachweisbar sein. Nach der Wiedervereinigung müßte ein allmählicher Akkulturationsprozeß eingesetzt haben. Die Präferenz von Werten, die in der referierten Umfrage erhoben wurde, vermittelt nur einen Eindruck von der Oberfläche der kultureller Prägungen. Die besonderen historischen Bedingungen Ostdeutschlands und die dortigen Persönlichkeitsformen sind ein eigenes Thema.

zwar durch mächtige materielle und gesellschaftliche Tendenzen erzeugt und geprägt wird, daß sie aber zugleich als Ziel und Wertesystem ausdrückbar ist, an dem die Wirklichkeit gemessen wird. Die „moderne Identität" wird nach ihren zwei Seiten dargestellt: als Bezug auf eine gefühlsreiche innere Natur, die ihren Ausdruck in der ‚selbstreflexiven Beziehung' findet und als tätige Aneignung der Welt, die ihre Ausdrucksweise im Beruf hat. Damit wird versucht, die Komplexe der höchsten Wertprioritäten: Familie, Zuneigung, Liebe sowie Arbeit, Erfolg aufzuschlüsseln. Was bedeutet es, wenn in diesen Lebensbereichen die „letzten Bedeutungen" und die höchsten Werte liegen?

10.2 Das reflexive Selbst, die persönliche Beziehung und die Modernität

Die überragende Bedeutung von Familie und Zuneigung/Liebe für die persönliche Lebensgestaltung ist bekannt und wird auch in vielen Untersuchungen bestätigt. „Was bedeutet es für Sie, eine Familie, Kinder zu haben?" fragten beispielsweise Forscher des Deutschen Jugendinstitutes in einer Untersuchung über Unterschichtsfamilien und sie listeten als typische Antworten von Männern und Frauen auf: „Damit das Leben überhaupt einen Sinn hat". „Man weiß, wofür man da ist, man weiß, für wen man arbeitet. „Familie bedeutet für mich ein und alles, ich würde auf alles andere verzichten" und „Familie und Kinder sind das höchste, das erste" (Wahl u.a. 1980, 34).

Aus solchen Äußerungen wird deutlich, daß dieser Bezug auf das Privatleben kein unmittelbarer Selbstbezug ist, sondern daß die nächsten sozialen Beziehungen zum eigentlichen Bezugspunkt des Ichs werden. Die Strukturierung des eigenen Lebens kann nicht ohne die Strukturierung von sozialen Beziehungen gelingen. Die Selbstsuche und die Suche nach Authentizität sind Wesenszüge der modernen Identität. Die Suche nach dem aufrichtigen inneren Gefühl richtet sich jedoch in der Regel auf ein Gegenüber, auf eine persönliche Beziehung. Die große Mehrheit der Männer und Frauen können heute ihren Wunsch nach Familie und Liebe auch praktizieren – wie nah oder fern sie ihrem Ideal auch immer bleiben, machen sie diese Erfahrungen doch in ihrem Leben. Die Verbindung von Familie mit Liebe/Zuneigung ist erst im 18./19. Jahrhundert entstanden und erst seit vergleichsweise kurzer Zeit hat die Mehrheit der Bevölkerung einen so hohen Lebensstandard erreicht, daß eine eigene Familie für alle zu einem lebbaren Lebensmodell geworden ist, auf das sie ihre berechtigten Erwartungen richten können. Erst in der zweiten Hälfte des 20. Jahrhunderts war dies für die Mehrheit der Bevölkerung aufgrund des gehobenen Lebensstandards und des Systems sozialer Sicherheit möglich geworden. Ganz im Gegensatz zur Rede vom „Ende der Familie" wachsen erst heute

„mehr als 85% aller minderjährigen Kinder in sogenannten „normalen" Verhältnissen auf: Die Eltern sind miteinander verheiratet, das Kind ist ehelich geboren und ein leibliches Kind der Eltern, die mit ihm eine Hausgemeinschaft bilden. Eher selten fehlt ein Elternteil; es überwiegen vielmehr die mehrfachen Elternschaften, die entstehen, wenn ein Elternteil eine neue eheliche Beziehung aufnimmt." (Neyer/Bien 1993, 29)

Die beträchtlichen Veränderungen der modernen Lebensverhältnisse sind vielfach als Ende der Familie mißverstanden worden: Die Lebenserwartung ist gestiegen und deshalb haben Eheschließende heute eine viel längere gemeinsame Lebensspanne vor sich als früher, auch wenn sie im Durchschnitt bei der Erstheirat etwas älter sind als noch vor ein, zwei Generationen. Scheidungen und Wiederverheiratungen werden unter diesen Bedingungen häufiger und signalisieren weniger das Ende der Ehe, als die dauernde Hoffnung auf eine gute Ehe, auf eine befriedigende Einlösung des unveränderten Lebensziels. Die Kinderzahlen pro Ehe gehen zurück, aber die gefühlsmäßige Bindung und die persönliche Bedeutung der Kinder scheinen eher stärker zu werden. Die Kinder stehen länger in der Ausbildung, bilden früher selbständige Haushalte, machen früher sexuelle Erfahrungen, sie behalten aber die gleichen Leitvorstellungen eines guten Lebens in Partnerschaft und Liebe bei. Die Lebensläufe individualisieren sich und es bilden sich für die in der Bundesrepublik geborenen Kinder aufgrund persönlicher Wahl genauso wenig standardisierte Lebensläufe heraus, wie für ihre Eltern und Großeltern, denen durch die katastrophalen Folgen der Weltkriege und Wirtschaftskrisen kontinuierliche familiäre Lebensläufe verwehrt waren. Nicht-familiäre Lebensformen und homosexuelle Beziehungen sind offener und werden weniger diskriminiert, sie sind aber nicht nachweisbar häufiger und schon gar nicht in einem Ausmaß, das das „Normalmodell" in Frage stellen könnte. Die sozialen Kontakte der Familien bleiben zahlreich und sie sind als soziale Einheit auf mannigfache Weise in die Gesellschaft integriert und keine differenzierte Untersuchung hat wachsende Vereinsamung oder Isolation der Familien nachgewiesen. Die Ansprüche und Erwartungen an emotionale Befriedigung in der Familie und der persönlichen Beziehung sind hingegen vermutlich erheblich angestiegen und das wird der hauptsächliche Grund für einen gewissen Typus von Familienkritik sein.

Wenn heute für mehr als drei Viertel der Bevölkerung Familie und Liebe/ Zuneigung und nicht die Religion oder eine andere Weltanschauung das Wichtigste im Leben sind, dann drückt sich darin nicht ein Verhaftetsein in traditionellen Bewußtseinsformen aus, sondern ein tiefgreifender Wandel der Lebensweise und der Identitätsbildung. Familie und Zuneigung sind zu der Form geworden, in der sich die moderne Identität mit ihrer Betonung auf individueller Autonomie, Selbsttätigkeit und Gefühlsreichtum geltend macht. Wenn wir klären wollen, was mit der Familie und Liebe/Zuneigung als höchsten Werten heute gemeint ist, dann müssen wir die Lebensweisen und Wertesysteme untersuchen, die sie als Ideal überhaupt erst konstituieren.

Ulrich Beck stellt die Frage, was es bedeutet, „wenn im Zentrum des Alltags nicht die Religion, nicht Klasse, nicht materielle Not, auch nicht mehr die modernen, geschlechtsständischen Rollenmuster der Kleinfamilie stehen, sondern die Ansprüche auf Selbstentfaltung und das Ringen um neue Liebes- und Lebensformen?" (Beck, Beck-Gernsheim 1990, 223) Er verdichtet diese Entwicklung zu der These, daß „die Eigenlogik des Liebesglaubens als Sinnhorizont der nachtraditionalen, spätmodernen Gesellschaft im Zuge von Modernisierungsprozessen systematisch erzeugt wird" (ebd., 240). Die leitende Wertidee, die Mitte, das kulturelle Zentrum läge nicht mehr bei der Religion oder in der Klassenlage, sondern in der individuellen Lebenswelt „im Du, das die eigene Welt teilt und Geborgenheit, Verständnis Gespräch verspricht". Schließlich sieht er gar eine historische Reihenfolge „Religion, Klasse, Liebe".

Diese Thesen richten den Blick darauf, daß es heute weniger um die Familie als Abstammungsgemeinschaft geht, sondern um eine selbstgewählte intime Gemeinschaft, die einen zentralen Stellenwert für die Bildung der Ich-Identität und der persönlichen Sinnfindung hat. Die zitierten Thesen werden erst in ihrer Zuspitzung falsch. Selbst methodisch schlichte Meinungsumfragen zeigen, daß ein deutliches Bewußtsein vom Zusammenhang von persönlichen und gesellschaftlichen Lebenssphären herrscht und daß für das eigene Leben eine Rangfolge der Güter aufgestellt, nicht aber eine Wahl zwischen verschiedenen Gütern getroffen wird. Nur in Ausnahmefällen und nicht für die Mehrheit ist es möglich, zwischen Religion, Berufsleben und persönlichen Beziehungen zu wählen und niemand würde außerhalb soziologischer Theoriebildungen auf die Idee kommen, die Liebe sei tatsächlich der Mittelpunkt unserer Kultur.

Aber die Frage nach dem Stellenwert, auch dem historischen Stellenwert, den Familie und persönliche Beziehungen einnehmen, ist natürlich berechtigt und keineswegs leicht zu klären. Nach der bisherigen Argumentation ist die Individualisierung eingebettet in gesellschaftliche Strukturen, die sie erst ermöglichen. Die institutionellen Bürgerrechte und die institutionalisierten Arbeitsbeziehungen bilden einen Rahmen, in dem die Menschen in der Moderne individualisiert werden. Institutionalisierte, normierte und durch einen Wertekonsens gefestigte Strukturen konstituieren einen gemeinschaftlichen Rahmen oder, plastischer ausgedrückt, ein dichtes Netz, das die Menschen gleichwohl nicht vollständig definiert. Die einzelnen werden mit einem gewissen Maß an Autonomie und Freiheit ausgestattet, das ihnen Freiräume gibt, innerhalb derer sie ihr Selbst bilden können. Diese persönliche Identitätswerdung ist keineswegs durch ihre gesellschaftlich-gemeinschaftlichen Rahmenbedingungen zu erklären[98].

---

98 Ebensowenig sind sie vollständig aus der kindlichen Entwicklung und Sozialisation zu erklären, denn die vollständige Entwicklung des persönlichen und sozialen

Einen Zugang zur Frage, was Liebe/Zuneigung im Zusammenhang der Bildung moderner Identität bedeutet, bietet die Sache selbst: moderne Identität ist reflexiv geworden, beschreibt sich selbst und konstituiert sich im bewußten Bezug auf sich selbst. Ausdruck davon ist das enorme Wachstum von pädagogischen und therapeutischen Bemühungen um die Selbstfindung. Die Resultate der Wissenschaft stehen ja nicht einfach neben der Selbstfindung der Menschen, sondern sie werden aktiver Teil der Alltagsreflexion in Form von ungezählten Ratgebern, Zeitungsartikeln, Fernsehsendungen und natürlich auch von Therapien. Der Rat für Lebensfragen im Alltag wird heute nicht nur von Priestern, sondern viel häufiger von Experten erteilt. So kann die Frage nach Bildung von Ich-Identität nicht nur in wissenschaftlichen Reflexionen und Befragungen, sondern auch am Beispiel einer umfangreichen Ratgeberliteratur erfaßt werden, die genau dieses Thema behandelt.

Anthony Giddens arbeitet in der Auswertung von Ratgeberliteratur zur „Selbst-Therapie" zehn wichtige Merkmale moderner Ich-Identität heraus (vgl. Giddens 1991, 75ff.):

1. Das Selbst wird als reflexives Projekt angesehen, für das jeder selbst verantwortlich ist. „Wir sind nicht was wir sind, sondern das, was wir aus uns machen." Das Selbst ist natürlich nicht ursprünglich inhaltsleer, es gibt die psychologischen Prozesse der Reifung und die natürlichen Bedürfnisse. Aber es geht doch um mehr, als nur sich selbst zu erkennen. Es geht darum, ein kohärentes und befriedigendes Verständnis von Identität zu errichten oder wieder zu errichten.

2. Das Selbst entsteht in einem Entwicklungsbogen, der sich von der Kindheit bis in die antizipierte Zukunft spannt. Wichtiger als äußere Ereignisse ist der Überblick über die Lebensspanne.

3. Diese Reflexivität ist ein permanenter Prozeß von Fragen an sich selbst: Was geschieht gerade mit mir, was denke, fühle, tue ich?

4. Autobiographien sind gegenwärtig der Kern der Ich-Identität im modernen gesellschaftlichen Leben – besonders in dem weiten Verständnis einer interpretativen Ich-Geschichte, die durch das betroffene Individuum selbst gemacht wird – ob aufgeschrieben oder nicht. Ich-Identität nimmt die Form von erzähltem Leben an.

5. Als eine Methode, die verfügbare Lebenszeit zu kontrollieren, wird eine Zone privater Zeit gegen die äußere Zeit gesetzt.

6. Körpererfahrungen werden integriert.

Selbst setzt die sprachlichen und begrifflichen Kompetenzen von Erwachsenen innerhalb einer Kultur voraus.

7. Es gibt ein säkulares Bewußtsein von Risiko. So lautet ein Ratschlag zur Selbsttherapie: „Das Paradox ist: bis wir alles aufgeben, daß sich sicher anfühlt, können wir nie wirklich dem Freund, Partner oder Job trauen, die uns etwas geben. Wirkliche Sicherheit kommt nicht von außen, sondern von innen. Wenn wir uns wirklich sicher fühlen wollen, müssen wir unser ganzes Vertrauen in uns selbst setzen."

8. Authentizität wird zum moralischen Leitfaden der Selbstverwirklichung. Authentizität bedeutet, das wahre vom falschen Selbst zu unterscheiden, innere Blockaden etc. zu überwinden. „Die Moral der Authentizität weist alle universellen moralischen Kriterien in ihre Schranken und läßt die Beziehung auf andere Menschen nur innerhalb von intimen Beziehungen zu – obwohl gerade diese Sphäre als hochbedeutend für das Selbst eingeschätzt wird. Ehrlich zu sich selbst zu sein heißt, sich selbst zu finden, aber weil dies ein aktiver Prozeß der Selbst-Bildung ist, muß er von allgemeinen Zielen durchdrungen sein – den Zielen, frei von Abhängigkeiten zu sein und Erfüllung zu erlangen. Erfüllung wird damit teilweise zu einer moralischen Anforderung, weil sie bedeutet, einen Sinn davon zu entwickeln, daß man ‚gut' ist, eine ‚schätzenswerte Person': ‚Ich weiß, daß wenn ich mein eigenes Selbstgefühl hebe, fühle ich intensiver Integrität, Ehrlichkeit, Leidenschaft, Energie und Liebe'."

9. Das Leben ist eine Serie von Übergängen, die nicht mit äußeren Stützen oder Riten versehen sind, sondern die durch die reflexive Selbstfindung in offene Chancen verwandelt werden müssen.

10. Die Entwicklungslinie des Ich ist selbstreferentiell. Persönliche Integrität, das Erreichen von Authentizität, kommt daher, daß es gelingt, seine Lebenserfahrung in eine Lebenserzählung der Selbstentwicklung zu fassen: sich ein persönliches Glaubenssystem zu schaffen, in dem man sich selbst gegenüber loyal sein kann.

Diese Punkte sind amerikanischer Ratgeberliteratur entnommen, sie sind möglicherweise kulturspezifisch und könnten auch durch die Sichtweise von Therapeuten verzerrt sein. Sie drücken aber dann etwas Treffendes aus, wenn es objektive Strukturen des modernen Lebens gibt, die solche Formen der Ich-Identitätsbildung untermauern. Anthony Giddens Argument ist, daß in den Grundstrukturen der „late modernity" solche Faktoren in der Bildung moderner Lebensstile und in dem, was er „pure relationship" nennt, vorliegen. Dabei muß zuerst geklärt werden, welche Rolle heutzutage Autonomie und selbstgewählte Lebensweisen spielen, mit anderen Worten, welche Bedeutung die Wahl von Lebensstilen[99] hat.

---

99 Zur begrifflichen Abgrenzung von „sozialer Lage", „Milieu", „Subkultur" und Lebensstil vgl. Hradil (1992, 31f.).

10.2.1 Lebensstile

Einer der herausragenden Züge des modernen Lebens ist, daß es in allen Situationen die Wahl- und Entscheidungsmöglichkeiten vervielfältigt[100]. Zwar werden auch in traditionell strukturierten Kulturen Entscheidungen getroffen, aber es ist ein typischer Zug der Moderne, die großen und kleinen Entscheidungen des Alltagslebens als persönliche Wahl erscheinen zu lassen. Rückblickend über seine Biographie wird jemand vielleicht feststellen, daß seine Berufswahl in hohem Maße von Zufällen abhing. Aber gerade die zufälligen Chancen und Zwänge sind es, die vom Betroffenen als eigene Wahl angenommen oder abgelehnt werden müssen. Zufälle sind eben nicht vorgegeben, gehorchen keinem traditionellen Rollenbild, passen nicht unbedingt in das vorhandene Weltbild. Die Grundstruktur der nicht-traditionellen, sondern für das Individuum zufälligen Lebensumstände gibt bekanntlich der Markt vor: Schon Marx hat darauf hingewiesen, daß in der bürgerlichen Gesellschaft die Lebensbedingungen für den einzelnen zu etwas Zufälligem werden[101]. Konfrontiert mit zufälligen Bedingungen ihrer gesellschaftlichen Umwelt, müssen die Individuen eine persönliche Wahl treffen.

Dabei kommt es weniger auf die im Alltag eingebetteten vielfältigen Entscheidungsmöglichkeiten und Zwänge an, etwa in dem Sinne, daß beliebige Optionen offenstünden. Auf dem je gegebenen Stand tun sich in der Regel gar nicht so viele Entscheidungsmöglichkeiten auf. Vor allem kommt es darauf an, daß fast alles, was im Alltag geschieht, von einer persönlichen Wahl abhängt und sei die Wahl auch vor Jahren geschehen, wie an einem Beispiel aus der Berufssphäre erläutert werden kann: Wenn man nicht durch Tradition oder Zwang zu einer bestimmten Beschäftigung kommt, dann ist – welche gesellschaftlichen und persönlichen Druck- und Zwangssituationen auch immer ausschlaggebend gewesen sein mögen – der Arbeitsvertrag aufgrund eines eigenen Entschlusses unterschrieben worden, ist der oder die einzelne immer persönlich verantwortlich. Das gilt auch dann, wenn die Unterschrift nur den Beginn einer jahrelangen stumpfsinnigen und repetitiven Tätigkeit besiegelt. Allein schon die abstrakte Möglichkeit der Kündigung, des Wechsels

---

100 Ausführlich dazu Beck (1986) und Beck-Gernsheim (1990).
101 „Der Unterschied des persönlichen gegen das Klassenindividuum, die Zufälligkeit der Lebensbedingungen für das Individuum tritt erst mit dem Auftreten der Klasse ein, die selbst ein Produkt der Bourgeoisie ist. Die Konkurrenz und der Kampf der Individuen untereinander erzeugt und entwickelt erst diese Zufälligkeit als solche. In der Vorstellung sind daher die Individuen unter der Bourgeoisherrschaft freier als früher, weil ihnen ihre Lebensbedingungen zufällig sind, in der Wirklichkeit sind sie natürlich unfreier, weil mehr unter sachliche Gewalt subsumiert" (Marx 1968, 1240). Die letzte Bemerkung ist insofern problematisch, als Freiheit innerhalb traditioneller Verhältnisse gar keine reale Kategorie ist. Die Individuen sind nicht freier oder unfreier, sondern Freiheit und sachliche Subsumtion entstehen gleichzeitig.

der Arbeit läßt das Verbleiben als Akt der Wahl, als persönlich verantwortet (oder als „eigene Schuld") erscheinen.

Für sich selbst muß nun jeder die Kette der Entscheidungen inmitten einer zufälligen gesellschaftlichen Umgebung als Ausdruck seines Lebens, seiner Entscheidungen, seiner inneren Natur interpretieren, um sich als autonome Person zu verstehen. Die Kette der Entscheidungen formen sich zu Mustern, die den Lebensstil bilden. A. Giddens drückt das folgendermaßen aus:

„A lifestyle can be defined as a more or less integrated set of practices which an individual embraces, not only because such practices fulfill utilitarian needs, but because they give material form to a particular narrative of self-identity." (Giddens 1991, 81)

In einem gegebenen sozialen Kontext vollzieht sich die Bildung der Ich-Identität im Zusammenhang mit den Routinen der Alltagspraxis und der Ausbildung sozial differenzierter Lebensstile[102]. Der Alltag und die spezifische Weise in der er gestaltet wird, bildet die materielle Form der Lebenserzählung und der Selbstvergewisserung, die zur Ich-Identität beiträgt. Ohne diese Verbindung zwischen innerer Natur und Alltag wäre man nicht „authentisch". Die Bildung der Ich-Identität würde leiden, eine Diskrepanz zwischen Werten und Vorstellungen vom Guten im Leben und der eigenen Praxis oder auch der sozialen Lage, in der man sich befindet, würde auftreten. In psychoanalytischer Terminologie ausgedrückt: Ich-Ideal und/oder Über-Ich und Ich würden in Konflikt geraten.

Genau dies ist natürlich auch das große Problem modernen Lebens: Wenn die Lebensführung durch die Umstände bestimmt wird und von den eigenen Wertprioritäten abweicht, fühlt man sich nicht authentisch, an der inneren Erfüllung gehindert und unglücklich. Man lebt ein falsches Leben, ob das nun in erster Linie durch eine „falsche" Arbeit, den „falschen" Partner oder die „falsche" soziale Lage hervorgerufen wird. Der Ansatzpunkt für die verbreitete Ratgeberliteratur ist eben der Spielraum, der den einzelnen bleibt, durch andere persönliche Entscheidungen ihre innere Natur mit der äußeren Wirklichkeit und den „Zufälligkeiten" in Übereinstimmung zu bringen – sei es durch Anpassung des Ich-Ideals an die Wirklichkeit oder durch Änderung der Lebensumstände. Im Unterschied dazu gibt es im idealen Modell traditionellen Lebens dieses Problem gar nicht: Welche Arbeit, welcher Partner und welche gesellschaftliche Lage zu jemandem gehören, ergibt sich aus den Umständen seiner Geburt und des gesellschaftlichen Platzes, den er einnimmt und der kulturell unverrückbar festgelegt ist.

Die Ausbildung von Lebensstilen impliziert natürlich, daß es eine gewisse Menge von Optionen gibt, die wirklich gewählt werden können. Dabei kommt es nicht darauf an, wie unterschiedlich die Optionen tatsächlich sind, denn die gleiche Priorität von Familie und Liebe/Zuneigung kann sich heute in sehr unterschiedlichen Lebensstilen ausdrücken. Man sollte also nicht aus

---

102 Zur bundesdeutschen Lebensstilforschung vgl. den Überblick in Hradil (1992).

dem Vorliegen einer Pluralität von Lebensstilen schließen, daß es keine integrierenden Werte und Wertprioritäten gibt. Ich sehe zum Beispiel in der Forderung von Homosexuellen, gesetzlich legitimierte Ehen schließen zu können, weniger die Entstehung von differenten Lebensmodellen, als ein Beispiel dafür, daß die allgemeine Wertpriorität für gleichberechtigte autonome Individualität und für auf Zuneigung und Liebe gegründete Familien auch Homosexuelle erfaßt – wenn man so will, daß sich die moderne soziale Form auch gegenüber der unterschiedlichen sexuellen Orientierung durchsetzt.

Wenn alle Lebensstile gewählt werden müssen, wird selbst das Beibehalten der traditionellen Lebensweise oder das Beharren auf einem traditionellen Wertekanon zum Ausdruck der freien Wahl der Individuen und damit zum Produkt moderner Verhältnisse. Dieser Umstand ist außerordentlich wichtig. Zu leicht unterliegt man dem Vorurteil, daß mit dem Auftreten historisch moderner Zeiten alle Individuen oder zumindest eine Mehrheit nunmehr einer wie auch immer bestimmten fortschrittlichen Lebensweise oder fortschrittlichen Werten anhängen müßten. Häufig genug äußert sich dieser Irrtum auch in der Vorstellung, daß gerade die Negation des traditionellen Lebensstils fortschrittlich sei. Das ist nicht nur empirisch nirgends eingetreten, auch theoretisch gibt es hierfür keine guten Argumente. Im Gegenteil: Die „Inhalte" des Alltagsleben bleiben sich gleich, die gesellschaftliche „Form" hingegen ändert sich. Der Inhalt des Alltagsleben ist die individuelle und gesellschaftliche Reproduktion: Arbeit, Familie und gesellschaftliche Ordnung. Die gesellschaftlich relevante Frage ist nicht, ob in der Moderne Arbeit, Familie und gesellschaftliche Ordnung obsolet werden, sondern welche Formen sie annehmen[103].

Lebensstile sind allerdings bereits relativ konsistente Muster von Gewohnheiten und Orientierungen, bestimmte Optionen für eine Form „guten Lebens", das Wertorientierungen und -präferenzen einschließt und insofern zur Bildung von Ich-Identität beiträgt. Je nach der Verfügung über gesellschaftliche Ressourcen bilden Lebensstile auch die gesellschaftliche Stratifikation ab oder bilden neue Stratifikationsmuster. Die Möglichkeit der Wahl und die Notwendigkeit persönlicher Entscheidungen, die ich oben als Kennzeichen der Moderne hervorgehoben habe, stellen sich nicht als freie Wahl beliebiger Lebensstile dar, sondern sind in die Alltagslebenssphären selbst eingelassen, sind institutionelle Bedingungen des modernen Lebens:

Erstens besteht die Möglichkeit, in einer post-traditionalen Gesellschaft zwischen Verhaltensalternativen wählen zu können. Noch einmal sei hervorgehoben, daß der entscheidende Unterschied schon in der prinzipiellen Mög-

---

103 So beliebt es auch ist, unter Verleugnung jedweder Empirie das Ende der Arbeit, der Familie und der gesellschaftlichen Ordnungsstrukturen auszurufen, es handelt sich doch in allen diesen Fällen nur um die Umdeutung von Krisen des Reproduktionsprozesses und Formwandlungen der sozialen Beziehungen in das Ende der Sache selbst.

lichkeit der Wahl liegt und es keineswegs erforderlich ist, daß jeder laufend neue Entscheidungen trifft.

Zweitens ist in der modernen Gesellschaft die Vielfältigkeit der Lebenssphären gewachsen: Arbeit, Familie, Freizeit und Politik sind für den einzelnen nicht mehr einheitlich strukturiert. Es können verschiedene Prioritäten gesetzt werden und es gibt keine strikten verbindlichen Modelle über einen konsistenten Zusammenhang von Verhaltensweisen in verschiedenen Lebensbereichen. Jede/r muß selbst definieren, ob seine Kombination für sein Leben konsistent ist. Es gibt keinen totalen Freiraum, aber einen gewissen Spielraum in dem z.b. politische Wertvorstellungen, berufliche Verhaltensweisen, Familienmodelle und Hobbys kombiniert werden können. In jedem einzelnen Lebensbereich „normale" Verhaltensweisen können allein durch ihre Kombination ein höchst originelles Individuum schaffen[104]. A. Giddens beschreibt diese Vorgänge als Bildung von Lebensstilsektoren: Die Individuen teilen ihr Leben in – oft auch zeitlich oder regional abgegrenzten – Aktivitäten, die in einem für sie einigermaßen konsistenten Zusammenhang stehen.

Drittens sind die erkennbaren gesellschaftlichen Bedingungen des Alltagslebens heute seltener als klare Verhaltensanforderungen oder autoritäre Konzepte vorgegeben, dafür beruhen sie häufiger auf Einflüssen, die nurmehr in Form von Risiken kalkuliert werden können: Die Qualität der Umwelt, die

---

104 Hierzu gibt es eine schöne Beschreibung von H. M. Enzensberger in seinem Buch „Mittelmaß und Wahn": „Die Vielfalt, die sich anbietet, entspringt nicht der persönlichen Originalität, sondern einer gesellschaftlichen Kombinatorik. Aber schließlich liegt auch der Schrift oder der genetischen Fortpflanzung nichts anderes zugrunde als ein Code aus standardisierten Elementen. So führt auch die Evolution des Mittelmaßes zu unvorhergesehenen Ergebnissen. Sie bringt keine homogene Population hervor; sie zeigt, ganz im Gegenteil, innerhalb ihrer Grenzen eine endlose Variabilität. Was dabei zum Vorschein kommt, könnte man als durchschnittliche Exotik des Alltags bezeichnen. Sie äußert sich am deutlichsten in der Provinz. Niederbayrische Marktflecken, Dörfer in der Eifel, Kleinstädte in Holstein bevölkern sich mit Figuren, von denen noch vor dreißig Jahren niemand sich etwas träumen ließ. Also golfspielende Metzger, aus Thailand importierte Ehefrauen, V-Männer mit Schrebergärten, türkische Mullahs, Apothekerinnen in Nicaragua-Komitees, mercedesfahrende Landstreicher, Autonome mit Bio-Gärten, waffensammelnde Finanzbeamte, pfauenzüchtende Kleinbauern, militante Lesbierinnen, tamilische Eisverkäufer, Altphilologen im Warenterminsgeschäft, Söldner auf Heimaturlaub, extremistische Tierschützer, Kokaindealer mit Bräunungsstudios, Dominas mit Kunden aus dem höheren Management, Computer-Freaks, die zwischen kalifornischen Datenbanken und hessischen Naturschutzparks pendeln, Schreiner, die goldene Türen nach Saudi-Arabien liefern, Kunstfälscher, Karl-May-Forscher, Bodyguards, Jazz-Experten, Sterbehelfer und Porno-Produzenten. An die Stelle der Eigenbrötler und der Dorfidioten, der Käuze und der Sonderlinge ist der durchschnittliche Abweichler getreten, der unter Millionen seinesgleichen gar nicht mehr auffällt" (Enzensberger 1988, S. 264).

Bedingungen des Verkehrs, die Ernährungsweisen, der Umgang mit Drogen. Insbesondere alle Fragen, die Alltagsstrategien angehen, mit denen die einzelnen sich zu ihrer Gesundheit und zu ihrem Körper verhalten, sind in hohem Maße durch Risikofaktoren und widerstreitende Expertenmeinungen und nicht durch klare und eindeutige Verhaltensrichtlinien gekennzeichnet. Das führt letztlich dazu, daß Lebensstilfragen und Fragen einer konsistenten Identitätsbildung immer häufiger auch in den Alltag entscheidend eingreifen.

Nehmen wir als Beispiel die für die einzelnen wichtigste Lebensfrage: Wie erhalte ich meine Gesundheit? Auch der Fortschritt der Wissenschaften und die Verwissenschaftlichung vieler Lebensbereiche haben nicht dazu geführt, daß nun jeder expertengeleitet die einzig richtige Behandlungsmethode wählen könnte. Jede lange Krankengeschichte zeigt, daß die verschiedenen medizinischen Experten in vielen Fällen außerordentlich unterschiedliche, oft gar widersprechende Meinungen haben. Nun gibt es keine übergeordneten Werte und Entscheidungskriterien, die eine Wahl unter den jeweils einzeln rational begründeten Expertenmeinungen begründen könnten. Es bleibt deshalb den Betroffenen gar nichts anderes übrig, als aus den sich widersprechenden Expertenmeinungen diejenigen Diagnosen und Therapien zu wählen, die ihnen für ihr Leben und ihre Wertvorstellungen angemessen scheinen. Auch hier ist es so: Die Annahme des rationalen und des wissenschaftlichen Fortschritts bedarf einer persönlichen Wertentscheidung. Ob ein Krebskranker der Strahlentherapie oder einem Naturheilverfahren vertraut und sogar in gewisser Weise, ob er geheilt wird oder nicht, hängt in hohem Maße davon ab, welche Lebensstilentscheidungen er für sich getroffen hat und wie er die Therapie in sein Leben integrieren kann[105]. Tatsächlich gibt es heute für niemanden mehr einen verbindlichen Set von Verhaltensformen, die ihm als äußerliche Normen vorgegeben wären. Alle Kriterien, die für schwierige Lebensentscheidungen herangezogen werden, müssen selbst in eine eigenverantwortlich geführte Lebensgeschichte integriert werden.

Die vielfältigen Entscheidungssituationen und die prinzipiellen methodischen Zweifel am Wahrheitsanspruch der Experten führen viertens dazu, daß der medial vermittelte Austausch von Informationen und Entscheidungskriterien immer wichtiger wird. Dies geschieht in zweifacher Weise. Auf der einen Seite ist der Bedarf nach Informationen immens gestiegen, die jedem einzelnen dazu dienen können, seiner Lebensgeschichte Authentizität und Konsistenz zu verleihen. Hierzu gehören Kenntnisse über sich selbst und

---

[105] Im engen Zusammenhang damit steht auch die Vorstellung, Krankheiten entstünden aus falschen Lebensweisen, die die Schuld der Gesellschaft wären und die demzufolge durch die Rückbesinnung auf die ursprüngliche wahre Natur geheilt werden könnten. Diese Anschauung hat explizit schon Rousseau vertreten. Die „Wilden" hingegen sind keineswegs gesünder, nur müssen sie ihre Krankheiten in Ermangelung einer krankmachenden Gesellschaft magischen Ursachen zuschreiben.

über eine Vielzahl von Lebensbereichen sowie über Entscheidungskriterien. Auf der anderen Seite vervielfältigt sich das mediale Angebot als expandierender Zweig der Marktwirtschaft. Ein wichtiges Kennzeichen ist die Globalisierung eines Teils der Informationen, daher entsteht in der Moderne die absolut neue Erscheinung, daß in kürzester Zeit sehr viele Menschen international über die gleichen Informationen verfügen, also auch in globalem Ausmaß Trends, Meinungen und Werte geformt und beeinflußt werden können. Der Widerspruch zwischen der Globalisierung der Medien und dem Bedarf an individualisierender Information ist eklatant, aber unausweichlich[106].

Diese vier Momente moderner Gesellschaften führen dazu, daß immer mehr Männer und Frauen persönliche Entscheidungen über ihr eigenes Lebens treffen und auf diese Weise persönliche Lebensplanung betreiben. Im Ergebnis sind alle gezwungen, zu einer Art „methodischer Lebensführung" zu finden. Das aktive Verhältnis zur Welt besteht nicht mehr darin, den vorgegebenen Wertekanon optimal zu erfüllen, sondern „sein Leben in die eigene Hand zu nehmen". Damit vervielfältigen sich die Möglichkeiten der „Selbstverwirklichung", die nunmehr prinzipiell in allen selbst gewählten Lebensbereichen erfolgen kann.

Von diesem Gesichtspunkt aus scheint die Individuation in traditionellen Gemeinschaften doch viel einfacher abzulaufen: Von Generation zu Generation werden feststehende Rollen überliefert, in die der einzelne durch Übergangsriten eingeführt wird, – Riten des Erwachsenwerdens, der Familiengründung, von Geburt und Tod. Die Individuation scheint sich wie in maßgeschneiderten Rollen abzuspielen. Die sozialen Beziehungen, die Einordnung in transzendente Bezüge, Sinn und Ziel des Lebens scheinen fest definiert zu sein und brauchen nur übernommen zu werden, so wie man den traditionellen Anzug anzieht. Lassen wir dahingestellt, ob unsere Vergangenheit wirklich so idyllisch war. In unserer Gegenwart jedenfalls erscheint die Individuation oft genug als Zwang, erscheint wie eine innere Leerstelle, die mit Identität gefüllt werden muß. Die gesellschaftliche Gemeinschaft schafft zwar einen

---

106 Dieser Widerspruch wird in der internationalen Jugendkultur eigentümlich aufgelöst: Bei Jugendlichen dienen Musikstile und Moden in besonderem Maße der differentiellen Identitätsbildung. Einerseits sind internationale Medien zum Vermittler dieser Moden geworden, andererseits fällt auf jede verbreitete Mode sofort der Verdacht, nicht mehr authentisch zu sein. So entsteht eine Nachfrage nach immer neuen, vermeintlich noch authentischen Ausdrucksweisen, die schließlich sogar über das „revival" abgelegter Stile befriedigt werden. kann. Da die Moden aber nicht absolut authentisch sein müssen, sondern nur zur relativen Abgrenzung innerhalb der jeweiligen sozialen Umgebung notwendig sind, kann ein Stil an einem Ort Zugehörigkeit zur Avantgarde anzeigen, während er zur selben Zeit anderswo schon „mainstream" symbolisiert. So können die gleichen Stile tatsächlich ohne weiteres zu verschiedenen Zeiten und an verschiedenen Orten zur Darstellung autonomer Individualität dienen.

integrierenden Zusammenhang, aber fordert auch die „innere" Konstituierung der Individuen. Die Herausbildung von Ich-Identität erscheint somit als gesellschaftliches Erfordernis. Ich-Identität wäre also mehr als eine begriffliche Kategorie zur Beschreibung psychischer Strukturen. Sie ist eine Erscheinungsweise der Moderne, sie ist die Art und Weise, in der sie die psychischen Strukturen prägt und sie wird selbst durch diese Strukturen bestimmt.

Wir haben oben gesehen, daß als Wichtigstes im Leben bleiben: Familie und Liebe/Zuneigung sowie Einkommen, Arbeit und Erfolg. In jeder persönlichen Lebensplanung müssen sie integriert werden, wobei unterschiedliche Prioritäten gesetzt werden können. Aber vor allem in Bezug auf Familie und Liebe/Zuneigung findet ein fundamentaler Wandel statt: Als freigewählte Lebensgemeinschaft verändert sich die innere Beziehung von Familie und Liebe. Für Montaigne war noch klar, daß es Liebe nur außerhalb der Ehe/Familie geben kann und daß die Ehe/Familie Priorität hat. Nach einer langen Phase bürgerlicher Experimente, ob man beides nicht irgendwie versöhnen könnte, scheint die Entwicklung dahin zu führen, daß die „selbstreflexive Beziehung" die Form ist, der Ehe/Familie untergeordnet werden.

10.2.2 Die „selbstreflexive Beziehung"

Die wichtigsten Züge der modernen Identität, soweit sie bisher angesprochen wurden, sind persönliche Autonomie, Wahlfreiheit und Authentizität als Übereinstimmung von inneren Bedürfnissen und Alltagspraxis. Moderne Identität wird sich am intensivsten dort ausdrücken, wo diese Bedingungen am ehesten gegeben sind. Derjenige Lebensbereich, in dem die unbeschränkteste Wahlfreiheit, die weiteste Entfaltung der „natürlichen" Bedürfnisse und die höchste gefühlsmäßige Abstimmung zwischen innerer Natur und sozialer Umgebung zu erreichen ist, wird auch der sein, in dem exemplarisch alle wesentlichen Züge der modernen Identität zutage treten. Diesen Bereich nennt A. Giddens „pure relationship" („selbstreflexive Beziehung"). Er beschreibt sie zusammenfassend folgendermaßen (Giddens 1991, 88ff.):

1. Die „selbstreflexive Beziehung" ist nicht durch externe Bedingungen im sozialen Leben verankert wie traditionelle Beziehungen. Die Befreiung des Individuums aus den Fesseln der Tradition und der sozialen Klasse verlangt, daß die persönliche Beziehung frei von institutionellen Zwängen ist. Existieren solche Absicherungen, wie bei der Ehe, werden sie häufig umgekehrt gedeutet: die institutionelle Absicherung spiegelt die Tiefe der persönlichen Verpflichtung wider. Kernpunkt der persönlichen Beziehung ist nicht die soziale oder traditionelle Verpflichtung, sondern die Beziehung um ihrer selbst willen. Verwandtschaft und Freundschaft werden deshalb auch scharf auseinandergehalten[107].

---

107 Bei Aristoteles können wir nachlesen, wie anders persönliche Beziehungen definiert sein können. Für ihn ist Freundschaft das Notwendigste im Leben. „Voll-

2. Die „selbstreflexive Beziehung" wird um dessen willen eingegangen, was die Partner jeweils einbringen können. Tritt aus irgendeinem Grunde eine Störung ein, kann die Beziehung gelöst werden.
3. Da keine äußeren Stützen die Beziehung fundieren, kann sie nur dann auf Dauer angelegt sein, wenn sie beständig bekräftigt wird. Ob die Bedingungen für die „selbstreflexive Beziehung" noch gegeben sind, ist ein ständiges Frage- und Antwortspiel durch die Partner. Befragung und Selbstbefragung in der „selbstreflexiven Beziehung" ähneln dem Prozeß der Ich-Identitätsfindung. Die Fragen „Wer bin ich? Was will ich? Was ist meine persönliche Geschichte? Was ist mein persönlicher Lebensmittelpunkt?" müssen auch innerhalb einer „selbstreflexiven Beziehung" gestellt werden.
4. Selbst auferlegte Verpflichtungen und Engagement müssen in der „selbstreflexiven Beziehung" die traditionellen Bindungen ersetzen. Aber auch umgekehrt: nur die durch Selbstverpflichtung und Engagement beider Partner getragene persönliche Beziehung kann für beide „authentisch" sein. Hielte einer der beiden Partner aus traditioneller Verpflichtung (oder aus einer unbewußten inneren Verstrickung) und nicht aus den Tiefen seiner Persönlichkeit an der Beziehung fest, wäre der bzw. die andere gekränkt. Als autonome Individuen entwickeln sie den Anspruch, von einem anderen autonomen Individuum geliebt zu werden und das geht nur aus tiefen inneren und selbstbewußten Gefühlen. Deshalb sind die Selbstverpflichtungen in der „selbstreflexiven Beziehung" auch wechselseitig.
5. Die „selbstreflexive Beziehung" sucht die Intimität: sie will alle gesellschaftlichen und alltäglichen Bedingungen zurückstellen können. Privates Leben wird immer wichtiger[108]. Umgekehrt, je mehr Menschen sozial und materiell in der Lage sind, sich ein Privatleben gestalten können, desto mehr haben den Raum, „selbstreflexive Beziehungen" zu entwickeln, d.h. sich als autonome Persönlichkeit voll zu entfalten. Zugespitzt kann man das mit den Worten eines Ratgebers ausdrücken: „Intime Partnerschaft beruht auf der Entscheidung zweier Menschen, sich gemeinsam auf einen bedeutungsvollen Lebensstil zu verpflichten".
6. Authentizität ist in der „selbstreflexiven Beziehung" vor allem auch deshalb so wichtig, weil die „selbstreflexive Beziehung" nur auf dem Vertrauen

---

kommen aber ist die Freundschaft guter und an Tugend sich ähnlicher Menschen" (Nicomachische Ethik, 1156b, 10) Da es das schlechthin Gute ist, das schlechthin lustbringend ist, „so wird auch Liebe und Freundschaft dann am größten und am besten sein, wenn sie auf ihm, dem schlechthin Guten, fußt" (ebd. 20). Eltern und Kinder sowie Eheleute sind darin eingeschlossen, wobei schon klar ist, daß nur zwei Vollbürger untereinander die besten Aussichten auf eine vollkommene Freundschaft haben.

108 Kritisch dazu Sennett (1977).

beruhen kann, das sie selbst in der Lage ist aufzubauen. Anders als in traditionellen Verhältnissen, wo man Personen aufgrund ihrer Funktion im Netz der sozialen Beziehungen traute (z.b. den Verwandten), muß Vertrauen in der „selbstreflexiven Beziehung" erworben werden. Da die Beziehung nicht automatisch auf Dauer gestellt ist, muß es also auch immer wieder erneuert werden. Das einzige Mittel dazu ist, den anderen gut genug zu kennen, um nicht nur sein Verhalten, sondern auch seine Motive entschlüsseln zu können. Das aber verlangt, daß er authentisch ist, also nicht bewußt oder auch unbewußt lügt oder sich etwas vormacht oder selbst gar nicht weiß, was er will und heute dies und morgen das meint, tut, denkt und fühlt.

7. Die Prozesse, die in „selbstreflexiven Beziehungen" ablaufen, ähneln den von Mead beschriebenen Prozessen der wechselseitigen Anerkennung im anderen und dem Aufbau einer Ich-Identität. Ausdrücklich gelten sie nicht nur für die Beziehungen zwischen Eltern und Kindern, sondern auch zwischen Erwachsenen. Die Lebensgeschichten jedes einzelnen ist mit der anderer Menschen verknüpft, in erster Linie mit seiner Familie, an nächster Stelle mit den gewählten persönlichen Beziehungen[109]. Ich-Identität wird in intimen Beziehungen und in selbstreflexiven Prozessen aufgebaut.

Die Spannung zwischen persönlicher Autonomie und gemeinsamer Geschichte in der persönlichen Beziehung verschärft sich unter solchen Bedingungen erheblich. Denn wenn sich Ich-Identität in einem gemeinsamen Prozeß entwickelt, im Austausch persönlicher Beziehungen, dann stellt jeder Bruch der persönlichen Beziehungen die erworbene Ich-Identität in Frage. Innerhalb der „selbstreflexiven Beziehungen" ist eine beständige Spannung zwischen individueller und gemeinsamer Geschichte bzw. Identität vorhanden.

Die „selbstreflexive Beziehung" stellt einen Typus dar, der Inhalte der modernen Identität adäquat zum Ausdruck bringt. Elisabeth Beck-Gernsheim beschreibt viele aktuelle Tendenzen, die in diese Richtung führen (Beck/Beck-Gernsheim 1990). Die „selbstreflexive Beziehung" gehört zu einem Wertesystem, das an die Stelle von „letzten Bedeutungen" treten kann. Als Lebensziel und Wert hat die „selbstreflexive Beziehung" heute eine hervorragende Bedeutung. Familie und Liebe/Zuneigung stehen an erster Stelle der Werteskala, weil sie dieses Ziel ausdrücken und vermutlich auch, weil hier für die meisten Menschen die höchste Übereinstimmung zwischen Lebens-

---

109 „In a pure relationship, the individual does not simply ‚recognize the other' and in response of that other find his self-identity affirmed. Rather, as follows from the preceding points, self-identity is negotiated through linked processes of self-exploration and the development of intimacy with the other. Such processes help create ‚shared histories' of a kind potentially more tightly bound than those characteristic of individuals who share experiences by virtue of a common social position" (Giddens 1991, 97).

zielen und Wirklichkeit erreicht werden kann. Denn die empirische Sozialforschung zeigt auch, daß Ehe und Partnerschaft die Lebensbereiche sind, in denen subjektiv die höchste Zufriedenheit herrscht (vgl. Bös; Glatzer 1992, 204).

10.3 Arbeitsorientierung und Lebensorientierung

Die Orientierung des Persönlichkeitsbildes auf die Intimität der persönlichen Beziehungen wird von manchen Autoren mit dem Wertewandel und der Abkehr von traditionellen Arbeits- und Pflichtwerten in Zusammenhang gebracht. Doch genauso wie im Falle der Familie nicht eine Abkehr, sondern ein Formwandel der Familienwerte zu konstatieren ist, liegt keine Abkehr von Arbeitswerten, sondern ein Formwandel von Arbeitswerten vor. Außerdem lassen sich bei genauerer Interpretation schon in manchen Formen traditionellen Arbeitsverständnisses Grundformen der modernen Identität aufspüren. In den meisten Texten, die sich mit der Frage der Form der Lebensführung, insbesondere der Frage der Sinngebung von Arbeit und Berufsleben in modernen Gesellschaften beschäftigen, wird in der einen oder anderen Weise auf den Protestantismus und die für ihn typischen Arbeitswerte Bezug genommen. Wenn z.B. Charles Taylor den Begriff der modernen Identität als widersprüchliche individuelle Autonomie entwickelt, hat er zunächst – Max Weber und A. de Tocqueville folgend – den Puritaner der amerikanischen Pionierzeit vor Augen (Taylor 1985). Hier tritt ein neuer Sozialcharakter auf, der sich in gewisser Weise selbst aus seinem Glauben heraus zu schaffen scheint. Zweifellos stehen die heutigen modernen „Berufsmenschen" in einer anderen Situation: Familienstrukturen, Ausbildungssystem, kulturelle Wertmuster und Wirtschaftssystem lassen eine andere Ausrichtung als auf einen „rationalisierten" Beruf kaum zu. Für jede neue Generation sind heute so viele materielle Bedingungen und institutionellen Regeln vorgegeben, daß sie in diese Struktur hineinwächst, ohne diese selbst wählen zu können. Es wäre jedoch ein Irrtum, diese Reproduktion auf einem gewachsenen Niveau mit einer Verselbständigung und Eigengesetzlichkeit der Teilsysteme zu verwechseln. Auf jeder neuen Stufe bleibt die Berufsarbeit durch Wissen, Normen und Vernunft strukturiert, die einen inneren Bezug zur modernen Identität haben. Die akkumulierten Strukturen kontrollieren uns, aber eröffnen uns auch mehr Möglichkeiten, als sie dem Puritaner vor 200 Jahren zur Verfügung standen.

Webers Untersuchungen des Protestantismus zeigen, wie eine spezifische Form der Rationalisierung der Religion das soziale Alltagshandeln in der kapitalistischen Gesellschaft umformt und prägt. Dabei hat Weber immer wieder betont, daß die protestantische Ethik den Kapitalismus nicht hervorbringt, sondern nur eines von vielen Elementen ist, die seine Entwicklung befördert haben. Beispielhaft hat er einen Fall von wechselseitiger Durchdringung von Wertesystemen und Ideen mit zweckrationalen Interessen beschrieben, der klar macht, daß es auf diesem Feld keine einfachen und eindimensionalen Abhängigkeiten und Entwicklungsursachen gibt. Die Analyse des Protestantismus ist keine Voraussetzung für die Untersuchung heutiger gesellschaftlicher Strukturen, denn der moderne Kapitalismus braucht diese „Stütze" nicht mehr. Die religiösen Wertbegründungen für ein auch im Sinne des kapitalistischen Marktes rationales Verhalten treten zurück. Die notwendige Disziplin und Selbstkontrolle finden ihre Verankerung in weltlichen Normen und Leitbildern und in Institutionalisierungen, die einen gesellschaftlichen Rahmen für Selbstbilder und persönliche Identitäten abgeben.

Was konservativer und kulturkritischer Kritik als Verfall traditioneller, religiös und gemeinschaftlich fundierter Werte und Moral erscheint, ist oft nichts anderes als die Verallgemeinerung von Werten und Selbstbildern im Alltagshandeln der Bevölkerungsmehrheit. Während das Berufsethos zurücktritt, wird die Disziplinierung des Arbeitsverhaltens beibehalten. An die Stelle der Vorstellung von der Heilsbedeutung eines rationalen Arbeitslebens tritt die Idee der Selbstverwirklichung durch Arbeit oder die weiter abgeschwächte Vorstellung der Notwendigkeit eines effizienten und erfolgsorientierten Handelns als Grundlage eines sinnvollen Lebens. Die individuelle Bindung an das Ideal ist nun nicht mehr aus dem Grad der Verinnerlichung und inneren Verbindlichkeit eines festgefügten Weltbildes zu erklären. Die Bindung wird in höherem Maße einerseits institutionell geregelt, andererseits als autonome individuelle Entscheidung empfunden. R. Lepsius hat den Zusammenhang von religiösen Weltbildern und ihrer profanen Institutionalisierung folgendermaßen zusammengefaßt:

„Was als Wertwandel, möglicherweise gar als Verfall der moralischen Überzeugung angesehen werden kann, ist nur das Ergebnis der Veralltäglichung einer ursprünglichen Virtuosenmoral. Diese aber ist dann nicht mehr nötig, wenn die Entstehungsphase einer neuen Verhaltensweise von ihrer Institutionalisierung abgelöst worden ist. Der Verfall der Geltungskraft der ursprünglichen Wertbegründung ist dann nicht Ausdruck des Kulturverfalls, sondern der erfolgreichen Diffusion." (Lepsius 1986, 40)

Rainer Zoll hat den Zusammenhang von Protestantismus und Alltagsmoral in seiner Beschreibung des „soziokulturellen Wandels" ebenfalls aufgegriffen. Kultureller Wandel wird definiert als Änderung von Weltbildern und Orientierungen. Gesellschafts- oder Weltbilder „dienen den Individuen zur Verortung in dieser Gesellschaft, sie entsprechen einem in dieser Gesellschaft unabweisbar gewordenen Bedürfnis nach Bestimmung des sozialen Ortes, an dem sich das Individuum befindet" (Zoll 1993, 68). Zoll definiert die Weltbilder als „alltagstheoretische Momente von sozialen Deutungsmustern", und die „Orientierungen" als die alltagspraktischen Elemente, die Denken und Handeln strukturieren. Die strukturierenden Sinnelemente der modernen Gesellschaft werden im Anschluß an Max Webers Protestantismusanalyse beschrieben: Das generative Prinzip der säkularisierten Form der protestantischen Ethik sei die von Max Weber beschriebene Zweckrationalität: „Diese sehr deutsche und schwer übersetzbare Wortschöpfung bezeichnet einen neuen Umgang des Menschen mit sich selbst und der Natur" (Zoll 1993, 31). Jeder Schritt, jeder Gedanke sei darauf zu prüfen, ob er dem Zweck des Lebens angemessen sei, die hohe Bedeutung der Rationalität im Zeitalter der Aufklärung „findet so ihre alltagskulturelle Umsetzung". Die Alltagspraxis der Zweckrationalität ist die „methodische Lebensführung": „Sie bezeichnet den Umgang des Menschen mit sich selbst als eine ständige Praxis der Prüfung aller Handlungen auf ihre innere Konsistenz, auf ihre Gerichtetheit" (ebd., 32). Zoll hebt nun hervor, daß der Prozeß der Säkularisierung viel weiter gehe als oft angenommen. Das Seelenheil als vernünftiger Lebenszweck wäre säkularisiert worden als Weltbild mit dem Zweck der Kapitalakkumulation oder auch als Ziel der der besseren Gesellschaft, das die Arbeiterbewegung verfolgte, während sich die methodische Lebensführung vor allem in der Berufspraxis niederschlage:

„Ohne ein Minimum dieser Ethik wird das Individuum weder erfolgreicher Unternehmer noch Lohnarbeiter sein können; zugleich bringt die Praxis des Unternehmer-Seins und des Lohnarbeiter-Seins diese Ethik als Grundhaltung für die Lebenspraxis immer wieder hervor, denn der Alltag der kapitalistischen Gesellschaft, einer überaus komplexen, auf verschiedenen Ebenen vielfach in sich verflochtenen Gesellschaft, erfordert die methodische Lebensführung." (ebd., 34)

Häufig wird dagegen das Argument gerade umgekehrt gewendet: Gerade weil der kapitalistische Produktionsprozess eine Orientierung auf die rationalen Zwecke des Profitmachens und die Rationalität der Arbeit erfordere, zerrissen die inneren Bande, die früher den Arbeitenden an seine handwerkliche oder ländliche Arbeit geknüpft hätten und nunmehr wären Lebenssinn und Arbeit gänzlich voneinander getrennt. In den beiden gegensätzlichen Argumenten spiegeln sich die beiden Seiten der modernen Identität: die romantische Seite der guten inneren Natur und der naturgemäßen inneren Bedürfnisse tritt immer wieder in Gegensatz zur zweckrationalen Seite. Da beide Seiten aber vornehmlich als innere Natur erscheinen, besteht immer die Tendenz, die jeweils andere Seite als „Fremdkörper" auszuscheiden und als Teil der fremden Außenwelt zu erklären: die „romantische" Sichtweise empfindet die Lohnarbeit als verdinglichte und versachlichte Sphäre der Gesellschaft. Die Existenz von Individuen mit „methodischer Lebensführung" und einer entsprechenden Arbeitsethik kann aus dieser Sicht nur mit der Überlegung erklärt werden, diese hätten etwas ihrem wahren Wesen Fremdes verinnerlicht, als zwanghaftes Über-Ich oder sie seien irgendwie bewußtlos zugerichtet worden oder aber sie seien moralisch minderwertig, materialistisch usw. Noch schwerer fällt es dann, zu erklären, warum es Individuen gibt, die sich in ihrer Arbeit selbst verwirklichen. Das kann dann nur ein Privileg für wenige sein, vornehmlich auf Seiten der Eigentümer.

Aber tatsächlich hat die Arbeitsorientierung der Lohnarbeiter einen instrumentellen und einen expressiven Bezug, eine zweckrationale und eine Seite des identifikatorischen Bezugs. Die identifikatorischen Bezüge sind außerordentlich vielseitig. Die Identifikation bezieht sich einmal auf den konkreten Inhalt der Arbeit. Die Selbsteinschätzung wird an die gelungene Arbeit oder an die Freude der Beherrschung bestimmter Arbeitsvorgänge geknüpft. Je höher die Qualifikation ist, desto leichter lassen sich solche Züge ausbilden. Je mehr die Qualifikation der Lohnarbeiter verallgemeinert wird, desto mehr Männer und Frauen können diese Seite der Persönlichkeit entwickeln. Diese Form der Identitätsentwicklung steht mit dem von Erikson beschriebenen „Werksinn" in engem Zusammenhang.

Aber wichtiger noch ist die Entwicklung einer nicht auf den konkreten Inhalt der Arbeit bezogenen Identifikation, die Ausbildung von Leistungsbereitschaft, die Freude an Effizienz und Erfolg. Zoll vermutet, daß „die Tugenden der protestantischen Ethik – durchaus vermischt mit vormodernen, vielleicht sogar anthropologischen Eigenschaften, wie etwa der Liebe zur gut ausgeführten Arbeit – in die expressiven Bezüge zur Lohnarbeit eingehen" (Zoll 1993, 71).

Nun ist schwer nachzuvollziehen, wie bestimmte Arbeitsqualitäten – die sich ja historisch entwickeln und rasch verändern – in anthropologische Eigenschaften eingehen sollten. Aber das Bedürfnis nach Tätigkeit findet sich in allen menschlichen Gesellschaften. Dieses Bedürfnis macht sich auch in der Arbeit geltend. Es sucht einen Ausdruck in der jeweils vorgefundenen Form der gesellschaftlichen Arbeit, ist also – zwangsläufig – historisch spezifisch geformt. Arbeit ist zweifellos in menschlichen Gesellschaften eine Notwendigkeit zur Erhaltung der Art und kann auch ein soziales Zwangsverhältnis sein. Aber wenn es die gesellschaftliche Form der Arbeit zuläßt, ist sie zugleich Befriedigung eines Bedürfnisses. Das Bedürfnis nach tätiger Aneignung der Welt versucht sich in den vorgefundenen Arbeitsarten und der vorgegebenen Form der gesellschaftlichen Arbeit zu realisieren.

Nun hat die moderne Lohnarbeit für viele Arbeitende wenig inhaltsreiche Aspekte. Dafür wird die Leistung um so deutlicher quantifiziert und bezahlt. Die Bezahlung ist zugleich Bewertung, die gesellschaftliche Anerkennung einer Tätigkeit als geschätzter, wertvoller und nützlicher. Die erheblichen Folgewirkungen für Selbstachtung und Selbsteinschätzung treten beispielsweise am Unterschied von unbezahlter Hausarbeit zur bezahlten Lohnarbeit zu Tage. Im modernen Berufsleben wird die Qualität der „Aneignung der Welt" zur inneren Identifikation mit Leistungsbereitschaft und Leistungserbringung, zur verantwortungsvollen und pflichtbewußten Ausführung der Arbeit, zur Freude an Effizienz und Kontrolle. Das mag durchaus eine Nähe zur protestantischen Ethik aufweisen – sie ist aber keine unbedingte Voraussetzung dafür, denn es handelt sich um eine Formung des Verhaltens und des Denkens, die von den modernen sozialen Verhältnissen selbst hervorgebracht wird.

In der Berufsarbeit zeigt sich also ein zweckrationales Verhalten zur Welt. Aber nicht nur das. Es ist vielmehr so, daß die Grundkonstruktion der modernen Identität sich mit ihren beiden Seiten auch in der Arbeitssphäre durchsetzt. Wohl ist das zweckrationale Verhalten in der Arbeit institutionell erzwungen, es ist aber zugleich subjektive Norm. Diese Norm wird nun individualistisch gefaßt: nicht als Anpassung an eine äußere moralische Anforderung, die als Pflicht verinnerlicht wird, sondern als eigene, quasi private Norm. Es geht darum, welche individuelle Einstellung zur Arbeit jemand entwickelt. Jede/r wägt ab, wie sehr die Hingabe an die Arbeit Teil der eigenen Persönlichkeit sein soll, wie stark das Engagement am Geldverdienen oder am Beruf hängt, ob die Arbeit und das Geldverdienen Priorität gegenüber der Familie, der Freizeit oder anderen Äußerungsmöglichkeiten der Persönlichkeit haben soll usw. Wenn das Ergebnis dieser Abwägung mit einer gesellschaftlichen Norm und einem institutionellen Zwang übereinstimmt – um so besser. Wesentlich ist, daß die Einstellung zur Arbeit als eigene Norm erscheint, als Ausdruck der eigenen inneren Natur.

Damit wird aber die persönliche Einstellung der Arbeit gegenüber auch immer bewertet: sie wird als ein Gut in Beziehung zu anderen Gütern gesetzt. Inhaltlich ist das eine moralische Abwägung. Sie erscheint aber aus zwei Gründen nicht als moralische Entscheidung. Erstens, weil die gesellschaftliche Gemeinschaft unterschiedliche Entscheidungen akzeptiert und auch die face-to-face Gemeinschaften zunehmend toleranter gegenüber unterschiedlichen Prioritäten werden. Es gibt zwar eine starke gesellschaftliche Wertepräferenz zugunsten Leistungsbereitschaft, Effizienz und Kontrolle und selbstverständlich zum Geldverdienen. Auf der Basis der Anerkennung der Individualität macht sich die gesellschaftliche Bewertung aber nur noch als Präferenz, nicht als festgeschriebene, von face-to-face Gemeinschaften kontrollierte und sanktionierte Rollenvorschrift geltend. Hinzu kommt, daß persönliche Rollen und die Formen der Verwirklichung der tätigen Aneignung der Welt auseinandertreten können. Die quasi naturwüchsige, lebenslange Festschreibung von Frauen auf ihre Rolle als Hausfrau und Mutter oder von Männern als Ernährer von Familien und als Berufsmenschen löst sich langsam auf. Es wird möglich, zeitweise diese oder jene Verwirklichungsform zu wählen und auch die geschlechtsspezifischen Festschreibungen treten langsam zurück. „Tätige Aneignung der Welt" ist nicht mehr zwangsläufig für erwachsene Männer der Beruf und für erwachsene Frauen Ehe und Familie. So kann der Lebensmittelpunkt von Männern und Frauen zeitweise auf leistungsbetonter Arbeit, zeitweise auf bestimmten Arbeitsinhalten, zeitweise auf Kindererziehung und Haushaltsführung liegen. Die jeweiligen Präferenzen für bestimmte „Güter" innerhalb des Lebenslaufs müssen und können nicht mehr ein für allemal getroffen werden. Auch wenn solche Verhaltensweisen nicht von allen Gesellschaftsmitgliedern gleichermaßen praktiziert werden, prägen sie doch die gesellschaftlichen Leitbilder, weil sie im Einklang stehen mit dem von der modernen Identität vorgegebenen Rahmen einer tatsächlich freien Entscheidung und der Chancengleichheit. Eine nur zeitweise Priorität für bestimmte „Güter" innerhalb einer Biographie verliert die Form einer absoluten moralischen Entscheidung.

Zweitens scheint es den einzelnen so, als ob sie inmitten von äußeren Zwängen nach einer inneren Präferenz suchen und ihr, so weit es geht, folgen. Die Chancen der Ausbildung, die Zwänge des Arbeitsmarktes, die Hierarchie in den Betrieben, die Zwänge und die Eintönigkeit der Arbeitsvorgänge, die Höhe der Entlohnung: alles das sind keine moralischen Zwänge, sondern sachliche. Die Verwirklichungsbedingungen der persönlichen Umstände in der Arbeit sind von „Sachzwängen" geprägt, die sich der moralischen Bewertung unter Verweis auf ihre Rationalität entziehen. Während in traditionellen Verhältnissen die Arbeit und die Art und Weise ihrer Verrichtung innerhalb eines moralischen Rahmens interpretiert werden, trifft dies auf die moderne Berufsarbeit nicht mehr zu. Die Individuen aber treffen Bewertungen ihres eigenen Lebens. Lassen sich diese nicht aus den Verhältnissen selbst gewinnen, müssen sie aus den persönlichen, inneren Präferenzen erfolgen.

Die Bewertungen der Inhalte des eigenen Lebens erscheinen also nicht mehr als moralische Entscheidungen, sondern als individuelle Präferenzen. Das aber bringt zwangsläufig die gefühlvolle Seite der inneren Natur ins Spiel. Nehme ich die Einstellung zur Arbeit als eigene innere Norm an, dann kann ich auch die meiner Natur entsprechenden Gefühle mit ihr verknüpfen. Es geht dann eben nicht mehr nur um objektiv inhaltsreichere oder inhaltsleere Arbeit: buchstäblich jede Arbeit kann dann zumindest zeitweise zum Gegenstand der subjektiven Befriedigung werden. Eine Tendenz zur Individualisierung oder Versubjektivierung der Berufsarbeit geht von der modernen Identität aus.

Eine Reihe sozialer Tatbestände läßt sich vor diesem theoretischen Hintergrund interpretieren. Die zunehmende Neigung zur Berufstätigkeit von Frauen ist nicht mit den objektiven Gratifikationen zu erklären, denn niedrigere Bezahlung und weniger inhaltsreiche Tätigkeit als für Männer haben eher abschreckenden Charakter. Auch der simple Hinweis auf finanzielle Notwendigkeiten erklärt nicht alles, vor allem nicht, daß die betroffenen Frauen selbst (zusätzlich) subjektiv gute Gründe für ihre Erwerbstätigkeit angeben, wie zum Beispiel die Kommunikation mit den Kollegen und Kolleginnen, die größere finanzielle Unabhängigkeit vom Ehemann, die Abwechslung zur häuslichen Enge, die Befriedigung anderer Interessen. Die selbstgewählte berufliche Tätigkeit als solche hat heute einen festen Platz im Bild des „erfüllten Lebens". Sie ist deshalb nicht nur gewohnte Rolle, Zwang oder wirtschaftliche Notwendigkeit, sondern auch Mittel zur Entwicklung der Persönlichkeit. Diese Tendenz setzt sich gegen die entgegenstehenden traditionellen Frauenrollen durch.

Ein anderes Beispiel ist die Tatsache, daß gerade junge Arbeitnehmer vielfach außerhalb des strengen Rahmens der gewerkschaftlich-tariflichen Arbeitszeitregelungen arbeiten und selbst flexiblere Arbeitszeiten wählen. Auch dies entspricht vielfach selbst gewählten, subjektiven, häufig auch nicht dauerhaften Identifizierungen. Das kann als Spaß an der Arbeit erscheinen oder als das „zweckrationale" Verhalten, in kurzer Zeit viel Geld zu verdienen, um später entsprechend weniger zu arbeiten oder als Interesse an Technik usw. Dieses Verhalten entspringt weder einer gesellschaftlichen Pflicht, noch einem unbedingten gesellschaftlichen Zwang. Es ist vielmehr das Befolgen einer Norm, die für die Betroffenen selbst nicht als Norm erscheint: der Individualisierung als Ausdruck der modernen Identität.

Mit den Subjekten ändert sich auch die moderne Berufswelt: welche Gefühle mit der Berufsarbeit verknüpft sind, ist nicht mehr aus dem Beruf selbst, der Tätigkeit und ihren Anforderungen zu erklären, sondern nur noch aus dem jeweiligen Individuum im Zusammenhang mit einem bestimmten Beruf. Der Zusammenhang von bestimmten Berufen und Persönlichkeitsbildern oder Charakterzügen wird immer loser.

Allein auf die moderne Arbeitswelt bezogen, ist also das Ergebnis dieser Überlegung recht kompliziert: Die Rationalisierung des Arbeitslebens wird ökonomisch und institutionell erzwungen und vorgegeben. Daneben gibt es den Normenkanon der Pflichterfüllung und das Arbeitsethos, auch wenn soziologische Studien nachgewiesen haben, daß deren Bedeutung schwindet. Die volle Entwicklung der modernen Identität jedoch schafft entsprechende Inhalte als subjektive, individuelle Motivation neu und verknüpft sie sogar noch enger mit der inneren Gefühlswelt. Gegenüber traditionellen Verhältnissen findet eine engere Verknüpfung von subjektiven Antrieben und gesellschaftlichen Notwendigkeiten statt. Systemische Regulierungen und individuelle Motive treten nicht auseinander, sondern verschränken sich bis zur Ununterscheidbarkeit[110].

Es könnte eingewandt werden, daß das gestiegene Bedürfnis nach Selbstverwirklichung in unlösbare Konflikte mit der Wirklichkeit kapitalistischer Arbeitsprozesse geraten muß. Aber die subjektiven Reaktionsmöglichkeiten haben sich auch erweitert. Indem das moderne Individuum seine Priorität auf die subjektive Autonomie und auf die Selbstverwirklichung legt, gewinnt es die für marktbestimmte und rationalisierte Arbeitsprozesse notwendige Flexibilität und Anpassungsfähigkeit. Diese gesellschaftliche Tendenz sei hier durch einige Beispiele illustriert[111].

Zoll zeigt anhand von qualitativen Jugendstudien, daß für viele Jugendliche der Wunsch nach Selbstverwirklichung zum Wunsch nach Selbstbestim-

---

110 Diese These unterscheidet sich von der häufig vertretenen, daß man zwischen Pflicht- und Akzeptanzwerten auf der einen und Selbstentfaltungswerten auf der anderen Seite einen quasi polaren Gegensatz aufstellt. Klages bezeichnet den hier beschriebenen Vorgang als „expressive Umdeutung" von Pflicht- auf Selbstentfaltungswerte (Klages 1984).

111 Zur wachsenden Bedeutung des Erwerbslebens im Individualisierungsprozeß vgl. auch Lohauß (1991, 116ff.).

mung in allen Lebensbereichen wird, auch in der Lohnarbeit. Für eine Minderheit von Jugendlichen eröffneten sich berufliche Möglichkeiten, die sie als Einlösung ihrer Selbstverwirklichungsansprüche interpretieren können. Die anderen könnten aber relativ leicht einen rein instrumentellen Bezug zur Lohnarbeit entwickeln und ihr Interesse an Selbstverwirklichung in die Nicht-Arbeitszeit verlagern. Dabei versuchten sie, der Arbeit „wenigstens Spaß" abzugewinnen, wenn sie schon inhaltlich nicht die erwünschte Erfüllung bietet. Gerade für junge Frauen stelle die Lohnarbeit zudem oft eine Sphäre relativer Autonomie im Verhältnis zum Partner und zur Familie dar (Zoll 1993). Die Sinnbezüge sind in allen Fällen nicht aus den objektiven Arbeitsbedingungen allein abzuleiten, sondern aus dem, was die Individuen als ihre Form der Selbstverwirklichung ansehen. Grundsätzlich stehen dabei alle relevanten Lebensbereiche in Zusammenhang. Zoll formuliert zusammenfassend zurecht, daß es einen allmählichen Wandel von der „Arbeitsorientierung" zur „Lebensorientierung" gibt.

Eine Verschränkung von Arbeits- und Lebensorientierung auf der Basis moderner Identität zeigt sich auch an Erscheinungen gerade der typischsten Formen kapitalistischer Arbeitsprozesse. Neuere Tendenzen der Arbeitsorganisation und des Managements im Bereich industrieller Massenfertigung z.B. der Automobilindustrie beginnen, die Selbstverantwortung und die subjektiven Qualifikationen von Arbeitern und Arbeiterinnen zur Steigerung der Produktivität in Team- und Gruppenarbeit einzubeziehen. Damit wird der scheinbar naturgegebene Gegensatz von industrieller Rationalisierung und Entpersönlichung in der Arbeit von Seiten der Unternehmen in Frage gestellt. Noch weiter in diese Richtung gehen Versuche zum Entwurf von wertbezogenen „corporate identities", in denen Unternehmensziele und individuelle Wertentscheidungen aufeinander bezogen werden, um einerseits Qualitätssteigerungen in der Produktion zu erzielen und andererseits ein positives Image als Anreiz für die Konsumenten einzusetzen. Solche Unternehmensstrategien appellieren an einen übergreifenden wertebezogenen Lebensstil nicht nur des Managements, sondern auch von Arbeitern und Arbeiterinnen sowie der Konsumenten.

11. Kapitel: Gesellschaftliche Integration und moderne Identität

11.1 Einige zusammenfassende Thesen

In der Bundesrepublik herrscht – wie Anfang des 10. Kapitels gezeigt – ein breiter Konsens über die Wichtigkeit von Lebensbereichen. Familie, Zuneigung und Gesundheit sowie Arbeit und Erfolg bilden den Kern dessen, was für die Bundesbürger in ihrem Leben wichtig ist. Dieser allgemeine Grundkonsens ist der kleinste gemeinsame Nenner von differenzierten Lebensmodellen. Er gibt die Prioritäten und Werte für ein Spektrum von Lebensweisen und -modellen vor. Auf dem „traditionelleren" Pol dieses Spektrums liegen Lebensweisen, in denen die Ordnung der Familie, die traditionellen Männer- und Frauenrollen und die Arbeit als Pflicht im Mittelpunkt stehen. Auf dem „moderneren" Pol stehen Lebensweisen, in denen die Selbstverwirklichung in der „selbstreflexiven Beziehung" und im beruflichen Erfolg betont werden. Der Wertewandel spielt sich innerhalb dieses allgemeinen Grundkonsenses ab, er wird durch ihn nicht aufgekündigt. Das, was als allgemeiner Konsens bezeichnet wird, ist ein statistisches Artefakt, ein Durchschnitt aus den jeweils individuell abweichenden Lebensweisen. Aber dieser statistische Durchschnitt kann nur entstehen, weil die persönlichen Lebensweisen und die gesellschaftlichen Institutionen von entsprechenden Werten geleitet sind. Um diese leitenden Werte zu beschreiben, wurde das Modell der modernen Identität entwickelt.

Moderne Identität ist ein reflexives Projekt in einer reflexiv gewordenen Gesellschaft. Sie ist eben deshalb mehr als bloße Individualisierung: sie bleibt an die Inhalte der wichtigsten Lebensbereiche und damit auch an die sozialen Beziehungen gebunden. Die Freisetzung der Individuen aus lebenslangen gemeinschaftlichen Bindungen, der relative Wohlstand, die umfassende Institutionalisierung der Wirtschaft und der übrigen sozialen Beziehungen setzen die Bedingungen und schaffen die Voraussetzungen, unter denen die Menschen Lebensstile wählen müssen, um ein „normales", d.h. durchschnittlich angepaßtes Leben führen zu können und um ihr individuelles Selbst zu finden. Es sind diese gesellschaftlichen Bedingungen, die auch traditionellere Lebensstile dem Diktat der modernen Identitätsbildung unterwerfen, insofern auch das Traditionen heute nicht mehr „natürlich" gegeben sind, sondern individuell gewählt werden müssen.

Die zentralen Lebensbereiche Familie/Zuneigung und Arbeit/Erfolg werden unter den Bedingungen einer selbstreflexiven Identität ganz spezifisch bewertet. Das moderne Selbst sucht Authentizität in seiner gefühlsreichen „inneren" Natur. Es faßt daher sein „Inneres" als den Ort auf, in dem sich Identität konstituieren läßt. Der selbstreflexive Umgang mit dem eigenen Ich führt nicht nur zur Freisetzung von Innerlichkeit und Gefühlsreichtum, sondern erzwingt paradoxerweise einen rationalisierten Umgang mit dem Ich. Das eigene Leben zu gestalten und den eigenen Lebensstil zu finden, heißt, sich eigene Ziele zu setzen. Diese selbstgesetzten Ziele sollen authentisch die eigene innere Natur verwirklichen, die verfehlt würde, wenn man sich nur passiv an äußere Zwänge anpassen würde. Sich selbst zum Mittel für selbstgesetzte Zwecke zu machen, heißt aber nichts anderes als den Umgang mit sich zu rationalisieren. Das moderne Selbst ist noch rationeller in seiner Lebensführung als der von Max Weber beschriebene Puritaner, weil es auch noch die „letzten Begründungen" seines Lebens wählen muß. Der Puritaner mußte sich beherrschen und formen, um einer naturgemäßen kosmologischen Bestimmung zu folgen, das moderne Ich richtet sich nach offenen, kontingenten Zwecken. In seiner subjektiven Zweck-Mittel-Relation werden Erfüllung und Authentizität sowie Erfolg zum Maßstab des eigenen Lebens. Erfolgreich und effizient bezüglich der selbst gesetzten Zwecke zu sein, wird damit zu einer Bestimmung, die dem Individuum nicht durch äußere Autorität oder Not aufgezwungen wird, sondern die es sich setzt, um daran die Kontinuität und Wirklichkeit seiner eigenen Existenz zu erfahren. Zugespitzt ausgedrückt: Das moderne Individuum muß nicht äußere Zwänge verinnerlichen, um produktiv oder angepaßt zu sein, sondern das Selbst betrachtet eine gewisse Effizienz in Bezug auf die äußere Welt als seine eigene Existenzbedingung.

Das rationelle Verhalten zu sich selbst als Persönlichkeitsmerkmal kann in den unterschiedlichsten sozialen Rollen verwirklicht werden. Hierfür ist es nicht wichtig, wie angepaßt oder „alternativ" ein Lebensstil ist, sondern in welchem Maße jemand das Gefühl hat, seine Zwecke selbst zu setzen, also eine individuelle Wahl in der Gestaltung seines Lebensweges zu verwirklichen. Bedingung für eine selbstbewußte Persönlichkeit ist ein Mindestmaß an Erfolg, ausgedrückt als Bestätigung und Anerkennung durch die soziale Umgebung. Diese Umgebung besteht für die weitaus meisten Männer und Frauen aus den sozialen Beziehungen in den Lebensbereichen Familie/Partnerschaft und Arbeit. Die Menschen sind auf die Anerkennung in diesen Lebensbereichen um den Preis der Aufrechterhaltung ihrer Ich-Identität angewiesen. Sie bilden deshalb auch das Bezugsfeld ihrer Vorstellung vom Sinn des Lebens. Schon wegen dieser Struktur des Selbst sind im übrigen die Thesen, die die Auflösung der Familie und das Ende der Arbeitsgesellschaft als Folge der Moderne behaupten, höchst fragwürdig. Die Menschen werden sich in ihrem Lebensstil veränderten gesellschaftlichen Bedingungen anpassen, aber die Mehrheit wird immer versuchen, darin eine Form von befriedigender familialer Beziehung und anerkannter Arbeit zu verwirklichen.

Die spezifischen Bedürfnisse des modernen Selbst richten sich auf authentische Gefühle und ein tätiges Verhältnis zur Welt. In beiden Beziehungen sucht es Anerkennung. Persönliche Autonomie und die Konsistenz des Selbst sind die Ideale der Lebensführung und diese verwirklichen sich in der

„selbstreflexiven Beziehung", dem Beruf oder anderen selbst gesetzten Zwecken. Nur insofern sie zum Gefühl persönlicher Autonomie und Ich-Identität beitragen, werden die Arbeit oder gesellschaftliche Anerkennung oder auch die persönliche Beziehung zum Bedürfnis.

Das moderne Selbst wird eine marktwirtschaftliche Wirtschaftsweise, die auf individueller Freiheit, Konkurrenz und individuellem Erfolg gerichtet ist, als Verwirklichungsmöglichkeit subjektiver Ziele ansehen. Die hohe grundsätzliche Zustimmung der Mehrheit der Bevölkerung zur sozialen Marktwirtschaft beruht auf dieser Nähe von Selbst-Strukturen und Prinzipien der Wirtschaftsweise. Bei dem heute erreichten relativ hohem Maß an sozialer Gleichheit, Demokratie und Institutionalisierung – also dem hohen Maß von Selbstreflexivität der Gesellschaft – bestehen wechselseitige Abhängigkeiten zwischen subjektiven Werten und Zielen und objektiven ökonomischen Strukturen. Das heißt, weder ist die allgemeine Persönlichkeitsstruktur einfach ein Reflex der gesellschaftlichen Verhältnisse noch steht die Gesellschaftsstruktur einfach zur subjektiven Disposition ihrer Mitglieder.

Die bisherige Argumentation hat zu einer reicheren Vorstellung des modernen Selbst geführt als es den anfangs dargestellten „klassischen" theoretischen Ansätzen zu entnehmen war. G. H. Meads sozialbehavioristischer Ansatz gibt durchaus eine zutreffende Beschreibung allgemeiner Strukturen der gesellschaftlichen Kommunikation, in denen sich die Konstitution des modernen Selbst vollzieht. Er zeigt aber nicht, welche Inhalte das moderne Selbst-Bewußtsein bestimmen. Die Weiterentwicklung der Freudschen Theorie zur Selbst-Psychologie ist auch die Folge von historischen Veränderungen der Persönlichkeitsbildung. Das moderne Selbst setzt sich aus allen drei psychischen Instanzen zusammen. Seine Konflikte sind komplexer als die typischen psychischen Konflikte zu Freuds Zeiten. Die Beherrschung und Zivilisierung der (Sexual)Triebe steht nicht mehr im Mittelpunkt der Konflikte des Individuums. Die Konstitution des Selbst ist nicht nur den Gefahren der Verdrängung und Neurotisierung ausgesetzt. Der Konflikt zwischen den Ansprüchen des Es und der Realität ist in das Selbst hineingenommen. Der selbstreflexive Prozeß, der zur Integration von Gefühlen und Ansprüchen in einer selbst gesetzten sinnvollen Lebensgeschichte führen muß, ist kein Konflikt zwischen „Innen" (dem Es) und „Außen" (Realität, Kultur). Dem modernen Selbst drohen massive Gefahren bei Beziehungs- und Kommunikationsstörungen schon in der vorödipalen Lebenszeit, aber auch nach der pubertären Phase in Lebenskrisen oder durch den Zusammenbruch von gesellschaftlichen Werten und Ordnungen, sofern es diese als sinnhaften Horizont seiner Ich-Identität gewählt hatte.

Die von Erikson dargestellten Schlüsselbegriffe Vertrauen, Autonomie, Initiative, Kompetenz und Identität eignen sich nicht nur zur Beschreibung der grundlegenden Krisen in den Phasen der psychischen Entwicklung. Sie haben sich auch als wesentliche Dimensionen der gesellschaftlichen Strukturen erwiesen, in denen sich das moderne Selbst behaupten muß. Die „selbstreflexive Beziehung" ist der Versuch, Vertrauen und Autonomie in den engsten sozialen Beziehungen zu balancieren. Initiative und Kompetenz sind die Eigenschaften, die das autonome Individuum in der Berufstätigkeit realisieren möchte und die es, falls ihm dies durch die Art der Arbeit verwehrt ist, in anderen Lebensbereichen zu verwirklichen sucht. Identität ist das Ziel beim Entwurf von Lebensstilen, die in der sozialen Kommunikation Ausdruck von gelungener Lebensgeschichte sein sollen.

Da der Prozeß der Konstitution des Selbst reflexiv ist, sind seine wesentlichen Dimensionen auch bewußt. Moderne Identität kann kein gleichsam naturgegebenes Menschenbild sein, sondern ist der Entwurf eines Menschenbildes, das erst noch verwirklicht werden muß. Sie fungiert als Ich-Ideal. Vertrauen, Autonomie, Initiative, Kompetenz und Identität können einen Horizont „starker Wertungen" bilden in dem Sinne, daß Menschen, die diese Eigenschaften in hohem Maße in sich vereinigen, unsere Wertschätzung gewinnen, während Menschen, denen sie fehlen oder die sie nicht zureichend entwickeln können – die also unsicher und mißtrauisch, abhängig und voller Selbstzweifel, passiv und mit Schuldgefühlen belastet sowie inkompetent und voller Minderwertigkeitsgefühle sind – als soziale und persönliche Versager gelten und verachtet werden. Obwohl diese Begriffe also unzweifelhaft die Funktion „starker Wertungen" haben, genügen sie offensichtlich nicht, um die gemeinschaftlich-gesellschaftlichen Bedingungen zu beschreiben, in denen sie nur entstehen können. Eriksons Theorie der Ich-Identität beschreibt die Entwicklung zur gesunden und voll entwickelten Persönlichkeit[112]. Auf der Ebene des sozialen Handelns muß aber weiter differenziert werden. Die Ich-Identität kann sich auf ganz unterschiedliche Werthorizonte und soziale Organisationsstrukturen beziehen, sie kann in unterschiedliche Identitätsformationen eingebettet sein. Die „starken Wertungen", die in Eriksons Phasenkonzept enthalten sind, verweisen zwar auf gesellschaftlich gültige moralische Werte, sie stellen aber nicht zureichend die sozialen Handlungsformen dar. Gegenüber Eriksons Darstellung der psychosozialen Entwicklung müs-

---

112 Blasi bezeichnet Erikson als „den letzten organismischen Optimisten", weil dieser der Ansicht ist, daß „die große Mehrheit der Menschen eine adäquate Befriedigung ihrer unbewußten Bedürfnisse zu erreichen und ein Gefühl für ihre Wurzeln und ihre Zugehörigkeit und auch eine Empfindung der Sinnhaftigkeit in dem von ihnen gewählten Beruf und in ihren Idealen aufrechtzuerhalten vermögen, während sie zugleich an der Vorstellung von ihrer persönlichen Individualität und letztendlichen Autonomie festhalten". (Blasi 1993, 122) Diese Einschätzung führt Blasi dazu, alle gesellschaftlichen Dimensionen auszublenden und Identität strikt als Selbst-Gefühl zu definieren. Das hat die Konsequenz, daß er seine eigenen Forschungsergebnisse – daß nämlich viele Menschen ihre Identität auf einer Moral gründen – nicht mehr interpretieren kann, weil Moral eine Kategorie außerhalb dieses Ansatzes ist.

sen die in den Identitätsformationen angelegten strukturellen sozialen Konflikte thematisiert werden.

11.2 Die Verabsolutierung der Individualität

Die gesellschaftliche Integration der Individuen vollzieht sich in sozialem Handeln unterschiedlicher Ausprägungen. Die gemeinschaftlichen Einbindungen erscheinen häufig nicht als Voraussetzung des individuellen Handelns, sondern als nachträgliche Eingriffe „von außen". Am deutlichsten ist dies in den einfachen und abstrakten Versionen des wirtschaftlichen Handelns. In der Sphäre des Marktes und der Konkurrenz verhalten sich die Individuen als Freie und Gleiche. Die anderen sind Mittel für meine Zwecke, die Marktgemeinschaft erscheint als eine abstrakte Begrenzung und Einschränkung meiner Freiheit am Markt. Ähnlich wird auch die rechtliche Sphäre aufgefaßt. Sehr plastisch formuliert Böckenförde die Konzeption „negativer Freiheit": „In der Rechtsordnung ist der Mitmensch nicht Bedingung des eigenen Menschseins, sondern Begrenzung der eigenen rechtlichen Freiheit" (Böckenförde 1992a, 59). Das moderne Verfassungsverständnis schließt nach dieser Ansicht eine verbindliche Wertordnung als freiheitseinschränkend aus. Schließlich können auch die persönlichen Beziehungen als rein subjektiv-individuelle Befriedigung und nicht als gemeinschaftliche Verpflichtung aufgefaßt werden. Ein solches „atomistisches" Menschenbild kann seine Bestätigung in wirtschaftlichen, rechtlichen und persönlichen Beziehungsstrukturen finden.

Die Vergesellschaftungsform des modernen Selbst enthält diese individualisierenden Strukturen, gegen die seine gemeinschaftlichen Voraussetzungen immer wieder geltend gemacht werden müssen. Sie sind insbesondere in zwei Seiten der modernen Identität angelegt, der autonomen Innerlichkeit und der instrumentellen Rationalität.

Die Kultivierung autonomer Innerlichkeit und Individualität kann zum Rückzug und zur Ablehnung sozialer Einbindung und sozialer Verantwortung führen. Die Verabsolutierung der inneren Gefühlswelt und der „absoluten Beziehung" führen dazu, daß der moralische Horizont seine Grenze an der individuellen Befindlichkeit findet. Die gesellschaftliche Gemeinschaft ist immer in Gefahr, individualistisch unterlaufen zu werden, es besteht immer die Möglichkeit, individuell die persönliche und gemeinschaftliche Verantwortung aufzukündigen. Insofern das Selbst gewählt werden muß, bleibt immer offen, was zum Zentrum des Selbst gemacht wird, ja ob überhaupt eine Wahl stattfindet und sich eine individuelle Persönlichkeit bildet oder ob jemand in der Haltung „unreflektierter Einzelkeit" verbleibt und andere für sich wählen läßt, letztlich also „narzißtischer Konformist" bleibt (vgl. Heller 1993, 636f.). Das bleibt nur in dem Maße ohne weitere gesellschaftliche Folgen, wie ein mehrheitlicher Konsens bestehen bleibt und die stützenden gesellschaftlichen Institutionen funktionieren; so lange also, wie der Rückzug eines Teils der Gesellschaft von der Mehrheitsgesellschaft toleriert wird oder innerhalb der vorhandenen Spielräume verbleibt.

Es ist aber auch möglich, daß nicht die autonome Innerlichkeit, sondern die Seite der tätigen Aneignung, der rationalen Kontrolle, der gesellschaftlichen Effizienz verabsolutiert wird. Das begünstigt ungleiche Verteilungen von gesellschaftlicher und ökonomischer Macht, führt zur Einschränkung der Individualität der weniger Mächtigen, verstärkt alle Formen der sozialen Abhängigkeit und Unterdrückung. Das ist die bei weitem größere Gefahr, denn diese Tendenz verbindet sich nicht nur mit der Freisetzung der Individualität der einzelnen, sondern vor allem mit der inneren Dynamik der kapitalistischen Wirtschaft, der einzelbetrieblichen Rationalität des kapitalistischen Unternehmens und der Tendenz zur Verselbständigung der bürokratischen Organisationen. Diese Tendenzen instrumenteller Rationalität hätten nicht so viel gesellschaftliche Wirksamkeit, wenn sie sich nicht mit dem Wertehintergrund der modernen Identität verbinden könnten. Die handelnden Personen in diesen Zusammenhängen sind nicht bloß als „Charaktermasken gesellschaftlicher Verhältnisse" tätig, sondern handeln ausdrücklich auf der Basis gemeinschaftlich geteilter Überzeugungen. Die Verabsolutierung der instrumentellen Rationalität fällt um so leichter, als sie sich auf die internen Rationalitätskriterien von Unternehmen und Verwaltungen berufen kann. Agnes Heller bezeichnet die moderne Gesellschaft deshalb als „Netzwerk unsozialer Geselligkeit" (Heller 1993).

Ein zusammenfassender Ausdruck des Absehens von den gesellschaftlich-gemeinschaftlichen Voraussetzungen der Individualität ist die Konzeption isolierter „Rollen" als Ausdruck der sozialen Persönlichkeit. McIntyre und Bellah kleiden ihre scharfe Kritik am moralischen Zustand der Gegenwart in die Kritik an den Charakteren – Charakter verstanden als soziale Rolle, die eine Kultur mit moralischen Dimensionen ausstattet – des Managers und des Therapeuten. Diese Charaktere spiegeln die instrumentelle Rationalität als Eigenschaften ihrer Persönlichkeit wieder:

„Der Manager vertritt in seinem Charakter die Aufhebung des Unterschieds zwischen manipulativen und nicht-manipulativen sozialen Beziehungen; der Therapeut vertritt die gleiche Aufhebung im Bereich des persönlichen Lebens. Der Manager behandelt Ziele als gegeben, als außerhalb seines Horizontes liegend; sein Interesse gilt der Technik, der wirtschaftlichen Umwandlung von Rohstoffen in Endprodukte, von ungelernter in gelernte Arbeit, von Investitionen in Gewinn. Auch der Therapeut behandelt Ziele als gegeben, als außerhalb seines Horizontes liegend; auch sein Interesse gilt der Technik, der wirksamen Umwandlung neurotischer Symptome in gelenkte Energie, fehlangepaßter Individuen in richtig angepaßte. Weder der Manager noch der Therapeut beteiligen sich in ihrer Rolle als Manager oder Therapeut an der moralischen Debatte. Sie werden von sich selbst und von denen, die sie praktisch mit den gleichen Augen sehen, als unanfechtbare Figuren betrachtet, die sich angeblich auf die Bereiche beschränken, in denen rationale Übereinstimmung möglich ist – das sind, selbstverständlich aus ihrer Sicht, der Bereich der Tatsachen, der Bereich der Mittel und der Bereich der meßbaren Wirksamkeit." (McIntyre 1981, 50)

Die Beispiele des Managers und des Therapeuten ließen sich nun noch um den Rechtsanwalt erweitern und dann hätte man die sozialen Charaktere, die in der wirtschaftlichen, persönlichen und rechtlichen Sphäre für eine Version sozialen Handelns stehen, das sich seiner gesellschaftlichen und wertegebundenen Voraussetzungen nicht bewußt ist und das doch eine Seite des modernen Selbst zum Ausdruck bringt. Allerdings ist die Konzeption solcher sozialer Rollen zum Verständnis des Alltagshandelns nicht geeignet, weil sie die tatsächlichen und vielfältigen Einbindungen und „Rollen" der Individuen unzulässig reduziert. Zwar sollten alle in ihren jeweiligen „Rollen" auch ethisch Rechenschaft ablegen können, aber moralisches Handeln sollte nicht an bestimmte gesellschaftliche Rollen oder Funktionen gebunden sein. Die Beschränkung ethisch verantwortbaren Handelns auf ausgewählte elitäre Rollen kann keine zureichende Lösung des Problems sein, wie eine sich als frei, demokratisch und sozial verstehende Gesellschaft der individualisierenden und damit desintegrierenden Tendenz ihrer eigenen Wertgrundlagen entgehen kann.

Das Problem, auf das McIntyre und Bellah zu Recht aufmerksam machen, ist, daß wesentliche Dimensionen der modernen Identität auch verloren gehen können. Die moderne Identität beruht auf der Ausformulierung eines Wertehorizontes, der gleichwohl immer wieder aufgehoben zu werden droht durch Tendenzen einer modernen Innerlichkeit oder der Verabsolutierung der instrumentellen Vernunft, also durch die Vereinseitigung von Tendenzen, die das moderne Selbst mit hervorbringt. Gegen die Tendenzen zur Verabsolutierung der Individualität, der negativen Freiheiten und des freien Marktes ist eine zweifache Kritik zu führen. Zum einen sind ihre logischen und gesellschaftlichen Prämissen falsch. Es ließ sich zeigen, daß die Konstitution des modernen Selbst als reflexives Projekt auf einem Horizont starker Wertungen und damit auf einem – wenn auch nicht immer ausformulierten – Gemeinschaftsbezug beruht, daß der Markt eine Marktgemeinschaft voraussetzt, durch die erst die Gleichheit und Freiheit aller ihrer Mitglieder realisiert werden kann und daß die gesellschaftliche Gemeinschaft in ihrer Rechtsordnung eine wertgebundene Institutionalisierung der wesentlichen Bestimmungen der modernen Identität darstellt.

Zum anderen unterminieren diese Tendenzen die Fähigkeit der Gesellschaft, demokratische, freie und gleiche soziale Verhältnisse zu schaffen oder zu erhalten, indem sie die Fragen der Wertbindungen aus dem öffentlichen Diskurs verbannen wollen. Um die Implikationen der gesellschaftlichen Gemeinschaft für die moderne Identität bewußt zu machen, müssen sie aber in entsprechende Identitätsfigurationen eingebunden werden. Anders ausgedrückt: die Wir-Gefühle und gemeinschaftlichen Implikationen der modernen

Individualität brauchen einen entsprechenden Ausdruck. Der Wertehorizont, der sie konstituiert, muß ausdrücklich zum Gegenstand gesellschaftlicher Kommunikation gemacht werden. Geschieht dies nicht, werden die individualisierenden Tendenzen die Basis der Gleichheit und Freiheit für große Teile der Gesellschaft unterminieren. Es reicht für die Gesellschaft nicht, wenn die Individuen im Sinne Eriksons eine starke Ich-Identität und Vertrauen, Autonomie, Initiative und Kompetenz entwickeln. Das Projekt der modernen Ich-Identität braucht die Unterstützung eines gesellschaftlichen Projektes der Wir-Identität.

11.3 Identitätsfigurationen des modernen Selbst

Diese Formulierung des Problems führt nicht unmittelbar auf eine Lösung zu. Da es in der Moderne kein einheitliches Selbst gibt, gibt es auch keine schlichte eindimensionale Skala auf der ein Mehr oder Minder an erfüllter moderner Identität und einer „guten Gesellschaft" abzutragen wäre. Die Forderung nach einer ethischen Debatte und noch mehr die Forderung nach einem Wir-Gefühl als Grundlage für die gute Entwicklung von Persönlichkeiten in einer guten Gesellschaft steht in Konkurrenz zu anderen Identitätsfigurationen. Die Konstitutionsbedingungen des modernen Selbst lassen sich idealtypisch mit fünf möglichen und gesellschaftlich wirksamen Identitätsfigurationen in Verbindung bringen. Auch diese Aufzählung ist nicht vollständig, ich hoffe aber wenigstens eine Annäherung an die wichtigsten Typen zu erreichen[113].

1) Die liberalistische Interpretation betrachtet die freie Entfaltung der individuellen Kräfte als einzige Bedingung für das persönliche Glück und zur Steigerung der allgemeinen Wohlfahrt. Den freien Märkten werden Selbstheilungskräfte unterstellt, die rechtliche Ordnung wird als ein System zur Garantie der negativen Freiheiten verstanden und die persönlichen Beziehungen werden als Privatsphäre der öffentlichen Diskussion und der Wertbindung entzogen. Die gemeinschaftlichen sozialen Beziehungen, insbesondere staatliche Garantien oder Bemühungen um soziale Gleichheit gelten als prinzipiell freiheitseinschränkend. Diese Interpretation gibt den sozial Privilegierten und Stärkeren durchaus Möglichkeiten zum Aufbau starker Ich-Identitäten. Individuelle Freiheit und gesellschaftliche Organisation sind quasi komplementär: die freie Persönlichkeit verwirklicht sich auf dem freien Markt. Die gesellschaftliche Integration bleibt jedoch auf die vorhandenen Bestände gesellschaftlicher Institutionen und die Restbestände anderer Wir-Gefühle verwiesen, denn aus sich heraus fördert die Marktorientierung keine Solidarität.

---

113 Martin Walzer untersucht in ähnlicher Weise die wichtigsten Konzeptionen des guten Lebens (vgl. Walzer 1992 S. 64ff.).

2) Die partikulare Interpretation greift auf die „natürlichen" sozialen Beziehungen der Geschlechter, der Familien und der Nationen zurück (vgl. Kapitel 5.2). Sie aktiviert Wir-Gefühle durch den Appell an ethnisch-nationale oder konfessionell-fundamentalistische Identitätskonstruktionen, an patriarchalische Geschlechtsordnungen und den Ausschluß und die Feindschaft gegenüber „fremden" Identitäten. Sie definiert einen Katalog von Werten und Eigenschaften, die sie selbst für traditionell ausgibt und/oder projiziert deren negative Bilder auf vermeintlich fremde Menschengruppen. Die gesellschaftliche Integrationskraft innerhalb der privilegierten Menschengruppe ist hoch, individuelle Freiheitsspielräume werden den kollektiven Werten mehr oder weniger stark untergeordnet. Individuelles „Wesen" und gesellschaftliche Organisation gelten als „natürlicher" Ausdruck derselben ethnischen, biologischen und historischen Qualitäten. Das gute Leben ist eine Frage der Identität, die man annimmt[114].

Verfechter der liberalistischen und der partikularen Identitätsfigurationen kritisieren sich gegenseitig. Die liberalistische Version versteht sich als moderner und als historisch fortgeschritten und ihre Anhänger vermuten, daß nationalistisch-konservative und fundamentalistische Ideologien vormodern seien oder gar einen „Rückfall ins Mittelalter" darstellten. Dagegen trifft die liberalistische Version des guten Lebens der Vorwurf, sie zerstöre Werte und könne keine sinnvolle Existenz angeben, sie könne auch keinen leidenschaftlichen Einsatz für höhere Ziele motivieren. Beide Varianten des guten Lebens sind aber aus den gesellschaftlichen Lebensbedingungen des modernen Selbst möglich. Sie sind einseitige Festlegungen auf bestimmte Seiten der modernen Existenz: die liberalistische Version hypostasiert die persönliche Autonomie und ihre Nähe zu den ökonomischen Imperativen der kapitalistischen Marktwirtschaft und abstrahiert von den notwendigen gemeinschaftlich-gesellschaftlichen Voraussetzungen und Bedingungen einer guten Gesellschaft. Die partikularen Identitätsfigurationen befriedigen das tatsächlich vorhandene Bedürfnis nach sinnerfüllter Existenz durch ein Angebot von Identifizierungen, die jederzeit wirkungsvoll und nachvollziehbar konstruiert werden können: Es ist schließlich nicht zu bestreiten, daß wir alle einem Geschlecht zugehören, von Familien abstammen, eine ethnische, nationale und kulturelle Zugehörigkeit sowie eine gemeinsame Geschichte haben. Dafür abstrahieren sie von den grundlegenden Bürgerrechten und der universellen Freiheit und Gleichheit des Marktes[115].

---

114 Ein auch Beispiel für partikulare Identitätsfigurationen sind protestantische und islamische Fundamentalisten. Vgl. Lohauß 1994.
115 Die Kritik nationalistisch-rassistischer Positionen kann nicht lauten, daß die Menschen von Natur aus gleich sind. In ethnischer Hinsicht sind sie verschieden. Da das Spezifische des Menschen in seiner Kultur besteht, sind die Menschen auch in dieser Hinsicht tatsächlich ungleich. Die universellen Menschenrechte sind kein natürliches, sondern ein politisches Projekt. Es legitimiert sich

3) Gegenüber diesen beiden Identitätsfigurationen grenzen sich Positionen ab, die vornehmlich von der Linken bezogen worden sind. Als Identitätsfigurationen und Vorstellungen des guten Lebens kommen zwei Ansätze in Betracht. Zum einen die Klassenidentität, die zweifellos ein sozial wirkungsmächtiges Konzept mit einer klaren Wertehierarchie war. Die Identität im Kampf um die soziale Emanzipation der unterdrückten Klassen war im 19. und 20. Jahrhundert vielleicht die konsistenteste und folgenreichste Identitätsfiguration. Sie bezog ihre Stärke gerade aus dem Zusammenhang von sozial bestimmter Lebenslage, einer einleuchtenden theoretischen Erklärung des Leidens und einer auf ein gutes Leben gerichteten politischen Praxis. Mit der historischen Auflösung des sozialen Milieus der Arbeiterklasse schwand ihre lebensweltliche Grundlage. In der hier gewählten Begrifflichkeit bedeutet das, daß sie ihre Funktion als Identitätsfiguration verlor.

Dort, wo sich der Sozialismus als politische Herrschaft konstituierte, offenbarten sich seine immanenten Widersprüche. Mit der Überwindung des Klassenkampfes durch die Abschaffung bzw. Liquidation einer der beiden antagonistischen Klassen stirbt auch der politische Charakter des Gemeinwesens. Der Staat beschränkt sich auf die Verwaltung von Sachen, worunter auch die ihm unterworfenen Menschen fallen. Das gute Leben verwirklicht sich in der Teilnahme an der gesellschaftlichen Produktion. Die sozialistische Persönlichkeit braucht keine persönliche Autonomie, weil ihre Zwecke bereits historisch gesetzt und vorgegeben sind. Den Emanzipationskampf der unterdrückten Klasse müssen die Teilnehmer wählen, um ihn führen zu können und deshalb können sie auch ihre Persönlichkeit entwickeln. Dem historisch ein für alle Mal Richtigen konnten sich die sozialistischen Staatsbürger nur anschließen, also bestenfalls eine Haltung der „unreflektierten Einzelkeit" annehmen. Die Geschichte und die Partei hatte ihnen die Wahl ihres Selbst abgenommen. Es gibt gute Gründe zu bezweifeln, daß der „reale Sozialismus" eine wirksame Identitätsfiguration war: wenn in einer modernen Gesellschaft ohne traditionelle Gemeinschaftlichkeit persönliche Autonomie mit allen gesellschaftlichen Mitteln verhindert wird, stellt sich gesellschaftliche Integration weniger durch Identifikation, sondern eher durch Repression und gewohnheitsmäßige Anpassung her. Ich-schwache und außengeleitete Charaktere werden gesellschaftlich begünstigt.

4) Die zweite Version einer vornehmlich – aber nicht nur – linken Vorstellung guten Lebens ist die des politischen Engagements, des bewußten und bewegten politischen Lebens. Sie ist vor allem in den „neuen sozialen Bewegungen" der sechziger bis achtziger Jahre aufgegriffen worden. Die ihr zu Grunde liegenden Argumente sind freilich älter und reichen bis zu Rousseaus

---

mit Gründen der Vernunft und des Gefühls, nicht biologisch. Es geht ihm um die Anerkennung, nicht um die Leugnung von Differenz.

„Contract social" zurück[116]. Freiheit, Gleichheit und Solidarität gelten als naturgegeben und die Befreiung von den entgegenstehenden gesellschaftlichen Zwängen kann jeder erreichen, der nur enthusiastisch und konsequent genug nach seiner wahren Natur lebt. Als Identitätsfiguration taugt aber das bewegte Leben nur für wenige und nur vorübergehend. Da für die meisten Menschen ihre Familien und ihr Erwerbsleben im Mittelpunkt des Lebens stehen, werden sie ihre Energie nicht dauerhaft der Bewegung widmen können. Die Form der mitreißenden und wieder abebbenden Bewegung, die der politische Enthusiasmus annimmt, folgt aus dem Widerspruch zwischen seinen Ansprüchen und den Prioritäten des Alltagslebens. Deshalb überrascht es nicht, wenn viele seiner Versionen sich feindlich zur Familie und zur gesellschaftlichen Arbeit verhalten: um die Energie für das bewegte Leben freizusetzen, muß der Alltag zurückgedrängt werden[117]. Auch wenn das mobilisierende Moment politischer Bewegungen für eine funktionierende Demokratie unverzichtbar ist, so bilden sie doch keine dauerhaften Identitätsfigurationen. Große Gruppen der Bevölkerung werden nicht auf Dauer in erster Linie als Bürgerrechtler, Umweltschützer, Feministinnen, Friedensaktivisten oder Hausbesetzer leben können.

5) Abschließend soll ein Modell einer Identitätsfiguration entwickelt werden, das nicht auf eine Entscheidung zwischen den obengenannten hinausläuft[118]. Es enthält Momente von allen, weil es nicht auf eine einzige Handlungssphäre oder Eigenschaft festgelegt ist, in der oder durch die gutes Leben zu realisieren ist. Damit wird freilich nur eine Konsequenz aus der Struktur des modernen Selbst gezogen. Die moderne Gesellschaft bietet viele Handlungssphären an, die wir in unserem Lebenslauf aufnehmen können. Wenn es auch Prioritäten gibt (Familie/Zuneigung und Arbeit/Erfolg), so erschöpft sich die Definition guten Lebens doch nicht in einem dieser Bereiche[119]. Vor allem aber müssen individuelle Autonomie und die gesellschaftliche Gemeinschaft in ein Verhältnis gebracht werden, das die Mehrheit der Menschen in ihrem Alltagsleben auch ausfüllen kann.

---

116 Bellah und die amerikanischen Kommunitaristen sehen sich in einer „republikanischen" Tradition. Die Sorge um das Gemeinwesen als höchste Tugend führen sie mit Tocqueville bis zu den puritanischen Gründervätern der USA zurück und sehen sich letztlich gar in einer Tradition, die bis in das antike Athen zurückreicht.
117 Eine anregende Untersuchung dieses Problems von „Engagement und Enttäuschung" aus einem ganz anders gearteten Ansatz gibt Albert O. Hirschmann (1982).
118 Vgl. auch Lohauß 1995.
119 Für diesen Ansatz gibt es noch ein zweites Argument. Aus der Funktion der Werte und der Bewertungsmaßstäbe folgt, daß es keine andere Möglichkeit der Definition des guten Lebens gibt, als die aristotelische „Mitte" der empirisch vorhandenen Werte zu treffen.

Ein auf die gemeinschaftliche Gesellschaft bezogenes Wir-Gefühl kann weder auf die freigesetzte Individualität und damit auf die unumschränkte Freisetzung aller partikularen Bedürfnisse und Gefühle noch auf die quasinatürliche Gemeinschaftlichkeit setzen. Es bezieht sich auf einen historisch-verstandesgemäß gestifteten Konsens über Lebensformen. Die historische Freisetzung des autonomen Subjekts wird nicht rückgängig gemacht, aber gesellschaftlich rückgebunden. Deshalb bleiben die „letzten Begründungen" frei, soweit sie nicht mit einem Rahmen verallgemeinerbarer Menschenrechte kollidieren. Diese Aussage läßt sich auch in der Formulierung Dieter Henrichs positiv ausdrücken:

„Was in der Anerkennung der Bürger einer Republik als der Subjekte gleicher Rechte im Prozeß der Konsensbildung die eigentlich leitende Intention ist, läßt sich aus der prozeduralen Rationalität dieses Prozesses nicht zureichend beschreiben. Immer hat es mit dem Respekt vor dem zu tun, was die Eigensphäre von deren Leben ausmacht." (Henrich 1993, 40)

Die gesellschaftliche Gemeinschaft ist nicht die Menschheit oder eine „Glaubensgemeinschaft". Sie ist ein staatliches Gemeinwesen, weil sie als Gemeinschaft nicht abstrakt existieren kann, sondern konkret einer gemeinsamen Willensbildung und der gemeinsamen Gestaltung der Lebensverhältnisse bedarf. Sie definiert sich über den gesellschaftlichen Konsens der Beteiligten und deren Bürgerrechte. Deshalb muß sie an ausgewählte konsensfähige Traditionen anknüpfen. Ohne den Bezug auf gemeinsame Erfahrungen und gemeinsame Praxis lassen sich keine Wir-Gefühle entwickeln, bleiben Persönlichkeitsentwicklung und gesellschaftliche Entwicklung getrennt voneinander.

In der Bundesrepublik lassen sich solche Elemente in den Grundrechten der Verfassung und ihrer über vierzigjährigen Tradition und in der Praxis der demokratischen Bewegungen finden. Die Bürgerrechtsbewegung der ehemaligen DDR knüpfte daran an und hat in diesem Sinn eine neue Tradition begründet. Wenn sie auch nicht in allen ihren Intentionen zur Institutionalisierung führte – also eine erneuerte gesamtdeutsche Verfassung nicht durchzusetzen war – bleibt sie doch die erste demokratische Bewegung in Deutschland, die zur Befreiung in ein demokratisches Leben geführt hat. Die gesellschaftliche Gemeinschaft der Bundesrepublik muß freilich von denen, die sie demokratisch gestalten wollen, auch als eigene Gesellschaft angenommen werden. Das geht nur aus der Einsicht, daß sie die Elemente enthält, die notwendig sind, damit alle ein gutes Leben führen können.

Die Erfahrungen der vielfältigen Bewegungen in der Bundesrepublik bilden einen Traditionshintergrund für eine aktive Einbindung von Männer und Frauen in eine Form der gesellschaftliche Gemeinschaft, die dennoch auf Autonomie und Individualität nicht verzichtet.

Eine gesellschaftliche Gemeinschaft ist deshalb auch nicht ohne weiteres ein universalistisches Projekt. Sie beruht zwar auf verallgemeinerbaren

Grundwerten – das ergibt sich aus den „internen" Kriterien der Freiheit, Gleichheit und Solidarität – aber zugleich auch auf der Zustimmung der Beteiligten, auf dem konkreten Konsens, den sie unter Berücksichtigung ihrer Lebensbedingungen und Traditionen geschlossen haben und der nicht beliebig übertragbar ist. Den historischen und den universellen Gesichtspunkt faßt Charles Taylor in einer Formulierung zusammen:

„Moderne Identität bedeutet, daß wir selbst uns definiert haben durch die Macht der aufgeklärten Vernunft und durch die kreative Phantasie, in einem spezifisch modernen Verständnis von Freiheit, Menschenwürde und Menschenrechten, in den Idealen von Selbst-Erfüllung und Expressivität und in der Forderung nach universeller Wohlfahrt und Gerechtigkeit." (Taylor 1989, 503)

Taylors Definition bezieht sich zum einen auf die historischen Quellen des modernen Selbst: die Aufklärung und die Kunst, die transzendente Werte geschaffen hat. Sie bezieht aber auch die institutionalisierten Bürgerrechte ein, die Freiheitsrechte und die sozialen Rechte. Aus dieser Verpflichtung der gesellschaftlichen Gemeinschaft folgt zum anderen die Verpflichtung auf universelle Gerechtigkeit und Wohlfahrt[120]. Sie verweist schließlich in doppelter Weise auf die Selbstverwirklichung: Zum einen fungiert die Selbst-Erfüllung als ein Ideal, das, wie gezeigt, eine ganz spezifische Strukturierung der Persönlichkeit fordert. Zum anderen aber ist die moderne Identität insgesamt selbst-reflexiv, sie ist Selbst-Definition. Diese Selbstdefinition findet auf zwei Ebenen statt. Erstens auf der kollektiven, indem die gemeinsam geteilten Werte als kollektive Güter definiert und im Konstitutionsakt der Gesellschaft institutionalisiert werden. Dieser Konstitutionsakt ist im Idealfall mit dem Akt der Verfassungsgebung identisch, er tritt aber praktisch hinter der ausgeübten Demokratie, der demokratischen Alltagspraxis, zurück. Zweitens auf der individuellen oder persönlichen Ebene: Hier besteht die Probe auf die Selbstdefinition darin, seine Biographie als Erzählung eines gelungenen Lebens darstellen zu können.

Ein Problem der Bewußtheit des Horizontes von „starken Wertungen" drückt sich darin aus, daß es schwerfällt, eine angemessene Sprache für ihn zu finden. Dieser moralische Hintergrund läßt sich im Alltagsleben vielleicht noch am leichtesten religiös ausdrücken – das wurde aus der Eingangs des 4. Teils zitierten Befragung Ingleharts deutlich. Zugleich zeigte sich aber auch, daß dies gerade in der Bundesrepublik vergleichsweise wenig der Fall ist. Obwohl die „Postmaterialisten" sich häufiger als traditionellere Menschen die Fragen nach dem „Sinn des Lebens" stellen, durch die sie dann zwangsläufig zur Auseinandersetzung mit den für sie gültigen oder akzeptierten „starken Wertungen" kommen müssen, fehlt ihnen eine verbindliche Sprache und Begrifflichkeit dafür. Sicher würde niemand seine persönlichen Wertent-

---

120 Zur Diskussion eines dieser Position entsprechenden Gerechtigkeitsbegriffs vgl. Walzer (1983).

scheidungen im Rahmen der institutionalisierten Bürgerrechte des Grundgesetzes formulieren – obwohl das durchaus möglich wäre. Die verfassungsgerichtliche Praxis hat die Grundwerte Freiheit, Gleichheit, Gerechtigkeit, Sicherheit, Selbstverwirklichung, Solidarität und Schutz des Lebens (Böckenförde 1992b, 51) ausgearbeitet.

In der Gesellschaft besteht ebenfalls ein weitgehender Konsens über die Notwendigkeit der Achtung vor dem Leben und auch darüber, Wertentscheidungen in Form von Rechten oder Ansprüchen zu formulieren – was überhaupt nicht selbstverständlich ist, sondern auf eine ganz bestimmte kulturelle Tradition verweist. Es besteht weitgehend Konsens über die Werte der persönlichen Freiheit und Gleichheit sowie von Gerechtigkeit und Solidarität als Basis des gesellschaftlichen Zusammenlebens und auch über den universellen Charakter dieser Rechte. Es fehlt aber eine verbindliche Sprache, dies für die persönliche Entwicklung und den öffentlichen Raum zu formulieren. Es erschwert nicht zuletzt deshalb die Praxis der gesellschaftlichen Gemeinschaft erheblich, dies auch gegen die Konstruktionen partikularer Identität und die Tendenzen der autonomen Innerlichkeit und der instrumentellen Rationalität umzusetzen.

Erhebliche Differenzen bestehen darüber, wie dieser Wertehintergrund ethisch und philosophisch zu begründen ist. Hier sei dazu nur vermerkt, daß Bellah (insbesondere Bellah u.a. 1991) und Habermas (insbesondere Habermas 1991) von unterschiedlichen Standpunkten aus den Versuch unternehmen, eine geeignete Sprache für diese Debatte zu rekonstruieren, sei es als Versuch der Begründung einer moralischen Tradition oder als Versuch der Begründung einer Diskursethik. Taylor (in Taylor 1989) betont darüber hinaus noch die Notwendigkeit einer Sprache für die Konstitution des Selbst – oder die Begründung von Ich-Identität und deckt damit ein weiteres, wie ich meine sehr wichtiges, Feld auf.

Philosophen sind der Versuchung ausgesetzt, eigene Sprachen und geschlossene Systeme zu konstruieren. Der Beitrag der Soziologie zu der Frage der Konstitution des Selbst und der guten Gesellschaft liegt auf einer anderen Ebene. Die Beobachtung der Persönlichkeitsentwicklung, der gesellschaftlichen Institutionen, der Machtverteilung und der Wirtschaftsstrukturen zeigt, daß es wirksame Identitätsfigurationen gibt. Die letzten Begründungen der „starken Wertungen" und damit auch ihre Konstruktion als philosophische oder ethische Systeme bleiben offen. Das moderne Selbst wird auf seine Autonomie der Wahl gerade in dieser Frage nicht verzichten. Es gibt aber einen Wertehorizont, der sich nicht als absolute Setzung, sondern als gesellschaftlicher Konsens herstellt. Werden die Bedingungen der Konstitution des modernen Selbst und ihre gesellschaftliche Institutionalisierung aufeinander bezogen, dann enthält dieser Horizont von „starken Werten" kein beliebiges Bündel an Aussagen. Die Herstellung des gesellschaftlichen Konsenses ist notwendigerweise die Aufgabe von autonomen individuellen Persönlichkeiten und kann gerade deshalb nicht zu absoluten Aussagen führen, sondern bestenfalls zu historisch angemessenen und prinzipiell wandelbaren. Die Auseinandersetzung um die gute Gesellschaft ist deshalb nicht sinnlos oder vergeblich. Sie ist vielmehr die einzige Möglichkeit, eine freiheitliche, soziale und demokratische gesellschaftliche Gemeinschaft von freien, selbstbewußten und selbstbestimmten Menschen zu schaffen.

Literaturverzeichnis

Alston, William, P. 1972: Emotion und Gefühl. In: Kahle, Gerd (Hrsg.) 1981, S. 9-33
Arendt, Hannah 1963: Über die Revolution. München Zürich: Piper 1994
Arendt, Hannah 1968: Zwischen Vergangenheit und Zukunft. Übungen im politischen Denken. München Zürich: Piper 1994
Aristoteles 1985: Nikomachische Ethik, Hamburg: Felix Meiner
Assmann, Aleida 1993: Zum Problem der Identität aus kulturwissenschaftlicher Sicht. In: Leviathan 2/1993, S. 238-243
Balibar, Etienne/ Wallerstein, Immanuel 1988: Rasse, Klasse, Nation. Ambivalente Identitäten. Hamburg: Argument-Verlag 1990
Beck, Ulrich 1983: Jenseits von Klasse und Stand? Soziale Ungleichheit, gesellschaftliche Individualisierungsprozesse und die Entstehung neuer sozialer Formationen und Identitäten. In: Kreckel, Reinhard (Hrsg.): Soziale Ungleichheiten. Soziale Welt, Sonderband 2, S. 35-75, Göttingen: Schwartz
Beck, Ulrich 1986: Risikogesellschaft. Auf dem Weg in eine andere Moderne. Frankfurt am Main: Suhrkamp
Beck, Ulrich/ Beck-Gernsheim, Elisabeth 1990: Das ganz normale Chaos der Liebe. Frankfurt am Main: Suhrkamp
Bellah, R./ Madsen, R./Sullivan, W./Swidler, A./Tipton, S. 1985: Gewohnheiten des Herzens. Individualismus und Gemeinsinn in der amerikanischen Gesellschaft. Köln: Bund 1987
Bellah, R./Madsen, R./Sullivan, W./Swidler, A./Tipton, S. 1992: The Good Society. New York: Knopf
Berger, Johannes (Hrsg.) 1986: Die Moderne – Kontinuitäten und Zäsuren. Soziale Welt, Sonderband 4, Göttingen: Schwartz
Berger, Peter L. 1967: Zur Dialektik von Religion und Gesellschaft. Frankfurt am Main: Fischer 1973
Berger, Peter/Berger, Brigitte/Kellner, Hansfried 1973: The Homeless Mind. Modernization and Consciousness. (dt.) Das Unbehagen in der Modernität. Frankfurt am Main/New York: Campus 1975
Blasi, Augusto 1993: Die Entwicklung der Identität und ihre Folgen für moralisches Handeln. In: Edelstein/Nunner-Winkler/Noam 1993, S. 119-147
Blomert, Reinhard/Kuzmics, Helmut/Treibel, Annette (Hrsg.) 1993: Transformationen des Wir-Gefühls. Studien zum nationalen Habitus. Frankfurt am Main: Suhrkamp
Böckenförde, Ernst-Wolfgang 1991a: Recht, Staat, Freiheit. Studien zur Rechtsphilosophie, Staatstheorie und Verfassungsgeschichte. Frankfurt am Main: Suhrkamp
Böckenförde, Ernst-Wolfgang 1991b: Staat, Verfassung, Demokratie. Studien zur Verfassungstheorie und zum Verfassungsrecht. Frankfurt am Main: Suhrkamp
Bohleber, Werner 1992: Identität und Selbst. In: Psyche 4, April 1992, S. 336-365

Bolte, Karl Martin/Hradil, Stefan 1984: Soziale Ungleichheit in der Bundesrepublik Deutschland. Opladen: Leske + Budrich

Bös, Mathias/Glatzer, Wolfgang 1992: Trends subjektiven Wohlbefindens. In: Hradil 1992, S. 197-223

Braig, Marianne/Lohauß, Peter/Polster, Werner/Voy, Klaus 1991: Projekte der Moderne und Modernisierungen. Das späte Wirklichwerden der modernen Lebensweise. In: Voy/Polster/Thomasberger (Hrsg.) 1991, Band 2, S. 23-89

Breuer, Stefan 1992: Die Gesellschaft des Verschwindens. Von der Selbstzerstörung der technischen Zivilisation. Hamburg: Junius

Brink, Bert van den 1993: Gerechtigkeit und Solidarität. Die Liberalismus/Kommunitarismus-Debatte. In: Transit. Europäische Revue 5, S. 51-74

Brunner, Max 1952: Gesellschaft bildende Faktoren der Gegenwart. In: Schmollers Jahrbuch LXXII 6, S.1-28

Coleman, James, S. 1982: Die asymetrische Gesellschaft. Vom Aufwachsen mit unpersönlichen Systemen. Weinheim/Basel: Beltz 1986

Cremerius, J./Hoffmann, S.O./Trimborn, W. 1979: Psychoanalyse, Über-Ich und soziale Schicht. Die psychoanalytische Behandlung der Reichen, der Mächtigen und der sozial Schwachen. München: Kindler

Daniel, Claus 1981: Theorien der Subjektivität. Einführung in die Soziologie des Individuums. Frankfurt am Main/New York: Campus

Dann, Otto 1991: Begriffe und Typen des Nationalen in der frühen Neuzeit. In: Giesen 1991, S. 56-77

Douglas, Mary 1973: Ritual, Tabu und Körpersymbolik. Sozialanthropologische Studien in Industriegesellschaft und Stammeskultur. Frankfurt am Main 1986

Durkheim, Emile 1897: Der Selbstmord. Frankfurt am Main: Suhrkamp 1983

Durkheim, Emile 1930: Über soziale Arbeitsteilung. Studie über die Organisation höherer Gesellschaften. Frankfurt am Main: Suhrkamp 1988

Durkheim, Emile 1968: Die elementaren Formen des religiösen Lebens. Frankfurt am Main: Suhrkamp 1984

Edelstein, Wolfgang/Nunner-Winkler, Gertrud/Noam, Gil (Hrsg.) 1993: Moral und Person. Frankfurt am Main: Suhrkamp

Eisenstadt, Shmuel Noah 1991: Die Konstruktion nationaler Identitäten in vergleichender Perspektive. In: Giesen (Hrsg.) 1991, S. 21-39

Ekman, Paul 1970: Universale emotionale Gesichtsausdrücke. in: Kahle (Hrsg.) 1981, S. 177-186

Elias, Norbert 1938: Über den Prozeß der Zivilisation. Frankfurt am Main: Suhrkamp 1976

Elias, Norbert 1970: Was ist Soziologie? Weinheim und München: Juventa Verlag 1986

Elias, Norbert 1987: Die Gesellschaft der Individuen. Frankfurt am Main: Suhrkamp

Elias, Norbert 1989: Studien über die Deutschen. Machtkämpfe und Habitusentwicklung im 19. und 20. Jahrhundert. Frankfurt am Main: Suhrkamp

Elias, Norbert 1991: The Symbol Theory. London: Sage

Erikson, Erik, H. 1959: Identität und Lebenszyklus. Drei Aufsätze. Frankfurt am Main: Suhrkamp 1966

Erikson, Erik, H. 1982: Der vollständige Lebenszyklus. Frankfurt am Main: Suhrkamp 1988

Fink-Eitel, Hinrich/Lohmann, Georg 1993: Zur Philosophie der Gefühle. Frankfurt am Main: Suhrkamp
Freud, Sigmund 1914: Zur Einführung des Narzißmus. Frankfurt am Main: Fischer Studienausgabe Bd. III, S. 37-69
Freud, Sigmund 1917a: Trauer und Melancholie. Fischer Studienausgabe Bd. III., S. 194-212
Freud, Sigmund 1917b: Vorlesungen zur Einführung in die Psychoanalyse. Frankfurt am Main: Fischer Studienausgabe Bd. I
Freud, Sigmund 1921: Massenpsychologie und Ich-Analyse. Frankfurt am Main: Fischer Studienausgabe Bd. IX, S. 61-135
Freud, Sigmund 1923: Das Ich und das Es. Frankfurt am Main: Fischer Studienausgabe Bd. III, S. 275-330
Freud, Sigmund 1927: Die Zukunft einer Illusion. Frankfurt am Main: Fischer Studienausgabe Bd. IX, S. 125-190
Freud, Sigmund 1930: Das Unbehagen in der Kultur. Frankfurt am Main: Fischer Studienausgabe Bd. IX, S. 191-271
Freud, Sigmund 1932: Neue Folge der Vorlesungen zur Einführung in die Psychoanalyse. Frankfurt am Main: Fischer 1969
Freud, Sigmund 1938: Abriß der Psychoanalyse. Frankfurt am Main: Fischer 1972, S. 7-62
Frey, Hans-Peter/Haußer, Karl 1987: Identität. Entwicklungen psychologischer und soziologischer Forschung. Suttgart: Enke
Gellner, Ernest 1983: Nationalismus und Moderne. Berlin: Rotbuch Rotation 1991
Gerth, Hans/Wright Mills, C. 1970: Gefühl und Emotion. in: Kahle 1981 (Hrsg.), S. 120-133
Giddens, Anthony 1973: Die Klassenstruktur fortgeschrittener Gesellschaften. Frankfurt am Main: Suhrkamp 1979
Giddens, Anthony 1984: Die Konstitution der Gesellschaft. Grundzüge eine Theorie der Strukturierung. Frankfurt am Main/New York: Campus 1992
Giddens, Anthony 1990: The Consequences of Modernity. Cambridge: Polity
Giddens, Anthony 1991: Modernity and Self-Identity. Self and Society in the Late Modern Age. Stanford California: Stanford University Press
Giesen, Bernhard (Hrsg.) 1991: Nationale und kulturelle Identität. Studien zur Entwicklung des kollektiven Bewußtseins in der Neuzeit. Frankfurt am Main: Suhrkamp
Gildemeister, Regine/Robert, Günther 1987: Identität als Gegenstand und Ziel psychosozialer Arbeit. in: Frey/Haußer 1987, S. 219-233
Goffman, Erving 1963: Stigma. Über Techniken der Bewältigung beschädigter Identität. Frankfurt am Main: Suhrkamp 1975
Goffman, Erving 1971: Das Individuum im öffentlichen Austausch. Mikrostudien zur öffentlichen Ordnung. Frankfurt: Suhrkamp 1982
Goffman, Erving 1977: Das Arrangement der Geschlechter. In: Goffman 1994, S. 105-158
Goffman, Erving 1994: Interaktion und Geschlecht. Frankfurt, New York: Campus
Habermas, Jürgen 1976: Zur Rekonstruktion des historischen Materialismus. Frankfurt am Main: Suhrkamp 1982
Habermas, Jürgen 1981: Theorie des Kommunikativen Handelns. 2 Bd. Frankfurt am Main: Suhrkamp 1988

Habermas, Jürgen 1983: Moralbewußtsein und kommunikatives Handeln. Frankfurt am Main: Suhrkamp
Habermas, Jürgen 1988: Volkssouveränität als Verfahren. In: Habermas 1992, S. 600-631
Habermas, Jürgen 1990a: Die Moderne – ein unvollendetes Projekt. Philosophisch-politische Aufsätze 1977-1990. Leipzig: Reclam
Habermas, Jürgen 1990b: Staatsbürgerschaft und nationale Identität. In: Habermas 1992, S. 632-660
Habermas, Jürgen 1991: Erläuterungen zur Diskursethik. Frankfurt am Main
Habermas, Jürgen 1992: Faktizität und Geltung. Beiträge zur Diskurstheorie des Rechts und des demokratischen Rechtsstaates. Frankfurt am Main: Suhrkamp
Hall, Calvin, S./Lindzey, Gardner 1970: Theorien der Persönlichkeit. 2 Bd. München: Beck 1978
Hartenstein, W./Bergmann-Gries, J./Burkhardt, W./Rudat, R. 1988: Geschlechtsrollen im Wandel. Partnerschaft und Aufgabenteilung in der Familie. Stuttgart, Berlin, Köln: Kohlhammer
Heiler, Friedrich 1959: Die Religionen der Menschheit. Stuttgart: Reclam 1991
Heller, Agnes 1970: Das Alltagsleben. Versuch einer Erklärung der individuellen Reproduktion. Frankfurt am Main: Suhrkamp 1978
Heller, Agnes 1972: Hypothese über eine marxistische Theorie der Werte. Frankfurt am Main: Suhrkamp
Heller, Agnes 1976: Theorie der Bedürfnisse bei Marx. Hamburg: VSA
Heller, Agnes 1977: Instinkt, Aggression, Charakter. Einleitung zu einer marxistischen Sozialanthropologie. Hamburg: VSA
Heller, Agnes 1981: Theorie der Gefühle. Hamburg: VSA
Heller, Agnes 1982: Der Mensch der Renaissance. Köln: Hohenheim
Heller, Agnes 1985: The Power Of Shame. A Rational Perspective. London: Routledge & Kegan Paul
Heller, Agnes 1993: Der Tod des Subjekts. Ein philosophischer Essay. In: Deutsche Zeitschrift für Philosophie, 4/1993
Hennig, Christoph 1989: Die Entfesselung der Seele. Romantischer Individualismus in den deutschen Alternativkulturen. Frankfurt, New York: Campus
Henrich, Dieter 1993: Nach dem Ende der Teilung. Über Identitäten und Intellektualität in Deutschland. Frankfurt am Main: Suhrkamp
Hirschmann, Albert, O. 1977: Leidenschaften und Interessen. Politische Begründungen des Kapitalismus vor seinem Sieg. Frankfurt am Main: Suhrkamp 1980
Hirschmann, Albert, O. 1982: Engagement und Enttäuschung. Über das Schwanken der Bürger zwischen Privatwohl und Gemeinwohl. Frankfurt am Main: Suhrkamp 1988
Hirschmann, Albert, O. 1989: Entwicklung, Markt und Moral. Abweichende Betrachtungen. München Wien: Hanser
Hirschmann, Albert, O. 1991: Denken gegen die Zukunft. Die Rhetorik der Reaktion. München Wien: Hanser 1992.
Hobsbawn, Eric J. 1991: Nationen und Nationalismus. Mythos und Realität seit 1780. Frankfurt am Main/New York: Campus
Holmsten, Georg 1972: Jean-Jacques Rousseau. Reinbeck bei Hamburg: Rowohlt
Honneth, Axel (Hrsg.) 1992: Kommunitarismus. Eine Debatte über die moralischen Grundlagen moderner Gesellschaften. Frankfurt am Main/New York

Honneth, Axel/Joas, Hans 1980: Soziales Handeln und menschliche Natur. Anthropologische Grundlagen der Sozialwissenschaften. Frankfurt am Main: Campus
Honneth, Axel/Joas, Hans (Hrsg.) 1986: Kommunikatives Handeln. Beiträge zu Jürgen Habermas' „Theorie des kommunikativen Handelns". Frankfurt am Main Suhrkamp
Hradil, Stefan (Hrsg.) 1992: Zwischen Sein und Bewußtsein. Opladen: Leske + Budrich
Hradil, Stefan 1987: Sozialstrukturanalyse in einer fortgeschrittenen Gesellschaft. Von Klassen und Schichten zu Lagen und Milieus. Opladen: Leske + Budrich
Inglehart, Ronald 1989: Kultureller Umbruch. Wertewandel in der westlichen Welt. Frankfurt am Main/New York: Campus
Jacobson, Edith 1964: Das Selbst und die Welt der Objekte. Frankfurt am Main: Suhrkamp 1978
James, Harold 1989: Deutsche Identität 1770-1990. Frankfurt/NewYork: Campus 1991
James, William 1890: Principles of Psychology. New York
Kahle, Gerd (Hrsg.) 1981: Logik des Herzens. Die soziale Dimension der Gefühle. Frankfurt am Main: Suhrkamp
Kallscheuer, Otto 1991: Glaubensfragen. Über Karl Marx & Christus & andere Tote. Frankfurt am Main: Frankfurter Verlagsanstalt
Kallscheuer, Otto 1993: Individuum, Gemeinschaft und die Seele Amerikas. In: Transit. Europäische Revue 5, S. 31-51
Kaufmann, Franz-Xaver 1970: Sicherheit als soziologisches und sozialpolitisches Problem. Untersuchungen zu einer Wertidee hochdifferenzierter Gesellschaften. Stuttgart: Ferdinand Enke Verlag. 2. umgearbeitete Aufl. 1973
Kaufmann, Franz-Xaver 1986: Religion und Modernität. In: Berger (Hrsg.) 1986, Die Moderne – Kontinuitäten und Zäsuren. Soziale Welt, Sonderband 4, Göttingen: Schwartz, S.283-307
Klages, Helmut 1984: Wertorientierungen im Wandel. Rückblick, Gegenwartsanalyse, Prognosen. Frankfurt am Main/New York: Campus
Klipstein, Michael von/Strümpel Burghard (Hrsg.) 1985: Gewandelte Werte – Erstarrte Strukturen. Wie die Bürger Wirtschaft und Arbeit erleben. Bonn: Neue Gesellschaft
Kodalle, Klaus-M. (Hrsg.) 1988: Gott und Politik in USA. Frankfurt am Main: Athenäum
Kohut, Heinz 1977: Die Heilung des Selbst. Frankfurt am Main: Suhrkamp 1991
Kondylis, Panajotis 1986: Konservativismus. Geschichtlicher Gehalt und Untergang. Stuttgart: Klett-Cotta
Kondylis, Panajotis 1991: Der Niedergang der bürgerlichen Denk- und Lebensform. Die liberale Moderne und die massendemokratische Postmoderne. Weinheim: VCH Acta Humaniora
Krumrey, Horst-Volker 1984: Entwicklungsstrukturen von Verhaltensstandards. Eine soziologische Prozeßanalyse auf der Grundlage deutscher Anstands- und Manierenbücher von 1870 bis 1970. Frankfurt am Main: Suhrkamp
Kuzmics, Helmut 1989: Der Preis der Zivilisation. Frankfurt am Main/New York: Campus
Kuzmics, Helmut/Mörth, Ingo (Hrsg.) 1991: Der unendliche Prozeß der Zivilisation. Zur Kultursoziologie der Moderne nach Norbert Elias. Frankfurt am Main: Campus

LaBarre, Weston 1947: Die kulturelle Basis von Emotionen und Gesten. In: Kahle (Hrsg.) 1981, S. 155-176
Laplanche, J./Pontalis, J.B. 1967: Das Vokabular der Psychoanalyse. Frankfurt am Main: Suhrkamp 1987
Lasch, Christopher 1979: The Culture of Narcissism. American Life in An Age of Diminishing Expectations. New York: Warner Books
Lasch, Christopher 1991: The True and Only Heaven. Progress and Its Critics. New York: Norton
Le Bon, Gustav 1895: Psychologie der Massen. Stuttgart: Kröner 1950
Leist, Anton 1993: Mitleid und universelle Ethik. In: Fink-Eitel/Lohmann 1993, S. 157-187
Lepsius, M. Rainer 1986: Interessen und Ideen. Die Zurechnungsproblematik bei Max Weber. In: Lepsius 1990, S. 31-43
Lepsius, M. Rainer 1990: Interessen, Ideen und Institutionen. Wiesbaden: Westdeutscher Verlag
Lévi-Strauss, Claude 1955: Traurige Tropen. Frankfurt am Main: Suhrkamp 1978
Lohauß, Peter 1991: Marktgesellschaft und Individualisierungen. Über den Wandel von Sozialstrukturen, Lebenstilen und Bewußtsein. In: Voy/Polster/Thomasberger (Hrsg.) 1991, Band 2, S. 81-127
Lohauß, Peter 1992: Naturwissenschaftliche Paradigmen und ethische Verantwortung. Ein kritischer Blick auf Stephen Toulmins „Kosmopolis". In: PROKLA 88, S. 451-461
Lohauß, Peter 1993: Great Society? Good Society! Teil 1.: Eine neue Politik für die neunziger Jahre in den USA und ihre kommunitaristische Begründung. In: Kommune 5/93, S. 9-13, Teil 2.: Das Dilemma der Mittelklasse und die Grundlagen kommunitaristischer Politik. In: Kommune 6/93, S.33-45
Lohauß, Peter 1994: Fundamentalismus und moderne Identität. Zu M. Riesebrodts Analyse des Fundamentalismus als sozialer Protestbewegung. In: PROKLA 96, S. 477 – 490
Lohauß, Peter 1995: Gemeinschaft und Autonomie. Für einen bundesrepublikanischen Kommunitarismus. In: Kommune 5/95, S. 68-72
Luckmann, Thomas 1967: Die unsichtbare Religion. Frankfurt am Main: Suhrkamp 1991
MacIntyre, Alasdair 1981: Der Verlust der Tugend. Zur moralischen Krise der Gegenwart. Frankfurt am Main/New York: Campus 1987
Mannheim, Karl 1925: Konservatismus. Ein Beitrag zur Soziologie des Wissens. Frankfurt am Main: Suhrkamp 1984
Mannheim, Karl 1929: Ideologie und Utopie. 6. Auflage, Frankfurt am Main: Schulte-Bulmke 1978
Marrou, Henri 1958: Augustinus. Hamburg: Rowohlt
Marx, Karl 1953: Grundrisse der Kritik der politischen Ökonomie. Berlin: Dietz
Marx, Karl 1969: Das Kapital. 3 Bd., MEW 24-26, Berlin: Dietz
Marx, Karl/Engels, Friedrich 1968: Neuveröffentlichung des Kapitels 1 des 1. Bandes der „Deutschen Ideologie", DZPH 1968, S.1251 ff.
Maslow, Abraham, H. 1954: Motivation und Persönlichkeit. Reinbeck: Rowohlt 1981
Mayer, William G. 1992: The Changing American Mind. How and Why American Public Opinion Changed between 1960 and 1988. Ann Arbor

Mead, George, H. 1934: Geist, Identität und Gesellschaft aus der Sicht des Sozialbehaviorismus. Frankfurt am Main: Suhrkamp 1968
Mead, George, H. 1987: Gesammelte Aufsätze. Frankfurt am Main: Suhrkamp
Meinecke, Friedrich 1922: Weltbürgertum und Nationalstaat. Studien zur Genesis des deutschen Nationalstaates. München und Berlin: Oldenbourg 1928
Münch, Richard 1982: Theorie des Handelns. Zur Rekonstruktion der Beiträge von Talcott Parsons, Emile Durkheim und Max Weber. Frankfurt am Main: Suhrkamp 1988
Münch, Richard 1984: Die Struktur der Moderne. Grundmuster und differentielle Gestaltung des institutionellen Aufbaus der modernen Gesellschaften. Frankfurt am Main: Suhrkamp
Münch, Richard 1986: Die Kultur der Moderne. Bd. 1: Ihre Grundlagen und ihre Entwicklung in England und Amerika. Bd. 2: Ihre Entwicklung in Frankreich und Deutschland. Frankfurt am Main: Suhrkamp 1993
Neckel, Sighard 1991: Status und Scham. Zur symbolischen Reproduktion sozialer Ungleichheit. Frankfurt am Main/New York: Campus
Nelson, Benjamin 1977: Der Ursprung der Moderne. Vergleichende Studien zum Zivilisationsprozeß. Frankfurt am Main: Suhrkamp
Neyer, Franz Josef/Bien, Walter 1993: Wer gehört zur Familie? In: Psychologie heute, März 1993, S. 26-29
Nucci, Larry/Lee, John 1993: Moral und personale Autonomie. In: Edelstein/Nunner-Winkler/Noam (Hrsg.) 1993, S. 69-106
Nunner-Winkler, Gertrud 1993: Die Entwicklung moralischer Motivation. In: Edelstein/Nunner-Winkler/Noam (Hrsg.) 1993, S. 278-303
Pekrun, Reinhard 1987: Die Entwicklung leistungsbezogener Identität bei Schülern. In: Frey/Haußer 1987, S. 43-58
Peters, Bernhard 1993: Die Integration moderner Gesellschaften. Frankfurt am Main: Suhrkamp
Psychologie heute (Hrsg.) 1989: Das Ich im Lebenslauf. Thema: Lebens-Phasen
Riesebrodt, Martin 1990: Fundamentalismus als patriarchalische Protestbewegung. Tübingen: Mohr
Riesman, David 1950: Die einsame Masse. Eine Untersuchung der Wandlungen des amerikanischen Charakters. Darmstadt/Neuwied/Berlin: Luchterhand 1956
Ringer, Fritz, K. 1969: Die Gelehrten. Der Niedergang der deutschen Mandarine 1890-1933. Stuttgart: Klett 1983
Rosenbaum, Heidi 1978: Seminar: Familie und Gesellschaftsstruktur. Materialien zu den sozioökonomischen Bedingungen von Familienformen. Frankfurt am Main: Suhrkamp
Rosenbaum, Heidi 1982: Formen der Familie. Untersuchungen zum Zusammenhang von Familienverhältnissen, Sozialstruktur und sozialem Wandel in der deutschen Gesellschaft des 19. Jahrhunderts. Frankfurt am Main: Suhrkamp
Rousseau, Jean-Jacques 1977: Der Gesellschaftsvertrag. Stuttgart: Reclam
Rousseau, Jean-Jacques 1978a: Die Bekenntnisse. München: dtv
Rousseau, Jean-Jacques 1978b: Schriften in zwei Bänden. Herausgegeben von Henning Ritter. München, Wien: Carl Hanser
Sachs, H./Badstübner, E./Neumann, H. 1973: Christliche Ikonographie in Stichworten. Leipzig: Koehler & Amelang 1991

Salomon, Robert, C. 1978: Emotionen und Anthropologie: Die Logik emotionaler Weltbilder. In: Kahle (Hrsg.) 1981, S. 233-253
Schieder, W. (Hrsg.) 1986: Volksreligiosität in der modernen Sozialgeschichte. Göttingen
Schilling, Heinz 1991: Nationale Identität und Konfession in der europäischen Neuzeit. In: Giesen 1991, S. 192-255
Schulze, Gerhard 1992: Die Erlebnisgesellschaft. Kultursoziologie der Gegenwart. Frankfurt am Main/New York: Campus
Sennett, Richard 1977: Verfall und Ende des öffentlichen Lebens. Die Tyrannei der Intimität. Frankfurt am Main: Fischer 1983
Sennett, Richard 1980: Autorität. Frankfurt am Main: Fischer 1985
Seyfarth, Constans/Sprondel, Walter M. (Hrsg.) 1973: Seminar: Religion und gesellschaftliche Entwicklung. Studien zur Protestantismus-Kapitalismus-These Max Webers. Frankfurt am Main: Suhrkamp
Sheehan, James, J. 1978: Der deutsche Liberalismus. Von den Anfängen im 18. Jahrhundert bis zum Ersten Weltkrieg 1770 bis 1914. München: Beck-Verlag 1983
Shorter, Edward 1975: Die Geburt der modernen Familie. Reinbeck bei Hamburg: Rowohlt 1977
Sieder, Reinhard 1987: Sozialgeschichte der Familie. Frankfurt am Main: Suhrkamp
Simmel, Georg 1908: Untersuchungen über die Formen der Vergesellschaftung. Gesamtausgabe Band 11. Frankfurt am Main: Suhrkamp 1992
Starobinski, Jean 1982: Montaigne. Denken und Existenz. Frankfurt am Main: Fischer 1989
Starobinski, Jean 1991: Kleine Geschichte des Körpergefühls. Frankfurt am Main: Fischer
Stein, Ekkehart 1968: Lehrbuch des Staatsrechts. Tübingen: Mohr
Sulzbach, Walter 1959: Imperialismus und Nationalbewußtsein, Frankfurt am Main: Europäische Verlagsanstalt
Tadden, Rudolf von 1991: Aufbau nationaler Identität. Deutschland und Frankreich im Vergleich. In: Giesen 1991, S. 493-512
Taylor, Charles 1985: Negative Freiheit? Zur Kritik des neuzeitlichen Individualismus. Frankfurt am Main: Suhrkamp 1992
Taylor, Charles 1989: Sources of The Self. The Making of the Modern Identity. Cambridge, Mass.: Harvard University Press
Taylor, Charles 1992: The Ethics of Authenticity. Cambridge, Mass: Harvard University Press
Taylor, Charles 1993a: Wieviel Gemeinschaft braucht die Demokratie? In: Transit. Europäische Revue 5, S. 5-21
Taylor, Charles 1993b: Multikulturalismus und die Politik der Anerkennung. Mit Kommentaren von Amy Gutmann (Hrsg.), Steven C. Rockefeller, Michael Walzer, Susan Wolf. Frankfurt am Main: Fischer
Thiessen, Rudolf 1994: Kapitalismus als Religion. In: PROKLA 96, S.400-418
Thomasberger, Claus/Voy, Klaus 1991: Langfristige wirtschaftliche Entwicklungen, gesellschaftliche Transformationen und politische Regulierungen. In: Voy/Polster/Thomasberger (Hrsg.) 1991, Band 1, S. 303-333
Tocqueville, Alexis de 1848: Die Demokratie in Amerika. Zürich: Manesse 1987
Toulmin, Stephen 1990: Kosmopolis. Die unerkannten Aufgaben der Moderne. Frankfurt am Main: Suhrkamp 1991

Veblen, Thorstein 1899: Theorie der feinen Leute. Eine ökonomische Untersuchung der Institutionen. Frankfurt am Main: Fischer 1986

Voy, Klaus/Polster, Werner/Thomasberger, Claus (Hrsg.) 1991: Marktwirtschaft und politische Regulierung. Beiträge zur Wirtschafts- und Gesellschaftsgeschichte der Bundesrepublik Deutschland (1949-1989), Band 1. Gesellschaftliche Transformationsprozesse und materielle Lebensweise. Beiträge zur Wirtschafts- und Gesellschaftsgeschichte der Bundesrepublik Deutschland (1949-1989), Band 2. Marburg: Metropolis

Wahl, Klaus 1989: Die Modernisierungsfalle. Gesellschaft, Selbstbewußtsein und Gewalt. Frankfurt am Main: Suhrkamp

Wahl, Klaus/Tüllmann, Greta/Honig, Michael-Sebastian/Gravenhorst, Lerke 1980 Familien sind anders! Wie sie sich selbst sehen: Anstöße für eine neue Familienpolitik. Reinbeck bei Hamburg: Rowohlt

Walzer, Michael 1983: Sphären der Gerechtigkeit. Ein Plädoyer für Pluralität und Gleichheit. Frankfurt am Main/New York: Campus 1992

Walzer, Michael 1992: Zivile Gesellschaft und amerikanische Demokratie. Berlin: Rotbuch

Weber, Helmut 1991: Allgemeine Moraltheologie. Ruf und Antwort. Graz: Styria

Weber, Max 1920: Die protestantische Ethik I. Eine Aufsatzsammlung. Gütersloh: Mohn, 6. Auflage 1981

Weber, Max 1921: Wirtschaft und Gesellschaft. Tübingen: Mohr, 5. Auflage 1972

Weber, Max 1978: Die protestantische Ethik II. Kritiken und Antikritiken. Gütersloh: Mohn, 4. Auflage 1982

Wolf, Ernest S. 1993: Selbst, Idealisierung und Entwicklung von Werten. In: Edelstein/Nunner-Winkler/Noam (Hrsg.) 1993, S.148-171

Wolf, Ursula 1993: Gefühle im Leben und in der Philosophie. In: Fink-Eitel/Lohmann 1993, S. 112-135

Zahlmann, Christel (Hrsg.) 1992: Kommunitarismus in der Diskussion. Berlin: Rotbuch

Zoll, Rainer 1993: Alltagssolidarität und Individualismus. Zum soziokulturellen Wandel. Frankfurt am Main: Suhrkamp